工学结合新思维高职高专航海技术类“十二五”规划教材

总主编　马魁君

电子商务技术实操

主　编　李建刚
副主编　白晨星

对外经济贸易大学出版社
中国·北京

图书在版编目（CIP）数据

电子商务技术实操／李建刚主编．—北京：对外经济贸易大学出版社，2010

工学结合新思维高职高专航海技术类“十二五”规划教材

ISBN 978-7-81134-811-8

Ⅰ．①电…　Ⅱ．①李…　Ⅲ．①电子商务－高等学校：技术学校－教材　Ⅳ．①F713.36

中国版本图书馆 CIP 数据核字（2010）第 166236 号

电子商务技术实操

李建刚　主编

责任编辑：高　卓

对外经济贸易大学出版社

北京市朝阳区惠新东街 10 号　　邮政编码：100029

邮购电话：010－64492338　　发行部电话：010－64492342

网址：http://www.uibep.com　　E-mail：uibep@126.com

山东省沂南县汇丰印刷有限公司印装　　新华书店北京发行所发行

成品尺寸：185mm×260mm　　23.25 印张　　538 千字

2010 年 8 月北京第 1 版　　2010 年 8 月第 1 次印刷

ISBN 978-7-81134-811-8

印数：0 001－5 000 册　　定价：35.00 元

出版说明

中国自 2001 年加入世贸组织之日起，严格遵守有关海运行业的发展承诺，全面实施《国际海运条例》等法规，在海运服务、港口建设等方面实行新的开放政策，为中外航商提供更为公平的市场经营环境，成为直接与国际接轨和充分竞争的行业，其开放度高于发展中国家，与发达国家基本相当。

当前，中国正在积极建设以渤海湾、长三角、珠三角三大港口群为依托的三大国际航运中心，即以天津、大连、青岛等港口为支撑的北方国际航运中心；以江浙为两翼、上海为中心的上海国际航运中心；以深圳、广州、香港为支撑的香港国际航运中心。

为适应我国海运事业蓬勃发展对航海技术类高素质技能型专业人才的迫切需要，对外经济贸易大学出版社认真贯彻教育部教高［2006］16 号《关于全面提高高等职业教育教学质量的若干意见》的要求，联合天津海运职业学院、天津职业大学、天津中德职业技术学院、天津电子信息职业技术学院、芜湖职业技术学院、天津对外经济贸易职业学院、天津冶金职业技术学院、天津青年职业学院、天津城市职业学院、河北交通职业技术学院、天津国土资源和房屋职业学院、南通航运职业技术学院、广西职业技术学院、西安职业学院、济南铁道学院、福建交通职业学院、集美大学航海学院、辽东学院等国家、省（直辖市）级示范性高等职业院校创新推出的一套面向高职高专层次、涵盖航海技术类不同专业的立体化教材——工学结合新思维高职高专航海技术类“十二五”规划教材。该系列教材包括航海技术、海事管理、酒店管理（邮轮乘务）、轮机工程管理、航运经济、计算机网络技术等专业。

根据教高［2006］16 号文件关于“高等职业院校要积极与行业企业合作开发课程，根据技术领域和职业岗位（群）的任职要求，参照相关的职业资格标准，改革课程体系和教学内容，建立突出职业能力培养的课程标准，规范课程教学的基本要求，提高课程教学质量。”的要求，本套教材的编者在深入行业实践、调研的基础上，着眼于提高学生专业实际操作能力和就业能力的宗旨，采取了情境模块、案例启发、任务驱动、项目引领、精讲解重实训的编写方式，使教材建设在理论够用的基础上，在专业技能培养与训练环节，特别是“教学做一体化”方面有所突破，“确保优质教材进课堂”。

根据国家职业教育的指导思想，目前我国高职高专教育的培养目标是以能力培养和技术应用为本位，其教材建设突出强调应用性和适用性，既要满足专业教育又能适应就业导向的“双证书”（毕业证和技术等级证）的人才培养目标需要。根据教育部提出的高等职业教育“与行业企业共同开发紧密结合生产实际的实训教材”的要求，本套教材的作者不仅具有丰富的高等职业教育教学经验，而且具有海运企业相关岗位的一线实践经历，主持或参加过多项应用技术研究。这是本套教材编写质量与高等职业教育特色的重要保证。

此外，本套教材配有教师用 PPT 文稿，方便教师教学参考。

天津海运职业学院院长马魁君教授担任本套教材的总主编。本套教材的参编企业有中远散运有限责任公司、中国石油集团海洋工程有限公司、伦敦海事、微软（中国）有限公司、中铁工程设计院（天津）有限公司、新浪网技术（中国）有限公司、思科（中国）网络技术有限公司等。

愿本套工学结合新思维高职高专航海技术类“十二五”规划教材的出版对我国海运高等职业教育的创新发展与高职人才培养质量的稳步提升有所助益！

对外经济贸易大学出版社

2010 年 6 月

前　言

进入 21 世纪，电子商务在经历了人们淘金般的疯狂追崇和冷静的思考以后，正以其特有的魅力，融入到社会经济生活的方方面面，电子商务作为一种全新的商务手段越来越被人们所青睐。21 世纪将是电子商务充分发展和普及应用的时代，作为时代的同行者，了解和掌握电子商务的基础理论和应用技术，既是时代的要求，也是职业的要求。

本教材采用项目导向、任务驱动的设计思路，采用基于工作过程的项目化教学思路，打破传统教材的章节限制，力求使学生对电子商务技术融会贯通。本书参编作者除了具有多年实践教学经验的中高级职称教师外，还吸收一些知名企业专业技术人员参与教材编写和提供技术支持，突出教材实践性、实用性、前瞻性和可操作性。

本书共分为 8 个项目：项目一　认识电子商务、项目二　网络通信与 Internet 技术、项目三　Web 与数据库技术、项目四　EDI 技术、项目五　电子商务安全技术、项目六　网上支付技术、项目七　网络营销技术、项目八　移动电子商务技术。通过本书的学习，学生将了解电子商务的概念、特点、作用和法律法规，了解网络通信与 Internet 技术，掌握 web 与数据库技术、EDI 技术、电子商务安全技术与主要网上支付技术，熟悉网络营销技术、移动电子商务及电子商务发展趋势，为学生进一步学习电子商务网站建设与管理打下坚实的技术基础。

本书为工学结合新思维高职高专航海技术类“十二五”规划教材，语言通俗易懂，内容丰富详实，图文并茂，可作为高等院校电子商务专业、计算机专业、信息管理与信息系统专业及其他相关专业的电子商务教材，也可供从事电子商务研究和开发的人员、政府各部门企业管理者、科研人员学习参考。

为进一步提高对本书教学的使用效率，我们建立本书使用指导联络方式，是读者与编者之间交流沟通的直通车。欢迎读者将图书使用过程中的问题与各种探讨、建议反馈给我们，本书编者会竭诚给你满意的答复。我们的联系方式 E-mail：lijiangang2004@126.com。同时，为帮助任课教师更好地备课，我们将对选用本教材的授课教师提供配套的电子教案、PPT 课件。

本书由天津海运职业学院的李建刚教授担任主编，天津职业大学的白晨星老师担任副主编，天津海运职业学院的高超、汪旭和周艳老师以及天津冶金职业学院的高燕津老师参加编写。

由于编写时间仓促，编者水平有限，书中缺点错误在所难免，欢迎广大读者批评指正。

编　者

2010 年 5 月

目　录

项目一　认识电子商务 …………（1）
任务一　电子商务与传统电子商务的区别 …………（1）
任务二　电子商务法律法规 …………（16）
任务三　在淘宝网上开店 …………（29）
项目二　网络通信与 Internet 技术 …………（39）
任务一　认识数据通信技术 …………（39）
任务二　了解 Internet …………（48）
任务三　网页编程技术 …………（67）
任务四　Intranet 技术 …………（84）
任务五　Internet 接入技术 …………（89）
项目三　Web 与数据库技术 …………（99）
任务一　认识 Web 系统 …………（99）
任务二　网络数据库 …………（119）
任务三　Web 系统与数据库的互联 …………（148）
项目四　EDI 技术 …………（176）
任务一　EDI 的概念和作用 …………（176）
任务二　EDI 系统的组成 …………（182）
任务三　EDI 的类型 …………（192）
任务四　在 EDI 上构建电子商务 …………（199）
任务五　EDI 应用系统模拟 …………（203）
项目五　电子商务安全技术 …………（218）
任务一　数据加密技术 …………（218）
任务二　数字签名技术 …………（226）
任务三　数字证书及认证中心 …………（232）
任务四　防火墙技术 …………（239）
项目六　网上支付技术 …………（248）
任务一　网络银行 …………（248）
任务二　电子货币 …………（261）
任务三　第三方支付 …………（273）
项目七　网络营销技术 …………（280）
任务一　互联网市场调研 …………（280）
任务二　网站促销 …………（292）

项目八　移动电子商务技术 …………………………………………………………（308）
　　任务一　手机上网与手机购物 ……………………………………………………（309）
　　任务二　预定机票 …………………………………………………………………（341）
参考文献 ………………………………………………………………………………（362）

项目一

认识电子商务

项目综述

信息技术已经发展成为一种新的、数字化的工具，它覆盖了整个世界的绝大部分地区，不仅使全球可共享丰富的信息，同时，也使传统的由买卖双方构成的经济模式发生了深刻的变化。企业和消费者在通过电子技术手段尤其是因特网进行商业活动并获取收益的同时，也发展着一种新的商业交易形式——“电子商务”。

本项目包括现代电子商务与传统电子商务的区别、了解电子商务的法规和在淘宝网上开店三大任务，每个任务将通过任务要求、任务实施、知识拓展和任务评价几个部分，创设任务情景、组织任务流程、使学生在完成任务的同时达到主动探求知识、扩展知识领域、引起学习兴趣的教学目的。

任务一　电子商务与传统电子商务的区别

任务要求

本章内容以案例教学为主线，在课堂教学中突出学生认识问题和解决问题的能力，学习的形式力求多样，尽量避免呆板的说教，既可以将学生分成若干个小组，采用互动式、研讨式等多种教学方法，使学生在分析问题中快速掌握相关的理论知识，也可借助多媒体及到企业参观等方式来增加学生对电子商务的优势及模式的认识，提高学生的学习兴趣。

任务实施

案例互动空间 1：豆瓣网——获取产品信息的新模式

人们在购物前总是希望能够与已经完成购物的消费者进行交流，了解其满意度、体验及所买商品的评价，这在传统社区生活中是通过与朋友、同事、邻居等的交流而实现的。而社会性网络服务（Social Network Service，SNS）正是上述现实体验在互联网上的实现。

豆瓣网（douban.com）围绕图书、影视、音乐等产品，提供给客户自由交流的空间，客户根据自己的兴趣参与到某种或某类图书的讨论，网站根据受关注的程度及时将这些产品推荐给消费者，并链接到相关的网站，如当当书店（dangdang.com）、卓越网等。

豆瓣网改变了消费者获取产品信息的模式。消费者一般先通过谷歌（google.com）、百度（baidu.com）等搜索引擎搜寻某图书信息，然后通过各种价格服务的比较后选择某网上书店进行在线购买，在商品购买过程完成后，一般只能直接与该网上书店沟通，用户呈一种分散的状态，相互之间缺乏交流。现在豆瓣网为客户提供了一个书友交流平台，形成了具有相同兴趣爱好的、稳定的消费群体。用户可以通过查看其他用户的图书收藏了解其爱好，当发现阅读兴趣相似的用户时可以将其加入为友邻，豆瓣网还会自动根据用户的图书收藏列出兴趣相似的其他用户。同时用户还可以根据某个主题建立和参加小组，甚至还可以为小组添加图书收藏，另外用户之间还可以通过站内邮件“豆邮”来进行直接交流。因而客户除可以利用豆瓣提供的搜索引擎获取信息外，还可通过“朋友”或网站的推荐获得感兴趣的图书信息。这种模式的电子商务网站受到了消费者的喜爱，根据 Alexa.com 的网站流量统计数据，仅成立三个月的豆瓣网就取得了与一些已有一定知名度的网上书店相当的点击率和访问量。

问题互动空间 1：

（1）douban.com 如何体现了客户价值？它的赢利模式是什么？

（2）你认为这种商业模式有前景吗？

（3）这种商业模式是否适合所有商品？举几个相似网站的例子。

（4）进一步了解一下社会性网络的相关理论，分析它们在网络营销中能起到什么作用。

案例互动空间 2：易趣网的个性增值服务

易趣网（ebay.com.cn）是中国首屈一指的 C2C 电子商务网站。其登记会员达 350 万，每 12 秒便为会员达成一宗网上交易。2002 年 3 月，易趣与美国电子商务公司 eBay（ebay.com）结成战略合作伙伴关系，以该公司 33%股份换取 eBay 的 3 000 万美元注资。易趣的目标是在全球主要国家开设最大的网上交易市场及搭建网上交易平台让客户可随时进行任何买卖活动。为此，易趣网的市场部特别设立一个独立的组别来处理每月向用户发出数以千万计的市场推广电邮。易趣于 2002 年 2 月开始使用 DARTmail（doubleclick.com 公司提供）系统以吸纳新用户、保留现有用户及激发他们继续活动以及传递易趣网内的最新信息。在恰当的时间将恰当的内容传送给恰当的用户，电邮主题是电子邮件营销成功的关键要素，易趣利用 DARTmail 的 A/B 分类功能来测试用户对不同电邮主题的反应，再根据反应率及透过 DARTmail 先进的报表功能来获取每个电邮活动的最大效益。

电邮的外观设计也必须具有吸引力。利用 DARTmail 的可视化报表，易趣网便容易得知哪些外观最具有吸引力和最受欢迎。

◆ 个性化的内容

利用 DARTmail，可根据用户过去购物的资料来将他们分类，并了解他们的兴趣；

透过 DARTmail 追踪，可识别最有价值的用户；根据用户浏览易趣网的次数，再结合他们的购物及浏览记录，易趣便能按用户需要推出有效的活动，提高投资回报效益。

◆ 时间地点都在掌握之内

易趣利用 DARTmail 来调节发放电邮的频率使用户不会产生厌烦。经多次测试及利用 DARTmail 的报表数据，易趣网便能分析什么时间是最适当的发送电子邮件时间。易趣网发现在中国由于大多数用户是在工作地方才使用电邮，所以在周五及周末发放电邮宣传活动，效果并不理想，例如星期一投放的邮件点击率达 47%，而星期五只有 34%。易趣网明白目标对象的生活模式及习惯后便可决定什么时候发送电邮给他们才会达到最佳的效果。

针对性的电子邮件使得电邮的总点击增加 167%，新用户登记总数也增加了 60%；个性化内容服务使易趣的点击率增加超过 200%；易趣针对不同类别的用户安排不同的优惠，如根据性别确定优惠程度使点击率增加了 15%以上。

问题互动空间 2：

（1）易趣在利用电子邮件推广时使用了哪些策略？

（2）进入 doubleclick.com 网站并查阅其他文献，分析 DART 是如何跟踪用户的。

（3）什么是 WEB 挖掘？WEB 挖掘包括哪几类任务？WEB 使用挖掘在网络营销中能帮助电子商务企业做哪些事？

（4）你还知道哪些用户跟踪技术？

具体做法：

第一步：学生和教师完成“角色”转化，布置互动问题，让学生分别利用课余时间去查找资料，去备课。

第二步：案例互动时，随机抽取 4～5 名学生上讲台，给大家当“教师”完成 20～30 分钟的授课任务。

第三步：教师对每位“教师”的课堂表现进行打分和点评。

案例分析空间 3：奇瑞汽车有限公司电子商务案例调研报告

一、概况

奇瑞公司从 2001 年起陆续开展电子商务建设，公司从一开始定位就非常明确，即利用互联网和信息技术，整合供应、生产、销售、物流、售后服务等整个经营过程和经营活动，提高效率，降低成本，扩大客户。基于此战略，奇瑞电子商务是以 ERP 系统为基础，集成客户关系管理（CRM）、供应链管理（SCM）、知识管理（KM）以及财务等内部控制系统，构成“以客户管理为中心”的企业内部信息化完整平台，以实现企业的供销存、人力、财务等管理业务的信息化；通过 EPS 系统，将企业与企业所有者、经营者、合作伙伴、分销商及客户联系在一起，以实现不同角色信息的共享。

奇瑞电子商务涵盖了 B2B、B2E、B2C 等电子商务的类型，其中 B2B 主要是实现企业与供应商、分销商及合作伙伴（主要是第三方物流公司）间的信息共享及经营业务；B2E 主要实现企业与员工、管理者之间的信息共享与人力资源管理业务；B2C 主要实现企业与最终客户之间的互动。由于汽车消费属于大宗产品消费，实现网上直接销售还存在很多障碍，因此，目前奇瑞 B2C 电子商务主要是为客户提供一个客户与企业之间、客户与客户之间的信息交流平台，并与企业内部的 CRM 集成，以提高客户满意度。

奇瑞的电子商务项目为企业带来了明显的经济效益和社会效益，仅 2005 年为企业带来直接经济效益超过 1 亿多元，电子商务的应用同时提高了客户的满意度和企业知名度，促进了企业产品销售，为企业创造了巨大的间接经济效益和社会效益。

二、背景

熟悉中国汽车工业的人大都记得那段传奇：一家企业刚刚成立两年就跻身全国轿车八强，又在此后数年内形成 30 多万辆整车年生产能力。不错，它就是奇瑞。从 1997 年奇瑞创业之初，年轻的奇瑞人就以“制造中国人自己的汽车”为信念，用自己的热情、汗水和智慧创造了一个又一个中国汽车业的奇迹。目前主要产品有风云、旗云、QQ、东方之子、瑞虎五种车型。凭借不懈的努力，奇瑞这个汽车业的新锐已经成长为中国自主品牌的支柱企业，成为中国主流轿车企业之一，并跻身国内轿车行业“八强”之列，是前 10 名中唯一的民族品牌。与此同时，奇瑞公司积极开拓国际市场，2001 年实现第一批奇瑞轿车出口，2003 年与伊朗 CKD 公司的合作正式进入实施阶段，还将计划在中东批量生产。

奇瑞公司为了充分落实确立的电子商务战略，逐步建立了以 SAP 公司 mySAP.com 软件平台作为公司电子商务管理的基础平台，通过 PDM 将产品设计与 ERP 联系起来，最终与 SCM、CRM 联结，形成以客户为导向的信息管理系统；建立企业局域网 INTRANET，以宽带与 INTERNET 连接；五年内实现电子商务整体架构中的各项主要功能，企业全面信息化。据此，奇瑞电子商务的系统体系结构如图 1-1 所示。奇瑞电子商务以 ERP 系统为基础，集成 CRM、SCM、KM 以及财务等内部控制系统，构成以客户管理为中心的企业内部信息化完整平台，以实现企业的供销存、人力、财务等管理业务的信息化；通过 EPS 系统，将企业与企业所有者、经营者、合作伙伴、分销商及客户联系在一起，以实现不同角色信息的共享。

奇瑞为了实现电子商务战略，从 2001 年起开始了信息化建设，至 2002 年 10 月全面实施 ERP 计划，并集成了 CRM、SCM 等系统，从 2004 年起，奇瑞开始从以下几个方面进一步发展电子商务。

（1）建立企业统一信息门户网站（EPS）。该网站为供应商、分销商、最终客户、合作伙伴、内部员工、经营管理者提供统一的信息入口；EPS 系统与企业内部以 ERP 为核心的信息化平台集成，实现供应、生产、销售、售后服务一体化作业。

（2）利用 EPS 与 CRM 的接口向客户提供企业信息和企业产品及服务信息，以树立良好的企业形象。

虽然汽车销售不像软件、音像、书籍等容易实现网上成交，但通过网上信息展示，可以帮助客户更好地进行购买选择和决策，可以在一定程度上弥补传统销售方式的不足，所以奇瑞的网站不但充分发挥传统的信息发布功能，而且还有针对性地增加了车型展示，并定期推出网上车展。此外还通过网上商城出售一些汽车模型、电子设备等周边产品；提供短信、电子邮件推荐、卫星定位等个性化数字服务；向有车族提供技术信息

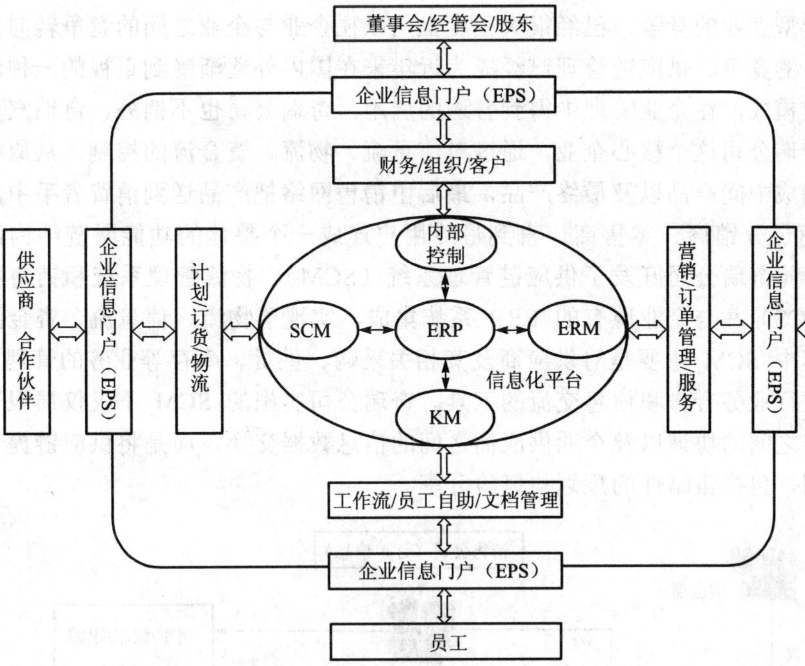

图 1-1 奇瑞电子商务系统体系结构

和服务信息，向潜在的购车族提供产品宣传信息，培养他们对奇瑞产品和品牌的认知度，理解奇瑞的文化，进而培养一批现实的客户群。

仅仅在网站上下功夫是不能取得客户的忠诚的，毕竟被动信息不如主动关怀来得亲切，所以奇瑞采用了 SAP 公司的 mySAPCRM 解决方案，成功实现了对客户相关业务进行管理、客户信息在不同部门和系统中的共享以及对客户服务相关各业务流程的整合。一方面系统可以 24 小时受理用户的咨询、建议、投诉并实施对用户的回访服务；另一方面奇瑞还运用该系统的新兴技术对用户进行主动的关怀,例如每天向过生日的用户发送短信问候祝贺，向临近首保的车主发送短信提醒，通过客户自动分类进行专题调查等等服务。CRM 已经成为奇瑞提升用户满意度的一个强有力的工具。

从长远来看，制造业 CRM 一定要与后台 ERP 很好地整合。因为销售人员若不能有一个快捷的通道了解现有的产品价格和产品清单，CRM 软件的实施作用将会大大削弱。奇瑞借助 mySAPCRM 与后台 ERP 系统 （mySAPR/3）的完美集成，实现对客户关系各个业务环节的管理：与客户通过电话、传真、Email、手机短信和互联网等多种方式进行联系；处理客户问题，向相关部门分派任务及获取反馈，跟踪客户问题的解决情况；执行市场活动，跟踪潜在用户，提高潜在用户转化率；分析各类数据，考核所涉及人员及部门。集成 CRM 系统的优点还有很多，还可以与其他供应商的业务应用程序协同工作，并与其他信息系统平滑集成。

（3）利用 EPS 与 SCM 系统（含物流管理系统 LMS）接口实现零部件的网上采购、网上下达订单，达到零部件采购电子化；企业建立起与分销渠道网络的联系模式，实现网络化分销，实现供应链网上集成，最终实现产、供、销一体化运作。

现在制造型企业的竞争，已经很大程度上从以往企业与企业之间的竞争转向供应链与供应链之间的竞争。供应链管理已经成为近年来在国内外逐渐受到重视的一种新的管理理念和管理模式，在企业管理中得到普遍的应用，奇瑞公司也不例外。奇瑞汽车的供应链是围绕奇瑞公司这个核心企业，通过对信息流、物流、资金流的控制，从原材料的采购开始，制成中间产品以及最终产品，最后由销售网络把产品送到消费者手中的将供应商、制造商、分销商、零售商、直到最终用户连成一个整体的功能网链结构，如图1-2 所示。为此奇瑞公司开发了供应链管理系统（SCM）、物流管理系统和销售服务商信息系统（DCS）并与企业现有的 ERP 系统集成，实现了物流、信息流、资金流的有效的管理。其中 SCM 主要是对供应商及其相关采购、供货、库存等业务的管理，DCS 是同分销商进行业务合作和信息交流的工具。奇瑞公司实施的 SCM 不仅仅局限于企业内部职能部门之间的协调以及企业供应商之间的信息数据交换，而是将供应链提升到参与各方的协同，包括策略性的规划与风险分享。

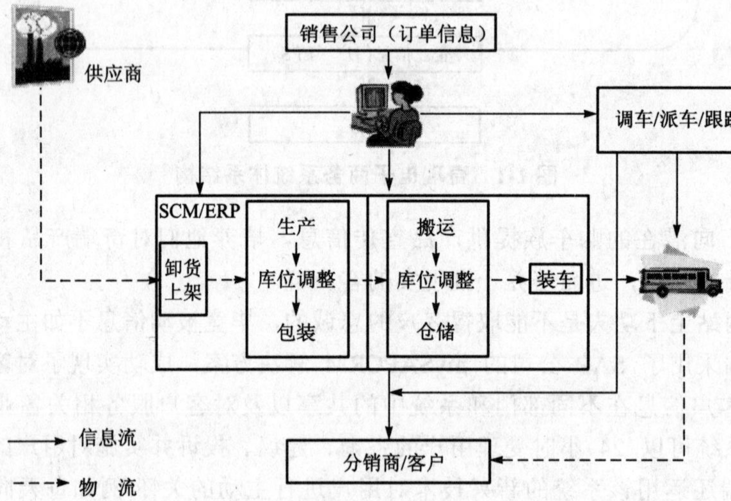

图 1-2　奇瑞汽车 SCM/LMS 系统

为了实现与供应商之间的信息共享，EPS 系统提供了如下两个栏目：

◆　电子看板：目的是将 SAP 中物料的库存物料的变化产生的物料需求信息及时传递给供应商或第三物流公司，要求供应商据此送货，实现 JIT 送货，从而有效降低库存。该功能会参考奇瑞现在的做法重新定义格式和处理方式，目的是有效的降低库存，同时减少因为频繁送货所产生的浪费，同时增加对供应商或者物流中心确认或者打印，统计和控制备品补货信息，将 SAP 自动产生的备件的补货信息发布到网上，要求供应商据此进行补货。

◆　电子公告：SCM 系统的电子公告提供向供应商发布公告信息或指定供应商发布信息，支持一对一或一对多的信息发布；同时供应商也可以通过该电子公告栏来向奇瑞汽车反馈各类信息系统提供待办事项，预警，Email 短讯，电子公告，看板平台，对于奇瑞汽车，内部相关联部门，开放权限设置，可以使用这些相应的功能，协助及时准确的处理完成好工作。

（4）加强电子商务系统安全管理。一个系统的强大并不完全取决于它的功能，也在很大程度上依赖于它的安全性和可靠性。对奇瑞公司赖以生存的系统来说，这两方面显得尤为重要。按奇瑞生产负责人的说法，如果 ERP 系统的生产部分出现任何问题故障，整个生产就会停滞，损失将无法预计；CRM、SCM 中的数据也是千金难求。所以奇瑞首先在内部实施安全系统，随着应用的深入，安全系统应用范围逐步拓展到供应商、经销商、服务站、驻外代表处以及海外机构，在各个数据中心也启用了硬件双备份。同时奇瑞公司定期组织员工学习、培训安全和防灾意识，尽量减少人为失误并且组织专人专门负责。奇瑞公司采取的具体安全措施主要是：各个网段分兵布守，关键网段重点设防。公司把整个网络分为企业内部各功能网、外联网、Internet 等，对各个网段进行分层次的一体化的防御，即第一层安全防护由路由实现，第二层安全防护由 PIX 防火墙保障，第三层安全防护由局域网交换机提供。

三、奇瑞电子商务的实施现状

奇瑞电子商务的商业模式经过实施以来的不断摸索与完善，已经基本形成了自己的独特的思路。公司以 ERP 为核心、内部网络化为基础，以 CRM 和 SCM 为重要手段提高企业的生产能力和经营效率，降低经营成本，扩大客户，提高客户满意度和忠诚度，降低采购成本，扩大采购范围，减少库存等。同时奇瑞还和其他多家设计研究所、客户代表、银行、中介公司等进行积极的合作和交流，为客户提供更加专业、更具个性化的产品和服务。奇瑞为客户提供他门所想要的产品，然后客户再反馈回他们的感受和更多的需求，来引导企业的生产。这样一来奇瑞就能不断的贴近客户，制造他们所想的车，也就自然增加了销量。

车友社区是奇瑞现有商业模式中极具价值的一个部分，主要包括：车友论坛、专家技术支持、信息公告等。奇瑞公司希望通过车友社区进一步拉近与客户之间的距离，更好地了解客户需求，并为其提供个性化的增值服务，以“锁定”客户。让这种客户关系为公司持续创造价值，同时成为对其他竞争者的壁垒。但现在车友社区只是处于起步阶段，COIN（兴趣社区）阶段是电子经济的最高级阶段，建立一个成功的虚拟社区还有很长的路要走。

奇瑞也清楚地认识到现有的商业模式永远不会是最完美的，他们时刻准备进行变革和调整。在现实中遇到了新的问题，就要在商业模式中加入新的东西，例如公司后来不得不帮维修站点普及 CRM 使其能及时反馈用户需求和信息。

奇瑞为实施电子商务战略投入了巨资，仅购买 ERP 软件一项目前已经超过 3 000 万。然整个信息化投资并没有直接迅速产生经济利润，但仍然为企业带来了巨大的经济价值。据测算，仅 2005 年一年 CRM/SCM 的实施以及内部信息化管理就为企业降低库存占用资金比率 10%（972 万元）；降低管理及销售费用 3%（1 056 万元）；采购资金占用率约降低 10%（240 万元）；加强销售及财务管理，使得应收帐款减少 3%（82.8 万元）；提高生产计划的准确性及实效性，减少在线占用资金 3%（144 万元）；提高生产效率 5%（6 760 万元）。

2005 年奇瑞销售部李总上任后，大力推行信息化销售，对内利用 SCM 向分销商提出周计划策略，结果库存减少 4 个亿，销售额上涨 100%，其中排序供货（由供应商直接将物料送入生产车间，送上生产流水线）更是效果明显；对外将客户分为三类，向正在购车族发布个性化信息，向有车族提供服务和技术信息，对未来购车族提供宣传信息。同时公司还开展了与国际著名公司联合开发汽车技术平台和系列产品，引进国际先进技术和管理的“开发自主型”模式。

随着电子商务的逐步实施，奇瑞的内部也在悄悄的发生着变化。奇瑞企业管理层以引进 SAP、ERP 为契机，学习、研究和应用国外现代企业管理思想、方法和技术，走出了一条属于奇瑞自己的“现代化集成管理”与“传统分工管理”相结合的模式。对暴露出来问题，依托内部的 ERP 系统与 CRM、SCM 办公自动化系统等相配合，逐步重新改造原有不完善的流程。

汽车行业竞争激烈是众所周知的：在国内，数十家老牌大型汽车企业共同争夺市场，国外企业虎视眈眈；在国外，面对众多知名厂商站稳脚跟已属不易。具有完全的自主知识产权的奇瑞公司完全被国外大的汽车公司所包围。然而奇瑞公司副总裁认为，目前公司最大的竞争对手是自己，而不是别人。而且互联网给企业提供的舞台太宽广了，在这个市场上不一定只有一个赢家，数字经济为多赢提供了可能。公司目前的任务是占领国内市场，建立客户忠诚，拥有稳定的客户群，也许这才是奇瑞应付竞争者的方式。但是随着全球经济的逐步发展，肯定会有越来越多的竞争者加入，如何应对，仍将是奇瑞需要考虑的问题。

想在激烈的竞争中取得优势和发展自然离不开人才，奇瑞现有员工 7 500 人，其中工程技术和管理人员近 2 000 人。在工程技术人员中，近 1 000 人从事产品开发，其中硕士 100 余人、博士 30 多人，引进国内外汽车领域知名技术专家、高级管理学者超过 100 人。初步形成了车身、动力总成、底盘、电器等系统的专业开发队伍，具备一定的产品研发能力和较强的技术引进消化吸收能力。奇瑞信息部也从 2001 年建立时的数十个人员发展为现在 89 人（包括数十个国外专家以及数个专项专家），并且成立了一个可以独立对外承接项目的奇瑞信息技术有限公司。

2002 年 10 月，由 IBM 公司参与实施的 SAP/ERP 项目正式上线运行，SCM 的建成和投入使用、CRM 一期项目的投入使用，奇瑞公司企业管理与工作流程上实现了与国际同步，新的企业文化也得到了确立。在电子化的管理下，更重视人的存在，仍然遵循“整体规划，分步实施，快速建设，滚动发展”的总体发展思路，倡导“建校园式工厂，创学习型组织”，并以“实现一个理想、创立一种机制、制造一流产品、锻炼一支队伍”为追求。

四、问题分析

电子商务在汽车行业中的应用早已引起世界各大汽车制造商的重视，并已经取得了很大的进展。目前从全球范围来看，电子商务在汽车工业发展中的地位与日俱增，它将通过推动汽车制造业快速发展而逐渐改变全球汽车工业的面貌，并将成为未来汽车工业发展的主要科技手段，以及企业之间、企业与客户之间信息沟通的最重要的渠道。奇瑞公司开展的电子商务是涵盖汽车产业链全过程的电子化技术的应用，包括汽车原材料供应、汽车零部件加工、零部件配套、整车装配、汽车分销和售后服务。将以 Internet 技术为核心的信息技术作用于各个环节，以达到提高企业经营效率和经济效益，改善客户服务和提高企业知名度的目的。

奇瑞汽车有限公司作为一家大型的汽车制造型企业，在电子商务的实施和应用上有其自身的特点和成功之处，但是通过对该公司开展的电子商务的深入调研，发现还有一些需要注意的问题：

（1）协同商务、商业智能等还没有进入实际运用奇瑞公司的电子商务系统对大量的销售数据、客户数据以及供应商数据还缺乏有效的过滤和分析，这使得对管理决策支持还有很大的差距。

（2）供应链管理应用范围狭窄。目前公司的 SCM 是自主开发独立完成的，通过一期 SCM 项目的实施，该公司已经取得了显著的收益。但 SCM 应用仅局限于供应商管理层面，SCM 只应用于部分车间部分流程上，且只应用于在部分现场供货的第三方物流公司和供应商，没有涉及对整车和备品备件的分销管理，功能还比较单一。

（3）客户关系管理应用有待深入和扩展。CRM 系统对供应商、服务站的监控和管理不全面，对客户信息的深层次挖掘和应用不够深入，特别是随着海外市场的拓展，对海外客户系统管理还停留在手工管理状态。

问题互动空间 3：

（1）分小组讨论奇瑞电子商务市场运作的优势有哪些？

（2）奇瑞如何运用电子商务打造自己的品牌战略？

（3）用实例或图例说明奇瑞如何运用电子商务实现 SCM 系统的运作？

具体做法：

第一步：改变原来的课堂座位摆放的格局，将课堂变成“圆桌会议”的形式。

第二步：按专题的内容，同学们按自己的兴趣进行选题，分成三个小组，每组推选出一名同学和任课教师组成评委团。

第三步：小组的每个成员结合案例的内容，准备每人 3～5 分钟的口头发言，由评委团就每个人的发言打分。

第四步：每组推选出一名同学进行总结性发言，时间应控制在 3 分钟以内，然后由评委团打分。

第五步：评委团向每组成员提问，成员进行回答。

第六步：计算各组成绩（即将每组个人发言、同学的总结性发言、即兴提问成绩进行加权平均，计算出各组的成绩。权数分别为：4:3:3）

第七步：选出优胜队，评出各单项奖。

知识拓展

一、电子商务的概念及特点

（一）电子商务的涵义

“电子商务”有多种不同的表达方式。在英文中，有 electronic commerce, electronic trade, electronic business, electronic service, electronic transaction, cybershopping 等，虽然这些词的涵义各有侧重，不尽一致，但都是指通过网络的商贸活动。目前，最常见的是

Electronic Commerce（简称为 E-commerce 或缩写为 EC）。在中文里，常见的表述有电子商务、电子交易、电子商业、电子贸易、电子商贸、网上商务、网上贸易等。

1. 关于电子商务的各种定义

对于电子商务的概念，各国政府、各种学者、组织、学术团体、企业等都根据自己的理解、工作需要、商业目的、参与电子商务的程度等方面的理由给出了定义，下面列举几种有代表性的观点：

（1）美国政府在《全球电子商务纲要》中指出：电子商务是通过 Internet 进行的各种商务活动，包括广告、交易、支付、服务等活动，全球电子商务将涉及世界各国。

（2）世界贸易组织认为，电子商务可以简单地定义为，通过电子通信网络进行商品和服务的生产、市场营销、销售和分配。

（3）联合国国际贸易法委员会认为，电子商务是指在 Internet 上进行的商务活动，它是纸上信息交流和存储方式的一种替换形式。其主要功能包括网上的广告、订货、付款、客户服务和货物递交等售前、售中和售后服务，以及市场调查分析、财务核计及生产安排等多项利用 Internet 开发的商业活动。电子商务的一个重要特征是利用 Web 进行技术传输和商业信息处理。

（4）欧洲经济委员会认为，电子商务是各参与方之间以电子方式而不是以物理交换或直接物理接触方式完成任何形式的业务交易。这里的电子方式包括电子数据交换（EDI）、电子支付手段、电子订货系统、E-mail、传真、网络、电子公告系统条码、图像处理、智能卡等。

（5）我国关于电子商务的各种定义：电子商务主要是指利用 web 技术提供的通信手段在网络上进行的交易活动；电子商务是通过文本、声音和图像等数据的电子化处理和交换，从而以电子手段来进行的商务活动；电子商务是使用电子传输媒介（电信）从事一地到另一地需要进行物理或数字运输的产品和服务的交换，包括购买和销售。

（二）传统电子商务与现代电子商务的区别

传统电子商务是那种只是依靠网络宣传，部分使用网络功能的商务活动；现代电子商务是通过互联网实现企业、商户及消费者的网上购物、网上交易及在线电子支付的一种不同于传统商业运营的新型商业运营模式，电子商务是随着 Internet 发展而发展起来的，主要以 EDI（电子数据交换）和 Internet 来实现的，电子商务有广义和狭义之分，狭义的电子商务是主要利用 Web 在网上进行交易，称作电子交易（E-Commerce）；广义的电子商务包括基于 Web 的全部商业活动，称作电子商业（E-Business）

随着我国电子商务全面回春，虚拟企业、虚拟银行、网络营销、网上购物、网上支付、网络广告等一大批前所未闻的新词汇正在为人们所熟悉和认同，电子商务正在散发着无穷魅力。

二、电子商务的发展历程

（一）国际电子商务的应用和发展

1. 发展概况

21 世纪全球进入一个新经济时代，信息通信网络与技术的迅猛发展创造了一个无疆界的数字世界，产品和服务几乎可以瞬时在世界各地交易，以网络和电子商务为主要特征的新经济以不可争辩的事实席卷了全球每一个行业，并重组着全球财富，目前电子商务已经成为国际上各个国家制定经济政策的主要依据之一。世界范围内的政府部门、公众服务机构、电信企业、银行等金融服务机构以及各类型企业和数以亿计的个人用户，都纷纷投入并参与电子商务活动中。电子商务在世界范围内已成为一股无法可以阻挡的历史潮流。

今天，我们不难发现在几乎每个产业里，在世界的每一个角落，都有许多企业运用信息技术来增强企业的竞争力并给同行业的对手带来挑战。权威机构调查显示，《幸福》100 企业中，近八成已经通过网络同伙伴保持商务联系。以美国贸易公司为例，其新增业务中有 85%是通过电子商务开拓的，95%的企业将把电子商务作为主要的贸易手段之一，电子商务将成为企业间、企业对个人的重要交易方式，电子商务已成为未来网络舞台上的主角。

2. 发展形式：B2B 电子商务将成为全球贸易的主要形式

B2B 电子商务相对低廉的经济成本、简化的贸易流程、巨大的利润和大笔交易毫无疑问地成为电子交易中的主要形式。而所有的电子、服务、生产公司都会跳上 Internet B2B 平台上来。

进入 21 世纪以来，B2B 电子商务发展到了更能体现网络经济时代的直接经济、服务经济的本质特征的电子交易市场阶段，并掀起电子商务的第三次浪潮——传统经济与互联网共同打造电子交易市场的浪潮。以波音、福特、通用等传统产业巨擘纷纷与网上交易市场的缔造者 Commerce One 合作建立自己的网上交易市场，拉开了这次浪潮的序幕，世界范围内包括 Commerce One、Ariba 在内的世界级电子商务经营者们已在全球建立了 600 多个网上交易市场，一个全球化的电子商务市场正在悄然形成。

（二）我国电子商务的发展阶段

纵观中国电子商务十二年发展史，按照从国外引入或本土原创开始起步、遭遇互联网泡沫寒冬、“非典”后的回暖，以及随之而来的快速发展，到金融危机下的调整与转型，大致可分为图 1-3 和图 1-4 所示的五个发展阶段。

1. 萌芽与起步期（1997～1999 年）

特征：业内公认的说法是，国内第一批电子商务网站的创办时期始于 1997 年起步的三年。当时互联网全新的引入概念鼓舞了第一批新经济的创业者，他们认为传统的贸易信息会借助互联网进行交流和传播，商机无限。于是，从 1997～1999 年，美商网、中国化工网、8848、阿里巴巴、易趣网、当当网等知名电子商务网站先后涌现。

数据：据中国 B2B 研究中心调查显示，在目前已经成立的电子商务网站当中，有 5.2%创办于 20 世纪 90 年代。该阶段无疑是我国电子商务的萌芽与起步时期。

2. 冰冻与调整期（2000～2002 年）

特征：2000～2002 年，在互联网泡沫破灭的大背景下，电子商务的发展也受到严重影响，创业者的信心经受了严峻的挑战，尤其是部分严重依靠外来投资“输血”，而自身尚未找到盈利模式具备“造血”功能的企业，经历了冰与火的严峻考验。于是，包括 8848、美商网、阿里巴巴在内的知名电子商务网站进入残酷的寒冬阶段，而依靠

“会员+广告”模式的行业网站集群，则大都实现了集体盈利，安然度过了互联网最为艰难的“寒潮”时期。

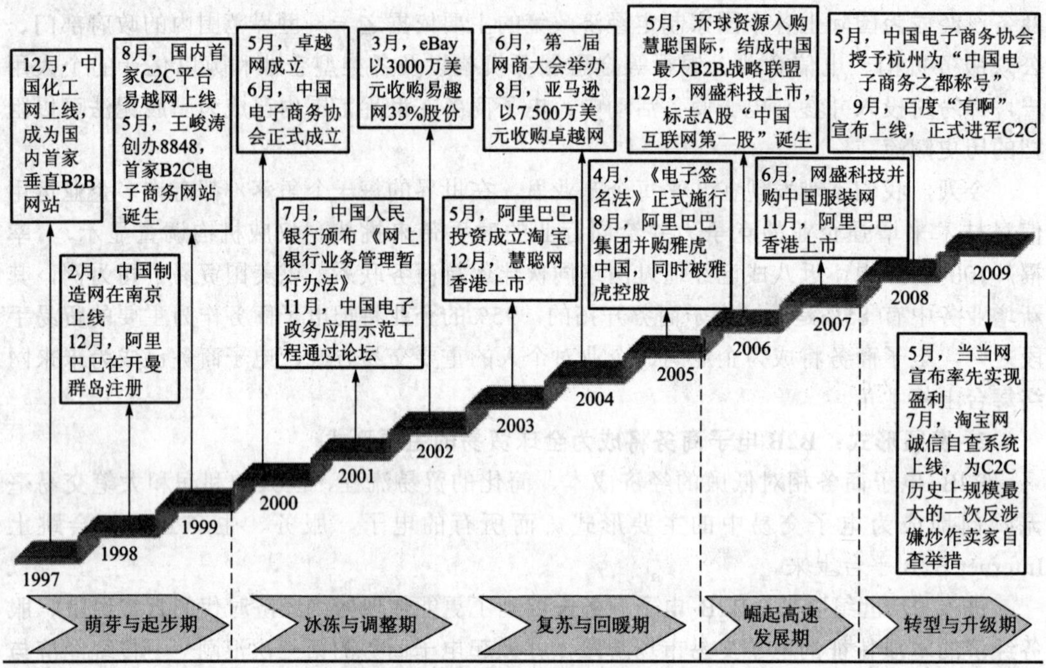

图 1-3　中国电子商务十二年五阶段与标志性事件图

资料来源：中国 B2B 研究中心　B2B.T00OLE.COM

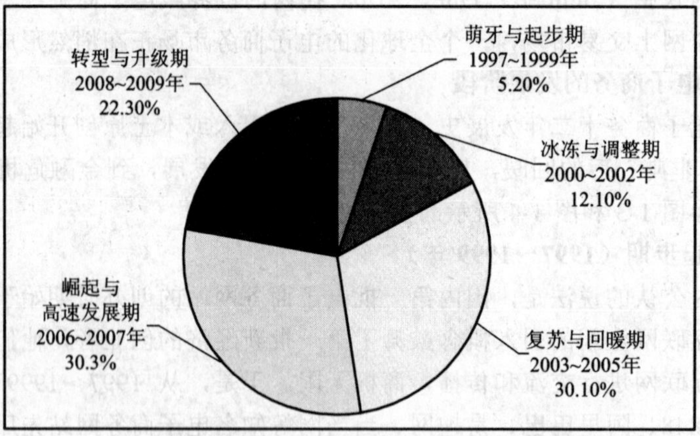

图 1-4　1997～2009 年我国电子商务服务企业增长阶段分布图

资料来源：中国 B2B 研究中心　B2B.T00OLE.COM

数据：据中国 B2B 研究中心调查显示，在这三年间创建的电子商务网站不到现有网站总数的 12.1%。无疑，该阶段是我国电子商务的冰冻与调整时期。

3. 复苏与回暖期（2003～2005 年）

特征：电子商务经历低谷后，在 2003 年一场突如其来的“非典”后，出现了快速复苏回暖，部分电子商务网站也在经历过泡沫破裂后，更加谨慎务实地对待盈利模式和低成本经营。

数据：据中国 B2B 研究中心调查显示，目前现有电子商务网站总数占现有网站总数 30.1%，应用电子商务的企业会员数量开始明显增加，2003 年成为不少电子商务网站尤其是 B2B 网站的“营收平衡年”，该阶段无疑是我国电子商务的冰冻与调整期。

4. 崛起与高速发展期（2006～2007 年）

特征：互联网环境的改善、理念的普及给电子商务带来巨大的发展机遇，各类电子商务平台会员数量迅速增加，大部分 B2B 行业电子商务网站开始实现盈利。而专注 B2B 的网盛生意宝与阿里巴巴的先后上市成功引发的“财富效应”，更是大大激发了创业者与投资者对电子商务的热情。IPO 的梦想、行业良性竞争和创业投资热情高涨这“三架马车”，大大推动了我国电子商务进入新一轮高速发展与商业模式创新阶段，衍生出更为丰富的服务形式与盈利模式，而电子商务网站数量也快速增加。

数据：据中国 B2B 研究中心调查显示，仅 2007 年，国内各类电子商务网站的创办数量就超过了现有网站总数的 30.3%。该阶段正是我国电子商务的崛起与高速发展阶段。

5. 转型与升级期（2008～2009 年）

特征：全球金融海啸的不期而至，全球经济环境迅速恶化，致使我国相当多的中小企业举步维艰，尤其是外贸出口企业随之受到极大阻碍。作为互联网产业中与传统产业关联度最高的电子商务，也难免独善其身。受产业链波及，外贸在线 B2B 首当其冲，以沱沱网、万国商业网、慧聪宁波网、阿里巴巴为代表的出口导向型电子商务服务商，纷纷或关闭、或裁员重组、或增长放缓。而与此同时，在外贸转内销与扩大内需、降低销售成本的指引下，内贸在线 B2B 与垂直细分 B2C 却获得了新一轮高速发展，不少 B2C 服务商获得了数目可观的 VC 的资本青睐，传统厂商也纷纷涉水，B2C 由此取得了前所未有的发展与繁荣。而 C2C 领域，随着搜索引擎巨头百度的进入，使得网购用户获得了更多的选择空间，行业竞争更加激烈化。

数据：据中国 B2B 研究中心调查显示，仅在此二年不到时间内创建的电子商务网站占现有网站总数的 22.3%，且有 75.4%的电子商务网站专注于细分行业的 B2C。该时期电子商务行业优胜劣汰步伐加快，模式、产品、服务等创新层出不穷。无疑，该阶段是我国电子商务的转型与升级时期。

三、电子商务类型

与传统商务相比，电子商务不但涵盖的业务范围很广，而且种类也比较多。按照电子商务交易双方主体不同划分,电子商务可以划分为企业与企业、企业与消费者、企业与政府、政府与个人等四类电子商务。

（一）企业与企业的电子商务

企业与企业（Business to Business，B to B 或 B2B 或 BB 或 B-B）的电子商务是指企业与企业之间利用网络进行的各种商务活动。这种电子商务正在成为电子商务的主流，企业之间利用网络可以完成采购、信息沟通、付款、发货等工作，企业之间的交易与合作是这类电子商务的主要内容。这一类电子商务已有多年的运作历史，特别是企业通过专用网或增殖计算机网络（Value-added Network, VAN）采用 EDI 方式进行的电子商务起源最早，也较为成熟。

（二）企业与消费者的电子商务

企业与消费者（Business to Consumer, B to C 或 B2C 或 BC 或 B-C）的电子商务是指企业与消费者之间发生的商务活动，包括企业对消费者和消费者对企业两种形式。这种商务的基本形式是电子零售业，即企业借助网络开展在线销售活动，它是消费者通过网络参与经济活动的高级形式。目前这类电子商务发展很快，不但一些传统企业开展了网上销售，而且还出现了专门的网站从事网上销售。在发达国家，网上购物已具有相当规模，最近两年我国也有一定的发展。随着上网人数的急剧膨胀，它将是未来最有潜力的商务。

（三）企业与政府的电子商务

企业与政府（Business to Government, BG 或 B2G 或 B-G）的电子商务是指企业与政府之间发生的电子商务活动。这种商务活动可以覆盖企业与政府之间的许多事务，如政府通过网络从企业采购物品、向企业发放许可证、向企业传递政府管理信息，企业通过网络向政府传递统计资料或企业的相关信息、交纳税款、办理进出口业务等。当前，各国的政府信息化工作正在如火如荼地进行，这为企业与政府开展电子商务打下了良好的基础，预计在未来这种电子商务会有较快的发展。我国的电子报关、网上交税、政府网上采购等都有了长足的发展。

（四）政府与个人的电子商务

政府与个人（Government to Consumer，G to C 或 G2C 或 GC 或 G-C）的电子商务是指政府与个人之间发生的电子商务。这类电子商务发展比较缓慢，尚处于起步阶段，但有些国家已经在进行探索。如在美国一些政府网站向消费者推销产品，在澳大利亚一些个人纳税通过网络进行。未来这种电子商务应集中在个人报税、社会福利基金的发放等方面。

四、电子商务的未来发展趋势

电子商务未来发展趋势：一是电子商务将与企业信息化逐步融合；二是区域电子商务将渐入佳境；三是电子商务与电子政务结合将引发新的商机；四是移动电子商务将成为市场热点；五是电子商务的外部环境将得到改善。

资料卡

1. business processes（业务流程）
2. clustering（聚类）
3. commerce（商务）
4. commodity（商品）
5. electronic business, e-business（电子商务）
6. electronic data interchange, EDI（电子数据交换）

7. electronic funds transfer, EFT（电子资金转账）
8. file transfer protocol, FTP（文件传输协议）
9. firm（企业）
10. graphical user interface, GUI（图形用户界面）
11. hierarchical business organization（等级制企业组织）
12. hypertext（超文本）
13. hypertext link，hyperlink（超文本链接）
14. Hypertext Markup Language, HTML（超文本标记语言）
15. hypertext server（超文本服务器）
16. industry value chain（行业价值链）
17. Internet（因特网）

任务评价

一、评价方法

本任务采用学生自我检验、小组评价和教师评价的方法，对学习目标进行检验。学生本人首先会比较传统电子商务和现代电子商务的区别，掌握电子商务优点，并会运用理论解决实际的案例，提出解决问题的方法。

二、评价指标

表 1-1 任务完成情况评价表

评价指标	学生自我评价		小组评价		他人/教师评价	
	合格	不合格	合格	不合格	合格	不合格
案例分析的能力						
学生的课堂表现						
理论知识掌握						
制作具体企业的电子商务模式或方案						
协助老师（或企业）解决问题的能力						

课后练习

一、思考题

1. 传统电子商务同现代电子商务的区别有哪些？
2. 请简要阐述电子商务未来的发展趋势？

二、实训题

登录电子商务论坛（http://freefeefee.5d6d.com），注册成为会员，了解相关知识和最新电子商务发展动态。

任务二 电子商务法律法规

任务要求

本任务中要求学生了解电子商务法律与法规的发展进程；掌握电子商务法律与法规的主要内容与特点；掌握我国电子商务安全管理制度。在教学中应采用案例教学、角色扮演、互动教学、启发引导等多种教学手段，充分调动学生的学习电子商务法律法规的积极性和创造性，更重要的是培养学生的分析问题和解决问题的能力。

任务实施

根据以下案例，将同学分两组分别扮演原告和被告的角色，由教师担任法官的角色，其他同学可以作为旁听观众，针对本案进行模拟。教师根据模拟情况适时提出各种相关问题，旁听同学积极参与，通过互动方式针对实际问题对电子商务相关法律和法规积极进行讨论。讨论结束后根据涉及知识点分组进行汇报。

福建亲亲股份有限公司与郝文中计算机网络域名侵犯商标权纠纷案

原告　福建亲亲股份有限公司，住所地：福建省晋江五里工业区。

法定代表人　吴火炉，董事长。

委托代理人　吴建设，福建亚太商标专利事务所有限公司董事长。

委托代理人　林文渊，福建亚太商标专利事务所有限公司职员。

被告　郝文中，女，1957 年 3 月 21 日生，汉族，哈尔滨市道外区亲亲食品经销部业主，住哈尔滨市道外区南极街副 48 号－2 号。

委托代理人　张克军，黑龙江银盛律师事务所律师。

原告福建亲亲股份有限公司（简称亲亲公司）与被告郝文中计算机网络域名侵犯商标权纠纷一案，本院于 2005 年 2 月 23 日受理后，依法组成合议庭，于 2005 年 3 月 31 日不公开开庭进行了审理。原告委托代理人吴建设、林文渊，被告委托代理人张克军到庭参加诉讼。本案现已审理终结。

原告亲亲公司诉称：原告是省级农业产业化重点龙头股份制企业，始创于 1985 年。经过二十年的发展，原告秉持“以人为本、创造价值、立足本土、展望世界”的经营理念，励精图治，拼搏进取，目前下辖 9 家控股子公司，拥有员工 2 万人，其中国内外中、高级经营管理及技术人才 300 多人，在全国建立了完整的销售网络，年销售额超 10 亿元，已发展成为国内知名的食品生产企业。原告于 1992 年在国际分类第 30 类商品上注册了第 614573 号“亲亲及图”商标，后又不断改进商标，并于 2004 年在第 29 类商品上注册了第 3293585 号“亲亲”商标，在第 30 类商品上注册了第 3293583 号“亲亲及图”商标，同时，原告还申请注册了“亲亲”商标的防御商标和联合商标，形成了完整的商标保护体系。到目前为止，原告及其子公司在广告宣传方面投入累计达 3 亿元，其中，2002 年至 2004 年投入 1.4 亿元，广告覆盖范围遍及全国，使“亲亲”商标成为家喻户晓的知名品牌。原告生产的“亲亲”牌虾条、薯片（条）系列产品销售额和市场占有率在全国同行业中居第一位，“亲亲”牌果冻系列产品销售额和市场占有率在全国同行业中居第二位。2005 年，原告发现被告在互联网上注册了中文域名“中国亲亲”和英文域名“www.qinqin-cn.com”，恶意侵害原告的合法权益，给原告的经营造成了经济损失。请求法院判令：（1）认定原告的“亲亲”注册商标为驰名商标；（2）被告立即停止对原告“亲亲”注册商标的不正当竞争行为和侵权行为；（3）被告的中文域名“中国亲亲”和英文域名“www.qinqin-cn.com”交由原告使用；（4）被告赔偿原告经济损失人民币 30 万元。

被告郝文中辩称：被告的中文域名“中国亲亲”和英文域名“www.qinqin-cn.com”是合法注册和使用。原告的“亲亲”商标仅限于食品，与被告在网上注册的域名无关。原告要求赔偿损失 30 万元没有法律依据。应驳回原告的诉讼请求。

在本院开庭审理过程中，原告和被告为证明各自诉辩主张的事实成立，举示了证据并发表了质证意见。

原告亲亲公司举示的证据有：

证据 1 原告的企业法人营业执照副本。主要内容为：原告的经营范围为销售膨化食品、果冻等。

证据 2 原告的商标证书。主要内容为：第 614573 号商标注册证，商标“亲亲及图”，核定使用商品第 30 类膨化食品，注册有效期限自 1992 年 10 月 20 日起；第 3293585 号商标注册证，商标“亲亲”，核定使用商品第 29 类果冻等，注册有效期限自 2004 年 2 月 7 日起；第 3293583 号商标注册证，商标“亲亲及图”，核定使用商品第 30 类玉米花、虾味条、膨化土豆片等，注册有效期限自 2004 年 2 月 28 日起。

证据 3 哈尔滨市道外区公证处的《公证书》。主要内容为：哈尔滨市道外区公证处于 2005 年 2 月 3 日公证证明，被告在互联网上注册了中文域名“中国亲亲”和英文域名“www.qinqin-cn.com”，使用“亲亲食品”的标识，用于销售果冻和膨化食品等。

证据 4 购买“亲亲虾条袋”包装物的发票。证明：原告在 1993 年 9 月已使用“亲亲”商标。

证据 5 原告控股的多个子公司的营业执照、工商登记档案和商标使用许可合同。证明：原告在全国各地拥有多家子公司，其膨化食品、果冻等产品均使用“亲亲”商标。

证据 6 原告的广告合同、发票、广告图册、广告片、媒体报道和广告监测报告。主要内容为：从 1992～2004 年，原告投入广告和媒体宣传报道累计达 3 亿元,其中 2002～2004 年共投入 1.4 亿元。证明：原告的“亲亲”商标已在全国具有很高的知名度，是中国的驰名商标。

证据 7 原告及其产品和商标的荣誉证书。主要内容为：1992 年被中国消费者报社、中国消费者协会消费指导工作委员会、中国技术监督报社评为“北京晋江名优产品展销会参展荣誉奖”；1998 年被中国食品工业协会评为“中国食品工业协会电视广告推荐品牌”；1998 年被福建省著名商标认定委员会评为“福建省著名商标”；1999 年被中国食品工业协会授予“中国食品工业优秀企业”称号；2000 年被中国食品工业协会认定为“国家质量达标食品”单位；2001 年被中国食品工业协会认定为“中国名优食品”；2002 年被中国质量协会评为“质量信誉跟踪产品”；2002 年被福建省著名商标认定委员会评为“福建省著名商标”；2003 年被中国食品工业协会、中国食品工业协会企业家委员会评为“全国安全优质食品承诺活动承诺企业”；2003 年被福建省人民政府评为“福建名牌产品”；2004 年被中国质量检验协会评为“2000 年～2004 年国家质量检测合格产品”等。证明：原告的“亲亲”商标已在全国具有很高的知名度，是中国的驰名商标。

证据 8 有关行业协会、各地政府及经济发展局的证明。主要内容为：原告及其子公司 2002 年年生产量达 1 007 万箱，终端销售额 8.12 亿元，利税 1.07 亿元；2003 年年生产量达 1 071 万箱，终端销售额 8.63 亿元，利税 1.17 亿元；2004 年年生产量达 1287 万箱，终端销售额 10.41 亿元，利税 1.39 亿元，在全国同行业中排名前列。

证据 9 原告各地经销商部分名单和区域代理合同。主要内容为：原告与近两千家全国主要经销商订立了 101 份经销合同。证明：原告在全国已建立了完整的销售网络和完善的售后服务体系。

证据 10 原告形成商标保护体系的商标注册证和商标管理制度。主要内容为：原告在相关商品上分别申请注册了“亲亲”商标的防御商标和联合商标，并于 2002 年 1 月 8 日获得美国商标注册证。证明：原告已形成全方位完整的保护“亲亲”商标体系。

证据 11 国家加工食品质量监督检验中心、福建省中心检验所、咸阳市产品质量监督检验所等 20 份国家、省、市级检验中心对原告产品的质量检测报告。证明：原告的产品质量优良，具有很高知名度。

证据 12 处罚决定书。证明：原告的“亲亲”商标是驰名商标，在全国各地受到保护。

证据 13 产品及包装袋 10 件。证明：原告一直在实际使用“亲亲”商标。

被告认为：对原告的证据 1、2、5、6、7、9、10、13 无异议；证据 3 只能证明被告注册了中文域名“中国亲亲”和英文域名“www.qinqin-cn.com”，但不能证明被告侵犯了原告的商标权；证据 4 不能证明原告的主张；证据 8、12 与本案无关；证据 11 不能直接证实原告的“亲亲”商标是中国驰名商标。

被告郝文中举示了以下证据：

证据 14 被告郝文中的哈尔滨市道外区亲亲食品经销部个体工商户营业执照。主要内容为：经营范围为销售小食品。

原告对被告的证据没有异议。

综合分析各方当事人的诉辩主张和举示的证据及发表的质证意见，本院确认：

（1）原告亲亲公司始创于 1985 年, 原告及其控股子公司自 1993 年起使用“亲亲”商标，经营范围为销售膨化食品、果冻等。

（2）原告拥有下列注册商标权：第 614573 号商标注册证，商标“亲亲及图”，核定使用商品第30类膨化食品，注册有效期限自1992年10月20日起；第3293585号商标注册证，商标“亲亲”，核定使用商品第29类果冻等，注册有效期限自2004年2月7日起；第3293583号商标注册证，商标“亲亲及图”，核定使用商品第30类玉米花、虾味条、膨化土豆片等，注册有效期限自2004年2月28日起。原告还在相关商品上分别申请注册了“亲亲”商标的防御商标和联合商标，并于2002年1月8日获得美国商标注册证。

（3）原告及其控股子公司生产的产品，2002年年生产量为1007万箱，终端销售额8.12亿元，利税1.07亿元；2003年年生产量为1 071万箱，终端销售额8.63亿元，利税1.17亿元；2004年年生产量为1 287万箱，终端销售额10.41亿元，利税1.39亿元。

（4）原告从1992年至2004年，投入广告、媒体报道累计人民币3亿元,其中，2002至2004年共投入人民币1.4亿元。

（5）原告在全国已建立了完整的销售网络和完善的售后服务体系。

（6）国家加工食品质量监督检验中心、福建省中心检验所、咸阳市产品质量监督检验所等20个国家、省、市级检验中心对原告产品的质量检测报告证明，原告的产品质量优良。

（7）原告及其产品和商标获得了中国食品工业协会授予“中国食品工业优秀企业”称号、中国食品工业协会认定为“中国名优食品”、中国质量检验协会评为“（2000年—2004年）国家质量检测合格产品”、福建省著名商标认定委员会评为“福建省著名商标”、中国食品工业协会评为“中国食品工业协会电视广告推荐品牌”、福建省人民政府评为“福建名牌产品”等多项荣誉。

（8）原告生产的“亲亲”牌虾条、薯片（条）系列产品，销售额和市场占有率在全国同行业中居第一位；原告生产的“亲亲”牌果冻系列产品，销售额和市场占有率在全国同行业中居第二位。

（9）被告在互联网上注册了中文域名“中国亲亲”和英文域名“www.qinqin-cn.com”，使用“亲亲食品”的标识，用于销售果冻和膨化食品等。

（10）被告郝文中的哈尔滨市道外区亲亲食品经销部经营范围为销售小食品。

本案争议的焦点是：原告的“亲亲”商标是否为中国驰名商标；被告在互联网上注册和使用中文域名“中国亲亲”和英文域名“www.qinqin-cn.com”是否侵犯了原告的商标权，构成不正当竞争。

本院认为：驰名商标，是在国内、国际市场上享有较高知名度和较高信誉，为相当范围消费者所熟知的商标。原告自1993年起使用“亲亲”商标，用于果冻和膨化食品等商品，并自1992年起在相关商品上注册了“亲亲”、“亲亲及图”商标，其第614573号“亲亲及图”注册商标、第3293585号“亲亲 ”注册商标和第3293583号“亲亲及图”注册商标有效；原告还在相关商品上分别申请注册了“亲亲”商标的防御商标和联合商标，“亲亲”商标于2002年1月8日获得美国商标注册证；原告的商标具有显著的独特性；经国家和省、市有关产品质量检验机构几年来的检测，原告的商品质量优良且稳定，原告及其产品和商标获得了中国食品工业协会等授予的众多荣誉，被评为“中国名优食品”、“福建省著名商标”等，其生产的“亲亲”牌虾条、薯片

（条）系列产品，销售额和市场占有率在全国同行业中居第一位，“亲亲”牌果冻系列产品，销售额和市场占有率在全国同行业中居第二位；原告在全国已建立了完整的销售网络和完善的售后服务体系，投入了巨额广告宣传，其广告的投入与销售额呈正比增加；原告及其产品和商标在同行业中享有较高的知名度和信誉，为相关消费者所熟知。根据《中华人民共和国商标法》第十四条和《最高人民法院关于审理涉及计算机网络域名民事纠纷案件适用法律若干问题的解释》第六条的规定，应认定原告的第 3293585 号“亲亲”注册商标和第 3293583 号“亲亲及图”注册商标为中国驰名商标。

被告郝文中开设哈尔滨市道外区亲亲食品经销部，是专门销售小食品的个体工商户，其对原告及其产品和商标在同行业中享有较高的知名度和信誉、为相关消费者所熟知应当是明知的。被告未经原告许可，在互联网上注册中文域名“中国亲亲”和英文域名“www.qinqin-cn.com”，使用“亲亲食品”的标识，用于销售果冻和膨化食品等，其域名与原告的驰名商标相同和近似，足以造成相关消费者的误认，主观上具有明显的“傍名牌”恶意，侵害了原告的合法权益，损害了原告的商业信誉和商品声誉，违反了诚实信用原则，已构成计算机网络域名侵犯商标权，应承担相应的民事责任。

综上所述，原告的诉讼请求有理，本院予以支持；被告的抗辩不成立，本院不予采纳。依照《中华人民共和国商标法》第十四条、第五十六条第一款、第二款，《最高人民法院关于审理商标民事纠纷案件适用法律若干问题的解释》第一条第（三）项，《最高人民法院关于审理涉及计算机网络域名民事纠纷案件适用法律若干问题的解释》第四条、第五条第一款第（一）项及第（二）项、第六条和第八条的规定，判决如下：

（1）被告郝文中立即停止侵犯原告福建亲亲股份有限公司“亲亲”商标权的行为；

（2）被告郝文中立即停止使用中文域名“中国亲亲”和英文域名“www.qinqin-cn.com”；

（3）中文域名“中国亲亲”和英文域名“www.qinqin-cn.com”立即交由原告福建亲亲股份有限公司注册使用；

（4）被告郝文中赔偿原告福建亲亲股份有限公司经济损失 30 万元，于本判决生效之日起十日内付清。

案件受理费 7 760 元由被告郝文中负担。

具体做法：

第一步：搜索商标计算机域名侵权案例，分析法院判决的依据。

第二步：阅读本案例并讨论本案例的现实意义，写出不少于 1000 字的分析报告。

知识拓展

我国电子商务立法的发展阶段及各自的特点

一、1949～2001 年的分散立法阶段

在我国，信息化法律法规建设与国家发展，尤其是与国家的法治建设进程是同步的。改革开放以前，由于国家法治建设受到多次冲击，信息化法律法规建设相对非常落后，缺少基本的法律规范，也没有系统概念的提出。改革开放以后，我国政府开始认识到信息技术和信息化的重要意义。1978 年的政府工作报告提出“加速发展集成电路和电子计算机的研究，并使它们广泛应用于各个方面”。在 1986 年制定“863”计划时，国家已经把信息技术列为重要课题，并开始了我国的信息化问题研究。1987 年，我国成立了国家信息中心，在中心内部专门设立了政策研究所，重点研究有关信息法规和政策问题，并整理了《信息与信息技术立法文集》、《中国信息立法环境分析及立法探讨》、《信息化进程中立法框架建议》等内部资料。1991 年的政府工作报告提出“推动电子技术在国民经济和社会生活中的广泛应用”。1993 年的政府工作报告提出“把电子信息等高新技术放到重要位置，提高投资强度，努力在各个领域广泛推广应用”。同年 12 月，国家经济信息化联席会议成立，邹家华副总理任主席。党和国家领导也相继提出了信息化建设的任务，启动了金卡、金桥、金关等重大信息化工程，提出了“信息化带动产业发展”的思路。正是在这一阶段，我国开始了信息法制建设的摸索和实践。1996 年 1 月，国家成立了国务院信息化工作领导小组，由 20 多个部委组成，时任国务院副总理邹家华任组长，确立了信息化在国民经济和社会发展中的重要地位，提出了信息化建设的方针和原则；制定了一系列促进信息化的政策和发展规划。1997 年，国务院信息化领导小组办公室主办的“1997 中国信息化法制建设研讨会”在北京召开。1999 年 12 月，由国务院信息化领导小组办公室主办的以电子商务立法为主题的“第二届中国信息化法制建设研讨会”在北京召开，这是我国第一次就电子商务立法问题进行高层探讨。这一时期，我国的信息化立法主要是停留在分散立法的阶段，主要是由国务院和各部门针对信息化发展中出现的一些突出问题通过制定法规和规章加以调整，而较少上升为全国人大的法律来加以调整。

（一）电子商务

在这一时期，国家首先根据信息化发展的需要，对一些专门法进行了补充和修订以适应电子信息使用的需要。1999 年修订的《合同法》在合同形式方面大胆吸收了数据电文形式，并将之视同书面合同，从而为电子合同的推广应用以及为今后的电子商务立法奠定了基础。

《合同法》第 11 条明确了数据电文可以作为书面合同的形式，第 16 条和第 34 条分别规定了采用数据电文形式订立合同的成立时间和地点。2000 年修订的《海关法》和 2001 年修订的《税收征收管理法》也分别明确了电子数据报关单和数据电文报税的效力。

（二）信息安全

信息安全环境是事关信息化成败至关重要的因素，它不仅关系到国家安全、企业经济安全和个人信息安全，更决定着人们对开展信息化的信心。20 世纪 80 年代初，公安部成立计算机安全监察机构的同时，就已着手制定有关计算机安全方面的法规。1988 年 9 月，全国人大常委会通过的《保守国家秘密法》第三章首次对电子信息保密做出了规范。1989 年，公安部制定了《计算机病毒控制规定（草案）》，开始推行“计算机病毒研究和销售许可证”制度。1994 年 2 月 18 日，国务院发布了《计算机信息系统安全保护条例》，为保护计算机信息系统的安全提供了法律保障，这是我国专门针对信息网络安全问题制定的首部行政法规。这部条例明确对计算机信息系统实行等级保护，同时规定对信息安全产品，如杀毒软件、防火墙、入侵检测软件等，实行销售许可制度。为了实施这一制度，公安部于 1997 年制定了《计算机信息系统安全专用产品检测和销售许可证管理办法》。2000 年 4 月 26 日，公安部又根据该条例出台了《计算机病毒防治管理办法》，详细规定计算机病毒防治产品的生产、销售许可、病毒的检测与清除等工作。针对计算机国际联网给信息安全带来的新问题，国务院于 1997 年 12 月出台了《计算机信息网络国际联网安全保护管理办法》，国家保密局又在此基础上于 2000 年 1 月制定了《计算机信息系统国际联网保密管理规定》。在信息安全保护工作中，密码是最古老和最常用的手段。以加密算法为基础，以密码管理为核心的信息安全产品，已经成为商用信息系统保护信息安全的基本手段。为此，国务院于 1999 年 10 月出台的《商用密码管理条例》明确规定，对商用密码产品实行专控管理。商用密码的研究和生产都须由指定的单位承担，销售商用密码产品实行行政许可制度，任何单位和个人只能使用国家指定的商用密码产品。随着网络的普及，针对计算机系统的犯罪也日益增多。为了遏制这类犯罪，保护计算机系统的信息安全，1997 年 3 月修订的《刑法》在第 285 条、第 286 条对侵入计算机系统和破坏计算机系统的行为做出了专门的处罚规定。

（三）互联网治理

我国于 1994 年 4 月正式与 Internet 联网，1995 年 5 月向社会开放网络接入和提供全面服务。1996 年 2 月 1 日，国务院发布《计算机信息网络国际联网管理暂行规定》，提出了对国际联网实行统筹规划、统一标准、分级管理、促进发展的原则。1997 年 5 月 20 日，国务院对这一规定进行了修订，对设立了国际联网的主管部门，增加了经营许可证制度。这一规定是规范我国互联网国际联网和接入服务最主要的法律性文件。1997 年 6 月 3 日，国务院信息化工作领导小组主持设立了中国互联网络信息中心（CNNIC）。为了保护合法域名，防止恶意抢注，我国于 1997 年 6 月 2 日，发布了中国互联网络域名注册暂行管理办法》和《中国互联网络域名注册实施细则》。1997 年 12 月 8 日，国务院信息化工作领导小组又制定了《计算机信息网络国际联网管理暂行规定实施办法》，详细规定了国际互联网管理的具体办法。2000 年 10 月 8 日，信息产业部发布了《互联网电子公告服务管理规定》，要求从事互联网信息服务，拟开展电子公告服务的，应当在向省、自治区、直辖市电信管理机构或者信息产业部申请经营性互联网信息服务许可或者办理非经营性互联网信息服务备案时，提出专项申请或者专项备案。2000 年 11 月 7 日，国务院新闻办公室和信息产业部联合发布了《互联网站从事登载新闻业务管理暂行办法》。国务院 2000 年出台的《互联网信息服务管理办法》第 15 条分别规定了“互联网信息服务提供者不得制作、复制、发布、传播”的 9 类禁止性信息。《互联网信息服务管理办法》还明确了对内容的分类管理，强化了多头管理的体制，要求新闻、出版、教育、卫生、药品监督管理、工商行政管理和公安、国家安全等有关行政主管部门在各自的职责范围内对互联网信息内容实施监督管理。针对互联网中某些涉及民生的专业信息，有关主管部门也制定了专门的管理办法，如 2001 年 1 月 8 日，卫生部发布了《互联网医疗卫生信息服务管理办法》。对于药品的注册管理，国家药品监督管理局于 2001 年 1 月 11 日发布了《互联网药品信息服务管理暂行规定》，该规定要求从事互联网药品信息服务，除了应当符合《互联网信息服务管理办法》规定的要求外，还要符合专业性要求。

自我国正式接入国际互联网络并向社会开放网络接入和提供全面服务后，美国 Real Networks 公司率先开发出 Real Audio/Video Streaming 技术，使得在互联网上开展视听节目服务成为现实。随着互联网等信息网络传播视听服务的迅速发展，如何有效地对信息网络传播视听服务进行管理，成为政府亟需解决的一项重要的课题。为了规范信息网络传播视听节目服务，国家广播电影电视总局于 1999 年 10 月 1 日发布了《关于加强通过信息网络向公众传播广播电影电视类节目管理的通告》。该通告把包括电台、电视台在内的各种传播视听节目的网络都纳入信息网络的范围之中。2000 年 4 月 7 日，国家广播电影电视总局发布《信息网络传播广播电影电视类节目监督管理暂行办法》，对信息网络传播视听节目的各种传播形式、传播介质、传播程序和网络类型都进行了具体规定。2000 年 12 月 28 日通过的《全国人大常委会关于维护互联网安全的决定》，标志着我国以法律规范网络的开始。该决定的内容以刑事处罚为主，对违反互联网运行安全、利用互联网实施危害国家安全和社会稳定，或者破坏社会主义市场经济秩序和社会管理秩序的行为追究刑事责任。但是，该决定也同时要求各级人民政府及有关部门“要采取积极措施，在促进互联网的应用和网络技术的普及过程中，重视和支持对网络安全技术的研究和开发，增强网络的安全防护能力”，这为互联网治理和信息立法提供了法律依据。

二、2002 年至今的集中立法阶段

2000 年 10 月，党的十五届五中全会把信息化提到了国家战略的高度，指出“信息化是当今世界经济和社会发展的大趋势，也是我国产业优化升级和实现工业化、现代化的关键环节。要把推进国民经济和社会信息化放在优先位置”以及“大力推进国民经济和社会信息化，是覆盖现代化建设全局的战略举措。以信息化带动工业化，发挥后发优势，实现社会生产力的跨越式发展”。为了实现党中央、国务院的这一战略决策，2001 年 8 月，国家信息化领导小组重新组建，时任国务院总理朱镕基任组长，时任国家副主席胡锦涛，原副总理李岚清、吴邦国，原中共中央宣传部部长丁关根均在该领导小组中担任副组长。2001 年 12 月，国家信息化工作领导小组召开第一次会议，提出了推进中国信息化建设须遵循的重要方针。立法是全面推进信息化中的一个重要环节，是一项基础性工作。国家信息化领导小组在 2002 年制定的《关于我国电子政务建设指导意见》中明确提出要“加快建设电子政务法制建设，加快研究和制定电子签章、政府信息公开及网络与信息安全、电子政务项目管理等方面的行政法规和规章”。这也标志着我国的信息化立法进入了集中立法的阶段。《2006—2020 年国家信息化发展战略》再一次明确，将推进信息化法制建设作为一项重要任务加以明确，要求“加快推进信息化法制建设，妥善处理相关法律法规制定、修改、废止之间的关系，制定和完善信息基础设施、电子商务、电子政务、信息安全、政府信息公开、个人信息保护等方面的法律法规，创造信息化发展的良好法制环境。根据信息技术应用的需要，适时修订和完善知识产权、未成年人保护、电子证据等方面的法律法规。加强信息化法制建设中的国际交流与合作，积极参与相关国际规则的研究和制定”。

（一）电子签名与电子商务

我国政府高度重视电子商务的立法工作。1998 年 11 月 18 日，原国家主席江泽民在吉隆坡举行的亚太经合组织领导人非正式会议上指出，电子商务代表着未来贸易方式的发展方向，其应用推广将给各成员带来更多的贸易机会。在发展电子商务方面，我们不仅重视私营、工商部门的推动作用，同时也应加强政府部门对发展电子商务的宏观规划和指导，并为电子商务的发展提供良好的法律环境。

在电子商务的发展过程中，首先遇到的法律障碍是数据电文和电子签名在法律上的效力问题。在计算机和网络出现以前，人类的意思表达主要是通过口头、书面和音像形式。其中，书面形式因为具有易于保留、查证，简便易行等优点，在法律上被作为人类意思表达的首选法定形式。但是，法律中所存在的大量关于书面形式的规定和要求，包括对签名和盖章的要求，与数据电文形式冲突，客观上对使用信息技术构成了阻碍。

2004 年 8 月 28 日，全国人大常委会通过了《电子签名法》，这是我国电子商务和信息化领域的第一部专门法律。该法重点解决了 4 个方面的问题：确立数据电文和电子签名的法律效力，赋予可靠电子签名与手写签名或盖章具有同等的法律效力；规范了电子签名的行为；明确认证机构的法律地位及认证程序；规定电子签名的安全保障措施。该法还解决了电子记录的证据规则问题，并明确了电子认证服务的市场准入制度，为我国电子商务安全认证体系和国家网络信任体系的建立奠定了重要基础。作为《电子签名法》的重要配套规章，原信息产业部于 2005 年 2 月 8 日制定了《电子认证服务管理办法》，规定了电子认证服务许可证的发放和管理、电子认证服务行为规范、暂行或者终止电子认证服务的处置、电子签名认证证书的格式和安全保障措施、监督管理和对违法行为的处罚等内容，为电子认证服务业的发展创造了良好的法律环境。与此同时，国家密码管理局也于 2005 年 3 月 31 日制定了《电子认证服务密码管理办法》，规定了面向社会公众提供电子认证服务应使用商用密码，明确了电子认证服务提供者申请“国家密码管理机构同意使用密码的证明文件”的条件和程序，同时也对电子认证服务系统的运行和技术改造等作出了相应规定。电子支付是电子商务的重要一环，它直接关系到电子商务的顺利发展。针对网络银行被盗的频繁发生，2005 年 10 月 26 日，中国人民银行出台了《电子支付指引（第一号）》，全面针对电子支付中的业务规则、操作规范、交易认证方式、风险控制、参与各方的权利义务等进行规定，对防范支付风险、维护电子支付交易参与者的合法权益、确保银行和客户资金的安全等起到了积极作用。证券交易是中国电子商务发展最典型的代表。早在 2000 年 4 月，中国证券业监督管理委员会就发布实施了《网上证券委托暂行管理办法》。在电子商务立法方面，地方立法也发挥了积极的作用。2004 年 11 月，广东省出台了第一部地方性的电子商务法规《广东省电子商务交易条例》。它的调整对象除了电子签名、电子记录和认证服务外，还包括了《电子签名法》所没有的电子交易服务提供商。根据《国家电子商务“十一五”规划》的规定，国家目前正研究制定信用管理、在线支付、网上交易、税收征管、隐私权保护等方面的法律法规，加快制定虚拟货币、电子合同、在线产品信息管理办法。根据电子商务发展的需要，适时修订现行相关法律法规。

（二）政府信息公开

2007 年 1 月 17 日，国务院第 165 次常务会议通过《政府信息公开条例》（以下简称为《条例》），自 2008 年 5 月 1 日起施行。《条例》的制定是我国信息化法制建设的一件大事，在我国法治建设的历史上也具有重要的意义条例，在我国第一次系统地建立了规范的、可操作的政府信息公开制度，并通过行政复议、行政诉讼机制的引入确立了知情权的法律地位和公开是原则、不公开是例外的基本原则。在《条例》制定之前，地方立法应该说起到了重要的先行先试作用，为《条例》的制定和实施积累了经验除港澳台地区外，全国共有22个省、5个自治区、4个直辖市、22个省会城市、5个自治区首府城市、18个较大的市、4个经济特区市等80个地方政府有权制定地方性法规或地方政府规章。在《条例》制定前，截至2006年11月15日，共有34个地方政府专门制定了信息公开地方性法规或规章，占总比42.5%，具体情况详见表1从时间维度看，2001年立法的只有福建省；2002年立法的有广州市；2003年立法的有汕头、哈尔滨、太原市；2004年立法的有上海、重庆、湖北、吉林、武汉、杭州、成都、宁波、济南、长春、昆明、大同、鞍山13个省市；2005年立法的有北京、广东、河北、辽宁、黑龙江、陕西、海南、苏州、郑州、海口、贵阳、乌鲁木齐12个省市；2006年立法的有江苏、四川、深圳、本溪4个省市。这些数据表明2004年和2005年是我国地方政府立法的高潮阶段，共有25个省市制定了地方规定，较快地推动了政府信息公开制度的发展，为《条例》的出台提供了宝贵的经验。

《条例》公布两年来，地方规定的修改（制定）情况大致如下：（1）一些过去没有地方规定的又陆续制定了地方规定，如南京市、天津市和甘肃省都制定了信息公开方面的地方规定，而大连市制定了依申请公开的专门政府规章。但是，应该说这样的地方数量不是太多，绝大多数过去没有制定地方规定的在《条例》公布之后仍然维持了过去的格局，至今都没有制定相应的地方规定。（2）一些过去已经制定了地方规定的对原规定依据《条例》进行了相应的修订，如陕西、河北、上海、辽宁、宁波、杭州和成都均修订了原地方规定，广州修订了依申请公开信息办法。但是，这样的地方仍然是少数，大部分过去已经制定了地方规定的都还没有来得及根据《条例》对原规定进行及时的修订。（3）由于国务院办公厅的重视和大力推动，几乎所有地方均制定了信息公开具体配套制度方面的其他规范性文件，涉及诸如领导体制、保密审查、社会评价、纪律制裁、年报编制、统计分析、人员培训等范围广泛的问题。尽管这样的规范性文件数量庞大，数以百计，但是，由于它们不具有地方政府规章的法律地位，仍不能被统计在地方立法的范畴之内。

（三）个人信息保护

自20世纪90年代末开始，尤其是进入新世纪以来，由于信息化的迅猛发展与权利观念的进一步提升，首先从信息化和消费者权利保护这两个领域的地方立法开始，逐步出现了个人信息概念，并于21世纪初率先在两部法律中得以采用。这一时期，不但出现了新的概念，更重要的变化在于：（1）相比于边界模糊、主要依靠传统民事侵权法予以保护的隐私权，个人信息概念更为中性，其覆盖范围远远超出传统的民事侵权法所能覆盖的范围。比如，对于不当采集、使用、披露、交换或者传播个人姓名、住址、电话、职业、学历等客观个人信息的行为，很难用传统的侵权法认定为是侵权行为并加以追究，而采用个人信息保护法则容易得多。这样，采用个人信息概念，其保护的范围就比隐私权的范围要大，由此实现了权利边界的扩张。（2）由于个人也更为明确信息保护超出了传统的隐私权侵权民法保护的范畴，因此，对个人信息的保护手段除了传统的两种方式以外，又增加了政府的监管责任和行政法保护方式，这样，就从传统的事后保护向事前、事中、事后并重的多阶段、全过程保护迈出了一大步。

（四）信息安全

国家信息化领导小组办公室成立之后，建立了一整套信息安全的组织保障体系，专门成立了网络与信息安全领导小组，成员有原信息产业部、公安部、国家保密局、国家密码管理委员会、国家安全部等强力部门，各省、市、自治区也设立了相应的管理机构。这一机构的设置为继续加强信息安全法律法规建设提供了有利的条件。2003 年 7 月，国家信息化领导小组第三次会议上专题讨论并通过了《关于加强信息安全保障工作的意见》，同年 9 月，中央办公厅、国务院办公厅转发了《国家信息化领导小组关于加强信息安全保障工作的意见》（2003［27］号文件）。27 号文件第一次把信息安全提到了促进经济发展、维护社会稳定、保障国家安全、加强精神文明建设的高度，并提出了“积极防御、综合防范”的信息安全管理方针。

为了贯彻《计算机系统信息安全保护条例》中所提出的等级保护制度，2004 年公安部联合国家保密局、密码局、保密委员会和国家信息化领导小组办公室发布《关于信息安全等级保护工作的实施意见》，对信息安全等级保护的基本制度框架进行了规划。2006 年上述部门联合发布了《信息安全等级保护管理办法（试行）》，开始具体构建信息安全等级保护制度。这些法律文件构成了我国信息安全等级保护的基本法律框架。为加强和规范互联网安全技术防范工作，保障互联网网络安全和信息安全，2005 年 12 月，公安部出台了《互联网安全保护技术措施规定》，详细规定了互联网服务提供者和联网使用单位落实相关互联网安全保护技术措施的义务。2005 年，国家信息化领导小组还对信息安全相关法规、规章，特别是各类政策性文件进行了深化梳理，并组织有关部门和法学研究机构对 12 个相关专题进行研究，起草了《信息安全条例（草案）》。可以说，信息安全立法仍将是今后信息化立法工作的重点。

（五）电子政务

从广义上讲，凡是与电子或者政务相关的立法，均可以称之为电子政务立法。由于我国的特殊国情，行政权的作用一直很大，一般估计我国 80%的法律都需要由行政机关负责执行。因此，我国与电子或政务相关立法的数量众多，涉及面非常广。例如，通过自动搜索北大法律数据库“法律法规”库（截止时间为 2008 年 5 月 1 日），名称中带有“行政”概念的法律规范有 104 部，行政法规有 230 部，部委规章有 3 599 部，地方法规有 119 部。名称中带有“处罚”概念的法律规范有 10 部，行政法规有 13 部，部委规章有 873 部，地方法规有 1 354 部。至于法律条文中涉及到这些概念的规定更是数以万计。相比之下，名称中带有“电子”概念的法律规范只有 1 部，行政法规只有 2 部。名称中带有“信息化”或者“电子政务”概念的法律或者行政法规至今还没有。因此，通常意义上所讲的“重电子、轻政务”需要严格界定使用条件。在电子政务相关立法中，目前的情况可以说是“政务方面的法律已经基本具备，电子方面的法律严重匮乏”。采用广义电子政务立法概念，最大的问题是无法准确反映电子政务立法的发展现状，尤其在我国，很容易把与信息通讯技术无关的立法都纳入到电子政务立法范围，无法为电子政务立法指明下一步发展方向。因此，本文采用狭义的电子政务立法概念，即规则制定机关为回应信息通讯技术而进行的专门立法活动，主要是指电子政务、信息安全、互联网、信息公开、信息共享、电子签名、电子商务等主要领域的立法。到目前为止，我国仍没有一部法律或者行政法规专门系统地规定电子政务。并且明确提到“电子政务”概念的法律文件只有一部，即《行政许可法》第 33 条务院也仅仅只在 11 个行政法规类文件中提到过“电子政务”概念。可以看到，现行电子政务的规定大多属于部委规章或者地方立法，效力层级比较低，不利于树立电子政务的法律权威。不仅如此，我国在信息共享、信息化、征信管理、办公自动化、个人信息保护与信息安全等领域至今也都没有法律或者行政法规层级的法律规范。目前，在电子政务领域高层级的专门法律规范只有《电子签名法》、《全国人大常委会关于维护互联网安全的决定》、《政府信息公开条例》、《互联网上网服务营业场所管理条例》、《互联网信息服务管理办法》、《信息网络传播权保护条例》、《计算机信息网络国际联网管理暂行规定》、《国务院办公厅关于加快电子商务发展的若干意见》等非常有限的几个法律文件。相反，地方电子政务立法不但数量多，涉及到不同层级的地方多（既包括省级，也包括地市级），覆盖的领域也非常广泛（既包括诸如电子政务管理办法这样的一般规定，也包括诸如信息安全、绩效考核、标准化体系等具体规定）。除了专门规定电子政务的立法之外，在与电子政务直接相关的一些具体问题（如征信管理、信息公开）的立法上，地方立法也比中央立法更为活跃。中央立法与地方立法的对比说明，我国电子政务立法目前主要集中在地方层面。

（六）互联网治理

2000 年后，随着电信业重组、互联网逐渐由 web 向 2.0 发展、网络接入费用的降低以及网民数量的飞速增长，网站数量和服务种类也迅速增多。在网站服务的管理上，国家采取了分类管理的办法，将网站分为经营性和非经营性网站，前者实行许可制度，后者实行备案制度。2000 年 9 月 25 日，国务院发布《互联网信息服务管理办法》规定，从事经营性互联网信息服务，应当向省、自治区、直辖市电信管理机构或者国务院信息产业主管部门申请办理互联网信息服务增值电信业务经营许可证。2005 年 2 月 8 日《计算机信息网络国际联网管理暂行规定》、《国务院办公厅关于加快电子商务发展的若干意见》等非常有限的几个法律文件。相反，地方电子政务立法不但数量多，涉及到不同层级的地方多（既包括省级，也包括地市级），覆盖的领域也非常广泛（既包括诸如电子政务管理办法这样的一般规定，也包括诸如信息安全、绩效考核、标准化体系等具体规定）。除了专门规定电子政务的立法之外，在与电子政务直接相关的一些具体问题（如征信管理、信息公开）的立法上，地方立法也比中央立法更为活跃。中央立法与地方立法的对比说明，我国电子政务立法目前主要集中在地方层面。

我国已经成为全球第二大垃圾邮件发送国。针对垃圾邮件盛行的问题，信息产业部制定了《互联网电子邮服务管理办法》，并于 2006 年 3 月 30 日起实施，对垃圾邮件的定义、邮件的发送规则和发送垃圾邮件的法律任都作了明确规定。针对我国《著作权法》中没有直接规定如何保护网数字化作品的缺陷，最高法院于 2000 年 11 月 22 日出了《关于审理涉及计算机网络著作权纠纷案件适用法律若干问题的解释》，明确规定了侵权纠纷的属地管辖、数字化形式的作品受《著作权法》保护、侵权行为以及网络服务提供者的权利、义务和法律责任。该法律解释得到法律界人士的广泛好评。2001 年，《著作权法》修订时将作品在网络上传播确定为作品著作权人的一项独立权利。2005 年 4 月 30 日，信息产业部和国家版权局联合颁布了《互联网著作权行政保护办法》。2006 年，国务院出台了《信息网络传播权护条例》。这些法规和规章解决了互联网信息服务提供的著作权侵权责任及其限制问题，完善了互联网环境著作权保护制度，加强了信息网络传播权的行政保护。为规范信息网络传播视听节目秩序，加强信息网络播视听节目的监督管理，2003 年 1 月 7 日，广电总局颁布了《互联网等信息网络传播视听节目管理办法》。该法主要规定了在互联网等信息网络中开办各种视听节目的具体条件、主管部门、许可证申请等内容。2007 月 6 日，广电总局修订并重新发布了该管理办法。办法中对信息网络传播视听节目的技术形态、接收终端、网络类型、服务种类都进行了具体的说明，对信息网络播视听节目的内涵进行了更明确的界定。2008 年发布《互联网视听节目服务管理规定》更是将“播客”的下载服务也纳入政府的管理范围。2004 年 9 月 6 日，最高人民法院和最高人民检察院出台的《关于办理利用互联网、移动通信终端、声讯台制作、复制、出版、贩卖、传播淫秽电子信息刑事案件具体应用法律若干问题、以及传播淫秽电子信息的行为在何种情况下适用何种具体罪名做了明确规定。

任务评价

一、评价方法

对任务的评价采取教师提出案例和问题，进行分组学习讨论，由小组提出对案例的分析和看法，教师针对每个小组的分析结果，结合每一位同学进行分析，提出指导性意见，给出评价结论。

二、评价指标

表 1-2　　任务完成情况评价表

评价指标	学生自我评价		小组评价		他人/教师评价	
	合格	不合格	合格	不合格	合格	不合格
对相关法律的熟悉程度						
对具体案例的分析能力						
电子商务法律法规的解决问题的能力						
相关知识的扩展掌握情况						
扮演电子商务企业的法律咨询师，处理具体问题的能力						

课后练习

一、思考题

1. 电子商务法律法规与其他法律法规有何异同？

2. 联合国《电子商务示范法》对促进与规范电子商务的发展有哪些作用？

二、实训题

上网搜索关于国内域名抢注的法律纠纷，分组进行讨论，总结域名注册的注意事项。

任务三　在淘宝网上开店

任务要求

随着互联网的发展和淘宝网的不断壮大，在淘宝网上买卖东西成为了越来越多网民的选择，而将自己的产品在网上销售，不仅成了商人老板的另一种销售方式，也成就了很多网商的梦想。所以本章主要包括三大任务：分别是淘宝网网上开店的步骤、在淘宝网上开店的常见问题、网上商店的经营建议。使广大的学生了解网上开店的步骤演示，让学生在实际操作中感受网上开店的乐趣，并提出各种有针对性的问题，采用现场研讨、课堂互动、具体指导等方式解决。

任务实施

一、淘宝网上开店的步骤

第一步：注册淘宝用户

首先，点击这里打开淘宝网进行免费注册（www.taobao.com）。在打开的页面淘宝网 LOGO 的下面点击“免费注册”链接，如图 1-5 所示。

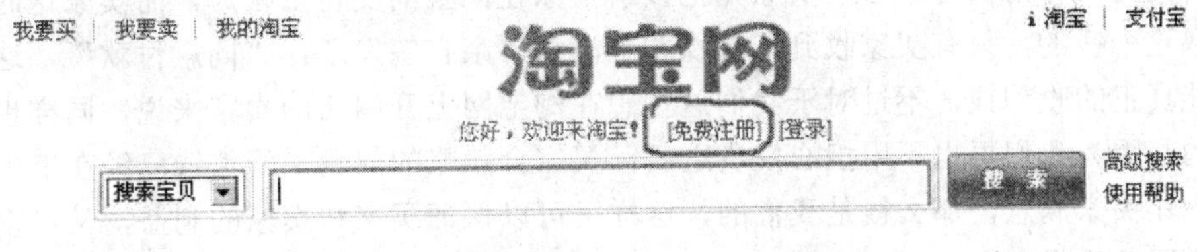

图 1-5　淘宝网“免费注册”链接

然后，输入你的注册信息，如图 1-6 所示：

当你输入完注册信息并提交后，淘宝网会给你注册的邮箱发送一个激活开通淘宝账号的邮件，所以在上面的注册中需要确认你的邮箱是正确的。

进入邮箱，点击激活连接后，会看到淘宝网提示的注册成功页面。如图 1-7 所示。

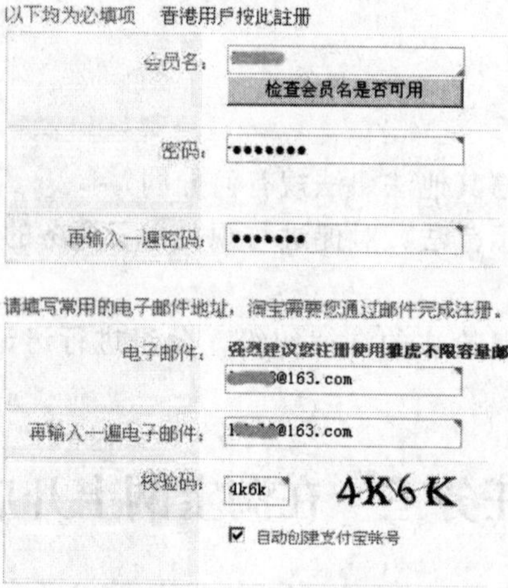

图 1-6 填写注册信息

图 1-7 淘宝网注册成功页面

第二步：实名认证

为了保证网络交易的安全性，淘宝网目前开店之前必须要经过实名认证，虽然这一步增加了开店的难度，但是对于营造一个公平、诚信、绿色的网络交易环境还是非常重要的。

在实名认证的过程中有一项特别的重要，那就是支付宝认证。支付宝，是支付宝公司针对网上交易而特别推出的安全付款服务，其运作的实质是以支付宝为信用中介，在买家确认收到商品前，由支付宝替买卖双方暂时保管货款的一种增值服务。以前在网络上，电子商务迟迟不能发展，最主要的一个障碍就是：不知道货物如何，不知道给了钱会不会发货，或者不知道发了货，对方会不会给钱，马云很聪明，他想到了一个办法，就是以淘宝网作为信誉中心，买家先把钱给卖家在淘宝的支付宝帐户，而卖家这时是不能提取这个钱的，只有买家收到了货物并且满意，亲自签发了："同意付款"，这时卖家才能真正的收到钱，不过对于我们这些想在淘宝网上开网店的卖家来说，同样也是有好处的，因为我们再也不用担心发货之后，买家会赖账的问题，既然钱已经在卡里，只要做到让买家满意，那么钱是我们的，这样又可以保证买家和卖家的利益，又可以促进和提高服务质量。

关于如何在淘宝网上开店中实名认证的部分，可以登陆 http://www.taobao.com/help/sell_step2_01.html。

第三步：我要开店

在淘宝开店铺，您需要满足以下条件：

- 您是通过认证的会员；
- 您需要发布十件以上的宝贝；

满足条件的会员点击登录“我的淘宝”/“我是卖家””/“免费开店”，申请开设店铺。根据系统的相关提示进行填写，全部完成后您的店铺就开设成功了。如图 1-8 所示。

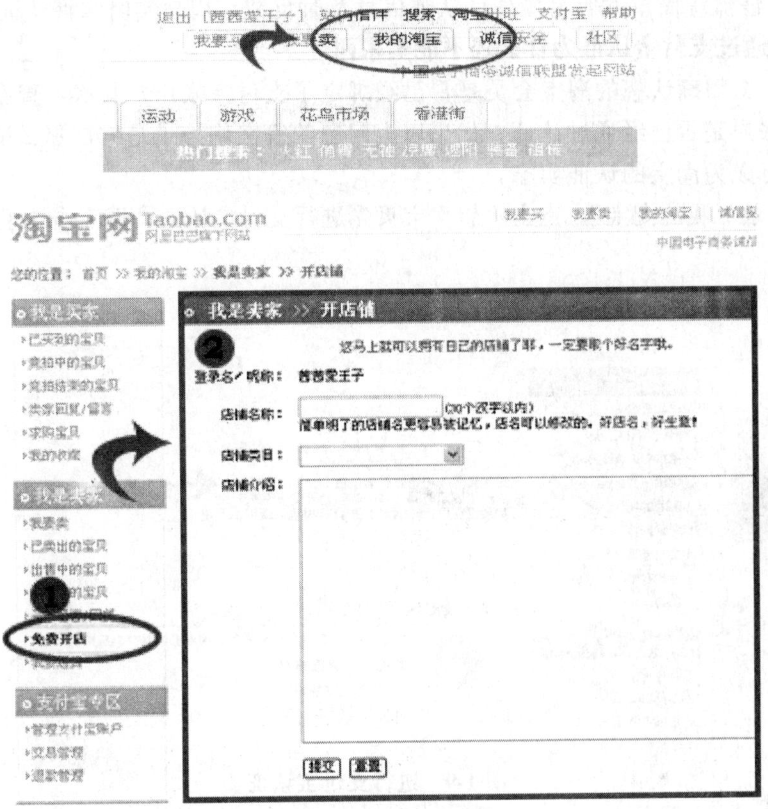

图 1-8 申请开设店铺

二、在淘宝网上开店的高级阶段

在开通网络店铺之后，我们可能遇到的问题是发货和提现的一些操作，大家可以在这里看到详细的操作说明。

如何在淘宝网上开店之发货操作：http://www.taobao.com/help/sell_step4_01.html

如何在淘宝网上开店之评价和提现：http://www.taobao.com/help/sell_step5_01.html

三、在淘宝网上开店的常见问题

（一）什么是支付宝认证

“支付宝认证”服务是由浙江支付宝网络科技有限公司与公安部门联合推出的一项身份识别服务。支付宝认证除了核实身份信息以外，还核实了银行账户等信息。通过支付宝认证后，相当于拥有了一张互联网身份证，可以在淘宝网等众多电子商务网站开店、出售商品。支付宝认证标志为：，认证内容主要包括“支付宝个人实名认证”与“支付宝商家实名认证”。让我们来看看新的支付宝认证系统有什么优势：

- 支付宝认证为第三方认证，而不是交易网站本身认证，因而更加可靠和客观。

- 由众多知名银行共同参与，更具权威性；
- 除身份信息核实外，增加了银行账户信息核实，极大提高其真实性；
- 认证流程简单并容易操作，认证信息及时反馈，用户实时掌握认证进程。

（二）通过支付宝认证为什么还不能卖东西

首先，您需确认您的淘宝会员是否已经绑定了支付宝帐户？其次，查看您绑定的这个支付宝帐户是否已经通过认证？如果以上问题的答案均为“是”，那么请按如下步骤操作，即可成为淘宝的认证卖家。

- 登录“我的淘宝”，点击“想卖宝贝先进行支付宝认证，请点击这里”。如图 1-9 所示。

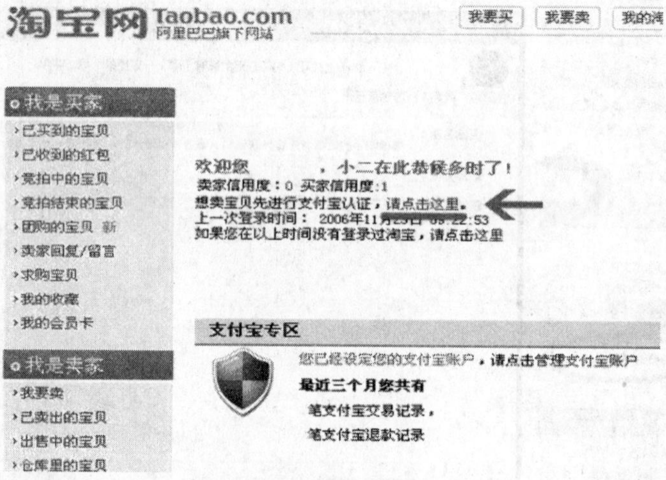

图 1-9　进行支付宝认证

- 点击“申请支付宝个人实名认证”按钮。注：如果您的支付宝帐户已经通过了支付宝商家认证，那么在这里出现的是商家认证的相关信息，同样点击申请按钮即可。
- 点击页面中的“我已经阅读并且同意接受以上条款”。如图 1-10 所示。

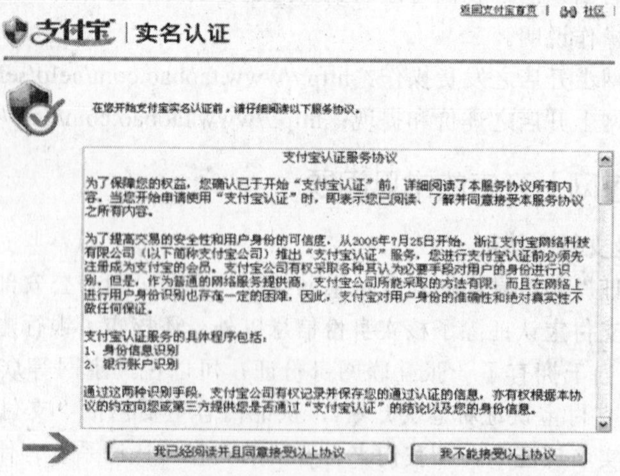

图 1-10　阅读并接受协议

◆ 通过认证

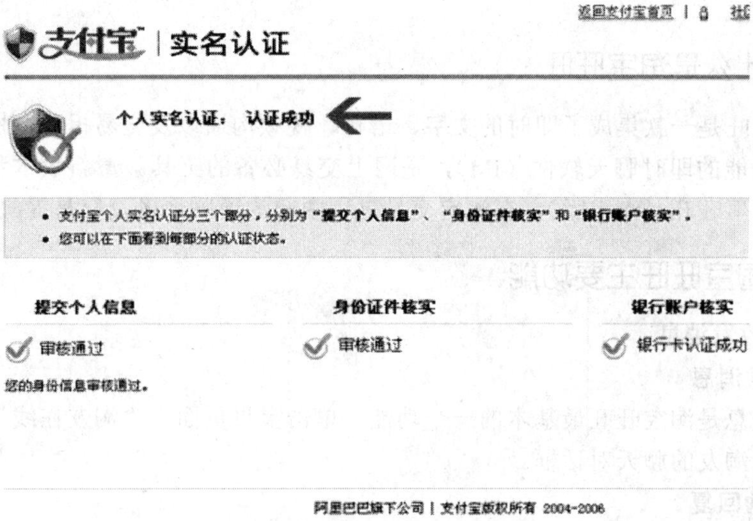

图 1-11 认证成功页面

◆ 认证成功后我们就可以在淘宝上顺利的发布宝贝了，同时还可以看见自己的会员名旁增加了通过认证的标示，图标是。

四、网上商店经营建议

（1）尽量经营有特点的商品（如果大家都卖衣服，那你就卖裤子）。网上开店卖什么取决于市场的需求和资源、条件和爱好等在内的具体情况。

（2）装修好“门面”。网上商店建好之后，最重要的问题就是如何让更多的顾客浏览并购买。网上商店并不是一个独立的网站，整个电子商务平台可能排列着数以千计的专卖店。在数量众多的网上商店中脱颖而出，并不是很容易的事情，“第一眼”印象往往决定消费者是否访问自家小店。“包装”必不可少，包括起个好名字以及及时刷新和组织网上店铺的货品陈设。这就要求店主们在给自己的小店取名、页面制作和平时的维护上多花功夫。

（3）随时增加新货，让人有的看，不会觉得厌烦。

（4）学会抓住一切机会宣传自己的小店，尽可能多地在其他论坛上发言，多发好文章，让别人对你有印象（签名档一定不要忘了）；把自己开店铺的事情告诉你认识的所有朋友，通过口碑的力量宣传；到一定的时间，有了些感想的时候，可以写心情故事，放在平台的首页里推荐，知名度又会增加许多。

（5）店铺开了一阵子后，可以私下里和别人联系，交换友情链接。大家通过交换链接，可以形成一个小的网络，能增进彼此的影响力。

（6）在网上开店铺，应保证充足的上网时间，及时回答买家对你商品的提问。

（7）最重要的是诚信，不管是买东西，还是卖东西。

（8）多在论坛转悠，学习别人的好经验

知识拓展

一、什么是淘宝旺旺

淘宝旺旺是一款集成了即时的文字、语音、视频沟通以及交易提醒、快捷通道、最新商讯等功能的即时聊天软件（IM），是网上交易必备的工具。最新版本和阿里贸易通合并成为阿里旺旺（淘宝版），在淘宝交易过程中起沟通联系以及交易提醒等作用。

二、淘宝旺旺主要功能

（一）收发消息

1. 收发消息

收发消息是淘宝旺旺最基本的一个功能。单击宝贝页面上“淘友在线”的图标，就能打开与该淘友的聊天对话框。

2. 自动回复

当你不进行计算机操作超过 15 分钟，您可以使用自动回复功能。点击淘宝旺旺面板“登陆”>>“自动回复”设置自动回复。

3. 快捷短语

当您需要经常用一些固定不变的语句回复，比如“您好，欢迎您的光临！”一类的话，您可以将其设置成为“快捷短语”。请打开聊天对话框，点击“快捷短语”进行设置。

4. 给指定淘友发送消息

自己淘宝旺旺里面淘友太多，找一个淘友，往往上翻下翻很难找到，您可以在淘宝旺旺面板点击“给指定淘友发送消息”，输入淘友名，即弹出聊天对话框。

5. 多方洽谈

当需要多人参与讨论时，您可以利用多方洽谈功能。右键点击任意淘友会员名，选择“开始多方商务洽谈”，即弹出“邀请淘友进入商务洽谈室”对话框，选择需要邀请的淘友，输入邀请信息，对方接受后即可进行多方洽谈。

（二）淘友管理

1. 查找添加好友

点击淘宝旺旺面板的“查找在线淘友”，您可看见分页显示的淘友列表，单击“上页”、“下页”按钮进行翻页查找。添加好友，请点击淘宝旺旺面板的“添加淘友”，输入淘友会员名，即可添加。

2. 模糊查找

如果您想寻找某位您淘宝旺旺上的好友，又记不清该淘友会员名全称，可以进行模糊查找。如您不确定该会员是叫“天天开心”还是“天开水”，您可以按（CTRL+F）开始模糊查找，在弹出的“查找”对话框中输入其会员名的一部分（如“天”），开始查找，并且按 F3 进行一个个查找。

3. 分组操作

右键点击淘友用户名，即可进行“分组、删除、移动淘友”的操作。

4.“最近联系人”

该组联系人为你近期与之交谈的淘友名单。需要寻找最近联系过的淘友，直接点击该组即可。

5.“黑名单”

对于发恶意消息淘友，您可以将其添加到黑名单。所有被加入黑名单中的淘友都不能再向你发送任何信息。右键点击“黑名单”选择“增加黑名单”，输入您要添加的会员名即可。

6. 群组

加入群组后可以同时和所有群内成员一起聊天、讨论。

（三）资料管理

1. 设置状态信息

状态信息直接显示在淘宝会员名旁边。对卖家来说，可以把自己的状态信息设置成特卖信息，所有您的好友都将看到您的状态信息。您可以在淘宝旺旺面板点击“我有空”，选择“设置状态信息”进行设置。

2.“编辑淘友资料”

淘友太多的时候，往往分不清淘友的姓名。利用“编辑淘友资料”，您可以在自己的淘宝旺旺面板里改变淘友的昵称帮助自己记忆。如（万亭**杭州**zippo 迷）您可以在淘宝旺旺面板右键点击淘友会员名，选择“编辑淘友资料”进行设置。

（四）快捷按钮

1.“宝贝搜索”

不需要重新登陆淘宝网，您只要在淘宝旺旺面板输入搜索宝贝名称，点击搜索，即可搜索您要的宝贝。

2.“发布宝贝”

不需要重新登陆淘宝网，您只要在淘宝旺旺面板点击“发布宝贝”，即可发布宝贝。

3.“特别关注”

不需要重新登陆淘宝网，您只要在淘宝旺旺面板点击“特别关注”，即可了解淘宝的最新动态和特卖信息。

4.“我的淘宝”

不需要重新登陆淘宝网，您只要在淘宝旺旺面板点击“我的淘宝”，即可进入我的淘宝各项进行操作

（五）文件传输

阿里旺旺，可以传输超大文件，速度快而且很安全，它与大多数即时聊天工具相比，传输容量大，速度又快得多。

小知识

淘宝网介绍

淘宝网（www.taobao.com）是国内首选购物网站，亚洲最大购物网站，由全球最佳

B2B 平台阿里巴巴公司投资 4.5 亿创办，致力于成就全球首选购物网站。淘宝网，顾名思义——没有淘不到的宝贝，没有卖不出的宝贝。自 2003 年 5 月 10 日成立以来，淘宝网基于诚信为本的准则，从零做起，在短短的 2 年时间内，迅速成为国内网络购物市场的第一名，占据了中国网络购物 70%左右的市场份额，创造了互联网企业发展的奇迹。截至 2006 年 12 月，淘宝网注册会员超 3 000 万人，2006 年全年成交额突破 169 亿，远超 2005 年中国网购整体市场总量。淘宝网倡导诚信、活泼、高效的网络交易文化。在为淘宝会员打造更安全高效的网络交易平台的同时，淘宝网也全心营造和倡导互帮互助、轻松活泼的家庭式氛围。每位在淘宝网进行交易的人，不但交易更迅速高效；而且在交易的同时，交到更多朋友。目前，淘宝网已经成为越来越多网民网上创业和以商会友的最先选择，随之如何在淘宝网上开店成为很多人想了解的问题。

任务评价

本任务采用多元化考核方式，既注重学生在网店经营与管理各阶段的实际执行结果，也注重学生在整个实践教学过程中表现出来的职业意识、人际沟通和自我管理能力，既注重教师对学生学习表现的评价，也注重学生自己、同伴、客户的评价，既注重终结性评价，也注重过程性评价。本实践课程成绩评定的具体操作如下：

一、考核标准

随着国内几大 C2C 平台的快速发展，网店的数量急剧增加，由于在经营模式、产品特性等方便存在很多的不同，如果采用统一的考核标准，如星级评定，那么更多的学生将会采用产品价格小，虚拟类的 QQ 币等容易产生星级的货物，最后效果自然就不会很理想。为积极鼓励学生在网店经营过程中创造出更多更贴近社会需求、自己兴趣爱好的网店，我们将网店具体分为以下几类，不同类别的网店考核标准的侧重点略有不同，尽量做到突出该类网店的特色为依据。

二、网店分类

根据学生网店的基本特点，我们将网店分为以下三种类型（如表 1-3）

表 1-3　　学生网店的三种类型

类型	类 型 说 明	范　例	考核侧重点
A 类	学生自主创业，网店产品为容易在网上销售的虚拟类产品及自己可以提供的各种特色技能服务。	Q 币销售 话费在线充值 网店装饰业务 图片拍摄、特效处理	网店星级
B 类	学生自主创业，网店产品为各类实体产品，根据学生自身经济能力，整体要求产品价格不要偏高。	价格学生容易承受 货物流通较快 货物体积小	营业额及利润
C 类	与企业开展商务合作，帮助企业销售各类产品	各类企业产品销售	企业的销售额及企业评价

三、考核要点

网店经营与管理是集合了学生个人素质、能力习惯、专业知识、沟通技巧、营销能力等多项要求，我们在设计考核要点的时候具体分为以下大模块。

表 1-4　　为网店经营与管理考核五大模块

模块	考核重点	考　核　说　明	比例	总计
职业道德	诚信为本	个人诚信、产品诚信、经营诚信（AB 类店铺提供个人身份证、网店认证截图，C 类店铺提供代理商家的正确信息及网店管理帐号密码）	5%	10%
	勇于创新	不空谈、重实干，积极研究新方法、走出新路子	5%	
	注：如果出现虚假店铺、产品，如借用他人的网店、恶意刷信用登记等情况，课程考核不及格。教师负责各类店铺的信息保密性。			
实训表现	自我管理	自我管理主要指学生是否具有组织纪律性，不旷课，不迟到、早退，在学习中遇到困难，能进行自我心理调节，克服困难	5%	20%
	沟通交流	同学之间、师生之间的沟通交流、团队合作，合理分工。	10%	
	作业管理	积极完成老师在授课阶段布置的各项任务	5%	
	注：学生旷课超过 3 节（2 次请假算一次旷课），作业 1/3 没完成的，总体成绩不能为优良。			
开店技能	网店建设	网店平台选择	3%	25%
		网店特色装饰（LOGO、色彩、CSS 等）	3%	
	产品建设	产品拍摄技能	3%	
		产品图片处理技能	3%	
		产品图片上传、发布技能	5%	
	信息沟通	即时聊天工具通信记录及通信成员名单。	3%	
		各论坛产品发布的信息记录	3%	
		博客及空间等推广	2%	
	注：本考核重点在 AB 类网店，所有学生必须提供相关的截图和数据，指导教师有保证该数据和截图的保密性，不得随意公开学生店铺信息。			
成果考核	信用等级	按照如淘宝网星级等评定标准给于成绩评定	10%	30%
	营业额	网店经营过程中产品营业额，具体以提交的帐单信息为准	10%	
	利润	网店利润以营业额减去学生提供的进货价为依据	10%	
	注：A 类侧重信用等级考核、B 类侧重利润考核、C 类侧重营业额考核			
书面报告	项目申请书	特色、团队、产品等	5%	15%
	实训报告	每日工作流程	5%	
	实训总结	3 000 字以上	5%	
	注：报告注意规格和真实性			

课后练习

一、思考题

1. 在淘宝网上开店的步骤有哪些？

2. 网上开店和实体店铺相比，有何优势？

二、实训题

登陆自己店铺进行管理维护，设计自己店面，设计喜欢的店标，将自己的商品进行分类整理，并利用旺旺对自己的店铺商品进行宣传。

项目二

网络通信与 Internet 技术

项目综述

数据通信是指通过通信系统可以将数据以某种信号的方式从一处安全、可靠地传输到另一处，包括数据的传输及数据传输的前后的处理。而 Internet 基于 TCP/IP 协议，是目前世界上最大的计算机网络。本项目将网络通信与 Internet 技术的基本概念、基本应用与实际上机练习相结合，理论联系实践，使学生具备有网络通信和利用 Internet 基本服务（比如电子邮件、远程登录、文件传输、WWW 等）的能力，以及如何接入 Internet 的能力。

本项目包括五个任务：数据通信技术、了解 Internet、网页编程技术、Intranet 技术和 Internet 接入技术，每个任务将通过任务要求、任务实施、知识拓扩展和任务评价几个部分，创设任务情境、组织任务流程、使学生在完成任务的同时达到主动探求知识、扩展知识领域、引起学习兴趣的教学目的。

任务一　认识数据通信技术

任务要求

通过任务一的学习与训练，了解不同的数据编码技术，掌握多路复用技术及不同的数据通讯与交换模式，掌握不同的容错控制技术。

任务实施

一、认识数据编码技术

数据编码是实现数据通信的最基本的一项重要工作，它是将数据表示成适当的信号形式，以便数据的可靠传输和处理。

（一）数字数据的数字信号编码

对于传输数字信号来说，最简单的信号编码方法就是用两个不同的电压电平来表示两个不同的二进制值。比如用无电压（或负电压）表示 0，而正电压表示 1。但为了能够提高信号的抗干扰能力，并便于信号的接收同步，一般常采用更为有效的信号编码方法，主要有不归零（NRZ）编码、曼彻斯特（Manchester）编码和差分曼彻斯特（Differential Manchester）编码等。如图 2-1 所示。

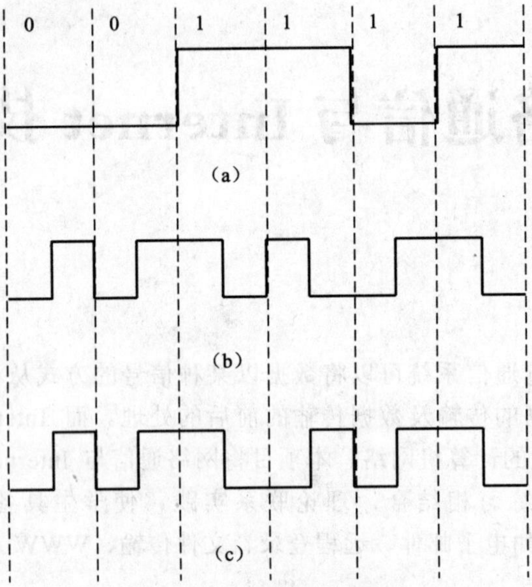

图 2-1　数字信号的编码

（a）不归零编码；（b）曼彻斯特编码；（c）差分曼彻斯特编码

1. 不归零（NRZ）编码

不归零 NRZ 编码用信号的幅度表示二进制数据，高电平表示 1，低电平表示 0，并且在表示完一个码元后，电压不需回到零，故被称为不归零码。不归零制编码是效率最高的编码，其特点是一种全宽码，即一位码元占一个单位脉冲的宽度。全宽码的优点：一是每个脉冲宽度越大，发送信号的能量就越大，抗干扰能力强；二是脉冲时间宽度与传输带宽成反比，即全宽码在信道上占用较窄的频带，并且在频谱中包含了码位的速度。

不归零（NRZ）编码的缺点主要是：当出现连续的 0 或 1 时，难以分辨复位的起停点，会产生直流分量的积累，使信号失真，从而使传输的可靠性降低。因此，过去大多数的数据传输系统都不采用这种编码方式。

2. 曼彻斯特（Manchester）编码

在曼彻斯特编码中，用一个信号码元中间电压跳变的相位不同来区分 1 和 0，即用正的电压跳变也就是从高到低的跳变来表示 0，用负的电压跳变也就是从低到高的跳变来表示 1。由于跳变都发生在每一个信号码元的中间，接收端可以很方便地利用它作为位同步时钟，因此，这种编码也称为自同步编码。

3. 差分曼彻斯特（Differential Manchester）编码

差分曼彻斯特（Differential Manchester）编码是曼彻斯特编码的一种改进形式。它将每个信号码元的中间跳变只作为同步时钟信号，而 0 或 1 的取值判断是用信号位的起始处有无跳变来表示，若有跳变则为 0，若无跳变则为 1。这种编码的特点是每一位均用不同电平的两个半位来表示，因而始终能保持直流的平衡。差分曼彻斯特编码也是一种自同步编码。

（二）数字数据的模拟信号编码

这种编码方式通常通过调制模拟信号的三种载波特性振幅、频率和相位其中之一对数字数据进行编码，也可以是这些特性的某种组合。图 2-2 给出了对数字数据的模拟信号进行调制的三种基本形式。

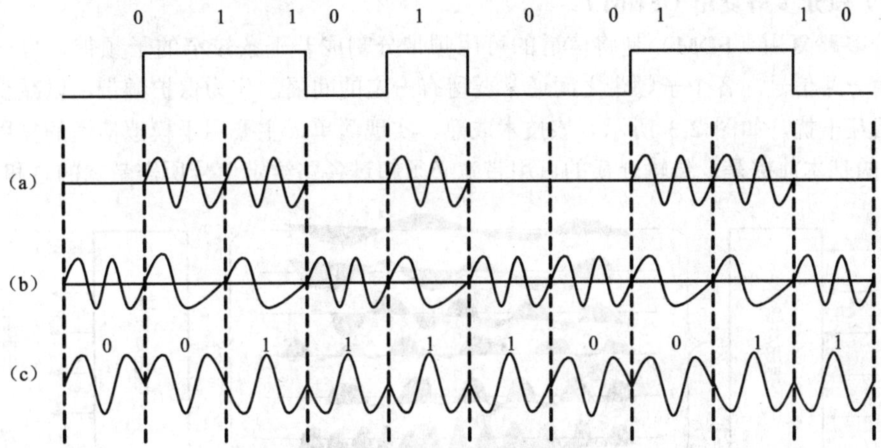

图 2-2　基本调制方式

（a）ASK；（b）FSK；（c）PSK

1. 幅移键控法（ASK）

幅移键控法（ASK），也称调幅，用载波频率的两个不同振幅来表示两个二进制值。在一般情况下，用振幅恒定载波的存在与否来表示两个二进制值。该方式容易受增益变化的影响，抗干扰性较差，是一种效率相当低的调制技术。

2. 频移键控法（FSK）

频移键控法（FSK），也称调频，用载波频率附近的两个不同频率来表示两个二进制值。该方式比幅移键控法的编码效率高，抗干扰性较强。

3. 相移键控法（PSK）

相移键控法（PSK），也称调相，用载波信号的相位移动来表示二进制数据。该方式具有很强的抗干扰能力，其编码效率比频移键控法还要高。

上述所讨论的基本调制技术也可以组合起来使用，以增强抗干扰能力和编码效率。常见的组合是相移键控法和频移键控法方式的组合或者相移键控法和幅移键控法方式的组合。

（三）模拟数据的数字信号编码

在数字化的电话交换和传输系统中，需要将模拟的话音数据编码成数字信号后再进行传输。模拟数据的数字信号编码最典型的例子就是 PCM 编码。PCM，即 Pulse Code Modulation，又称脉冲编码调制，其主要过程是将话音、图像等模拟信号每隔一定时间进行取样，使其离散化，同时将抽样值按分层单位四舍五入取整量化，同时将抽样值按一组二进制码来表示抽样脉冲的幅值。

二、认识多路复用技术

多路复用技术是把许多信号在单一的传输线路上并使用单一的传输设备来进行传输的技术，可以充分提高通信线路的利用率。它一般有两种基本形式：频分多路复用（FDM）和时分多路复用（TDM）。

（一）频分多路复用（FDM）

频分多路复用（FDM）是将信道的可用频带分割成若干条较窄的子频带，每一条子频带传输一路信号。各个子频带之间通常要留有一定的间隔，作为保护频带，以减少各路信号的相互干扰，如图 2-3 所示。该技术成熟、实现简单，主要用于模拟信道的复用。使用 FDM 的基本前提是：传输介质的可用带宽必须超过各路给定信号所需带宽的总和。

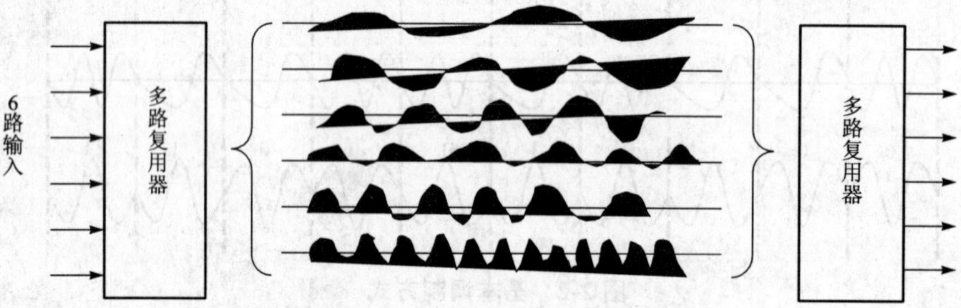

图 2-3 频分多路复用 FDM 示意图

（二）时分多路复用（TDM）

时分多路复用（TDM），其信号分割的参量是信号占用的时间，每个信号按时间先后轮流交替地使用单一信道，使多个数字信号的传输在宏观上同时进行，如图 2-4 所示。使用 TDM 的基本前提是：传输介质能达到的位传输率应超过各路传输数字数据所需的数据传输率的总和。

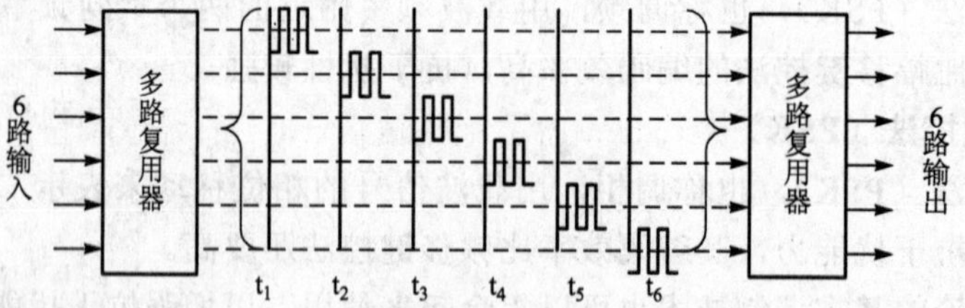

图 2-4 时分多路复用 TDM 示意图

三、认识通信操作模式

一个通信系统至少由发送器、传输介质和接受器三部分组成。一次数据传输过程为发送器产生信号，经过传输信道传给接受器。根据信号传输的方向和时间特性，数据通信方式可以分为以下三种：

（一）单工通信

单工通信如图 2-5 所示，发送器和接收器之间只有一个通信信道，信息流仅沿一个方向流动，传输的方向只能由发送器到接收器。比如收音机、电视机等设备采用单工通信方式。

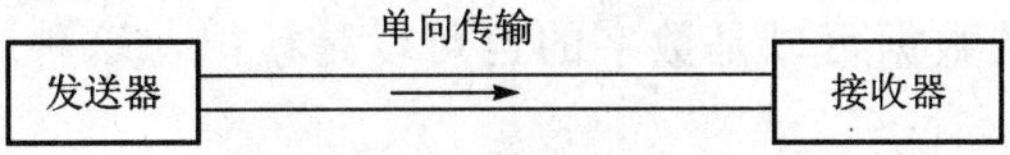

图 2-5　单工通信

（二）半双工通信

半双工通信如图 2-6 所示，传输信道是双向的，并且每个设备同时具有发送器和接收器的功能，数据信号可以从 A 传送到 B，也可以由 B 传送到 A，但不能在两个方向上同时进行传输。比如对讲机、共享式局域网等设备采用半双工通信方式。

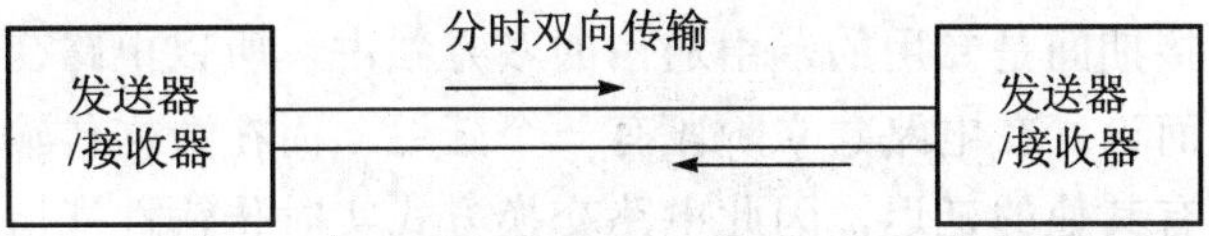

图 2-6　半双工通信

（三）全双工通信

全双工通信如图 2-7 所示，传输信道是双向的，并且每个通信设备同时具有发送器和接收器的功能，同一时刻它们之间可以进行两个方向的数据传输。比如电话机、交换式网络等设备采用全双工通信方式。

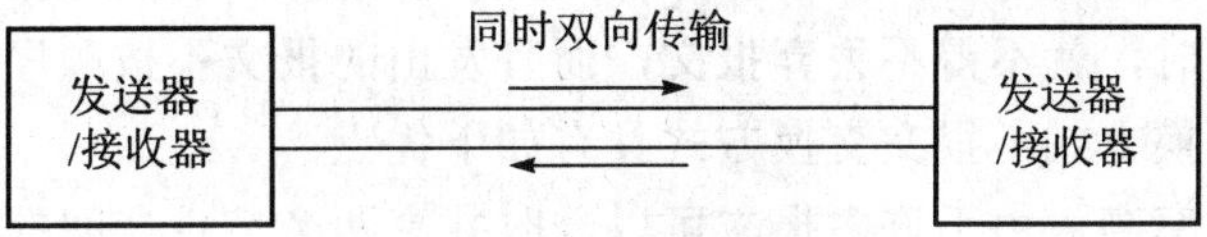

图 2-7　双工通信

四、认识数据交换技术

数据交换技术主要是指网络中间节点所提供的数据交换功能。这些中间节点不关心数据的内容，其只是提供一个交换设备，把数据从一个节点转发到另一个节点，直至到达目的地。目前，主要使用的交换技术有电路交换、报文交换和分组交换。

（一）电路交换（Circuit Switching）

电路交换是通过网络节点在两个站之间建立一条专用的通信信道，比如电话交换系统。在采用电路交换方式进行通信时，两个工作站之间应具有实际的物理连接。电路交换方式的通信过程分为以下三个阶段：

1. 电路建立阶段

在传送数据之前，都必须建立端到端的物理链路。首先，源端点向一个交换节点发送呼叫请求信号，请求与目的端点之间建立连接。交换节点接收到呼叫请求后，在通向目的端点的路由表中进行路由选择，找出下一个路由，并为该条电路分配一个未用的信道，然后，把连接请求信号传送到下一个节点。这样通过各个中间交换节点的分段连接，使得源端点和目的端点之间建立起一条实际的物理连接。

2. 数据传送阶段

电路连接建立后，就可以通过这条专用的电路来传输数据，把数据从源端点传送到目的端点。所传输的数据可以是数字的也可以是模拟，这种连接通常是全双工通信方式。

3. 电路拆除阶段

在数据传输结束后，应拆除电路连接，以释放该连接所占用的专用资源。拆除电路连接的请求可以由两个工作站中的任意一个工作站发出。

由于在数据传输开始之前必须建立连接通路，因此通路中的每对节点之间的信道容量必须是可用的，每个节点必须具有处理连接操作的内部交换能力，能够分配信道和选择网络路由。

信道容量在连接期间是专用的，由通信的双方独占，所以电路交换的效率可能是很低的。就网络性能而论，在电路建立阶段有一个延迟，而在数据传输阶段除了电路的传播延时之外，不再有其他的延迟，因此电路交换方式实时传输性能比较好。

（二）报文交换（Message Switching）

报文交换不需要在两个站之间建立一条专用的通道，它采用的是存储—转发报文方式。如果一个站想要发送报文，就把一个目的地址和源地址附加在报文中一起发送出去，经网络传送到目的地。在每个节点中，要接收整个报文并进行暂时存储，然后经过路由选择再发送到下一个节点。报文交换的主要缺点是不能满足实时或交互式的通信要求，报文经过网络的延迟时间长且不确定。另外，有时节点收到过多的数据而无空间存储或不能及时转发时，就不得不丢弃报文，而且发出的报文不按顺序到达目的地。

相较于电路交换方式，报文交换方式具有如下优点：

（1）电路利用率高。由于许多报文可以分时共享两个节点之间的通道，所以，对相同的流量要求，所需的总传输容量要小些。

（2）接收方和发送方无需同时工作。当接收方处于“忙”状态时，网络节点可以先将报文暂时存储起来。

（3）当通信量加大时，在电路交换网络中可能会导致一些呼叫被阻塞；而在报文交换网络中，仍然可以接收报文，不过传送延迟会增加。

（4）报文交换系统可以把一个报文发送到多个目的地。这种功能在电路交换方式中是难以实现的。

（5）能够建立报文传输的优先级。

（6）能够在网络上实现报文的差错控制和纠错处理。

（7）报文交换网可以进行速度和代码的转换，使两个传输速率不同且代码格式相异的工作站可相互连接。

（8）发送给未工作的终端的报文可以被截取，或者存储下来，或者转发给其他终端。

（三）分组交换（Packet Switching）

分组交换结合了报文交换和线路交换的优点，尽可能地克服两者的缺点。分组交换表面上看非常像报文交换。但又不同，主要区别在于分组交换实际上是对较长的报文交换进行分组（Packet），限制了所传输的数据单位的长度，而报文交换网络中的报文是以整体为单位传送的。从通信节点的情况来看（存储-转发），较小的传输单元有利于降低存储容量，提高转换速度。

分组交换技术在实际应用中可分为数据报和虚电路两种方式：

1. 数据报（Datagram）交换

数据报又称面向无连接的数据传输，与报文交换类似，在数据传输时不需要预先建立连接。当发送端有一个较长的报文要发送时，首先，先将报文分解成若干个较小的数据单元，在每个数据单元都要附加一个分组头并封装成分组（或称数据报），然后将各个分组发送出去。每个分组都被独立地传输，中间节点可能为每个分组选择不同的路由，所以这些分组到达目的端的顺序可能与发送时的顺序不同，因此目的端必须要重新对分组进行排序，将其组装成一个完整的原始报文。

2. 虚电路（Virtual Circuit）交换

虚电路又称面向连接的数据传输，与电路交换类似，在发送任何分组之前，需要先建立一条"逻辑"连接，但这种连接是基于共享线路的，而不像电路交换中的连接需要独占线路。虚电路交换的通信过程也可分为三个阶段：

（1）虚电路建立阶段。发送端在发送数据分组之前，首先使用一个特定的建立连接请求分组建立一条逻辑连接，网络中间节点将根据该请求在发送端和目的端之间预先选择一条传输路径。由于该路径上的各段线路是共享的，并非独占的，因此，这种逻辑连接称为虚电路。

（2）数据传输阶段。当虚电路建立起来以后，发送端和目的端之间便可以在该条虚电路上交换数据，并且每个数据分组中都必须包含一个虚电路标识符，用于标识这个虚电路。由于虚电路的传输路径是预先选择好的，因此，每个中间节点只要根据虚电路标识符就能查找到相应的路径来传输这些数据分组，无需重新选择路由。

（3）虚电路拆除阶段。当数据传输完毕后，任一个端点都可以发出一个拆除连接请求分组，终止这个虚电路，释放该虚电路所占用的系统资源。

由此可见，虚电路是一种面向连接的数据交换方式，它既不像电路交换那样需要独占线路，而是采用共享线路方式来建立连接，通过存储—转发方法实现数据交换；它又不同于数据报方式，只是在建立虚电路时选择一次路由，后续的各个分组只要使用该路由传送即可，而无需重新选择路由。

五、差错控制技术

数据通信系统的基本任务就是高效率并且无差错地传送数据，但在任何一种通信线路上都不可避免地存在一定程度的噪声。信道噪声所造成的后果是使得接收端所接收到的数据和发送端所发送的数据不一致，即造成传输差错。差错控制的方式有以下几种：

1. 反馈纠错（ARQ）

发送端采用某种能发现一定程度传输差错的简单编码方法对所传的信息进行编码，加入少量监督码元，在接收端则根据编码规则对收到的编码信息进行检查，发现错误，即要求发送端重传，直到正确收到为止。

2. 前向纠错（FEC）

发送端采用某种在解码时能纠正一定程度传输差错的较复杂的编码方法，使接收端在收到信码中不仅能够发现错码，还能对错码进行纠正。

3. 混合纠错（HEC）

该方式是在前两类方式的基础上派生出来的，少量差错在接收端自动进行纠正，差错较严重超出自行纠正能力时，就向发送端发出询问信号，要求重发。

知识拓展

一、数据通信的基本概念

通信的目的就是传输信息。数据通信是指通过通信系统可以将数据以某种信号的方式从一处安全、可靠地传输到另一处，包括数据的传输及数据传输的前后的处理。这里涉及的基本概念主要有：

（1）信源：在一次通信中产生和发送信息的一端。

（2）信宿：在一次通信中接收信息的一端。

（3）数据：网络中传递的二进制代码被称为数据，它是传递信息的载体。信息有各种存在的形式，如文字、声音和图像等。

（4）信号：信号是指数据的编码，即数据传递过程中的电磁波表示形式，可以分为模拟信号（连续变化信号）和数字信号（脉冲序列）两种。

（5）信道：传输信息的通路，由传输介质及相应的附属信号设备组成。信道的传输介质有双绞线、电缆、光纤等。

（6）信道带宽：在信道中可传输信号的最高频率与最低频率之差，是通信系统中用来衡量信息传输容量的指标。例如，某一传输介质可传输 9KHz 到 18KHz 的频率，那么这一传输介质的带宽为 9KHz。

（7）信号带宽：信号通常都是以电磁波的形式传输的，而电磁波都有一定的频谱范围，所以该频谱范围就被称作该信号的带宽。理论上脉冲信号方波等的频谱总是无限宽的，但在实际应用中，频谱带宽被看作是信号能量比较集中的一个频率范围。

（8）包：把安全传输的大段数据划分为若干个小数据段，然后对每个小段数据加上一些附加信息，如序号、目的地址、源地址、错误控制等，即称之为包。

（9）帧：可以理解为对包传输前再加工，主要是对数据进行编码和同步，以便能在通信线路上进行可靠传输。

（10）传输速率：指单位时间内传输的信息量，是数据通信系统的重要技术指标。单位为比特/秒（bit/s）或 bps。

（11）串行传输：是指将组成字符的各个比特按顺序逐位地在信道上传输，传输速度低，通信成本较低，适用于远程通信。

（12）并行传输：是指组成字符的各个比特各占用一个信道，同时发往通信线路进行传输，传输速度快，但通信成本高。

（13）码元与码字：计算机网络中传送的每一位二进制数字称为码元。若干个码元称为码字。

（14）误码率：误码率=被传错的码元/传输的码元总数。

二、传输介质

传输介质是指通信网络中发送端和接收端之间的物理通路，即通信线路，可以分为两大类：有线介质和无线介质。

（一）有线介质

用于网络通信的有线介质主要有双绞线、同轴电缆和光纤等。

1. 双绞线（Twisted Pair Line）

双绞线是综合布线工程中最常用的一种传输介质，由呈螺线排列的两根绝缘导线组成，两根导线相互扭绞在一起，可使线对之间的电磁干扰减至最小，它是最简单、经济的传输介质。

双绞线可分为非屏蔽双绞线（UTP）和屏蔽双绞（STP）线。屏蔽双绞线的抗干扰性能优于非屏蔽双绞线。除某些特殊场合（如受电磁辐射严重，对传输质量要求较高等）在布线中使用 STP 外，一般情况下我们采用 UTP。现在使用的 UTP 可分为三类、四类、五类和超五类四种。

双绞线是一种较为廉价的传输介质，安装方便，可靠性好，抗干扰能力较强，比较适合于短距离的信号传输，尤其适用于局域网中的通信，既可以传输模拟信号，也可以传输数字信号。但与其他传输介质相比，双绞线在传输距离、信道宽度和数据传输速度等方面均受到一定限制。

2. 同轴电缆

同轴电缆由内、外两个导体组成，内外导体之间使用等间距的固体绝缘材料来分隔，外导体用塑料外罩保护起来。

在网络系统中，常用的同轴电缆主要有两种：一是 50Ω电缆，又称基带同轴电缆，它广泛用于直接传输数字信号，传输带宽为 1～20Mb/s；二是 75Ω公用天线电视（CATV）电缆，又称宽带同轴电缆，既可用于传输模拟信号，也可用于传输数字信号。CATV 电缆的传输频带比较宽，高达 300～400MHz。

3. 光纤

光纤和同轴电缆相似，只是没有网状屏蔽层，由纤芯和包层构成。光纤主要分以下两大类：

（1）传输点模数类。传输点模数类可以分单模光纤和多模光纤两种。其中单模光纤的纤芯直径很小，在给定的工作波长上只能以单一模式传输，传输频带宽，传输容量大；而多模光纤在给定的工作波长上，能够以多个模式同时进行传输。但是与单模光纤相比，多模光纤的传输性能较差。

（2）折射率分布类。折射率分布类光纤可以分为跃变式光纤和渐变式光纤两种。其中跃变式光纤纤芯的折射率和保护层的折射率均为一个常数，而且在纤芯和保护层的交界面，折射率呈阶梯型变化；渐变式光纤纤芯的折射率会随着半径的增加按一定规律减小，在纤芯与保护层交界处减小为保护层的折射率。纤芯的折射率的变化近似于抛物线。

（二）无线介质

无线传输介质都不需要架设或铺埋电缆或光纤，而是通过大气传输，目前有三种技术：微波、红外线和激光。

任务评价

一、评价方法

本任务采用教师提供题目——学生分小组讨论的形式，了解不同的数据编码技术，掌握多路复用技术及不同的数据通讯与交换模式、不同的容错控制技术，要求小组提交书面报告。小组根据每位同学的具体表现给出综合评价，教师结合小组的综合评价给出学生的应进一步努力的地方。

二、评价指标

表 2-1　　任务完成情况评价表

评价指标	学生自我评价		小组评价		他人/教师评价	
	合格	不合格	合格	不合格	合格	不合格
数据编码技术						
多路复用技术						
数据通讯						
容错控制技术						
调查报告						
相关知识的扩展掌握情况						

课后练习

一、思考题

1. 不同的数据编码技术的区别是什么？
2. 不同的数据通讯技术的区别是什么？
3. 容错控制技术包括什么？

二、实训题

分别进入网络技术网站（http://www.51cto.com），学习上述网络通讯技术及应用。

任务二　了解 Internet

任务要求

通过任务二的学习与训练，了解常用的 Internet 技术应用情况，掌握电子邮件、远程登录、文件传输和 WWW 服务的相关知识及应用。

任务实施

一、电子邮件服务（E-Mail）

（一）认识 E-Mail

电子邮件服务 E-Mail 是目前 Internet 中使用最频繁的一种服务，它为 Internet 用户之间发送和接收消息提供了一种快捷、廉价的现代化通信手段，尤其是在国际之间的交流中发挥着重要的作用。与传统的通信方式相比，电子邮件具有以下优点：

- 传递迅速、到达的范围广，比较可靠；
- 不要求通信双方都在场，而且不需要知道对方的具体位置；
- 可以实现一对多的邮件传送；
- 可以将文字、图像、语音等多种类型的信息集成在一个邮件中传送；

电子邮件服务 E-Mail 采用客户机/服务器工作模式。电子邮件服务器是 Internet 邮件服务系统的核心，与现实生活中邮局的作用类似。若某个用户要利用邮件服务器发送和接收邮件，该用户必须在该服务器中申请一个合法的账号，包括账号名和密码，即拥有自己的电子邮箱。Internet 中每个用户的电子邮箱都有一个全球唯一的地址，即电子邮件地址，具体格式为：用户名@主机名，用户名是用户所申请的账号，主机名是指 ISP 某台主机的域名。具体工作过程：发送方进行电子邮件的编辑，完成后依照收件人的地址将其发送出去；接收方邮件服务器收到电子邮件后，先将其存放在收件人的电子信箱内，并告知收件人有新邮件；收件人在连接到邮件服务器上后，就会看到邮件服务器的通知，进而打开自己的电子信箱来查收邮件。

电子邮件在发送和接收的过程中还要遵循一些基本协议和标准，比如电子邮件应用程序在向邮件服务器传送邮件时使用简单邮件传输协议 SMTP、从邮件服务器读取时候可以使用 POP3 协议或 IMAP 协议、多目的因特网电子邮件扩展协议 MIME 等。目前绝大多数的 E-mail 客户端软件都支持上述协议和标准，这些协议和标准能保证电子邮件在各种不同的系统之间进行传输。

（1）SMTP 协议，即简单邮件传输协议，是 Internet 上基于 TCP/IP 的应用层协议，电子邮件应用程序在向邮件服务器传送邮件时使用，适用于主机与主机之间的电子邮件交换。Internet 上几乎所有主机都运行着遵循 SMTP 的电子邮件软件。但是 SMTP 只能传送 ASCII 文本文件，对于一些二进制数据文件则需要进行编码以后才能够进行传输。

（2）POP3 协议，即邮局协议的第 3 个版本，它是规定个人计算机如何连接到互联网上的邮件服务器进行收发邮件的协议。当使用电子邮件应用程序访问 POP3 服务器时，电子邮箱中的邮件被拷贝到用户的客户机上，邮件服务器中不保留电子邮件的副本，比较适合用户只从一台固定的客户机访问电子邮箱的情况。

（3）IMAP 协议，即交互式邮件存取协议，主要作用是邮件客户端（例如 MS Outlook Express）可以通过这种协议从邮件服务器上获取邮件的信息，下载邮件等。当使用电子邮件应用程序访问 IMAP 服务器时，用户可以决定是否将电子邮件拷贝到客户机中，以及是否在 IMAP 服务器中保留电子邮件的副本，用户可以直接在服务器中阅读和管理电子邮件，比较适合于用户从多台客户机访问电子邮箱的情况。

（4）MIME 标准，即多目的因特网电子邮件扩展协议，解决了 SMTP 只能传送 ASCII 文本的限制，可以对声音、图像、表格、二进制数据等进行编码，将它们作为邮件中的附件进行处理，保证这部分内容正确、完整的传输。MIME 是一种编码标准。

（二）利用 Outlook Express 进行 Internet 上电子邮件的收发

1. 添加和修改邮件账号

步骤一：启动 Outlook Express，其主窗口如图 2-8 所示。

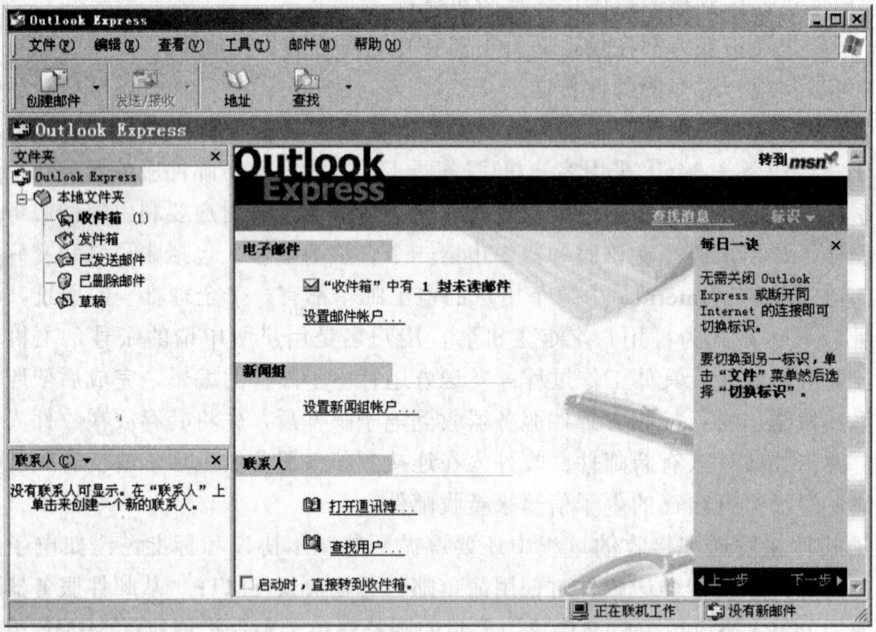

图 2-8　Outlook Express 主窗口

步骤二：在“工具”菜单中选择“账号”命令，打开 Internet 用户对话框，选择“邮件”选项卡，结果如图 2-9 所示。

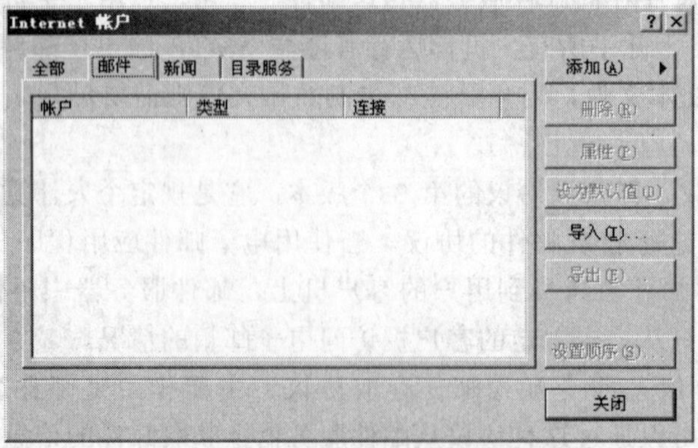

图 2-9　Internet 用户对话框

步骤三：单击“添加”按钮，选择“邮件”命令，打开 Internet 连接向导对话框，按照提示在显示姓名框中输入姓名，如白老师，如图 2-10 所示。

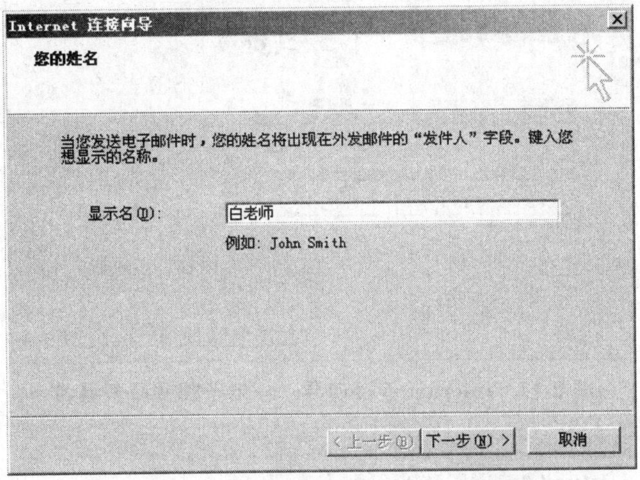

图 2-10　Internet 连接向导——您的姓名

步骤四：单击“下一步”，出现如图 2-11 所示对话框，按照提示输入你的电子邮件地址。

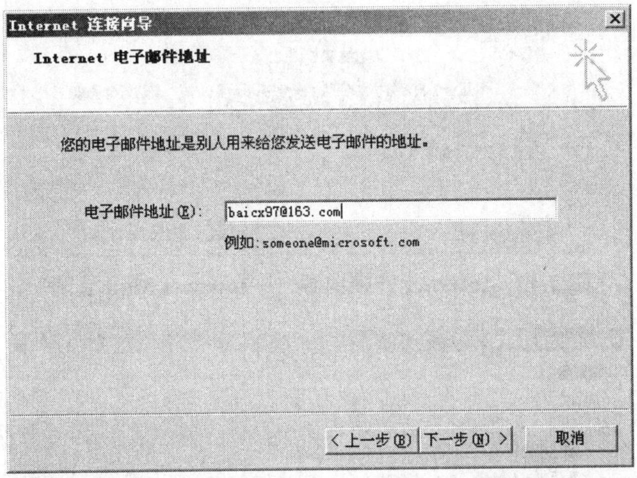

图 2-11　Internet 连接向导——Internet 电子邮件地址

步骤五：单击“下一步”，出现如图 2-12 所示对话框，按照提示输入电子邮件服务器名。

步骤六：单击“下一步”，出现如图 2-13 所示对话框，按照提示输入账号和密码。（注：“记住密码”和“使用安全密码验证登陆（SPA）”两个复选框可以根据自己的实际情况进行选择。）

步骤七：单击“下一步”，出现如图 2-14 所示对话框，单击“完成”按钮即可完成操作，出现如图 2-15 所示对话框。

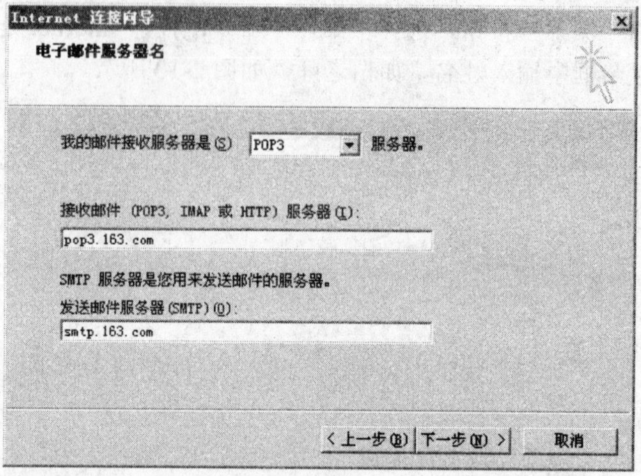

图 2-12　Internet 连接向导——电子邮件服务器名

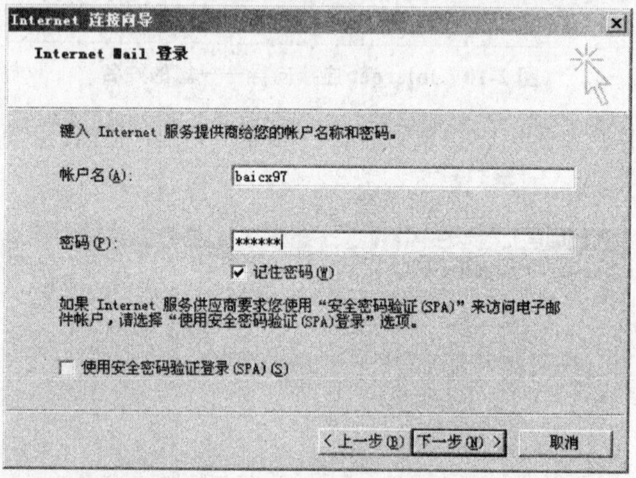

图 2-13　Internet 连接向导——Internet Mail 登陆

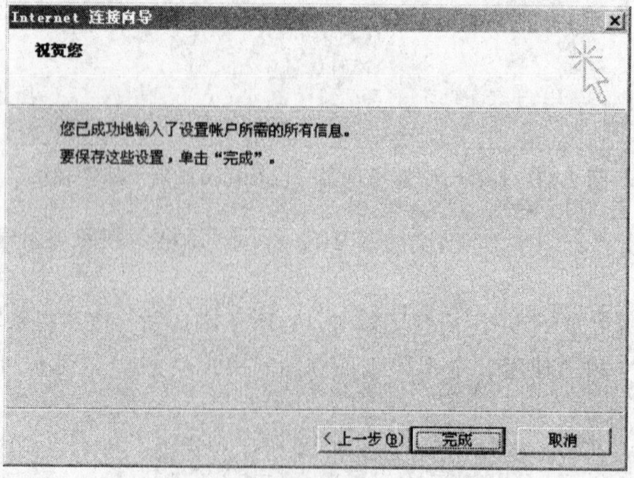

图 2-14　Internet 连接向导——祝贺您

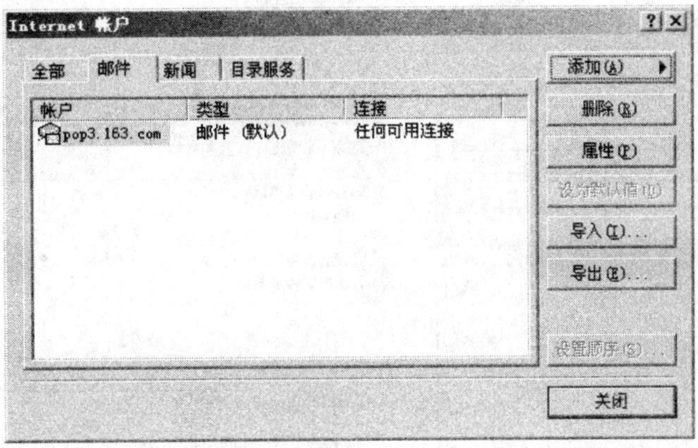

图 2-15 Internet 账户对话框

2. 创建和发送电子邮件

步骤一：在 Outlook Express 主窗口中，在工具栏中单击“创建邮件”按钮，打开如图 2-16 所示新邮件对话框。

步骤二：在收件人文本框中可直接输入收件人的电子邮件地址，或者单击“收件人”按钮，打开如图 2-17 所示对话框，进行收件人的选择。如需要发送给其他人，在“抄送”文本框内直接输入抄送人的电子邮件地址，或者单击“抄送”按钮，进行抄送人的选择。单击“查看”菜单的“所有邮件标头”，出现如图 2-18 所示“密件抄送”文本框，在此处输入的地址表示其他收件人并不知道该邮件被密件抄送人看过。

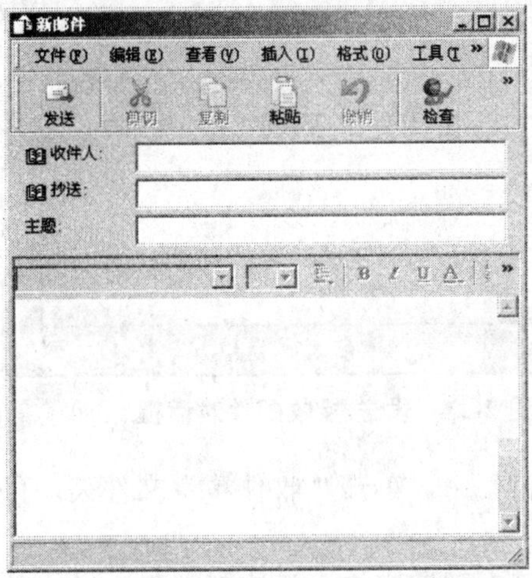

图 2-16 新邮件对话框

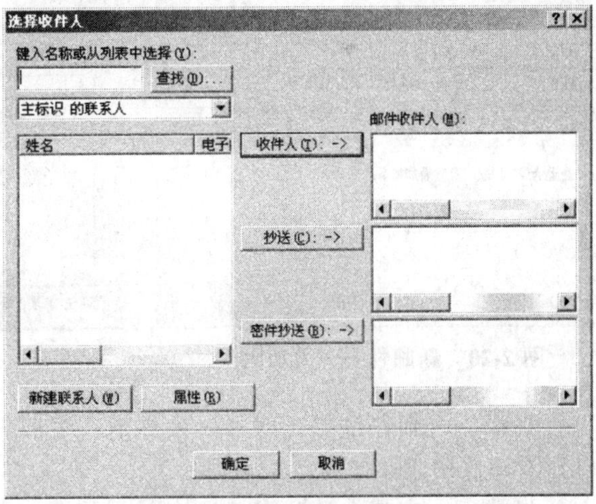

图 2-17 选择收件人对话框

步骤三：在主题文本框中填写邮件的主题，在屏幕下方的编辑区撰写邮件正文。若发送邮件的同时需要发送其他文件，即随信发附件，可以选择“插入”菜单的“文件附件”或单击工具栏“附件”按钮，出现“插入附件”窗口，如图 2-19 所示，选择要发送的文件，比如“选房安排及要求”，单击“附件”按钮即可完成，出现如图 2-20 所示对话框。

步骤四：完成以上各项后，单击“发送”按钮，即可发送邮件。

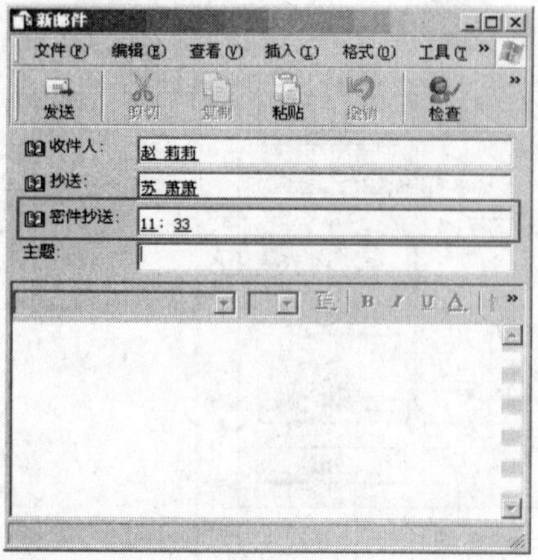

图 2-18　新邮件——密件抄送文本框

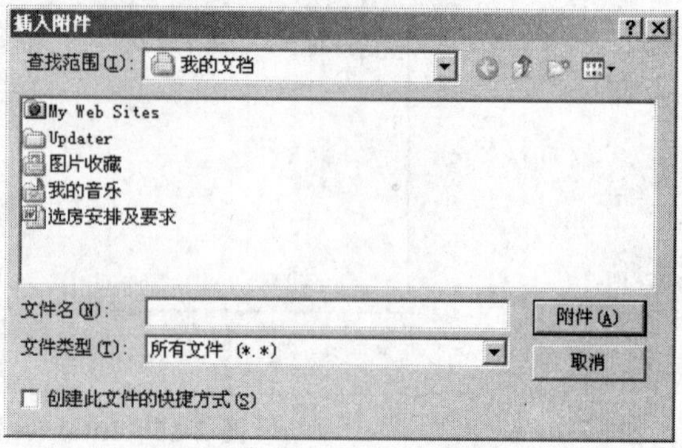

图 2-19　插入附件对话框

3. 接收和阅读电子邮件

步骤一：在 Outlook Express 主窗口中，单击“发送/接收”按钮，打开如图 2-21 所示对话框，可以发送和接收邮件。

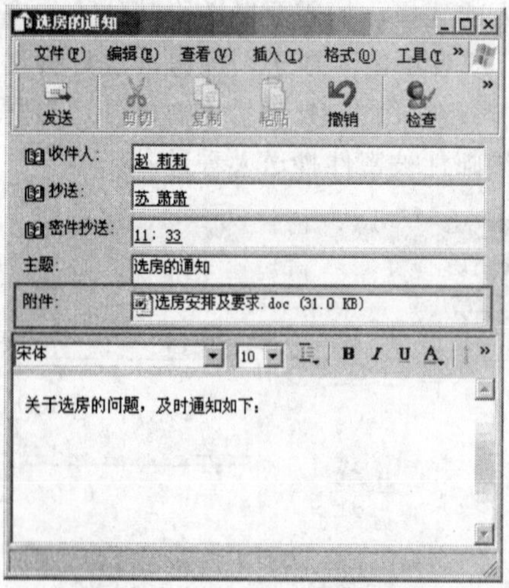

图 2-20　新邮件——添加附件

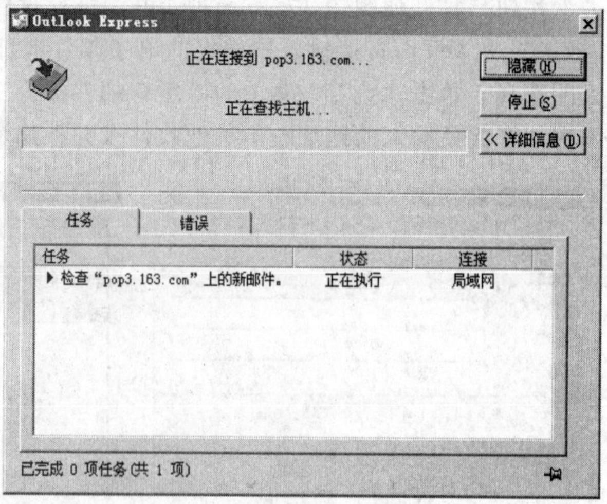

图 2-21　发送/接收邮件对话框

步骤二：邮件接收完成后，会存放在“收件箱”中，单击“收件箱”文件夹，可以查看邮件列表，如图 2-22 所示。

步骤三：在邮件列表窗格单击某一邮件，即可在预览窗格中阅读邮件得内容。若内容较多，可以双击邮件，在打开的新窗口中阅读。

注意：

一般来说，Outlook Express 每次启动都会自动连接、自动接收和发送邮件，并且会每隔一段时间都自动检查有没有邮件，其相关属性设置通过“工具”菜单——“选项”窗口——“常规”选项卡下选定“启动时发送和接收邮件”和“每隔…分钟检查一次新邮件”来进行，如图 2-23 所示。

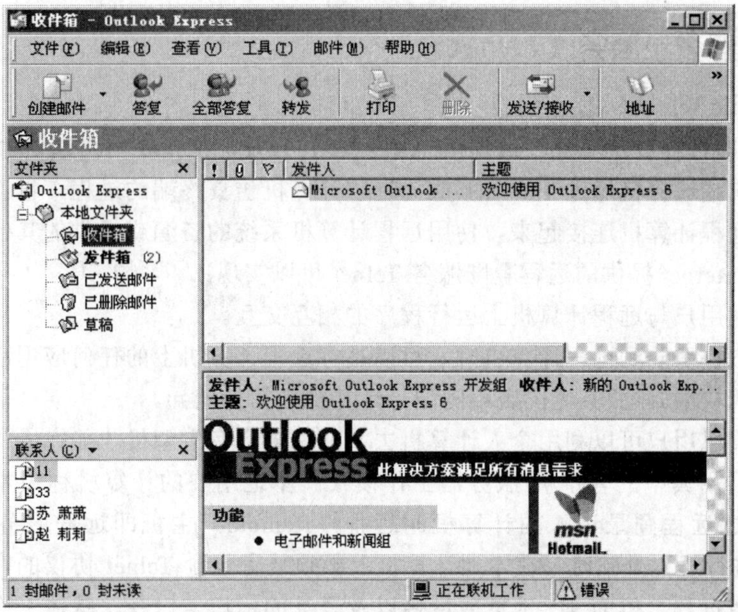

图 2-22 收件箱对话框

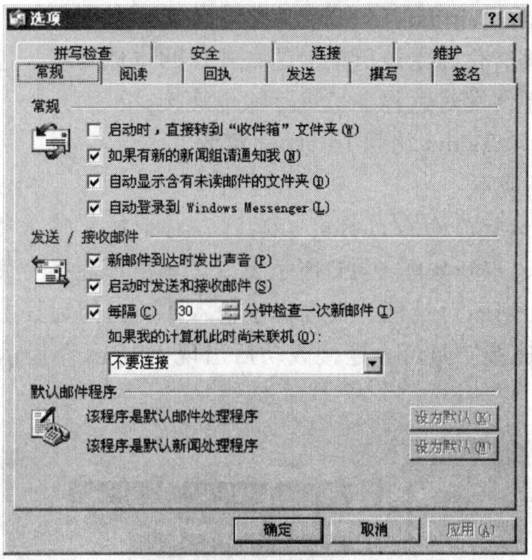

图 2-23 选项对话框

4. 回复和转发电子邮件

回复电子邮件可以通过两种方法来进行：一种是用写新邮件的方法给发件人回复；另一种方法是用 Outlook Express 的回复功能，具体操作为在“收件箱”中单击某个邮件，然后单击工具栏中的“答复”按钮，在打开的对话框中完成相关操作，最后单击工具栏中的“发送”按钮即可。

要将收到的邮件转发给他人，只需单击工具栏中的“转发”按钮，在打开的对话框中填写他人的电子邮件地址，单击工具栏中的“发送”按钮即可。

二、远程登录服务（Telnet）

（一）认识 Telnet

Telnet，即远程登录服务，最初由 ARPANET 开发，是指在网络通信协议 Telnet 的支持下，用户端计算机通过 Internet 成为远程计算机仿真终端的过程，也就是用户把本地计算机与远程计算机连接起来，使用远程计算机系统的资源或提供的其他服务。具体来说，利用 Internet 提供的远程登陆服务 Telnet 可以实现：

（1）本地用户与远程计算机上运行程序的相互交互。

（2）用户在登陆到远程计算机时，可以执行远程计算机上的任何应用程序（只要用户拥有足够的权限），并且能屏蔽不同型号计算机之间的差异。

（3）计算机用户可以利用个人计算机去完成许多只有大型机才能完成的任务。

Telnet 采用典型的客户机/服务器工作模式。本地用户的计算机称为本地计算机，本地用户通过远程登录进入的计算机叫远程（Remote）主机即远程服务器。在使用 Telnet 协议进行远程登陆时，在本地计算机上必须装有包含 Telnet 协议的客户程序，而且必须要知道远程主机的 IP 地址或域名以及登录的标识与口令。具体工作过程：首先本地计算机与远程主机建立连接，将本地终端上输入的用户名和口令及以后输入的任何命令或字符以 NVT（Net Virtual Terminal）格式传送到远程主机；然后再将远程主机输出的 NVT 格式的数据转化为本地所接受的格式送回本地终端，包括输入命令回显和命令执行结果；最后本地终端对远程主机进行撤消连接。

（二）利用远程登录 Telnet 访问 Internet 资源

1. 在 Windows 环境下

单击“开始——运行”命令，打开“运行”对话框，输入“Telnet”命令，如图 2-24 所示，单击确定，打开如图 2-25 所示窗口。单击“连接”菜单中的“远程系统”命令，打开如图 2-26 所示对话框。根据提示输入要访问的远程主机的地址、端口、选择终端类型，单击“连接”即可。连接成功后出现“login:”提示符，输入账号回车后输入口令即可。

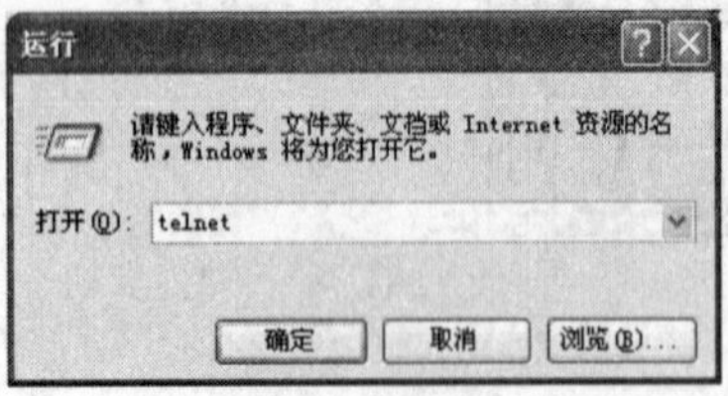

图 2-24　运行对话框

图 2-25　Telnet 对话框

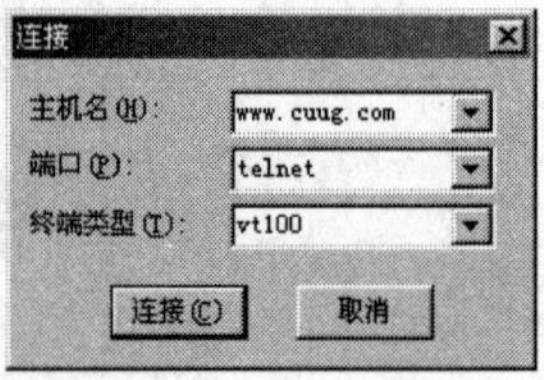

图 2-26　连接对话框

2. 在 MS-DOS 方式下

单击“开始——程序——附件——命令提示符”，打开命令提示符窗口。在 DOS 提示符下输入命令“Telnet 远程主机地址”，如 telnet bbs.nankai.edu.cn，如图 2-27 所示，然后回车，即可与远程主机进行连接；或先输入 telnet，在提示符 telnet>后用 open 命令连接远程主机，比如 open bbs.nankai.edu.cn，如图 2-28 所示，然后回车即可与远程主机进行连接。连接成功后，出现登陆/注册窗口，如图 2-29 所示，通过用户名和密码或者试用账号 guest 即可登录主机，也可以注册新的账号。用户在 Telnet 提示符后输入?/help 命令即可获得关于 Telnet 的命令列表，如图 2-30 所示。

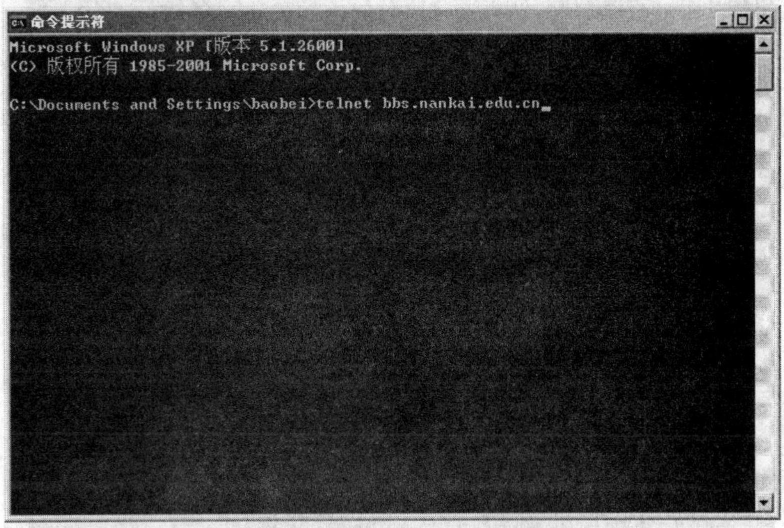

图 2-27 telnet 命令连接远程主机

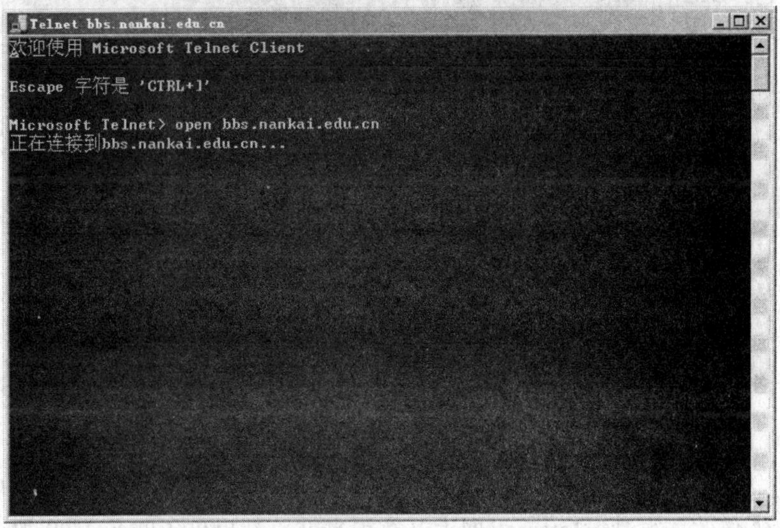

图 2-28 open 连接

三、文件传输服务（FTP）

（一）认识 FTP

FTP，即文件传输服务，允许将本地计算机中的文件上传到远端的计算机中，或将远端计算机中的文件下载到本地计算机中。FTP 最初是在 UNIX 环境下的文件传输的协议，现在它已被广泛应用到 Internet 上。由于在 Internet 上使用文件传输服务时，总要使用文件传输协议（File Transfer Protocol），因此该协议的简称 FTP 便成了文件传输服

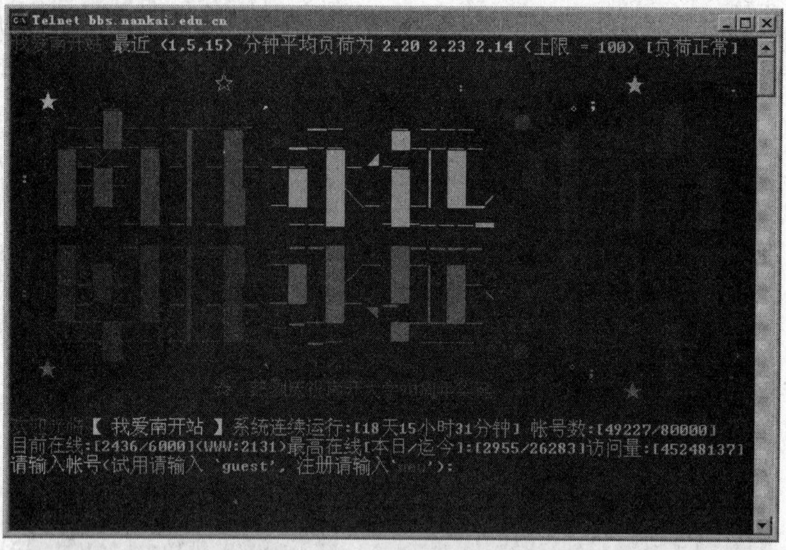

图 2-29　登陆/注册窗口

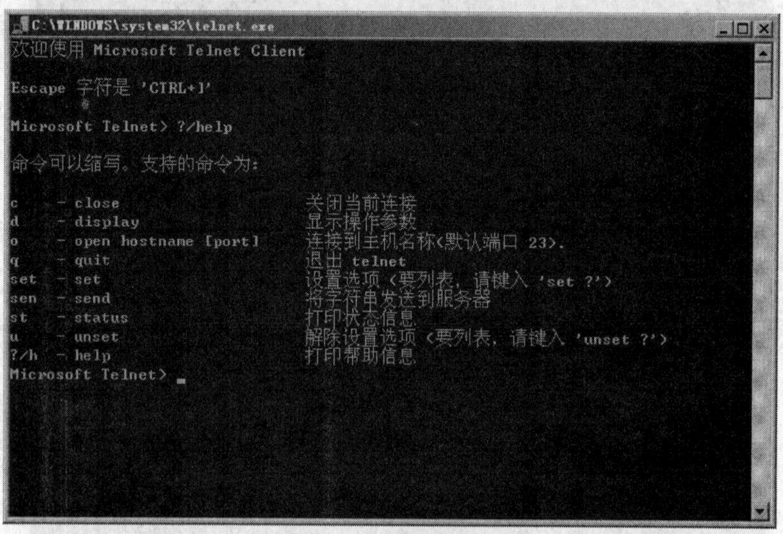

图 2-30　help 命令

务的代名词。目前，FTP 占用户使用量中很大的一部分，因为 FTP 应用程序不仅非常容易得到、工作效率很高，Internet 网上又有很多站点都提供了匿名 FTP 服务，可以免费下载大量的文件。

FTP 采用典型的客户机/服务器工作模式。远程提供 FTP 服务的计算机称为 FTP 服务器，通常是因特网信息服务提供者的计算机，它负责管理一个文件仓库。用户端计算机作为 FTP 客户端，用户计算机通过 FTP 程序与远程计算机连接。FTP 服务是一种实时的联机服务，用户在访问 FTP 服务器之前必须进行登录。大部分的 FTP 服务器是对所有用户开放，可以公开访问，用户可通过用户名“Anonymous”口令“E-mail 地址”登录到 FTP 服务器；对于内部专用的 FTP 服务器，需要用户帐号和口令才能登录。

FTP 的工作过程如下：用户首先向 FTP 服务器提出文件传输的请求，FTP 服务器接收请求后找到用户请求的文件，然后将该文件的副本传送到用户处。用户端计算机的 FTP 程序再将接收到的文件写入硬盘。文件传输完毕，用户端计算机与远程计算机的连接自动断开。

对于 FTP 来说，所有的文件只有两种格式：文本文件和二进制文件。文本文件中包含一系列的字符，该种类型的文件在传送时被当做字符集来处理。而所有的非文本文件均是二进制文件，比如电子表格、可执行文件、图形图像文件、文字处理器编辑的文本、压缩文件等。在进行文件传输前确定文件的类型是非常必要的，若未事先说明，FTP 总是以文本方式传送文件，而一旦发现文件是二进制的，就会出现警告信息图示。当用户无法确定远程计算机上的文件类型时，一般选择二进制文件传送方式比较保险。

因特网用户使用的 FTP 客户端应用程序通常有三种类型：传统的 FTP 命令行、浏览器、FTP 下载工具。

（二）使用 FTP 命令登录 FTP 服务器，访问 Internet 资源

1. 本地计算机与 FTP 服务器进行连接

◆ 单击“开始——程序——附件——命令提示符”，打开命令提示符窗口。在 DOS 提示符下输入 FTP 要连接的服务器地址，比如 FTP 202.205.97.229，如图 2-31 所示，回车后开始连接。

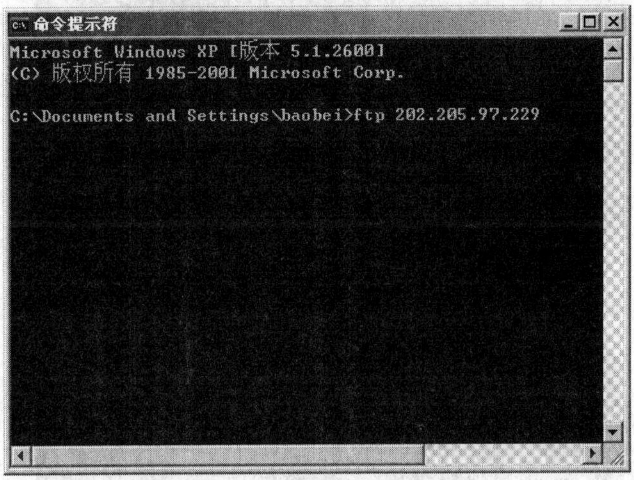

图 2-31　FTP 命令连接 FTP 主机

◆ 单击“开始——运行”命令，在“运行”框中输入“FTP”，单击“确定”，弹出命令操作窗口，在提示符 FTP>后用 open 命令连接 FTP 主机，比如 open 202.205.97.229，如图 2-32 所示，然后回车即可与 FTP 主机进行连接。

2. 登录 FTP 服务器

通过上述两种方式均可与 FTP 主机进行连接，连接成功后，屏幕上提示输入用户名，如图 2-33 所示（以第一种方式连接 FTP 主机为例），输入用户名“none”后回车，系统接着提示输入密码，如图 2-34 所示，输入密码后回车，即可登陆 FTP 服务器下载文件了。

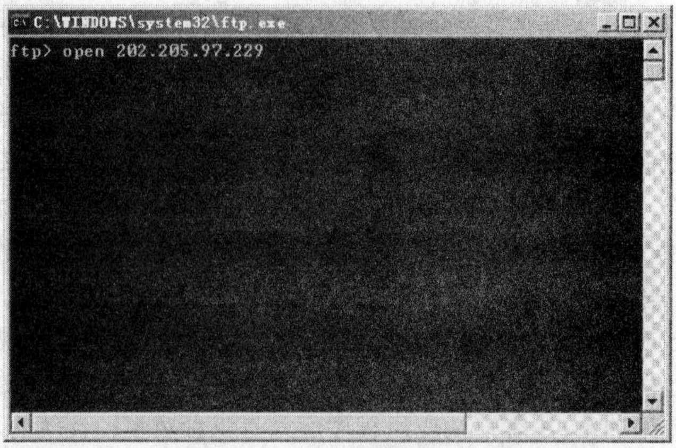

图 2-32　open 连接

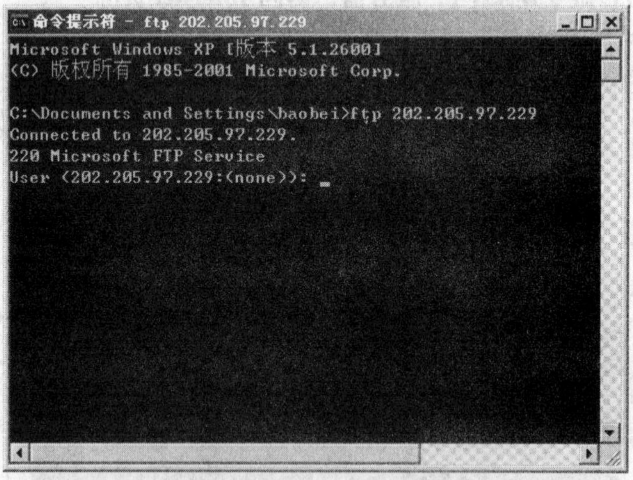

图 2-33　输入用户名

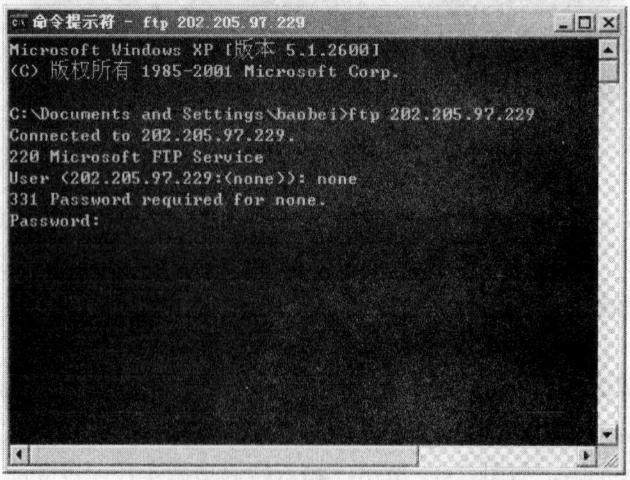

图 2-34　输入密码

3. 利用相关命令进行操作

利用“？”可以获得 FTP 的命令列表，如图 2-35 所示。

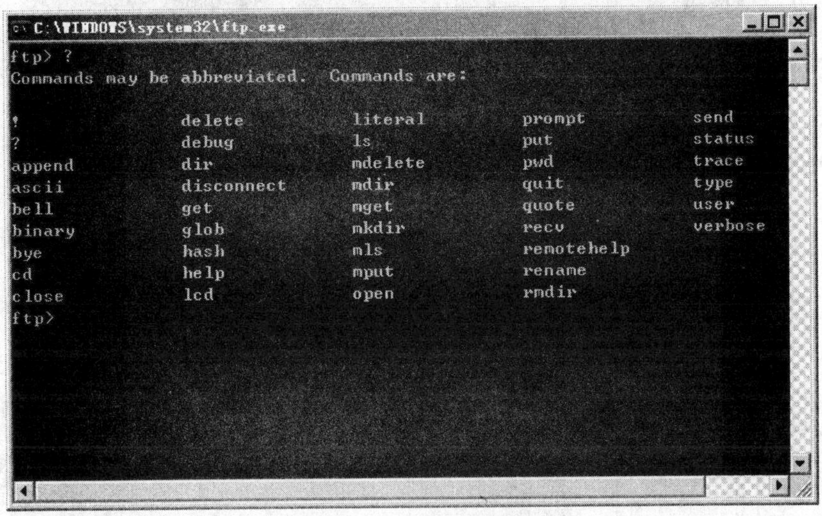

图 2-35　FTP 命令列表

- open 命令：用于同远程计算机建立连接。
- get 命令：从远程计算机上取一个文件。命令格式为：FTP>get source-file destination-file
- put 命令：将本地计算机的文件传送到远程计算机上。命令格式为：**FTP>put** source-file
- binary 命令：指定文件以二进制方式传送。
- cd 命令：改变工作目录。
- ls 命令：浏览目录下的文件。
- quit 命令：结束联机，关闭所有已打开的连接。
- help 命令：显示帮助信息。

注意：

用户使用 FTP 命令进行文件传输的步骤为：第一步先激活 FTP 程序，进行联机、登录；第二步在远程计算机上进行文件浏览，找到要传输的文件；第三步进行文件传输；第四步传输结束，断开联机。

（三）使用浏览器进入 FTP 服务器，访问 Internet 资源

（1）打开 IE 浏览器，在 IE 浏览器地址栏中输入要访问的 FTP 服务器的地址，如：FTP://222.17.192.49，然后回车，打开如图 2-36 所示页面。

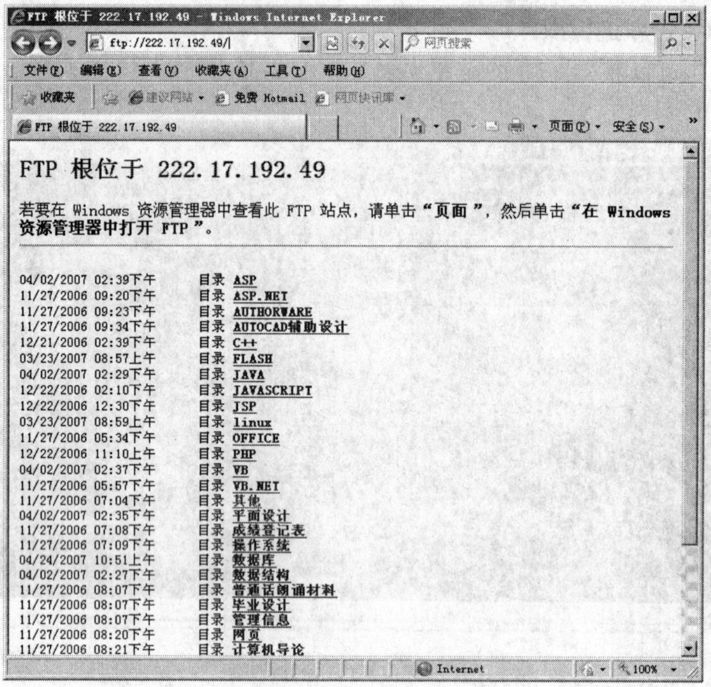

图 2-36 FTP 站点资源

（2）定位到所需文件所在的目录，比如要下载“\其他\国标软件设计文档”目录下的陈淑芬与平凡画集［MM 版］.mpeg 文件，只需依次双击“其他”、“国标软件设计文档”，即可打开相应的页面，如图 2-37 所示。

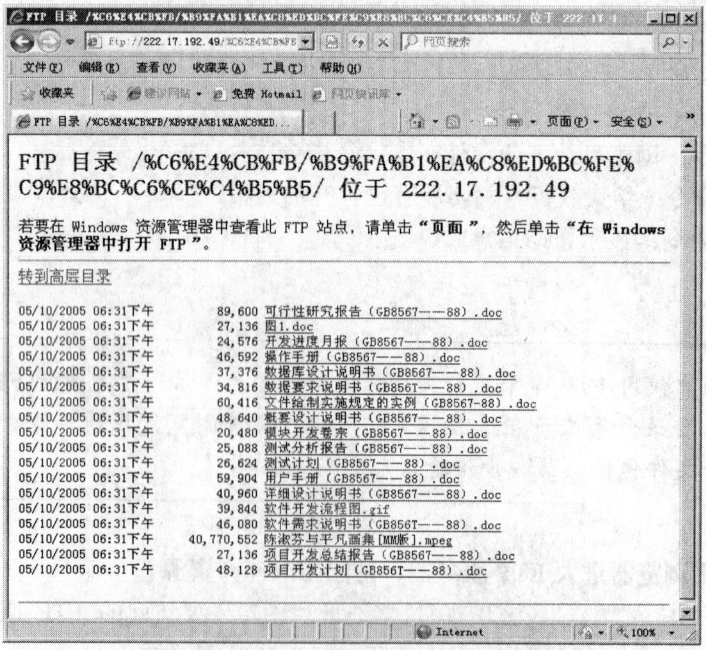

图 2-37 定位要下载的 FTP 站点资源

（3）双击所需下载的文件，即可打开“文件下载”对话框，如图 2-38 所示。

（4）单击“保存”按钮，设置文件在本地计算机的保存位置后，文件就开始下载，如图 2-39 所示。

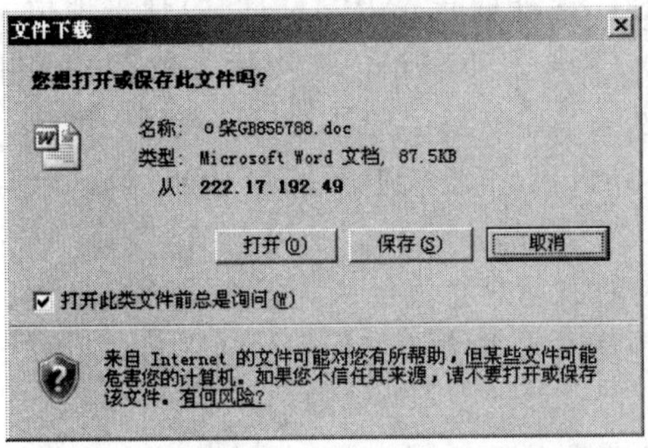

图 2-38　FTP 站点资源下载对话框

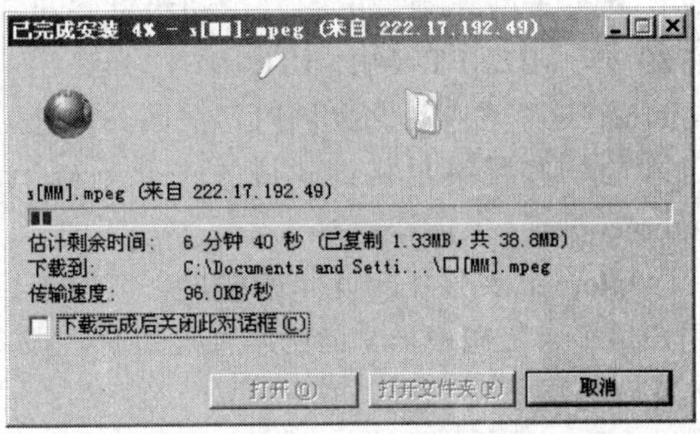

图 2-39　FTP 站点资源下载进度对话框

四、WWW 服务

现在 Internet 上最热门的服务之一就是环球信息网 WWW（World Wide Web）服务，Web 已经成为很多人在网上查找、浏览信息的主要手段。WWW 是一种交互式图形界面的 Internet 服务，具有强大的信息连接功能。它使得成千上万的用户通过简单的图形界面就可以访问各个大学、组织、公司等的最新信息和各种服务。

WWW 是基于客户机/服务器方式的信息发现技术和超文本技术的综合。WWW 服务器通过 HTML 超文本标记语言把信息组织成为图文并茂的超文本；WWW 浏览器则为用户提供基于 HTTP 超文本传输协议的用户界面。用户使用 WWW 浏览器通过 Internet 访问远端 WWW 服务器上的 HTML 超文本。

HTTP 超文本传输协议是 WWW 服务的核心，它处在传输层，是一种面向对象的协议。HTTP 会话过程包括以下四个步骤：

步骤一：连接；

步骤二：请求；

步骤三：应答；

步骤四：关闭。

知识拓展

一、Internet 的产生与发展

Internet 的起源及发展可以追溯到 1969 年 1 月由美国国防部高级研究计划局 ARPA 开始研制的 ARPAnet，其当时的目的只是为了将美国的几个军事及研究用电脑主机连接起来，最初只有四个节点，分布在美国加州大学洛杉矶分校、加州大学圣芭芭拉分校、斯坦福大学以及美国犹他大学。为了使不同基地和场所的不同类型的计算机进行安全通信，ARPA 开发了一种通用网络通讯协议——TCP/IP 协议（Transmission Control

Protocol/Internet Protocol)，借此，不同机种的计算机都可通过 TCP/IP 支撑的协议来共享和交换信息。

1985 年，美国国家科学基金会（NSF）组建 NSFnet，从一开始就使用 TCP/IP 协议，其主干网连接美国的六个超级计算机中心，逐渐取代 ARPANET 的骨干地位。1989 年 MILNET（由 ARPANET 分离出来）实现和 NSFnet 连接后，就开始采用 Internet 这个名称。与此同时，美国其他地方也开始建立自己的计算机广域网，欧洲、日本的一些网络也相继建成。在此基础上计算机网络进一步互连，1990 年，全球 Internet 开通。

Internet 经过了十几年的发展，取得了巨大的成功。它已经成为世界上规模最大、用户最多、资源最丰富的网络互连系统，极大地影响着人类的工作和生活。目前世界上几乎所有国家都已接入 Internet。

对于中国，1991 年 6 月，我国建成第一条与国际互联网连接的专线，它从中国科学院高能物理研究所连接到美国斯坦福大学的直线加速器中心。1994 年 4 月 20 日，我国 Internet 开通，实现了采用 TCP/IP 协议的国际换联网的全功能连接，作为第 71 个国家加入 Internet，成为正式的国际 Internet 成员。

目前，我国已初步建成国内互联网，其 4 个主干网络是中国公用计算机互联网（ChinaNet)、中国教育与科研计算机网 CERNet、中国科学技术计算机网 CSTNet、中国金桥互联网 ChinaGBN。

二、TCP/IP 协议

TCP/IP 协议，即传输控制协议/网际协议（Transmission Control Protocol / Internet Protocol)，它是一个协议集，对因特网中主机的寻址方式、主机的命名机制、信息的传输规则以及各种服务功能做了详细约定，是连入 Internet 的计算机必须遵从一致的约定。

TCP/IP 协议并不完全符合 OSI 的七层参考模型，它采用了 4 层的层级结构。由高到低分别为：

（1）应用层：主要负责应用程序间的沟通，如简单电子邮件传输 SMTP、文件传输协议 FTP、网络远程访问协议 Telnet 等。

（2）传输层：主要功能是负责应用进程之间的端到端的通信，比如传输控制协议 TCP、用户数据报协议 UDP 等。

（3）互连网络层：主要是负责将源主机的报文分组发送到目的主机，源主机与目的主机可以在一个网上，也可以不在一个网上，比如网际协议 IP。

（4）网络接口层（主机—网络层)：负责通过网络发送和接收 IP 数据报，包括各种物理层协议，比如局域网的 Ethernet。

其中，IP 协议主要是负责为计算机之间传输的数据报寻址，并管理这些数据报的分片过程。运行 IP 协议的网络层可以为其高层用户提供三种服务：不可靠的数据投递服务、面向无连接的传输服务、尽最大努力投递服务。

TCP 协议是一种面向连接、可靠的、基于字节流的运输层通信协议，它允许将一台主机的字节流无差错地传送到目的主机，分为三个过程：在传输数据前要先建立逻辑连接；然后再传输数据；最后释放连接。

三、IP 地址和域名

（一）IP 地址

在 Internet 中为了定位每一台计算机，需要给每台计算机分配或指定一个确定的“地址”，其称为 Internet 的网络地址，即 IP 地址。IP 地址是包含 4 个字节，共 32 位的二进制数，比如“202.192.158.200”。它逻辑上分成两个部分：一部分是网络标识，标识主机所属的网络；另一部分是主机标识，标识主机本身。只要两台主机具有相同的网络标识，不论它们物理位置，都属于同一逻辑网络。

根据节点计算机所在网络规模的大小分为 A、B、C 三类。

1. A 类

A 类地址的表示范围为：1.0.0.0～126.255.255.255，默认子网掩码为：255.0.0.0，一般分配给规模特别大的网络使用。A 类网络用第一组数字（即第一个字节）标识网络本身，后面三组数字作为连接于网络上的主机的地址，并且规定第一个字节的第一位必须为 0，其结构如图 2-40 所示：

0XXXXXXX	XXXXXXXX	XXXXXXXX	XXXXXXXX
网络标识	主机标识		

图 2-40　A 类地址结构

2. B 类

B 类地址的表示范围为：128.0.0.0～191.255.255.255，默认子网掩码为：255.255.0.0；分配给一般的中型网络使用。B 类网络用第一、二组数字表示网络的地址，后面两组数字代表网络上的主机地址，且第一个字节的前两位为 10，其结构如图 2-41 所示：

10XXXXXX	XXXXXXXX	XXXXXXXX	XXXXXXXX
网络标识		主机标识	

图 2-41　B 类地址结构

3. C 类

C 类地址的表示范围为：192.0.0.0～223.255.255.255，默认子网掩码为：255.255.255.0；分配给小型网络使用。C 类网络用前三组数字表示网络的地址，最后一组数字作为网络上的主机地址，且第一个字节的前三位为 110，其结构如图 2-42 所示：

110XXXXX	XXXXXXXX	XXXXXXXX	XXXXXXXX
网络标识			主机标识

图 2-42　C 类地址结构

实际上，还存在着 D 类地址和 E 类地址。这两类地址具有特殊的用途，D 类 IP 地址称为广播地址，供特殊协议向选定的节点发送信息时用。E 类地址为保留地址，保留给将来使用。

（二）域名

IP 地址为 Internet 提供了统一的寻址方式，但是由于 IP 地址只是一串数字，没有任何意义，而且记忆起来特别困难，因此，为了使 IP 地址便于用户使用，同时也易于维护和管理，Internet 通过所谓的域名管理系统 DNS（Domain Name System）对每一个 IP 地址指定一个（或几个）容易识别的名称，该名称就是域名。

域名具有一定的层次结构，首先 DNS 把整个 Internet 划分为多个域，称为顶级域，并为每个顶级域规定国际通用的域名；其次，NIC 将顶级域的管理权分派给指定的管理机构，对域进行继续划分，即划分为二级域，并将二级域的管理权授予其下属的管理机构，如此下去，便形成了层次形的域名结构。

顶级域名可以分为两类：一是国家顶级域名，比如中国是 cn、英国是 uk、日本是 jp 等；二是国际顶级域名，例如表示商业组织的“.com”、表示主要网络支持中心“.net”等。

我国的顶级域名是 cn，也是我国的一级域名。在顶级域名之下，我国的二级域名又分为两类：

（1）类别域名：共 6 个，具体包括用于科研机构的 ac，用于工商金融企业的 com，用于教育机构的 edu，用于政府部门的 gov，用于互联网络信息中心和运行中心的 net，用于非盈利组织的 org。

（2）行政区域名：共 34 个，分别对应于我国各省、自治区和直辖市。

DNS 用分层的命名方法，对网络上的每台计算机赋予一个直观的唯一性域名，它的具体格式如下所示，比如 www.tjtc.edu.cn。

计算机主机名.机构名.网络名.顶级域名

任务评价

一、评价方法

本任务采用学生独立上机进行操作，使用 Internet 提供的基本服务——电子邮件、FTP、Telnet、WWW，完成实训报告，写出自己的心得体会。教师根据学生的具体操作对学生做出综合评价；最后教师针对每位同学学给出评价结论，指出改进和努力的方向。

二、评价指标

表 2-2　　任务完成情况评价表

评价指标	学生自我评价		小组评价		他人/教师评价	
	合格	不合格	合格	不合格	合格	不合格
电子邮件服务						
远程登录						
文件传输						
WWW 服务						
调查报告						
相关知识的扩展掌握情况						

课后练习

一、思考题

1. Internet 的主要功能包括什么？

2. IP 地址与域名的区别与联系？

二、实训题

进入智能 DNS 网站（https://www.dnspod.com/），进行 IP 地址与域名的在线解析转换。

任务三 网页编程技术

任务要求

通过任务三的学习与训练，了解 HTML 语言的语法规则，掌握 DREAMWAVER 使用方法，掌握 JAVA 脚本的使用方法，设计基本的 HTML 网页。

任务实施

一、使用 HTML 语言编写网页

HTML 是 HyperText Markup Language（超文本标记语言）的缩写。超文本是一种信息组织的方式，它使得网页之间具有跳转能力，使浏览者可以自由选择阅读的路径，对自己感兴趣的话题进行选择浏览。标记是指在网页中对元素属性的描述，更改这些属性的描述可以对网页中的元素作相应的调整。HTML 是编写网页的最主要、最基本的语言，是网页编程的基础，它像是一种在文档中应用的格式化语法，可以用任何文本编辑器，如 Word、记事本等，也可以使用专门的 HTML 编辑器，如 hotsite（www.sausage.com）、coffeehtml 等。一般的网页开发工具只是集成的 HTML 语言模块，其实质还是 HTML 标记。

（一）编写简单的 HTML 文件

一个标准的 HTML 文档的结构如例 3-1.htm 所示，文件 3-1.htm 是一个文本文件，可以使用任何编辑器进行编写，比如记事本、Word 等。

【例 3-1.htm】一个标准的 HTML 文档的结构示例。

```
<html>
      <head>
            <title>标题内容</title>
      </head>
      <body>
       主要内容在这里！
      </body>
```

```
</html>
```

在 IE 浏览器中，选择菜单命令“文件——打开”，则弹出“打开”对话框。单击“浏览”按钮选择文件 3-1.htm，即可打开 3-1.htm 文件。在 IE 浏览器中例 3-1.htm 文件的执行结果如图 2-43 所示。

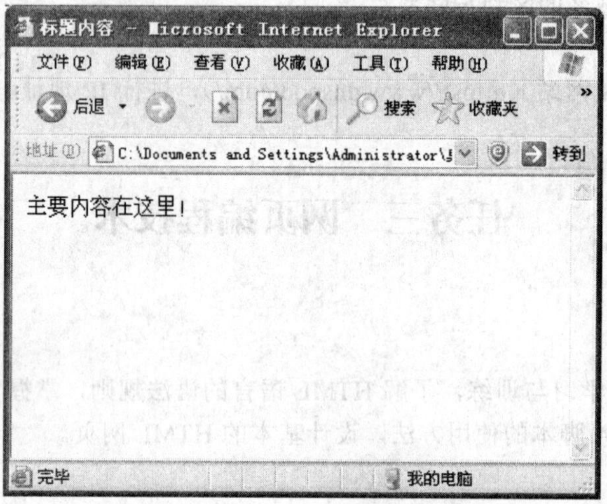

图 2-43　3-1.htm 文件的执行结果

小提示：

这个文件中使用了四个 HTML 语言标记，分别是<html></html>、<head></head>、<title></title>、<body></body>。从这四个标记可以看 HTML 语言的标记一般都是对称使用的，以<标记>开始，以</标记>结束，这一点请在编写 HTML 语言时一定要牢记。

<html>是 HTML 文件的开始标记，它告诉浏览器下面的内容是 HTML 文档，</html>是 HTML 文件的结束标记，它告诉浏览器 HTML 文档结束了。head 元素一般是不可见元素，它定义了网站或网页的基本属性，如标题、关键字等。其中网页的标题用<title></title>进行定义。body 元素用于定义网页的页面信息，如背景、链接等，是页面的主体部分。

为了使程序更加清楚、容易理解，还可以给 HTML 文档添加注释标记“<!”与“>”(也可写为“<!--”与“-->”)，注释标记符之间的内容不会被浏览器显示，仅起到解释说明的作用。

（二）说明信息标记<meta>

网页的基本属性通常利用 meta（元信息）进行设定，比如字符编码、作者、版权和关键字等。还可以用来向服务器提供信息，比如截止日期、页面刷新间隔等。<meta>标记一般放在头部内。

1. Keywords

格式：<meta name=″ keywords″　content=″ 关键字具体内容″ >

当把站点发布到搜索引擎后，搜索引擎就会自动阅读 Meta 标签中的 Keywords 内容，如果其内容与检索的内容匹配，则相应的网页会被成功地检索，有些则在关键字超出限定范围时忽略所有关键字。

2. Description

格式：<meta name=″ description″　content=″ 网页描述的具体内容″ >

功能与 Keywords 相似，指用描述性的语句代替了关键字。

3. Refresh

Refresh 元素可以指定网页在某一时间段后自动对页面进行刷新，比如下面一段代码，其含义为每隔 12 秒钟，页面会自动刷新一次，刷新的地址为 index.htm（相对地址）。

<meta http－equiv=″ refresh″　content=″ 12;URL=default.htm″ >

此外，还可以定义页面的字符信息，比如若将网页内容类型定义成 TXT 或 HTML 格式，字符编码为 GB2312，则相应的语法为：

<meta http－equiv=″ Content－Type″　content=″ text/html; charset=gb2312″ >

（三）编写一个较复杂的网页

【例 3-2.htm】编写一个较复杂的页面。

（1）页面的显示效果如图 2-44 所示。

图 2-44　例 3-2.htm 文件的执行结果

（2）HTML 代码

```
<html>
<head>
<meta http-equiv="Content-Type" content="text/html; charset=gb2312" />
<title>3-2.htm</title>
<style type="text/css">
<!--
.STYLE2 {color: #FFFFFF; font-size: 36px;}
.STYLE3 {
    font-size: 14px;
    font-weight: bold;
}
.STYLE4 {font-size: 14px}
.STYLE5 {font-size: 12px}
-->
</style>
</head>

<body>
<table width="100%" border="0" align="center" cellspacing="0">
<tr>
  <td height="90" colspan="2" bgcolor="#0033FF"><div align="center" class="STYLE2">经济与管理学院欢迎您</div></td>
 </tr>
 <tr>
  <td colspan="2"><table width="100%" border="0" cellpadding="0" cellspacing="4" bordercolor="#0066FF" bgcolor="#0099FF">
<tr>
    <td width="10%" height="25"><div align="center"><span class="STYLE3">首页</span></div></td>
    <td width="10%" height="25"><div align="center"><span class="STYLE3">课程设置</span></div></td>
    <td width="10%" height="25"><div align="center"><span class="STYLE3">师资队伍</span></div></td>
    <td width="10%" height="25"><div align="center"><span class="STYLE3">教学情况</span></div></td>
    <td width="10%" height="25"><div align="center"><span class="STYLE3">科研情况</span></div></td>
```

```
        <td width="10%" height="25"><div align="center"><span class="STYLE3">
学生工作</span></div></td>
        <td width="10%" height="25"><div align="center"><span class="STYLE3">
领导班子</span></div></td>
        <td   width="10%"   height="25"><div   align="center"   class="STYLE4">
<strong>专业介绍</strong></div></td>
        <td width="10%" height="25"><div align="center"><span class="STYLE4">
<strong>联系我们</strong></span></div></td>
        <td width="10%" height="25"><div align="center"><span class="STYLE4">
<strong>留言板</strong></span></div></td>
       </tr>
      </table></td>
     </tr>
     <tr>
      <td width="39%"><img src="12.JPG" width="300" height="200" /></td>
   <td width="61%"><span class="STYLE5">经济与管理学院是××大学二级
学院,前身是××大学经济管理系,成立于 1983 年,是我校最早设立的系部之一。本着学
校"服务为本,应用为根,质量立身,卓尔不群。"的办学理念,在历届院(系)领导班子和全
院教职工的共同努力下,经过二十多年的建设,已经成为我校规模大、实力强、优势明显、在我市同
类院校中具有一定影响的教学单位。<br />
        学院下设管理系、商贸系、财经系、院办公室及网络综合实训中心(配组织结
构图)。专业涉及电子商务、国际商务、会计电算、工程保险、营销管理、物流管理、工程管理、宾馆管
理专业,其中电子商务专业 2000 年被评为天津市教学改革试点专业。自 2002 年起,学
院开始举办高职本科教育,开设国际经济与贸易、会计学、工商管理、工程管理等专业。
<br />
        学院与国内知名大学和著名大型企业保持良好的合作关系。和天津达仁堂
制药厂、津乐园食品有限公司、泰达会馆等十余家实现了委托培养;与天津市北方网、中原
百货公司等三十余家企业建立了产学结合关系。多年来,学院注重学生综合素质和应用
能力的培养,使学生具有较扎实的专业理论和技能,并采用多种教学模式进行知识和技
能传授(配讨论课照片);注重外语能力的提高,鼓励双语教学,实施双证书教育,毕业生
就业率 90%以上,2004 年达到 100%。<br />
      </span></td>
     </tr>
     <tr>
      <td colspan="2"> <span class="STYLE5">学院在重视学生培养的
同时,还积极倡导和鼓励教职工投入教改和科研工作。近年来,平均每年在国内外重要刊
物上发表专业和教学改革论文 50 余篇,撰写文章在天津大学学报、武汉工业大学学报、
现代财经等重要刊物上发表,完成 7 项省部级以上科研课题,目前在研课题 14 项;其中,
```

```
张国键教授的"高等职业教育以能力为核心人才培养模式的研究"或国家级优秀成果二等奖,章建新教授的"民事侵权行为的经济学分析"等 2 篇文章被国际 SCI 检索。(论文、教材、科研综合照片)。</span></td>
    </tr>
    <tr>
      <td   height="25"   colspan="2"   bgcolor="#0099FF"><div align="center">xx 大学经济与管理学院版权所有</div></td>
    </tr>
  </table>
  </body>
  </html>
```

二、使用 JavaScript 脚本语言编写网页

JavaScript 是一种基于对象和事件驱动并具有安全性能的脚本语言，它是通过嵌入或调入在标准的 HTML 语言中实现相应功能的。它的出现，使得信息和用户之间不仅仅是一种显示和浏览的关系，而是实现了一种实时的、动态的、可交互的表达能力。

【**例 3-3.htm**】编写一个简单的 JavaScript 程序

（1）页面的显示效果

在 IE 浏览器中运行后的结果如图 2-45 所示。

图 2-45　例 3-3.htm 文件的执行结果

（2）代码

```
<html>
<head>
<Script Language ="JavaScript">
alert("您好,欢迎进入 JavaScript 的世界!这是 JavaScript 的第一个实例。");
</Script>
</Head>
</html>
```

（3）说明：

◆ JavaScript 代码由 <Script Language ="JavaScript">...</Script>进行说明。在标识<Script Language ="JavaScript">...</Script>之间可以加入 JavaScript 脚本代码，以</Script>标签结束。

◆ alert()是 JavaScript 的窗口对象方法，其功能是弹出一个具有“确定”的对话框，并显示()中的字符串。

【例 3-4.htm】编写一个较复杂的 JavaScript 程序

（1）页面的显示效果

在 IE 浏览器中运行后的结果如图 2-46 所示。

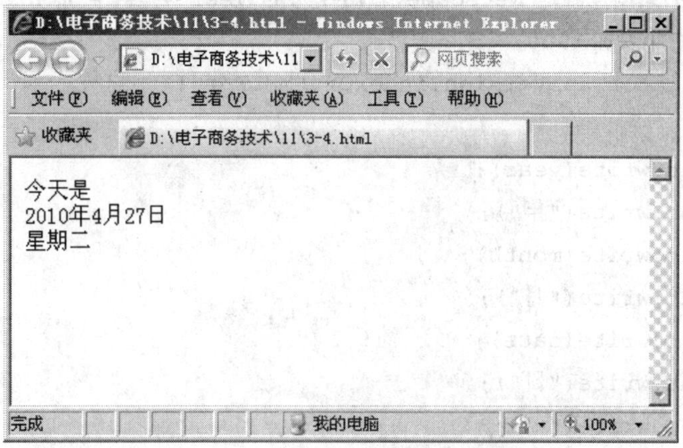

图 2-46　例 3-4.htm 的执行结果

（2）代码

```
<HTML>
<HEAD>
</HEAD>
<BODY>
<script language="javascript">
<!--
todayDate = new Date(); //当定义一个新的对象时,通常使用"new"操作符。在这里,
就是创建了日期对象。
date =todayDate.getDate();//getDate()是 Date 对象的一种方法,其功能是获得
当前的日期。
month= todayDate.getMonth() +1;// getMonth()是 Date 对象的一种方法,其功
能是获得当前的日期,由于月份是从 0 开始的,所以这里要"+1"。
year= todayDate.getYear();//getYear()是 Date 对象的一种方法,其功能是获得
当前的年份。
document.write("今天是")
document.write("<br>")  //输出"今天是"
if(navigator.appName == "Netscape")
{
 document.write(1900+year);
 document.write("年");
```

```
 document.write(month);
 document.write("月");
 document.write(date);
 document.write("日");
 document.write("<br>")
}    //如果浏览器是 Netscape,输出今天是"year"+"年"+"month"+"月"+"date"+"日",其中年要加 1900。
if(navigator.appVersion.indexOf("MSIE") != -1)
{
document.write(year);
document.write("年");
document.write(month);
document.write("月");
document.write(date);
document.write("日");
document.write("<br>")
}   //如果浏览器是 IE,直接输出今天是"year"+"年"+"month"+"月"+"date"+"日"。
if (todayDate.getDay() == 5) document.write("星期五")
if (todayDate.getDay() == 6) document.write("星期六")
if (todayDate.getDay() == 0) document.write("星期日")
if (todayDate.getDay() == 1) document.write("星期一")
if (todayDate.getDay() == 2) document.write("星期二")
if (todayDate.getDay() == 3) document.write("星期三")
if (todayDate.getDay() == 4) document.write("星期四")
//-->
</script>
</BODY>
</HTML>
```

三、利用 Dreamweaver 进行网页的制作

1. 建立本地站点

（1）在“我的电脑”中创建一个用来管理本地网站的文件夹，比如在 D:\电子商务技术\下创建一个名称为 wangzhan 的文件夹，并在该文件夹下创建一个用来存放图像的 images 文件夹，将该网站所需要的所有图像均保存在此文件夹中。

（2）单击“开始——程序——Macromedia——Macromedia Dreamweaver 8”，启动 Dreamweaver 8 应用程序。

（3）在 Dreamweaver 窗口中，单击“站点——新建站点”命令，打开站点定义对话框，如图 2-47 所示。站点的名字为“lianxi”，站点的 HTTP 地址为“localhost”。

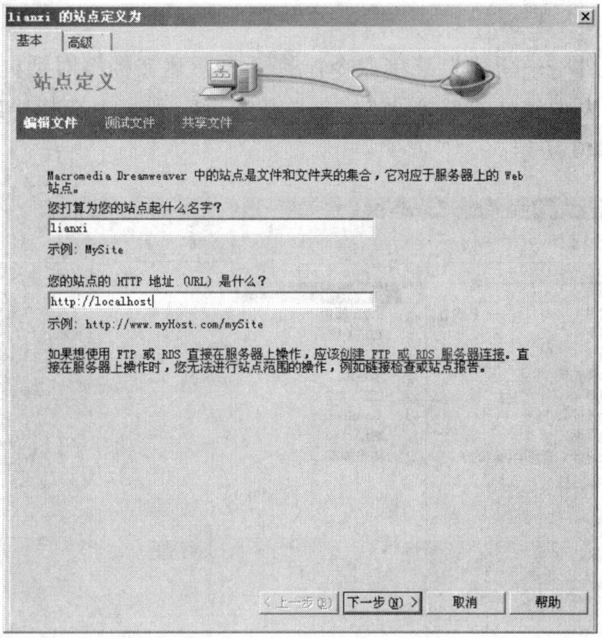

图 2-47 站点定义对话框

（4）单击“下一步”，选择“否，我不想使用服务器技术”单选按钮。

（5）单击“下一步”，选择“编辑我的计算机上的本地副本，完成后再上传到服务器（推荐）”单选按钮，选择文件存储的位置为：D:\电子商务技术\wangzhan\。

（6）单击“下一步”，如何连接到远程服务器上选择“无”。然后再单击“下一步”，完成了新建本地站点的创建，如图 2-48 所示。最后单击“完成”按钮。

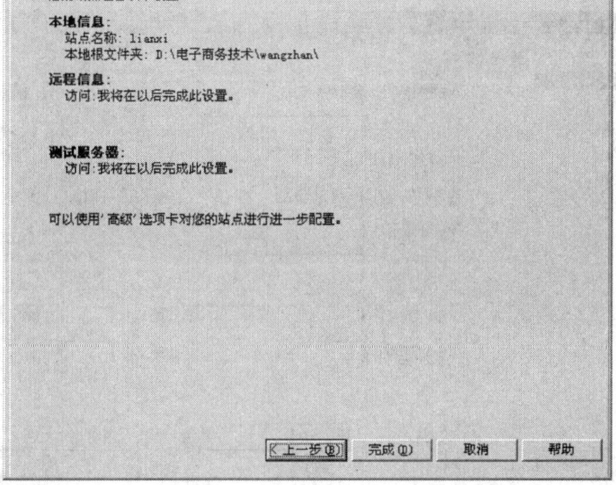

图 2-48 站点定义—总结对话框

2. 新建文档

（1）单击“文件——新建”菜单命令，打开“新建文档”对话框。在“常规”选项卡——“类别”列表中选择“基本页”，在“基本页”列表中选择“HTML”，单击“创建”按钮，如图 2-49 所示。

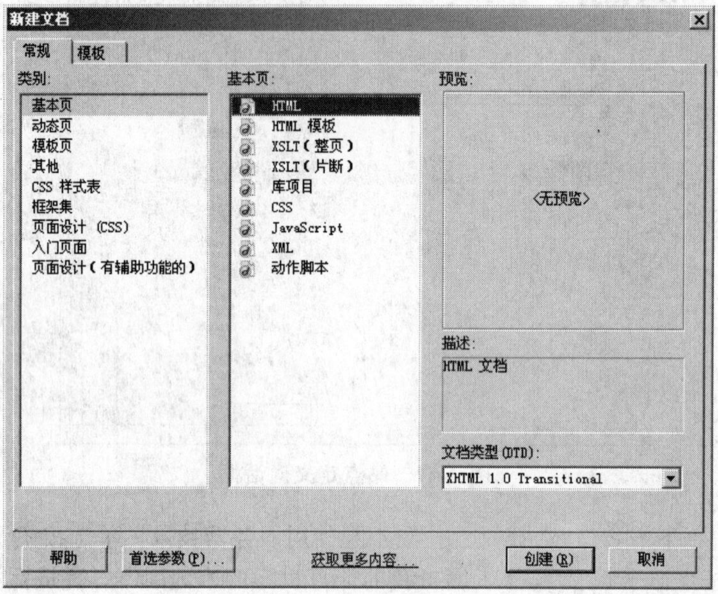

图 2-49　新建文档对话框

（2）单击“文件——保存”菜单命令，保存本文档，并在弹出的对话框中，将本文档命名为“3-6”。

3. 设置页面属性

（1）打开 3-6.html 文件，在属性面板中选择“页面属性”按钮，打开“页面属性”对话框，如图 2-50 所示。

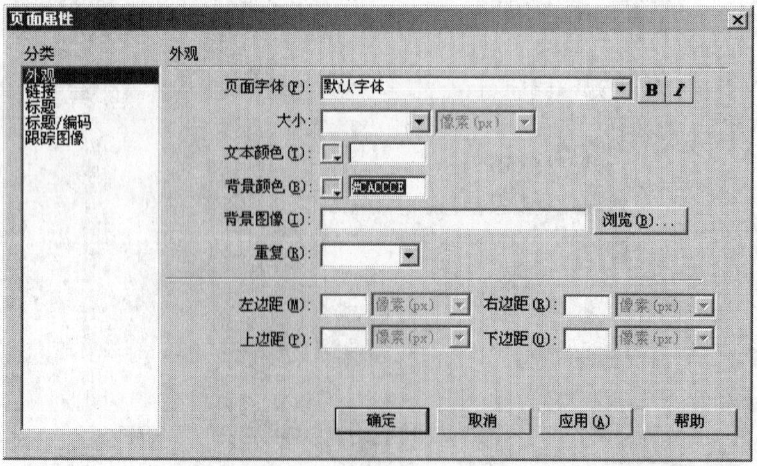

图 2-50　页面属性对话框

（2）在分类列表中选择“外观”选项，设置页面的背景颜色为“#CACCCE”；选择“标题/编码”选项，设置页面的标题为“Dreamweaver 8 网站练习”。

（3）完成设置后，单击“确定”按钮。

4. 插入标题和水平线

（1）在文档中输入该网页的标题“Dreamweaver 8 网站练习”。

（2）选中该标题，在属性面板中进行如下设置：格式为“标题 1”、字体为“黑体”、颜色为“#FF0000”、居中对齐，如图 2-51 所示。

图 2-51　属性面板设置

（3）单击“HTML”插入面板中的“水平线”按钮，或单击“插入——HTML——水平线”菜单命令，在文档中插入一条水平线。

5. 插入表格

（1）单击“常用”插入面板中的“插入表格”按钮，或单击“插入——表格”菜单命令，打开“插入表格”对话框，如图 2-52 所示。

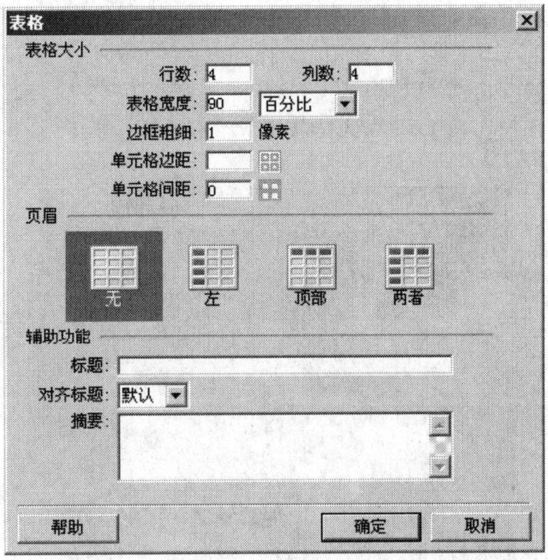

图 2-52　表格对话框

（2）在对话框中，设置如下：行数是 4，列数是 4，表格宽度为 90%，边框粗细为 1 像素。单击“确定”按钮，即可在当前文档中插入一个 4 行 4 列的表格。最后将表格的对齐方式设置为居中对齐。

6. 插入翻转图像

（1）选中第一行，通过属性面板进行单元格合并，然后将插入点定位在第一行单元格中。

（2）单击“插入——图像对象——鼠标经过图像”菜单命令，或单击“常用”插入面板上的“鼠标经过图像”按钮，打开“插入鼠标经过图像”对话框，单击“浏览”选择原始图像文件，比如 images/Img249962291.jpg，单击“浏览”选择鼠标经过图像，比如 images/Img249962293.jpg，输入替换文本，比如鼠标经过图像实例，单击“浏览”选择“按下时，前往的 URL”，比如例 3-3.html，如图 2-53 所示。

（3）设置完成后，单击“确定”按钮。

（4）设置图像的对齐方式为居中对齐。页面预览效果如图 2-54 所示。鼠标经过页面效果如图 2-55 所示。

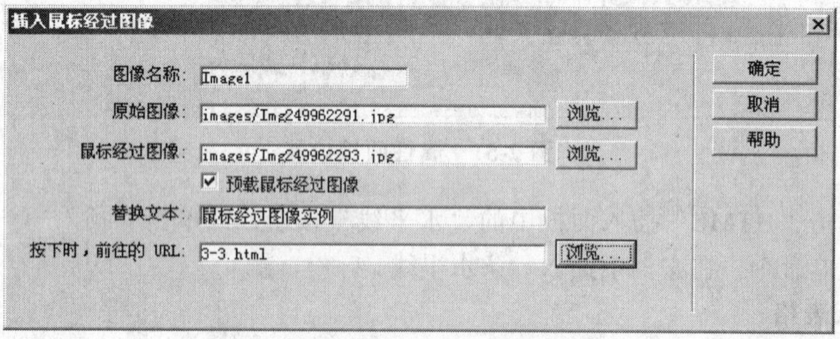

图 2-53　插入鼠标经过图像对话框

图 2-54　页面预览效果

图 2-55　鼠标经过页面预览效果

7. 插入表格内容

（1）选中第二行、第三行，将每个单元格的宽度设置为 25%，然后在单元格中分别插入如图 2-56 所示的文本。

（2）第二行文本字体为宋体、字号为 13、对齐方式为居中对齐；第三行文本字体为宋体、字号为 12、对齐方式为居中对齐、行高为 20 像素。

（3）设置完毕后，页面的预览效果如图 2-56 所示。

8. 插入图像

（1）将插入点定位在第 4 行第 1 列单元格中。

（2）单击“常用”插入面板中的“图像”按钮，或者单击“插入——图像”菜单命令，打开“选择图像源文件”对话框。

（3）在对话框中选择要插入的图像后，单击“确认”按钮，将图像插入单元格中。

（4）用同样的方法在第四行的其他三个单元格中插入其他图像。

9. 预览文档

（1）单击工具栏中的“保存”按钮，或者单击文件菜单中的保存相关命令保存文档。

（2）按“F12”键，运行网页。运行效果如图 2-57 所示。

图 2-56　文本提示

图 2-57　页面的运行效果

四、编写 ASP 动态页面

Active Server Pages 的中文含义为活动服务器网页，简称 ASP，是 Microsoft 公司在 1996 年底推出的一种运行于服务器端的 Web 应用程序开发技术。

ASP 既不是一种语言也不是一种开发工具，而是一种内含于 IIS/PWS 之中的易学易用、可以集成 Script 语言（如 VBScript 或 JavaScript）到 HTML 主页的服务器端的脚本语言环境，其主要功能是为生成动态的、交互的 Web 服务器应用程序提供一种功能强大的方式或技术。

ASP 文件的扩展名为“.asp”，其中包括 HTML 标记、文本和脚本语句，其脚本语句代码包含于<%…%>”之间。它提供了 Request，Response，Server，Session，Application 和 ObjectContext 共 6 个内置对象，这些对象在使用时并不需要经过任何声明或建立的过程。

知识拓展

一、网页及网页制作中的常见概念

1. 网页

在网站中，供用户阅读的一个个页面，就称之为“网页”，也称 Web 页。根据不同的分类标准，可以对网页进行如下分类：

（1）根据网页在网站中所处位置的不同进行划分：网页可分为主页和内页两类。主页通常是指包含个人或机构基本信息的页面，用于对个人或机构进行综合性介绍，是访问个人或机构详细信息的入口点，一般以 index.htm（或.html、.asp、.jsp、.php 等）或 default.htm（或.html、.asp、.jsp、.php 等）进行命名。与主页相链接的其他各个页面就称之为内页。

（2）根据网页的表现形式进行划分：网页可以分为静态页面和动态页面两类。静态页面是指当访问者在任何时间内向那个 URL 链接发送请求，都返回同样的网页内容。反之即为动态页面。

2. 网页制作中的常见概念

（1）万维网 WWW（World Wide Web）：目前 Internet 上最流行的一种基于超文本形式的资源信息。

（2）浏览器：访问网络中的各种资源的工具，主要有 Microsoft（微软）公司开发 Microsoft Internet Explorer（IE）浏览器和 Netscape（网景）公司研发 Netscape Navigator（NE）浏览器。目前，使用最广泛的是基于微软视窗平台的浏览器。另外，还有腾讯公司的 TT 浏览器、GoSuRF 浏览器、360 绿色浏览器、火狐浏览器等。

（3）统一资源定位器 URL（Universal Resource Locator）：是用来指出某项信息的位置及存取方式，以取得各种服务信息的一种标准方法。简单地说，即网址。

（4）文件传输协议 FTP（File Transfer Protocol）、IP 地址、IP 地址：详细内容请参见【项目二——任务二】。

（5）表单：表单是用于填写申请或提交信息的交互页面，比如电子邮箱的注册页面。

（6）超级链接：是指页面对象之间的连接关系。通过单击它可以跳转到相应的页面上进行浏览。

（7）导航条：是指通过一定的技术手段，为网站的访问者提供一定的途径，使其可以方便地访问到所需的内容，是人们浏览网站时可以快速从一个页面转到另一个页面的快速通道。导航条放置的位置一般有横式和竖式两种。

（8）发布：也称为上传或上载，是指将制作好的网页上传到网上的过程。

二、HTML 的功能

HTML 作为一种标识性语言，是由特定的符号和语法构成的。发展到今天，其已经发展到 4.0 版本，在功能和性能上有了很大程度的改善，具体功能如下：

（1）可以设计远程服务表单（Form），用于商务网页中的信息检索和商品订购等。

（2）通过 HTML 可以定义标题、文字、表格、列表、图像、声音和影视文件等网页中的各类元素。

（3）通过超链接功能可以将互联网中的不同页面或页面中的不同位置进行逻辑链接，以供用户进行定位浏览。

（4）利用 HTML 可以将 Internet 上的不同资源进行链接，以实现资源共享。

三、JavaScript 的特点

JavaScrip 的出现弥补了 HTML 语言的缺陷，它是 Java 与 HTML 折衷的选择，具有以下几个基本特点。

1. 属于脚本编写语言

JavaScript 是一种脚本语言，它采用小程序段的方式实现编程。像其他脚本语言一样，JavaScript 同样也是一种解释性语言,它提供了简易的开发过程。

它的基本结构形式与 C、C++、VB、Delphi 十分类似。但它不像这些语言，需要先编译，而是在程序运行过程中被逐行地解释。它与 HTML 标识结合在一起，方便了用户的使用操作。

2. 属于基于对象的语言

JavaScript 是一种基于对象的语言，同时也可以看作是一种面向对象的语言。这意味着它能运用已经创建的对象。因此，许多功能可以来自于脚本环境中对象的方法与脚本的相互作用。

3. 简单性

JavaScript 的学习及应用较为简单，具体体现为：首先，它是一种基于 Java 基本语句和控制流之上的简单而紧凑的设计，对于学习 Java 是一种非常好的过渡；其次，它的变量类型是采用弱类型，并未使用严格的数据类型。

4. 动态性

JavaScript 是动态的，它可以直接对用户或客户输入做出响应，无须经过 Web 服务程序。它对用户的响应，是采用以事件驱动的方式进行的。所谓事件驱动，就是指在网页中执行了某种操作所产生的动作，就称为“事件”（Event）。比如按下鼠标、移动窗口、选择菜单等都可以视为事件。当事件发生后，可能会引起相应的事件响应。

5. 安全性

JavaScript 是一种安全性语言，它不允许访问本地的硬盘，不能将数据存入到服务器上，不允许对网络文档进行修改和删除，只能通过浏览器实现信息浏览或动态交互，从而有效地防止数据的丢失。

6. 跨平台性

JavaScript 的运行主要依赖于浏览器本身，与操作环境无关，只要能运行浏览器的计算机，并支持 JavaScript 的浏览器就可以正确执行。

7. 节省 CGI 的交互时间

随着 WWW 的迅速发展，许多 WWW 服务器提供的服务要与浏览者进行交流，确定浏览者身份、确定服务内容等，这些工作通常由 CGI/PERL 编写相应的接口程序与用户进行交互来完成。很显然，通过网络与用户的交互过程，一方面增加了网络通信量，另一方面也影响了服务器的性能。服务器为一个用户运行一个 CGI 时，需要一个进程为它服务，它要占用服务器的资源（如 CPU 服务、内存耗费等），如果用户填表出现错误，交互服务占用的时间就会相应增加。被访问的热点主机与用户交互越多，服务器的性能影响就越大，而 JavaScript 恰好可以有效地减少服务器的资源浪费。

任务评价

一、评价方法

本任务要求学生进行分组，以小组为单位进行上机操作，利用各种网页制作工具进行网页的制作。小组根据每位同学的具体操作表现给出综合评价，教师结合小组的综合评价及网页作品的效果给出学生的改进方案。

二、评价指标

表 2-3　　任务完成情况评价表

评价指标	学生自我评价		小组评价		他人/教师评价	
	合格	不合格	合格	不合格	合格	不合格
HTML 语法规则						
JavaScript 使用方法						
Dreamweaver 使用方法						
ASP 网页的编写手段						
网页作品						
相关知识的扩展掌握情况						

课后练习

一、思考题

1. HTML 语法规则是什么？

2. ASP 网页的功能与设计手段？

二、实训题

进入网页制作网站（www.dabaoku.com），学习 JavaScript 的使用方法，并设计网页作品。

任务四　Intranet 技术

任务要求

通过任务四的学习与训练，了解 Intranet 的组成，掌握 Intranet 的体系结构与应用，以及 Intranet 的构建手段。

任务实施

一、了解 Intranet 的组成

Intranet 是一种利用 Internet 技术建立的企业内部信息网络。它以 TCP/IP 协议为基础，以 Web 为核心应用，构成企业内部统一的信息交换平台。

不同的企业，其 Intranet 的组成结构也各不相同。一般 Intranet 由硬件方面的网络，软件方面的电子邮件 E-Mail、企业内部网的 Web、邮件地址清单 Mail Lists、新闻组 Newsgroup、BBS、Gopher、Chat、FTP、Telnet 等组成。

1. 网络

网络是 Intranet 的核心，小的企业构建简单的网络，大的企业构建复杂的网络，其类型一般有局域网和广域网两大类。由上述可知，同 Internet 一样，TCP/IP 协议也是 Intranet 的基础，因此 Intranet 中的任何人或任何部门不必考虑平台的类型都能够轻而易举地实现联网，并能进一步和 Internet 连接。

2. 电子邮件（E-Mail）

对大部分企业来说，电子邮件（E-Mail）是 Intranet 的一种最普通的应用，它为企业内部的成员提供了一个十分简便的人际交流和信息交流的工具。利用电子邮件，企业网内各地用户均可快捷方便地通信或交换信息，还可节省传统电话、传真以及印刷品等传媒带来的费用，实现无纸化办公。

3. 万维网 WWW

万维网 WWW 也是 Intranet 的基本组成之一，它和浏览器结合，为企业内部成员提供了便捷的获取信息的工具。WWW 服务器是 Intranet 的核心，同 Internet 一样，使用超文本传送协议进行数据传输。浏览器是将用户和 Intranet 连接的有效工具，且成为通

用的用户接口。随着企业内部 Web 的普及，现已出现许多适应特殊要求的浏览器，这些浏览器可分为两类：一类是内置的增强型浏览器，另一类是接插型。

（1）内置型

内置型的增强功能主要有以下几种：

◆ 嵌入的音频，在企业内部网的页面上直接提供音乐和声音，可用于培训、对话等。

◆ 嵌入的视频可演播电影，可用于培训和市场宣传。

◆ 交互式的三维世界，采用虚拟现实模型 VRML。

◆ 谈话功能，特别是对于一些分布在全球各地的跨国企业，利用这种功能可大大的节省通信和各种费用。

◆ 实时快速的缓存，使 CD-ROM 的内容预先加载于快速缓存，从而可以达到快速访问和观看的效果。

（2）接插型

接插型的增强功能有以下几种：

◆ 远程控制软件
◆ 合作软件
◆ 工程图画板
◆ 化学结构图
◆ 可观察、拷贝和打印由其他工具生成的各种文件
◆ 具有检查功能的数据输入格式
◆ 插入式安装
◆ 新闻服务
◆ 开发工具
◆ 语音综合
◆ 发送现有的使用计算机来培训的课程
◆ 邮件地址清单
◆ 新闻组
◆ 对话工具

4. 远程登录 Telnet

通过远程登录 Telnet，企业内部用户可以把本地计算机与远程计算机连接起来，使用远程计算机系统的资源或提供的其他服务。

5. 文件传输 FTP

文件传输服务 FTP 是一种实时的联机服务，在工作时要先登录到对方的计算机上，登录后即可进行文件的查询和文件的传送操作。

6. 其他

除上述组成部分外，一般网络还有 Mail Lists、Newsgroup、BBS、Gopher、Chat 等。

二、Intranet 的体系结构

Intranet 采用了 3 层结构，即客户机、Web 服务器和数据库服务器，如图 2-58 所

示。当客户机有请求时，向 Web 服务器提出请求服务，当需要查询服务器时，Web 通过某种机制请求数据库服务器的数据服务，然后，Web 服务器把查询结果转变为 HTML 的网页返回浏览器显示出来。Web 服务器与数据库服务器之间的接口是 Intranet 应用的关键，最开始采用公共网关接口（CGI）程序和应用程序接口（API）。近年来又推出了 PHP、ASP 等多种开发技术，对 Intranet 以及 Internet 提供了有力的支持。另外，生产数据库系统的公司还为本公司的数据库产品开发了专用的 Web 功能，如 Oracle Web 等，可以使 Intranet 的 Web 直接访问相应的数据库。

图 2-58　Intranet 的结构

B/W/D 三层结构各自的作用如下：

（1）第一层（浏览器）：为表示层，主要完成用户接口的功能。这时客户端的作用只是接收信息并用浏览器显示出来。

（2）第二层（具有 CGI 或其他中间件的 Web 服务器）：为功能层。主要用来完成客户请求的应用功能。Web 服务器收到客户请求后，需要执行相关的程序（如 CGI、ASP 等），以便与第三层的数据库连接并进行数据处理，并将处理结果传回客户端。

（3）第三层（数据库服务器）：主要完成大量数据的存储、加工和管理功能。

三、Intranet 的应用

Intranet 在企业的应用一般包括以下几个方面：

1. 企业内部主页

企业内部主页主要介绍企业的相关情况，比如企业的历史、宗旨、规章制度、组织结构等。这些信息都放在网络服务器上，供企业内部共享。

2. 通信处理

通信处理有两类：组织机构之间的通信和个人之间的通信。前者包括公务合作和部门之间的通信，后者主要用于个人通信或工作小组内的通信。组织机构的通信又可分为企业的快报、公告栏、新闻等，经营单位或部门通信，企业的信息库三类。用于个人之间或小组内通信的最常用工具是电子邮件，此外还有新闻组、谈话和视频会议系统。

通过新闻组、BBS 等还可以建立企业内部社区以促进企业内部沟通，实现群组讨论。

3. 企业内部管理

企业内部管理包括人事的处理、财务的处理、信息系统和技术支持、法律事务及基础设施的开发和建设等。

4. 产品开发管理

产品开发管理是企业经营的核心部分，和企业的经营目标有关。它一般属于企业内部使用，不被外界所共享，其内容可分为研究开发和工程两部分。

5. 运作应用

运行应用主要包括采购、电子数据交换、库存管理、制造以及专门的服务开发等，也是企业经营的核心。

6. 市场和销售应用

市场和销售应用一般也不提供给外界共享，主要包括销售和市场策略、产品的方向、市场研究的信息、产品目录和说明、技术规范和需求、竞争能力的信息、价格清单、促销计划等。

7. 客户支持

通过企业的 Web 主页给客户提供信息，提供客户和产品开发者联系的通道，以改善产品的质量，将企业内部数据库通过 Internet 提供给客户使用。

四、Intranet 的构建

组建一个 Intranet，需要考虑下面几个问题：

1. 网络设施的需求

要提供支持远程客户访问 Intranet 的设施和能力。有不同的接入方案：

（1）专网租线

（2）拨号模拟电话线和调制解调器

（3）综合业务数字网 ISDN

（4）帧中继

（5）异步传输模式 ATM

（6）不对称数字用户线路 ADSL

2. Intranet 与 Internet 的连接

在 Intranet 与 Internet 连接时，必须采用一些安全措施或使用具有安全功能的设备，通常采用防火墙技术。为了进一步提高安全性，在防火墙与 Intranet 之间，一般会有一台代理服务器。代理服务器的功能有两个：一是安全功能，二是缓冲功能。

Intranet 的体系结构有三种可以供企业选择。

（1）单个局域网（LAN）+Internet 技术。

（2）多个局域网+公用电话交换网+Internet 技术。

（3）多个局域网+Internet 技术。

3. 软硬件的作用和选择

（1）服务器：尽可能选择容量大，响应速度快，升级方便的一些服务器。服务器软件包括：域名服务器 DNS、Web HTTP 服务器、代理服务器 Proxy Server、简单邮件传输协议 SMTP 服务器、Gopher 服务器、FTP 服务器、事务处理服务器等。

（2）浏览器。

（3）搜索工具。

（4）文本编辑工具。

（5）文本数据库。

（6）数据库检索及应用管理系统。

（7）CGI 接口管理软件与 ASP。

（8）安全管理软件。

知识拓展

一、Intranet 的特点

Intranet 的优势在于其开放性、通用性和简易性。对内，Intranet 可以将企业内部各自封闭的 LAN 信息孤岛连成一体，从而实现企业级的业务管理、信息交换和资源共享；对外，可方便地接入 Internet，完成全球性的各种业务的管理和信息交换。它具有以下特点：

（1）Intranet 是根据企业/部门的需求建立，建设规模和功能由企业/部门的经营状况和发展需要确定。其中 Web 服务器容易建立，而且系统建立的成本低。

（2）Intranet 不是一个孤立存在的内部网，它可以很方便地与外界尤其是与 Internet 相连接。

（3）Intranet 采用 TCP/IP 协议以及与 Internet 相应的技术和工具，它是一个开放的系统，容易实现异种网的连接和各信息系统的集成。

（4）Intranet 是根据企业/部门的安全要求，建立相应的防火墙、安全代理等，从而可以有效保护企业/部门内部信息以及防止外界的侵入。

（5）Intranet 普遍采用 WWW 工具来提供信息服务和企业/部门内部通信服务，使得员工和用户能很方便地浏览企业内部信息以及 Internet 上丰富的信息资源。

二、Intranet 与 Internet 的区别

虽然两者都使用 WWW 技术，但还是有区别的，主要体现在以下几点：

（1）Internet 是公众网，任何人都可以从任意节点登录并访问整个网络的信息，对用户没有权限控制或很少控制；而 Intranet 是企业内部网，服务对象是企业内部员工，不仅通过防火墙与 Internet 相分隔，而且内部通常还有严密的安全体系，对用户的权限控制非常严格。

（2）Internet 的信息主要是公众性的，大部分都是广告、新闻、免费软件等；而 Intranet 中的信息是公司内部的，不对外公布，主要是公司的人事信息、技术信息、财务信息等。

（3）Internet 十分庞大，管理非常复杂，通信线路也各式各样，运行的效率难以保障；而 Intranet 相对来讲规模小得多，管理比较严格，通信线路一般都比较好，因此运行性能较高。

任务评价

一、评价方法

本任务采用学生自我检验、小组评价和教师评价的方法，对学习目标进行检验。要求学生进行分组，以小组为单位进行 Intranet 技术的调研，并针对某一具体企业完成 Intranet 的构建方案。小组根据每位同学的实验成果和调查报告给出综合评价，教师结合小组的综合评价给出学生的改进方案。

二、评价指标

表 2-4 任务完成情况评价表

评 价 指 标	学生自我评价		小组评价		他人/教师评价	
	合格	不合格	合格	不合格	合格	不合格
intranet 的组成						
Intranet 的体系结构						
Intranet 应用						
Intranet 的构建手段						
调查报告						
相关知识的扩展掌握情况						

课后练习

一、思考题

1. Intranet 的组成结构包括什么？
2. Intranet 的具体应用包括什么？

二、实训题

进入内联网论坛网站（intranet.cublog.cn），了解内联网技术的发展情况，撰写总结报告。

任务五 Internet 接入技术

任务要求

通过任务五的学习与训练，了解常用的 Internet 接入手段，掌握 PSTN 和 ADSL 的工作原理与工作流程。

任务实施

一、利用 PSTN 接入 Internet

PSTN 即 Published Switched Telephone Network，中文名为公用电话交换网，该技术是利用 PSTN 通过调制解调器拨号实现用户接入的方式，适于业务量小的单位和个人使用，其接入示意图如图 2-59 所示。

1. 接入 Internet 的用户所需具备的设备

（1）一台 PC 机

（2）一条电话线路

电话线路可以使家庭住宅电话线路，也可以是办公室电话线路。

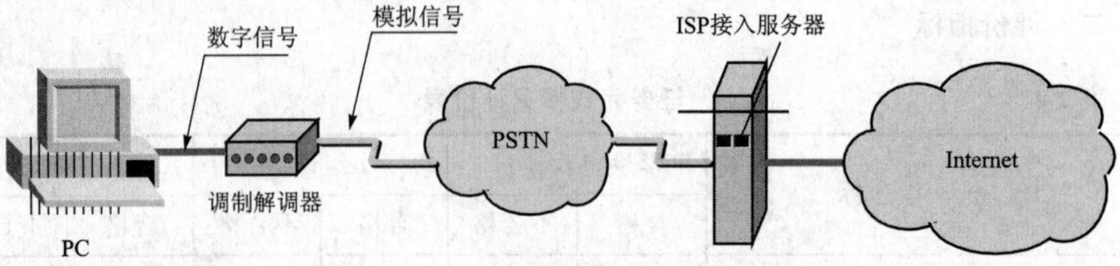

图 2-59 PSTN 接入示意图

（3）一台调制解调器

调制解调器，即 Modem，俗称“猫”，它的主要功能是能把电话的模拟信号转换为数字信号来接收，再把传送出去的数字信号转换为模拟信号，从而达到传输的目的。

根据不同的分类标准，Modem 可以有不同的分类：

◆ 按照 Modem 的外形进行划分：可以分为内置式、外置式、PCMCIA 插卡式，其中 PCMCIA 插卡式主要用于笔记本电脑。

◆ 按照使用的电路进行划分：可以分为专线 Modem 和拨号 Modem。

◆ 按照 Modem 使用的信道类型进行划分：可以分为无线 Modem 和有线 Modem。

◆ 按照 Modem 的功能进行划分：可以分为智能 Modem 和非智能 Modem，其中智能 Modem 具有自动拨号呼叫/应答摘机的功能。

◆ 按照 Modem 的速率进行划分：可以有 14.4K、28.8K、33.6K 和 56K。

2. Modem 的安装与设置

首先将 Modem 从硬件上与计算机进行连接，如果用户的 Modem 支持即插即用的功能，则 Windows 2000/XP 系统会自动检测到新的硬件，并提示用户进行相应驱动程序的安装。如果没有自动检测，则可以通过手动进行配置，通过“控制面板”中的“添加硬件”命令启动添加硬件向导来完成。

3. 添加网络协议

一般对于 Windows 2000/XP 系统，只要正确安装 Modem 的驱动程序，相应的协议会被自动安装上去。

4. 建立拨号连接

硬件、相关的软件、协议安装设置好之后即可建立与 Internet 的连接。

二、利用 ADSL 接入 Internet

ADSL 即 Asymmetrical Digital Subscriber Line，中文名为非对称数字用户环路，是目前国际上用来对现有电话网络进行宽带改造的一种通信方式，是接入技术中最常用的一种，由美国的 Bellcore 在 1989 年首先提出。其接入示意图如图 2-60 所示。

1. 个人用户利用 ADSL 接入 Internet 所需的设备

（1）10Mbit/s 或 10/100Mbit/s 或 1 000Mbit/s 的网卡。

（2）一个 ADSL Modem。

（3）一个信号分离器。

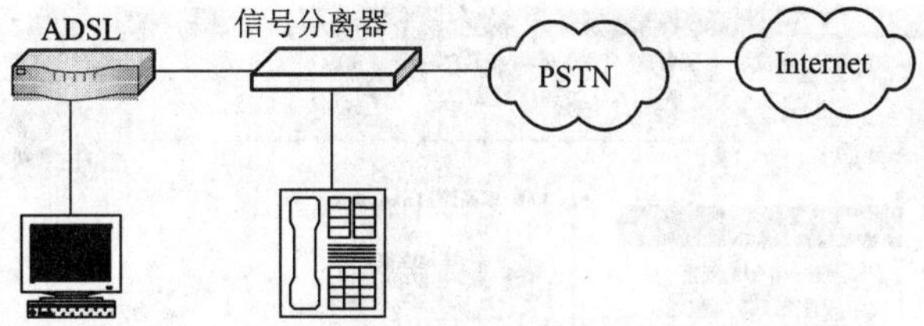

图 2-60 ADSL 接入示意图

信号分离器，也称滤波器，用来将电话线路中的高频数字信号和低频语音信号进行分离，从而使上网和打电话可以互不干扰。低频语音信号由分离器接电话机用来传输普通语音信息。而高频数字信号则接入 ADSL Modem，用来传输上网信息。

（4）两根两端做好 RJ-11 接头的电话线和一根两端做好 RJ-45 接头的 5 类双绞线

2. 安装相关硬件

（1）在计算机中安装网卡。

（2）安装信号分离器。

如图 2-60 所示，将来自电信局端的电话线接入信号分离器的输入端；将前面准备的一根电话线一头连接信号分离器的语音信号输出口，一头连接电话机。

（3）安装 ADSL Modem。

利用前面准备的另一根电话线将来自信息分离器的高频数字信号接入 ADSL Modem 的 ADSL 插孔；利用一根 5 类双绞线，一头连接 ADSL Modem 的以太网口，一头连接计算机网卡中的 RJ-45 插孔。

3. 安装 PPPoE 虚拟拨号软件

ADSL 接入 Internet 的方式可以分为两种：专线接入方式和虚拟拨号方式。专线接入方式如同局域网操作，不需进行拨号，打开计算机即可接入 Internet，一般提供静态的 IP 地址。虚拟拨号方式是指 ADSL 接入时，需要输入用户名和密码，但并不是真的去拨号，只是模拟拨号过程。虚拟拨号使用 PPPoE 协议，而 Windows 98/ME/2000 中并没有提供此项协议，必须安装一个支持 PPPoE 协议的拨号软件。一般电信局都会提供一个工具盘，里面有 ADSL 拨号专用的软件，运行其安装程序即可完成该软件的安装。而对于 Windows XP，其已内置了该协议，不用安装虚拟拨号软件，只需要建立一个 ADSL 的拨号连接。

4. 创建网络连接

下面以 Windows XP 系统为例介绍具体的操作过程。

（1）打开控制面板，单击“网络连接”图标，打开“网络连接”窗口，如图 2-61 所示。

（2）单击左侧的“创建一个新的连接”选项，打开“新建连接向导”对话框，如图 2-62 所示。

（3）单击“下一步”，打开网络连接类型对话框，选择“连接到 Internet”单选按钮，如图 2-63 所示。

（4）单击“下一步”，设置 Internet 的连接方式，如图 2-64 所示，选择“手动设置我的链接”单选按钮。

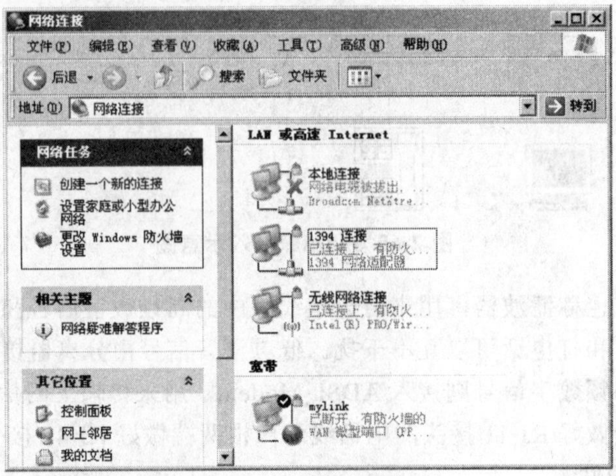

图 2-61 网络连接窗口

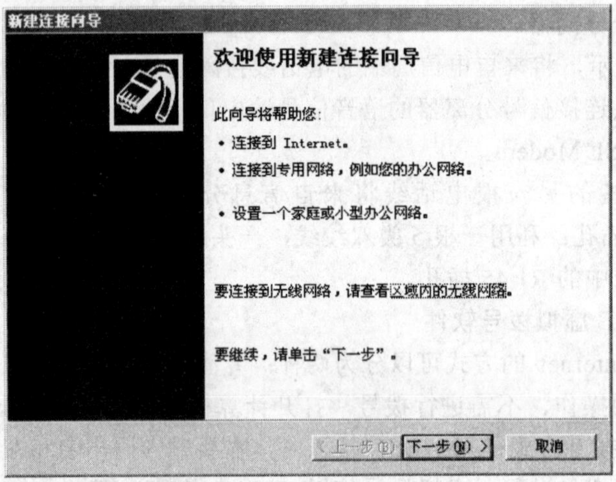

图 2-62 新建连接向导对话框

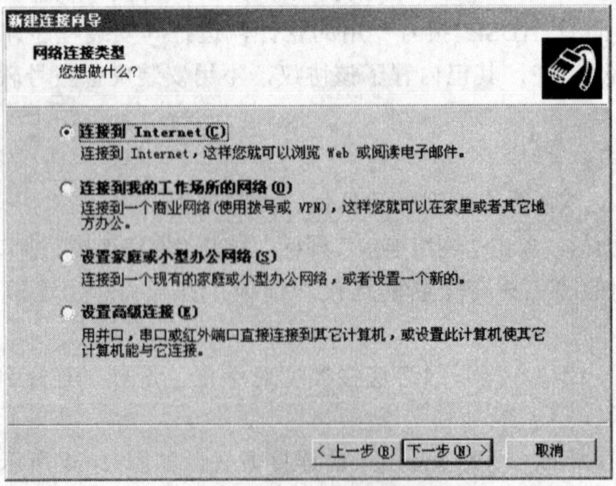

图 2-63 网络连接类型对话框

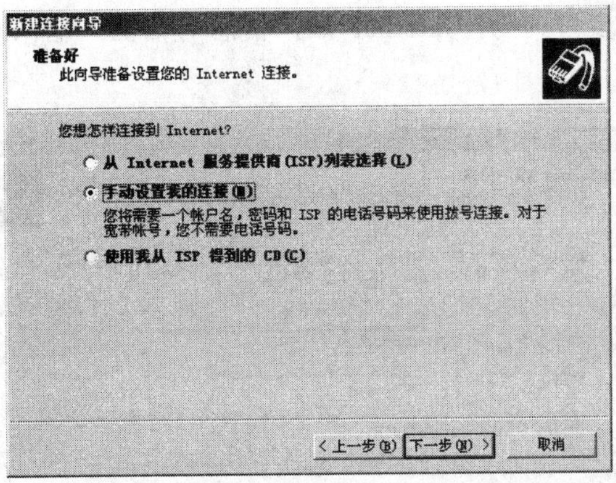

图 2-64 Internet 连接方式对话框

（5）单击“下一步”，打开 Internet 连接对话框，选择“用要求用户名和密码的宽带连接来连接”单选按钮，如图 2-65 所示。

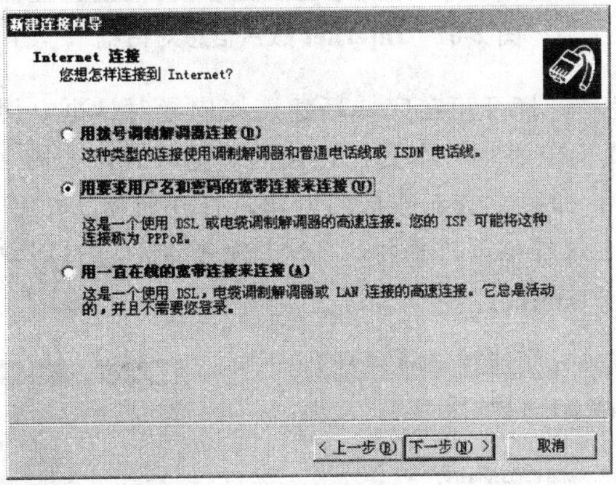

图 2-65 Internet 连接对话框

（6）单击“下一步”，打开连接名对话框，输入 ISP 名称，比如 mylink2，如图 2-66 所示。

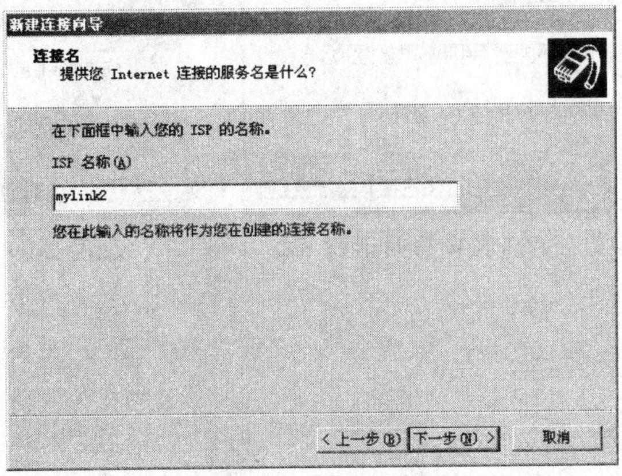

图 2-66 连接名对话框

（7）单击“下一步”，打开 Internet 账户信息对话框，输入一个 ISP 账户名和密码，如图 2-67 所示。

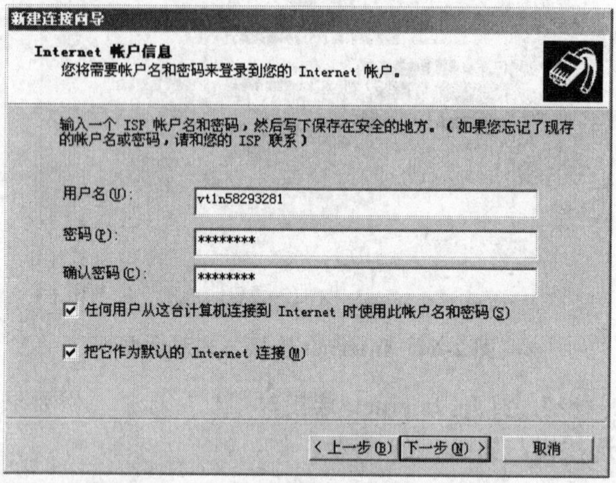

图 2-67　Internet 账户信息对话框

（8）单击“下一步”，打开正在完成新建连接向导对话框，用户可根据自己的实际需要来选择是否要在桌面上添加一个到此连接的快捷方式，如图 2-68 所示。

（9）单击“完成”，即可完成新连接的创建，打开如图 2-69 所示对话框。根据信息提示，输入相关信息，然后单击“连接”，会出现“正在校对用户名和密码”窗口，校对正确后，即可连接到 Internet。

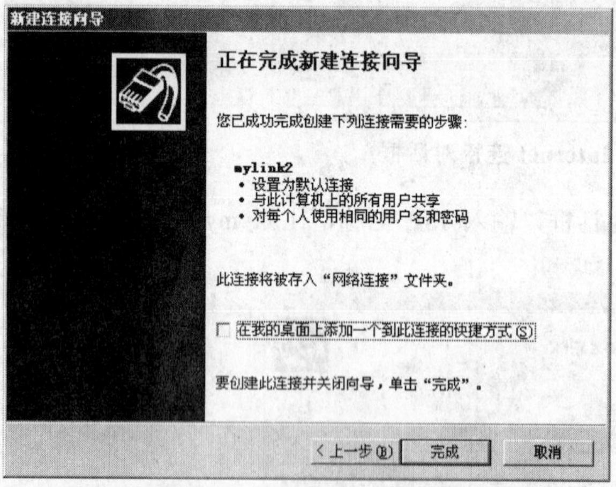

图 2-68　正在完成新建连接向导对话框

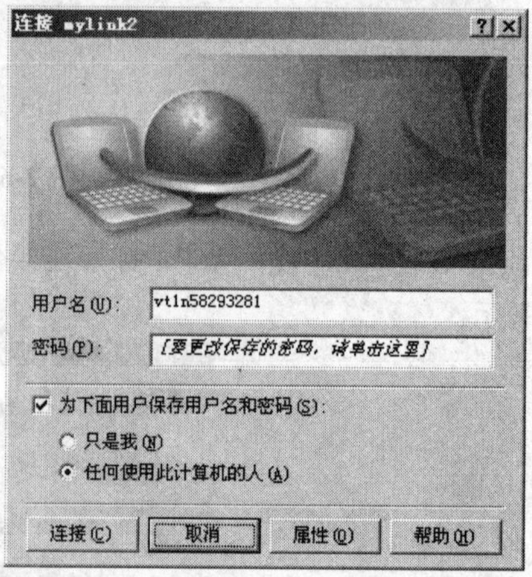

图 2-69　连接对话框

知识拓展

一、PSTN 接入

PSTN 即 Published Switched Telephone Network，中文名为公用电话交换网，该技

术是利用 PSTN 通过调制解调器拨号实现用户接入的方式。这是最容易实施的方法，也是个人用户接入 Internet 最早使用的方式之一，费用低廉。只要一条可以连接 ISP 的电话线和一个账号就可以。但这种方式最高的传输速率为 56kbps，已经达到仙农定理确定的信道容量极限，远远不能够满足宽带多媒体信息的传输需求。随着宽带的发展和普及，这种接入方式将逐渐被淘汰。

二、ISDN 接入

ISDN 即 Integrated Service Digital Network，中文名为综合业务数字网，该技术采用数字传输和数字交换技术，将电话、传真、数据、图像等多种业务综合在一个统一的数字网络中进行传输和处理，俗称“一线通”，是电话拨号接入和宽带接入之间的过渡方式。ISDN 的传输是纯数字过程，通信质量较高。ISDN 基本速率接口有两条 64kbps 的信息通路和一条 16kbps 的信令通路，简称 2B+D，当有电话拨入时，它会自动释放一个 B 信道来进行电话接听。

用户使用 ISDN 需要专用的终端设备，主要由网络终端 NT1 和 ISDN 适配器组成。网络终端 NT1 是必不可少的统一专用终端设备，即多用途用户-网络接口，ISDN 所有的业务都通过 NT1 来提供，为 ISDN 适配器提供接口和接入方式。ISDN 适配器同 Modem 一样，也分为内置和外置两类，内置的一般称为 ISDN 内置卡或 ISDN 适配卡；外置的 ISDN 适配器则称之为 TA。

用户通过 ISDN 接入 Internet 有如下三种方式：

1. 单用户 ISDN 适配器直接接入

该方式是 ISDN 接入中最简单的一种连接方式。将 ISDN 适配器安装于计算机（及其他非 ISDN 终端）上，通过 ISDN 适配器拨号接入 Internet。

2. ISDN 适配器+小型局域网

该种方案最大的优点就是节约投资，除了 ISDN 适配器，无需添加任何网络设备，但是速度较慢。

3. ISDN 专用交换机方式

该种方式适用于局域网中用户数较多（如中型企事业单位）的情况。它可以用于实现多个局域网、多种 ISDN 设备的互连及接入 Internet，比租用线路更加灵活和经济。

三、xDSL 接入

xDSL 是 DSL（Digital Subscriber Line）的统称，意即数字用户线路，是以电话铜线（普通电话线）为传输介质，点对点传输的宽带接入技术。该方式最大的优势在于利用现有的电话网络架构，不需要对现有的接入系统进行改造，即可方便地开通宽带业务，被认为是解决“最后一公里”问题的最佳选择之一。

DSL 同样是调制解调技术家族的成员，只不过它采用了不同于普通 Modem 的标准，运用先进的调制解调技术，使得通信速率能够大幅度提高，最高能够提供比普通 Modem 快 300 倍的兆级传输速率。目前常用的有 ADSL 技术、VDSL 技术。

1. ADSL 接入

ADSL 即 Asymmetrical Digital Subscriber Line（非对称数字用户环路），它是一种能够通过普通电话线提供宽带数据业务的技术，具有下行速率高、频带宽、性能优、安装方便等特点，为家庭和小型业务提供了宽带、高速接入 Internet 的方式。在普通电话双绞线上，ADSL 典型的上行速率为 512kbps～1Mbps，下行速率为 1.544～8.192Mbps，传输距离为 3～5km。其优势在于可以充分利用现有的铜缆网络（电话线网络），在线路两端加装 ADSL 设备即可为用户提供宽带服务，而不需要重新布线。

从客户端设备和用户的数量来看，用户通过 ADSL 接入 Internet 可以分为以下四种方式：

（1）单用户 ADSL Modem 直接连接；

（2）多用户 ADSL Modem 连接；

（3）小型网络用户 ADSL 路由器直接连接计算机；

（4）大量用户 ADSL 路由器连接集线器。

2. VDSL 接入

VDSL 即 Very-high-bit-rate Digital Subscriber Loop，中文名为甚高速数字用户环路，它的传输速度比 ADSL 还要快。使用 VDSL，短距离内的最大下传速率可达 55Mbps，上传速率可达 19.2Mbps，甚至更高。

四、专线接入

广义上的专线接入是指通过 DDN、帧中继、X.25、数字专用线路、卫星专线等数据通信线路与 ISP 相连，借助 ISP 与 Internet 骨干网的连接通路访问 Internet 的接入方式。其中，DDN 专线接入最为常见，应用较广。

DDN 即 Digital Data Network，中文名为数字数据网，它是随着数据通信业务发展而迅速发展起来的一种新型网络。DDN 的主干网传输媒介有光纤、数字微波、卫星信道等，用户端多使用普通电缆和双绞线，可以实现 2Mbps 以内的全透明数字传输以及高达 155Mbps 速率的语音、视频等多种业务。

用户租用 DDN 业务需要先申请开户，其租用费较高，普通个人用户负担不起，它主要面向集团公司等需要综合运用的单位。与一般用户拨号上网的按时计费方式不同，DDN 收费一般可以采用包月制和计流量制。

五、HFC 接入

HFC 即 Hybrid Fiber Coaxial，中文名为光纤同轴电缆混合网，它是一种新型的宽带网络，以有线电视网为基础，采用模拟频分复用技术、综合应用模拟和数字传输技术、射频技术和计算机技术所产生的一种宽带接入网技术。利用 HFC 技术可以向居民住宅和小型商务机构提供融合了数据和视频服务的综合服务。

HFC 通常由三部分组成：光纤干线、同轴电缆支线和用户配线网络。从有线电视台出来的节目信号先变成光信号在干线上传输；到用户区域后把光信号转换成电信号，经分配器分配后通过同轴电缆送到用户。它的主要特点有：传输容量大，易实现双向传输；频率特性好；传输损耗小；光纤间不会有串音现象，不怕电磁干扰。

六、光纤接入

光纤接入技术实际上就是在接入网中全部或部分采用光纤作为传输介质，构成光纤用户环路（FITL，Fiber In The Loop），从而实现用户高性能宽带接入的一种方案。

光纤接入网 OAN，即 Optical Access Network，是指在接入网中用光纤作为主要传输媒介来实现信息传输的网络形式，它不是传统意义上的光纤传输系统，而是针对接入网环境所专门设计的光纤传输网络，是目前电信网中发展最为快速地接入网技术。

根据光网络单元 ONU（Optical Network Unit）所在的位置，光纤接入网的接入方式可以分为以下几种方式：

（1）光纤到路边 FTTC（Fiber To The Curb）；

（2）光纤到大楼 FTTB（Fiber To The Building）；

（3）光纤到办公室 FTTO（Fiber To The Office）；

（4）光纤到楼层 FTTF（Fiber To The Floor）；

（5）光纤到小区 FTTZ（Fiber To The Zone）；

（6）光纤到户 FTTH（Fiber To The Home）。

七、无线接入

无线接入技术是指在终端用户和交换端局间的接入网，全部或部分采用无线传输方式，向用户提供固定和移动接入服务的技术，是本地有线接入的延伸、补充或临时应急方式。

根据接入方式和终端特征，无线接入通常分为两大类：

1. 固定无线接入

所谓的固定无线接入，是指从业务节点到固定用户终端采用无线技术的接入方式，用户终端不含或仅含有限的移动性。该方式主要包括卫星、微波、扩频微波、无线光传输等。

2. 移动无线接入

所谓的移动无线接入，是指用户终端移动时的接入。该方式包括移动蜂窝通信网（GSM、CDMA、TDMA、CDPD）、无线寻呼网、无绳电话网、集群电话网、卫星全球移动通信网以及个人通信网等。

任务评价

一、评价方法

本任务采用学生自我检验、小组评价和教师评价的方法，对学习目标进行检验。学生本人首先对自己的实训情况进行自查，找出成绩，分析不足；小组根据每位同学所做的工作和对实训报告结论的贡献给出综合评价；最后教师针对每个小组的实训报告结合每一位同学给出评价结论，指出改进和努力的方向。

二、评价指标

表 2-5　　任务完成情况评价表

评 价 指 标	学生自我评价		小组评价		他人/教师评价	
	合格	不合格	合格	不合格	合格	不合格
PSTN 接入手段						
ADSL 接入手段						
创建网络连接						
总结报告						
相关知识的扩展掌握情况						

课后练习

一、思考题

1. PSTN 的工作原理与工作流程是什么？
2. ADSL 的工作原理与工作流程是什么？

二、实训题

进入网络技术网站（study.qqcf.com/sort/342/1.htm），学习最新的网络接入技术，并自行设置本地电脑的网络连接。

项目三

Web 与数据库技术

项目综述

Web 与数据库技术，不仅用于局域网而且广泛应用于 Internet 网。Internet 网的 WWW 系统是一个大型的分布式超媒体信息数据库，它极大地推动了 Internet 的发展，已经成为 Internet 中最流行、最主要的信息服务方式。

本项目包括三个主要任务：了解 Web 系统、网络数据库、web 系统与数据库的互联。围绕这三个主要任务，我们还要了解、熟悉并能够操作一些相关的知识和技术。结合电子商务的有关内容建立简单的电子商务网站，并能够进行一般性的维护。

在学习后要求同学们能够安装数据库软件、安装网络服务组件、会通过多种途径建立数据库。最终使同学们能够通过 Web 系统访问数据库，并进行有关的操作。

任务一　认识 Web 系统

任务要求

了解 Web 系统的结构，安装 Internet 信息服务平台，能够建立 Web 系统、配置并运行系统，设计编写简单的 Web 系统内容。

任务实施

一、建立 Web 系统的运行环境

（一）安装 IIS V5.0（IIS 是 Internet Information Server 的缩写，建立 Web 系统的运行软件环境）

（1）安装前准备：预先准备好一张系统安装盘，可根据当前使用的系统准备。（我们以 MS WindowsXP Professional 版本 2002 SP3 的操作系统版本为例）或者准备好 IISV5.0 的安装程序；硬盘最少预留空间 20MB 以上。

（2）打开控制面板，找到添加和删除程序。（见图 3-1）

（3）打开后，选添加/删除 Windows 组件，如图 3-2 所示。

图 3-1　WindowsXP Professional 的控制面板

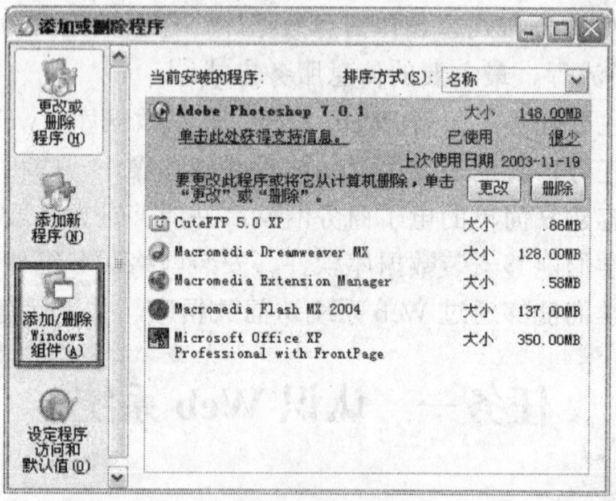

图 3-2　添加与删除 windows 组件

（4）点击“添加/删除 Windows 组件”后稍等片刻，出现“Windows 组件向导”窗口，从中打勾“选择 Internet 信息服务（IIS）”，见图 3-3 所示。

图 3-3　组件向导选 IIS 项

（5）在“Windows 组件向导”中单击“下一步”，开始安装配置我们的服务器 IIS，如图 3-4 所示。

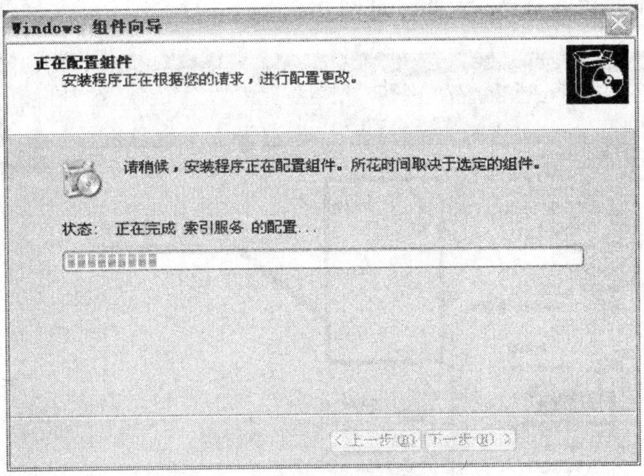

图 3-4　组件向导安装 IIS 进度

（6）等待进度条跑到终点，复制文件全部完成，配置服务器也相应的结束。这时出现组件向导完成界面，如图 3-5 所示。

（7）点击完成关闭 Windows 组件安装向导，重新启动系统，IIS 服务器安装完成。

安装完成后，还需要配置 Web 运行的环境，即建立虚拟目录并进行相应的配置；另外如果 C 盘的空间允许情况下，我们还可以将建好的网站（或应用程序）直接拷贝在 C：\Inetpub\wwwroot\XXXX 下面进行虚拟目录的建立。

图 3-5　组件安装完成

（二）建立 Web 系统的虚拟目录并对 IIS 进行相应的配置

1. 准备工作

（1）打开资源管理器，先在任意磁盘根目录（不要在系统盘）建立一个文件夹。并命名 jiaoxue（最好是网站的拼音，不用汉字），该文件夹应该是 Web 文件夹，在系统里该文件夹显示图标为。我们叫网站文件夹，文件夹里必须有_private、_vti_cnf、_vti_pvt 三个文件夹和 desktop 文件，见图 3-6。

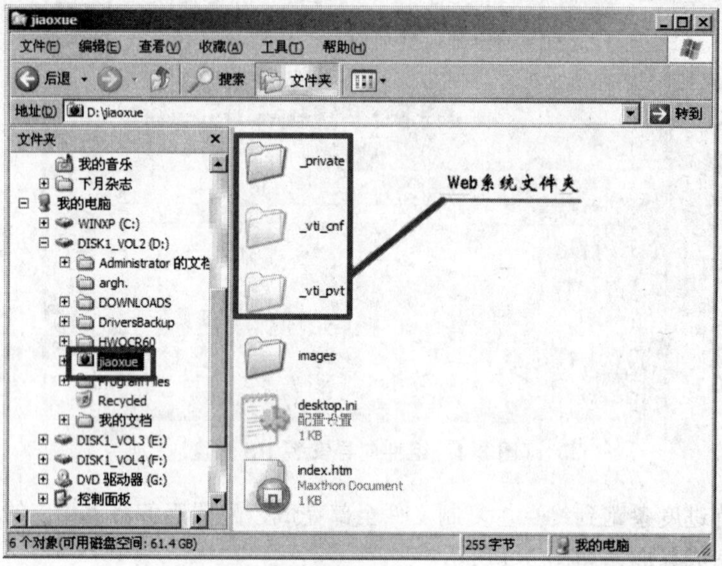

图 3-6　在资源管理器里建立一个 web 文件夹

（2）打开控制面板—管理工具—“Internet 信息服务”，如图 3-7。网站默认停止状态。

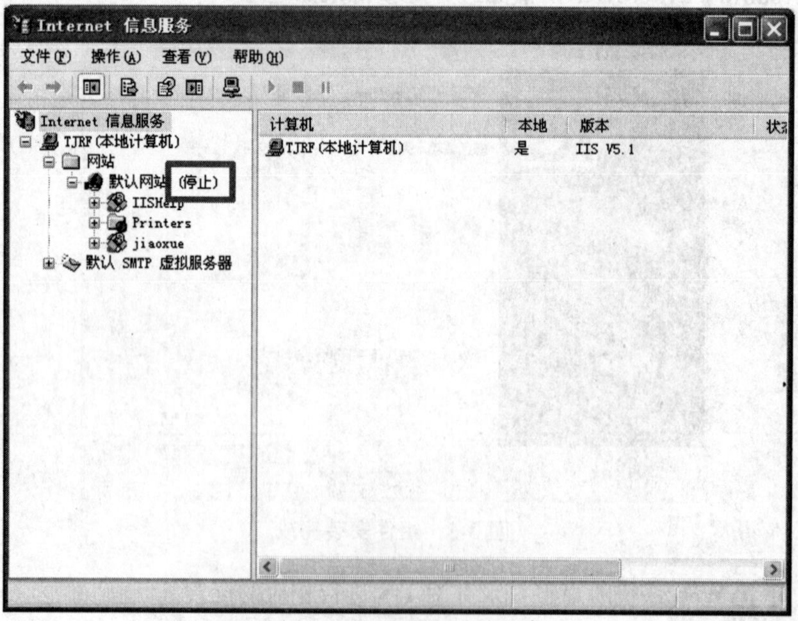

图 3-7　Internet 信息服务窗口

（3）在左边窗口选本地计算机—网站—默认网站。在“默认网站”右侧是否有停止字样，如有停止，选右键菜单中“启动”命令，如图3-8。

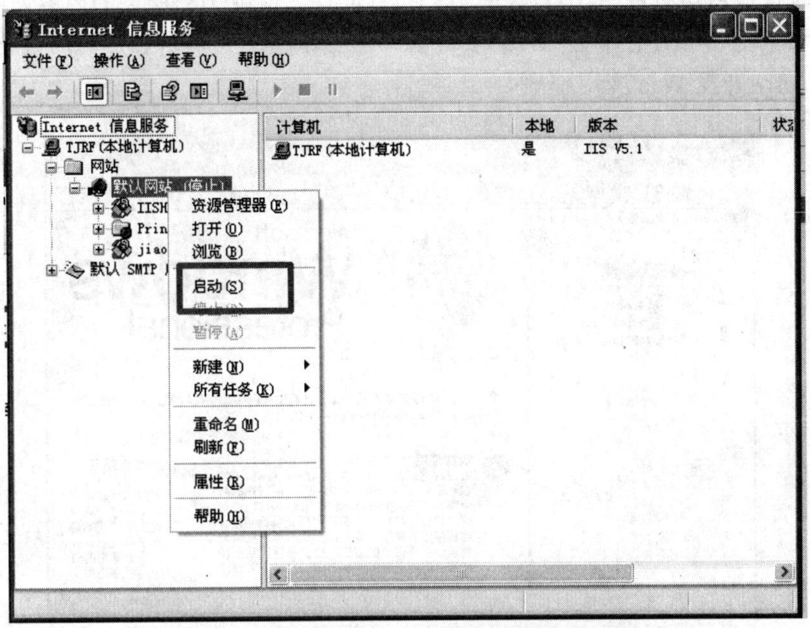

图3-8 信息服务窗口的右键菜单启动服务

（4）执行启动命令后，Internet的信息服务窗口中默认网站后的停止字样消失，说明服务已经开启，如图3-9。

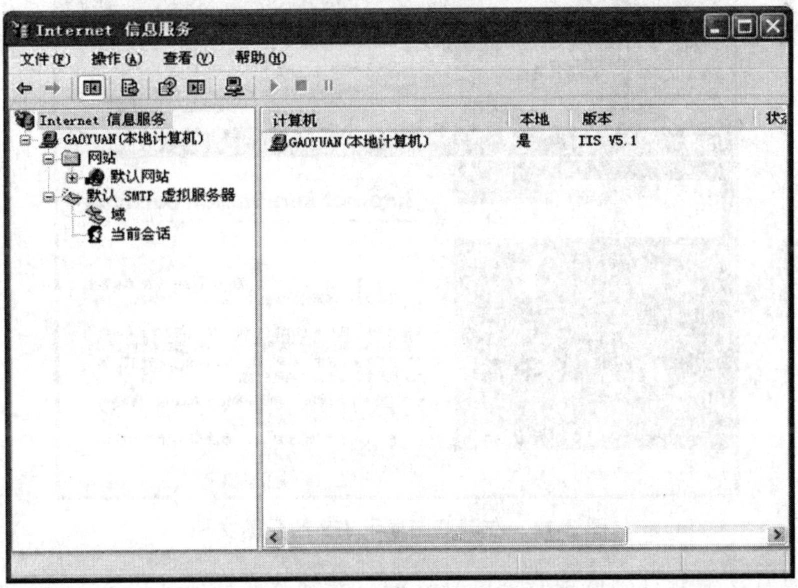

图3-9 启动后Internet信息服务窗口

网站默认处于运行状态。此时可以进行Web服务器运行测试，如图3-10所示。

2. 对IIS的运行情况进行测试

（1）在窗口的左边选本地计算机—网站—默认网站。打开鼠标右键菜单选“浏览”命令，这时窗口右边见图3-10，这是IIS的主页有关使用IIS服务的内容。我们用IIS能够进行如下工作：设置个人Web服务器，在工作组中共享信息，访问数据库，开发企业Intranet，开发Web应用程序。

图3-10 启动默认网站的浏览器界面

（2）同时我们可看到IE浏览器也打开。见图3-11。

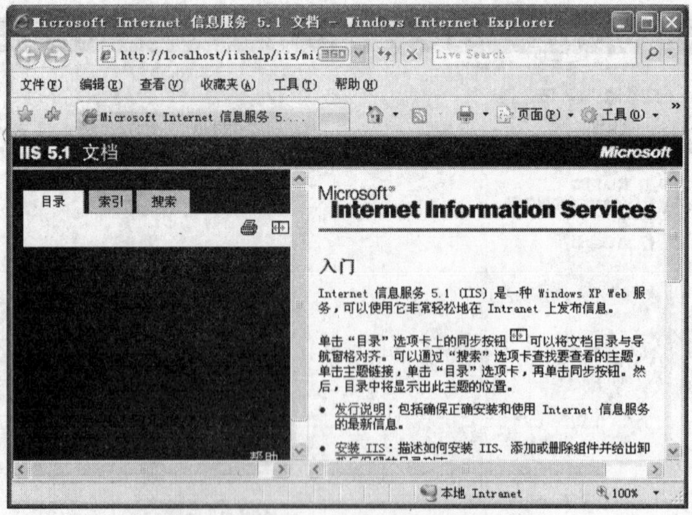

图3-11 在浏览器显示IIS的帮助文档

（3）另外还要测试浏览器打开网站文件，在浏览器的地址栏输入http://localhost/iishelp/iis/misc/default.asp即可。如果页面正常显示，说明IIS运行正常。测试完毕，我们可进行下一步操作。

3. 设置 Web 服务器的虚拟目录

建立虚拟目录在打开的 Internet 信息服务窗口中进行操作，如图 3-12 所示。

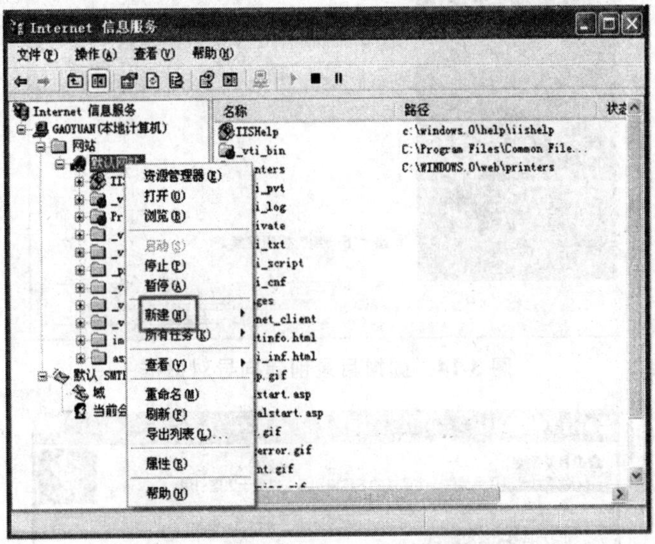

图 3-12　建立虚拟目录的操作

（1）在 Internet 信息服务窗口，用鼠标左键点击本地计算机—网站—默认网站。打开右键菜单，选“新建”命令。右面弹出下一级子菜单“虚拟目录”，如图 3-13 所示。

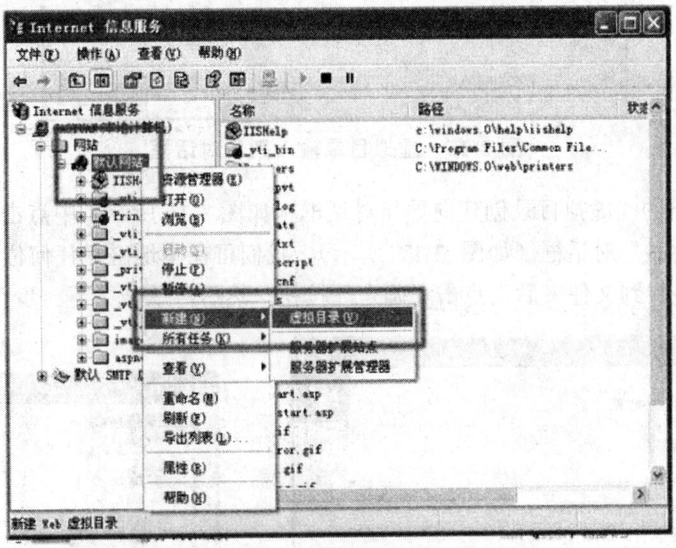

图 3-13　选择二级菜单的虚拟目录命令

（2）点击“虚拟目录”命令，弹出虚拟目录创建向导的对话框。然后点击下一步，如图 3-14 所示。

（3）按向导要求命名目录名称，这里我们在输入框中输入：jiaoxue，输入后单击“下一步”按钮，如图 3-15 所示。

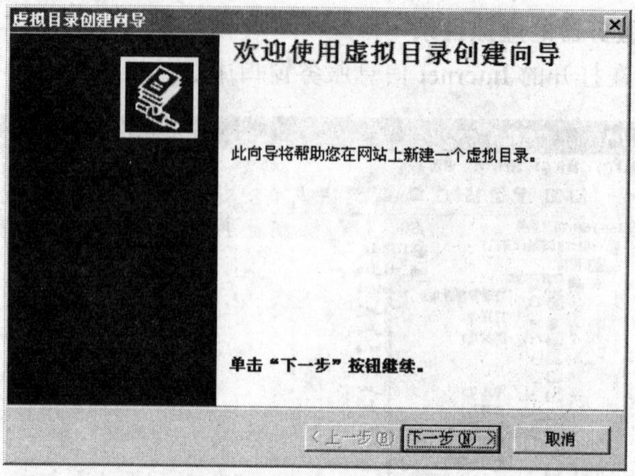

图 3-14　虚拟目录创建向导对话框

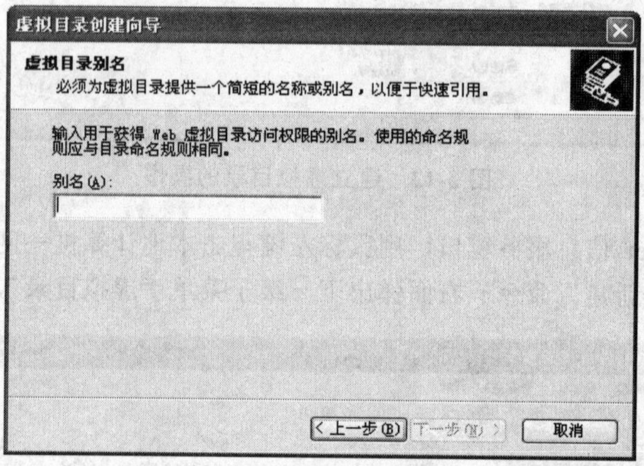

图 3-15　虚拟目录输入别名对话框

（4）在弹出的“虚拟目录创建向导”对话框（如图 3-16 所示）中点击“浏览”按钮，弹出“浏览文件夹”对话框（如图 3-17 所示），我们可在本地磁盘任何位置，选择网站内容的文件夹。寻找到文件夹后，点击“确定”按钮。然后再单击“下一步”按钮。

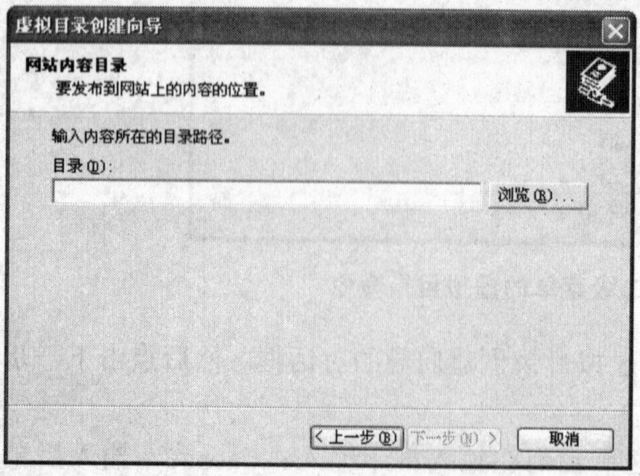

图 3-16　输入 web 文件夹的路径

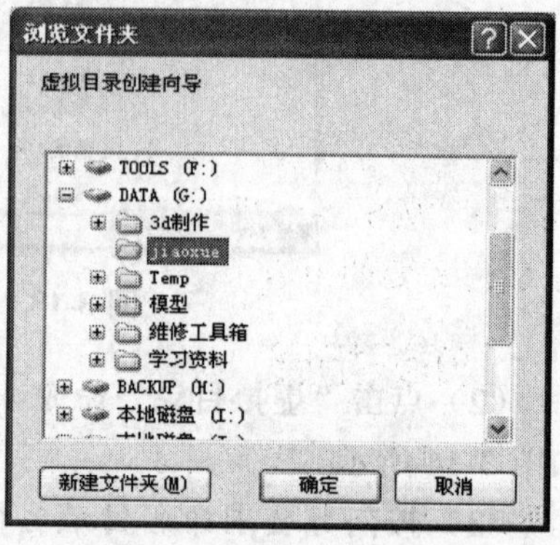

图 3-17　寻找 web 文件夹

（5）在出现的对话框中单击“完成”按钮，完成虚拟目录的创建，如图3-18所示。

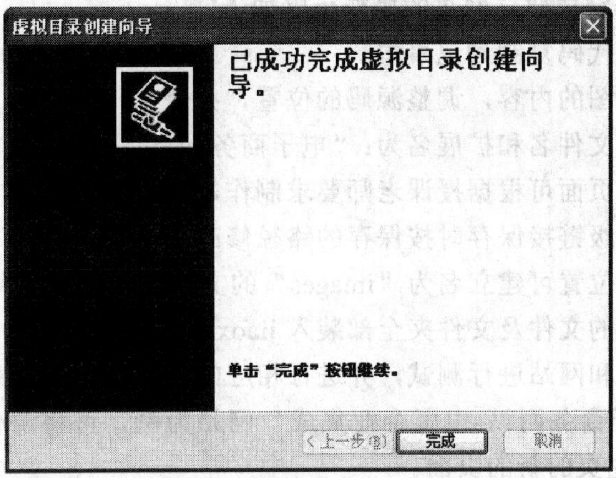

图3-18 虚拟目录创建完成

（6）检查目录创建是否正确。回到Internet信息服务窗口，在默认网站目录下查看是否有刚建立的虚拟目录。见图3-19所示。

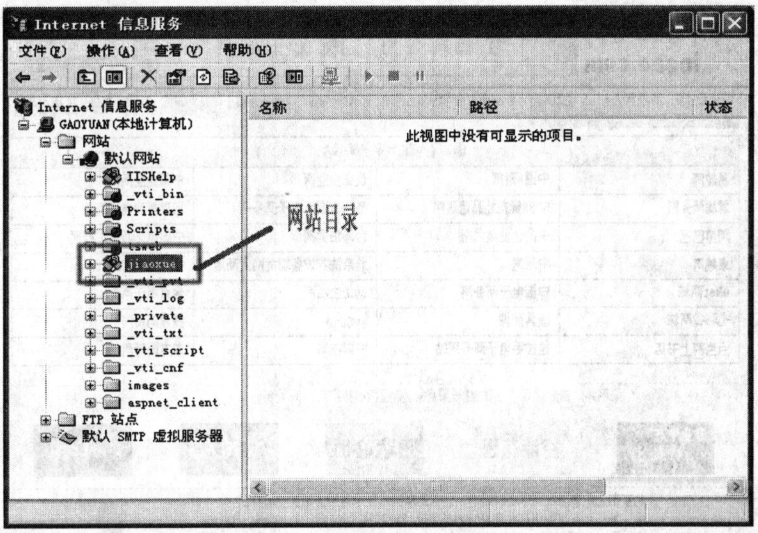

图3-19 信息服务窗口找到刚建立的目录

至此我们完成了Web服务器测试和虚拟目录配置和Web系统运行软件系统环境。还要对Web系统进行完善，因为虚拟目录中还没有具体内容。在下面我们要对该系统添加所需要的内容。

知识拓展

我们建立的虚拟目录，在磁盘上文件夹里应该有网站的内容。如果还没有，应需设计编写网站的具体内容。编辑网站一般使用网页编辑器，常用的网页编辑器有文本编辑器、Windows自带的“记事本”、Macromedia Dreamweaver和MS FrontPage等。可根据个人的使用习惯选用。

使用文本编辑器完成建立网页的操作步骤如下：

第一步，将以下代码复制到记事本。

第二步，根据截图的内容，调整源码的位置，并保存。

第三步，保存时文件名和扩展名为："电子商务.htm"。

第四步，链接的页面可根据授课老师要求制作，应选用本地链接。

第五步，检查超级链接保存时按保存的路径修改。

第六步，图片的位置可建立名为"images"的文件夹，然后把图片存入文件夹。

第七步，将所有的文件及文件夹全部装入 jiaoxue 文件夹。

第八步，对页面和网站进行测试，并进行相应的优化。

我们引用"电子商务网站-中国企业集成"网站为例，可将源代码录入后，建立题头为电子商务网站主页的新的页面。

以下为网站的源代码，可供学习编辑时参考。网站的图，图标，Flash 可到网站 http://www.jincao.com/n.htm 下载；也可以根据截图 3-20 自行制作（注：应使用英文半角输入代码）。

图 3-20　电子商务网站截图

```
<!------------以下是电子商务网站截图的代码----------!>
<!DOCTYPE HTML PUBLIC "-//W3C//DTD HTML 4.0
Transitional//EN">
<!-- saved from url=(0105)
mhtml:file://C:\Documents and
Settings\Administrator.CF551AE7A7F04C5\My Documents\My Books\电子商务
网.mht -->
```

```
<HTML><HEAD><TITLE>电子商务网</TITLE>
<META http-equiv=Content-Type content="text/html; charset=gb2312">
<META content="MSHTML 6.00.6000.16945" name=GENERATOR>
<META content=FrontPage.Editor.Document name=ProgId><!--这里可加入关键词-
->
<STYLE>.mybody {
    FONT-SIZE: 14px; COLOR: #000000; LINE-HEIGHT: 150%
}
</STYLE>
</HEAD>
<BODY link=#000000 leftMargin=6 topMargin=3>
<DIV align=center>
<CENTER>
<TABLE cellSpacing=0 cellPadding=0 width=740 border=0>
<TBODY>
  <TR>
    <TD><IFRAME marginWidth=0 hspace=0HSPACE=0
marginHeight=0 src="html:file://F:/jiaoxue\电子商务网.htm!<!--这个链接可根
据你的网页路径-->
http://www.jincao.com/zong/head.htm"<!---此 页 面 为 2.0  frameBorder=0
width="100%" scrolling=no
height=115
     target="_blank">
</IFRAME></TD></TR></TBODY></TABLE></CENTER></DIV>
<SCRIPT language=vbscript></SCRIPT>
<SCRIPT language=vbscript></SCRIPT>
<DIV align=center>
<CENTER>
<TABLE height=308 cellSpacing=0 cellPadding=0 width=740 border=0>
  <TBODY>
  <TR>
    <TD
    style="BORDER-RIGHT: #0000ff 1px solid;
BORDER-TOP: #0000ff 1px solid; BORDER-LEFT: #0000ff 1px solid"
    width=700 background=电子商务网_files/rdbj.jpg colSpan=4 height=13>
      <P style="MARGIN-TOP: 5px; MARGIN-BOTTOM: 4px; LINE-HEIGHT: 100%"
align=center><B><FONT color=#ff0000 size=3>电 子 商 务 网 站</FONT></B>
  </P></TD></TR>
```

```
  <TR>
    <TD style="BORDER-TOP: #0000ff 1px solid; BORDER-LEFT: #0000ff 1px
solid" width=175 height=24>
      <P
      style="MARGIN-TOP: 2px; MARGIN-BOTTOM:
2px; MARGIN-LEFT: 9px; LINE-HEIGHT: 100%"><A
      href="http://www.eachnet.com/"
target=_blank><FONT size=2><SPAN
      style="TEXT-DECORATION: none">易趣网
</SPAN></FONT></A> </P></TD>
    <TD style="BORDER-TOP: #0000ff 1px solid;
BORDER-LEFT: #0000ff 1px solid" width=175 height=24>
      <P
      style="MARGIN-TOP: 2px; MARGIN-BOTTOM:
2px; MARGIN-LEFT: 9px; LINE-HEIGHT: 100%"><FONT size=2><A class=f7
href="http://www.chinaecai.com/"
target=_blank><SPAN style="TEXT-DECORATION: none">中国 e 财网
</SPAN></A>   </FONT></P></TD>
    <TD style="BORDER-TOP: #0000ff 1px solid;
BORDER-LEFT: #0000ff 1px solid" width=175 height=24>
      <P
      style="MARGIN-TOP: 2px; MARGIN-BOTTOM:
2px; MARGIN-LEFT: 9px; LINE-HEIGHT:
100%"><FONT
      size=2><A href="http://www.yzce.com/"><SPAN
      style="TEXT-DECORATION: none">仪征企业网
</SPAN></A></FONT></P></TD>
    <TD
    style="BORDER-RIGHT: #0000ff 1px solid;
BORDER-TOP: #0000ff 1px solid; BORDER-LEFT:
#0000ff 1px solid" width=175 height=24>
      <P
      style="MARGIN-TOP: 2px; MARGIN-BOTTOM:
2px; MARGIN-LEFT: 9px; LINE-HEIGHT: 100%"><A
    href="http://www.chesp.com/"><FONT size=2><SPAN
      style="TEXT-DECORATION: none">中国企业商网</SPAN></FONT></A>
<FONT size=2> </FONT></P></TD></TR>
  <TR>
```

```
    <TD style="BORDER-TOP: #0000ff 1px solid;
BORDER-LEFT: #0000ff 1px solid"  width=175 height=24>
      <P
      style="MARGIN-TOP: 2px; MARGIN-BOTTOM:
2px; MARGIN-LEFT: 9px; LINE-HEIGHT: 100%"><FONT size=2><A
href="http://www.sinobnet.com/" target=_blank><SPAN
      style="TEXT-DECORATION: none">慧聪商务网
</SPAN></A>  </FONT></P></TD>
    <TD style="BORDER-TOP: #0000ff 1px solid;
BORDER-LEFT: #0000ff 1px solid"  width=175 height=24>
      <P
      style="MARGIN-TOP: 2px; MARGIN-BOTTOM:
2px; MARGIN-LEFT: 9px; LINE-HEIGHT: 100%"><FONT size=2><A
href="http://www.5288.com/"><SPAN
      style="TEXT-DECORATION: none">5288鲜花礼品速递网</SPAN></A>
</FONT></P></TD>
    <TD style="BORDER-TOP: #0000ff 1px solid; BORDER-LEFT: #0000ff 1px
solid" width=175 height=24>
      <P
      style="MARGIN-TOP: 2px; MARGIN-BOTTOM:
2px; MARGIN-LEFT: 9px; LINE-HEIGHT: 100%"><A href="http://www.gzec.com.cn/"
target=_blank><FONT size=2><SPAN
      style="TEXT-DECORATION: none">贵州省国际电子商务网</SPAN></FONT></A>
</P></TD>
    <TD
    style="BORDER-RIGHT: #0000ff 1px solid;
BORDER-TOP: #0000ff 1px solid; BORDER-LEFT: #0000ff 1px solid"
    width=175 height=24>
      <P
      style="MARGIN-TOP: 2px; MARGIN-BOTTOM:
2px; MARGIN-LEFT: 9px; LINE-HEIGHT:
100%"><FONT
      size=2><A href="http://www.post183.net/"
target=_blank><SPAN
      style="TEXT-DECORATION: none">河南邮政电子商务</SPAN></A> 
</FONT></P></TD></TR>
   <TR>
    <TD style="BORDER-TOP: #0000ff 1px solid;
```

```
BORDER-LEFT: #0000ff 1px solid"  width=175 height=24>
      <P
      style="MARGIN-TOP: 2px; MARGIN-BOTTOM:
2px; MARGIN-LEFT: 9px; LINE-HEIGHT: 100%"><A
      href="http://china.alibaba.com/"
target=_blank><FONT size=2><SPAN style="TEXT-DECORATION: none">阿里巴巴
</SPAN></FONT></A><FONT
      size=2>  </FONT> </P></TD>
    <TD style="BORDER-TOP: #0000ff 1px solid;
BORDER-LEFT: #0000ff 1px solid" width=175 height=24>
      <P
      style="MARGIN-TOP: 2px; MARGIN-BOTTOM:
2px; MARGIN-LEFT: 9px; LINE-HEIGHT: 100%"><FONT size=2><A
href="http://www.jincao.com/"><FONT color=#ff0000><SPAN
      style="TEXT-DECORATION: none">中国企业集
成网</SPAN></FONT></A></FONT></P></TD>
    <TD style="BORDER-TOP: #0000ff 1px solid; BORDER-LEFT: #0000ff 1px
solid" width=175 height=24>
      <P
      style="MARGIN-TOP: 2px; MARGIN-BOTTOM:
2px; MARGIN-LEFT: 9px; LINE-HEIGHT: 100%"><FONT size=2>
<A href="http://www.bid.com.tw/"
target=_blank><SPAN
      style="TEXT-DECORATION: none">台湾拍卖网
</SPAN></A></FONT></P></TD>
    <TD
    style="BORDER-RIGHT: #0000ff 1px solid;
BORDER-TOP: #0000ff 1px solid; BORDER-LEFT:
#0000ff 1px solid"
    width=175 height=24>
      <P
      style="MARGIN-TOP: 2px; MARGIN-BOTTOM:
2px; MARGIN-LEFT: 9px; LINE-HEIGHT: 100%"><A
      href="http://www.chinaebsolution.net/"
target=_blank><FONT size=2><SPAN
      style="TEXT-DECORATION: none">中国电子商务工程网</SPAN></FONT></A>
<FONT
      size=2> </FONT></P></TD></TR>
```

```
  <TR>
    <TD style="BORDER-TOP: #0000ff 1px solid;
BORDER-LEFT: #0000ff 1px solid" width=175 height=24>
      <P
      style="MARGIN-TOP: 2px; MARGIN-BOTTOM:
2px; MARGIN-LEFT: 9px; LINE-HEIGHT: 100%"><A href="http://www.joyo.com/"
target=_blank><FONT size=2><SPAN
      style="TEXT-DECORATION: none">卓越
</SPAN></FONT></A><FONT size=2><A href="http://www.joyo.com/"
target=_blank><SPAN
      style="TEXT-DECORATION:   none">  网  </SPAN></A>   </FONT>
</P></TD>
    <TD style="BORDER-TOP: #0000ff 1px solid;
BORDER-LEFT: #0000ff 1px solid" width=175 height=24>
      <P
      style="MARGIN-TOP: 2px; MARGIN-BOTTOM:
2px; MARGIN-LEFT: 9px; LINE-HEIGHT:
100%"><FONT size=2><A class=f7
href="http://www.cnebuyer.com/"
target=_blank><SPAN style="TEXT-DECORATION: none">中采网
</SPAN></A>  </FONT></P></TD>
    <TD style="BORDER-TOP: #0000ff 1px solid;
BORDER-LEFT: #0000ff 1px solid" width=175 height=24>
      <P
      style="MARGIN-TOP: 2px; MARGIN-BOTTOM:
2px; MARGIN-LEFT: 9px; LINE-HEIGHT:
100%"><FONT size=2><A href="http://www.hotelsupplies.com.cn/"
target=_blank><FONT face=宋体><SPAN
      style="TEXT-DECORATION: none">北京洗衣设备现货网上商店
</SPAN></FONT></A></FONT></P></TD>
    <TD
    style="BORDER-RIGHT: #0000ff 1px solid;
BORDER-TOP: #0000ff 1px solid; BORDER-LEFT:
#0000ff 1px solid"
    width=175 height=24>
      <P
      style="MARGIN-TOP: 2px; MARGIN-BOTTOM:
2px; MARGIN-LEFT: 9px; LINE-HEIGHT:
```

```
100%"><FONT
      size=2><A class=f7
href="http://www.socheap.com.cn/"
target=_blank><SPAN
      style="TEXT-DECORATION: none">好便宜购物网</SPAN></A>
  </FONT></P></TD></TR>
  <TR>
    <TD style="BORDER-TOP: #0000ff 1px solid;
BORDER-LEFT: #0000ff 1px solid" width=175 height=24>
      <P
      style="MARGIN-TOP: 2px; MARGIN-BOTTOM:
2px; MARGIN-LEFT: 9px; LINE-HEIGHT:
100%"><FONT size=2><A class=f7 href="http://www.eshop.com.cn/"
target=_blank><SPAN style="TEXT-DECORATION: none">eNet 商城
</SPAN></A>  </FONT></P></TD>
    <TD style="BORDER-TOP: #0000ff 1px solid;
BORDER-LEFT:
BORDER-LEFT: #0000ff 1px solid"
    width=175 height=24>
      <P
      style="MARGIN-TOP: 2px; MARGIN-BOTTOM:
2px; MARGIN-LEFT: 9px; LINE-HEIGHT: 100%"><A
      href="http://www.9448.com.cn/"
target=_blank><FONT size=2><SPAN
      style="TEXT-DECORATION: none">远征生活网
</SPAN></FONT></A><FONT
      size=2> </FONT></P></TD>
    <TD
    style="BORDER-RIGHT: #0000ff 1px solid;
BORDER-TOP: #0000ff 1px solid; BORDER-LEFT:
#0000ff 1px solid"
    width=175 height=24>
      <P
      style="MARGIN-TOP: 2px; MARGIN-BOTTOM:
2px; MARGIN-LEFT: 9px; LINE-HEIGHT: 100%"><A
      href="http://www.focusec.com/"
target=_blank><FONT size=2><SPAN
```

```
      style="TEXT-DECORATION: none">焦点电子商
务</SPAN></FONT></A><FONT
      size=2> </FONT></P></TD></TR>
  <TR>
    <TD style="BORDER-TOP: #0000ff 1px solid;
BORDER-LEFT: #0000ff 1px solid"
    width=175 height=24>
      <P
      style="MARGIN-TOP: 2px; MARGIN-BOTTOM:
2px; MARGIN-LEFT: 9px; LINE-HEIGHT: 100%"><A
      href="http://shop.7cv.com/"
target=_blank><FONT size=2><SPAN
      style="TEXT-DEC
</SPAN></FONT></A><FONT
      size=2>  </FONT></P></TD>
    <TD style="BORDER-TOP: #0000ff 1px solid;
BORDER-LEFT: #0000ff 1px solid"
    width=175 height=24>
      <P
      style="MARGIN-TOP: 2px; MARGIN-BOTTOM:
2px; MARGIN-LEFT: 9px; LINE-HEIGHT:
100%"><FONT
      size=2><A
href="http://www.fishingmarkets.com/"><SPAN
      style="TEXT-DECORATION: none">渔具商城
</SPAN></A> </FONT></P></TD>
    <TD style="BORDER-TOP: #0000ff 1px solid;
BORDER-LEFT: #0000ff 1px solid"
    width=175 height=24>
      <P
      style="MARGIN-TOP: 2px; MARGIN-BOTTOM:
2px; MARGIN-LEFT: 9px; LINE-HEIGHT:
100%"><FONT
      size=2><A href="http://www.my8848.com/"
target=_blank><SPAN
      style="TEXT-DECORATION:
none">my8848</SPAN></A>  </FONT>
```

```
</P></TD>
    <TD
    style="BORDER-RIGHT: #0000ff 1px solid;
BORDER-TOP: #0000ff 1px solid; BORDER-LEFT:
#0000ff 1px solid"
    width=175 height=24>
      <P
      style="MARGIN-TOP: 2px; MARGIN-BOTTOM:
2px; MARGIN-LEFT: 9px; LINE-HEIGHT:
100%"><FONT
      size=2><A class=f7
href="http://www.jetto.com/"
target=_blank><SPAN
      style="TEXT-DECORATION: none">捷通商贸网
</SPAN></A> </FONT></P></TD></TR>
  <TR>
    <TD style="BORDER-TOP: #0000ff 1px solid;
BORDER-LEFT: #0000ff 1px solid"
    width=175 height=20>
      <P
      style="MARGIN-TOP: 2px; MARGIN-BOTTOM:
2px; MARGIN-LEFT: 9px; LINE-HEIGHT: 100%"><A
      href="http://www.dangdang.com/"
target=_blank><FONT size=2><SPAN
      style="TEXT-DECORATION: none">当当网上书
店</SPAN></FONT></A><FONT
      size=2> </FONT> </P></TD>
    <TD style="BORDER-TOP: #0000ff 1px solid;
BORDER-LEFT: #0000ff 1px solid"
    width=175 height=20>
      <P
      style="MARGIN-TOP: 2px; MARGIN-BOTTOM:
2px; MARGIN-LEFT: 9px; LINE-HEIGHT: 100%"><A
      href="http://www.lalasho.com/"><FONT
size=2><SPAN
      style="TEXT-DECORATION: none">拉拉手电子
商务网站</SPAN></FONT></A><FONT size=2>   </FONT></P></TD>
```

```
<TD style="BORDER-TOP: #0000ff 1px solid;
BORDER-LEFT: #0000ff 1px solid"
   width=175 height=20>
     <P
     style="MARGIN-TOP: 2px; MARGIN-BOTTOM:
2px; MARGIN-LEFT: 9px; LINE-HEIGHT: 100%"><A
     href="http://www.zghc.com/"><FONT
size=2><SPAN
     style="TEXT-DECORATION: none">中国花城
</SPAN></FONT></A></P></TD>
   <TD
     style="BORDER-RIGHT: #0000ff 1px solid;
BORDER-TOP: #0000ff 1px solid; BORDER-LEFT:
#0000ff 1px solid"
   width=175 height=20>
     <P
     style="MARGIN-TOP: 2px; MARGIN-BOTTOM:
2px; MARGIN-LEFT: 9px; LINE-HEIGHT: 100%"><A
     href="http://www.worldeast.com/"
target=_blank><FONT size=2><SPAN
     style="TEXT-DECORATION: none">东方国际网络</SPAN></FONT></A>
<FONT size=2> </FONT></P></TD></TR>
  </TBODY></TABLE></CENTER></DIV>
<DIV align=center>
<CENTER>
<TABLE cellSpacing=0 cellPadding=0 width=740
border=0>
  <TBODY>
  <TR>
    <TD><IFRAME marginWidth=0 hspace=0HSPACE=0
marginHeight=0
     src="mhtml:file://C:\Documents and
Settings\Administrator.CF551AE7A7F04C5\My Documents\My Books\电子商务
网.mht!
http://www.jincao.com/foot/foot.htm"
     frameBorder=0 width="100%" scrolling=no
height=200
```

```
    target="_blank">
</IFRAME></TD></TR></TBODY></TABLE></CENTER></DIV>
</BODY>
</HTML>
```

（代码中的注释为编者加，可以不加入网页。）

任务评价

一、评价方法

本任务可采用学生自我检验、小组评价和教师评价的方法，重点采用小组内学生间的互评作为对学习成果进行检验，大家可以登录 Web 页对页面进行测评。为方便评阅便于量化考核，学生在实验中要做好实验过程中的截图和记录，并保存。小组根据每位同学的软件安装、系统运行、页面显示等方面给出综合评价，教师结合小组的综合评价给出学生的改进方案。

注意事项：评价可在局域网开通的情况下进行。要求学生能够给出评价时的正确完整路径。教师可引导学生，在不使用加速器、不进行优化时，对局域网的环境进行调整，待稳定后进行测评。

二、评价指标

表 3-1　　任务完成情况评价表

评 价 指 标	学生自我评价		小组评价		他人/教师评价	
	合格	不合格	合格	不合格	合格	不合格
安装 IIS						
建立 Web 系统						
建立商务主页						
建立登录分页内容						
相关知识的扩展掌握情况						

课后练习

一、思考题

1. 如何将网站上传至服务器？
2. 为何用标记语言编辑好的网页有的图片不显示？
3. 路径的使用上超级链接，页面和图片的链接有哪些不同？

二、实训题

编写一个“电子商务网站”，含有 5～10 个页面的内容，要求有图、声和动画。可用网页编辑器，FrontPage 或 Dreamweaver 软件进行编辑。

任务二 网络数据库

任务要求

了解数据库原理的基本知识，重点理解数据库的三要素、关系运算、完整性约束、C/S 与 B/S 应用结构、数据库应用系统设计与实施过程；要求会安装 MS SQL2000 的数据库。

能够判断数据库的类型，运用不同的数据库。常用的数据库软件，当前常用的数据库 Access | MS SQL 等多种类型。建议选择 MS SQL 数据库。

了解数据库中表的建立。学会数据库建立地方法。

任务实施

一、安装 MS SQL

（一）软硬件的环境要求

（1）计算机 Intel 兼容计算机，Pentium 166MHz 以上。

（2）内存 RAM Enterprise：版本 64MB。Standard：版本 32MB。

（3）硬盘空间 SQL Server 2000：完全安装（Full）180MB；典型安装（Typical）170MB；最小安装（minimum）65MB；只安装管理工具（Client tools only）90MB。Analysis Services 50MB，English Query 12MB。

（4）操作系统：如果使用的操作系统是 Microsoft Windows NT、Windows 2000、Windows 98 或 Windows 95，且 SQL Server 2000 支持 Windows NT Workstation、Windows 2000 Professional、Windows 98、Windows 95、Apple Macintosh、OS/2 以及 UNIX 客户端连接。

（二）SQL Server 2000 的常见版本

企业版（Enterprise Edition）支持所有的 SQL Server 2000 特性，可作为大型 Web 站点、企业 OLTP（联机事务处理）以及数据仓库系统等的产品数据库服务器。

标准版（Standard Edition）用于小型的工作组或部门

个人版（Personal Edition）用于单机系统或客户机

开发者版（Developer Edition）用于程序员开发应用程序，这些程序需要 SQL Server 2000 作为数据存储设备。

此外，SQL Server 2000 还有桌面引擎（Desktop Engine） 和 Windows CE 版。用户可以根据实际情况选择所要安装的 SQL Server 2000 版本。

由于 SQL Server 2000 出版较早，微软根据安全漏洞更新了一系列补丁，到当前补丁版本已升至 SP4，因此建议在安装 SQL Server 2000 后加装补丁。

（三）安装 SQL2000 操作的步骤如下

首先，运行 SQL Server 2000 安装光盘，显示界面如下：

要选择正确的安装文件（除上述版本外，SQL Server 2000 还有桌面引擎（Desktop Engine）和 Windows CE 版。用户可以根据实际情况选择所要安装的 SQL Server 2000 版本。在开始界面要正确选择每一步请参照一下界面提示。

此时需要你选择要安装的 SQL Server 2000 的版本，如果您的系统是 Windows XP 建议安装简体中文个人版（XP 不支持 SQL Server 企业板），如果您的系统是 Windows 2000 或 2003 建议您安装简体中文企业版。这里我们以简体中文企业版为例。选择"SQL Server 2000 简体中文企业版"。如图 3-21 所示。

图 3-21 SQL2000 安装程序主菜单

其次，选择安装项目，在项目界面里，我们选择"安装 SQL Server 2000 组件"，进入下一步，如图 3-22 所示。

图 3-22 SQL2000 安装的数据库组件

图 3-23　SQL2000 的三级菜单

这时正式开始数据库服务器的安装。如果有特殊需要我们可以返回这里进行其他组件的安装。

（1）选择安装数据库服务器，此时开始配置安装 SQL Server 2000 企业版。

（2）进入 MS SQL Server 安装向导，单击“下一步”按钮，如图 3-24 所示。

图 3-24　微软 SQL2000 服务端安装向导

（3）选择“本地计算机”，单击“下一步”按钮，如图 3-25 所示。

图 3-25　**SQL2000 的安装位置**

（4）选择“创建新的 SQL Server 实例，或安装客户端工具”，单击“下一步”按钮。

图 3-26　**创建新的 SQL 通过服务器链接客户端**

（5）在这一界面，输入姓名，公司名，或取默认值也可，如图 3-27。单击“下一步”按钮。

图 3-27　输入姓名和公司名

（6）浏览软件协议单击“是”，同意软件许可证协议，进入“下一步”按钮，如图3-28所示。

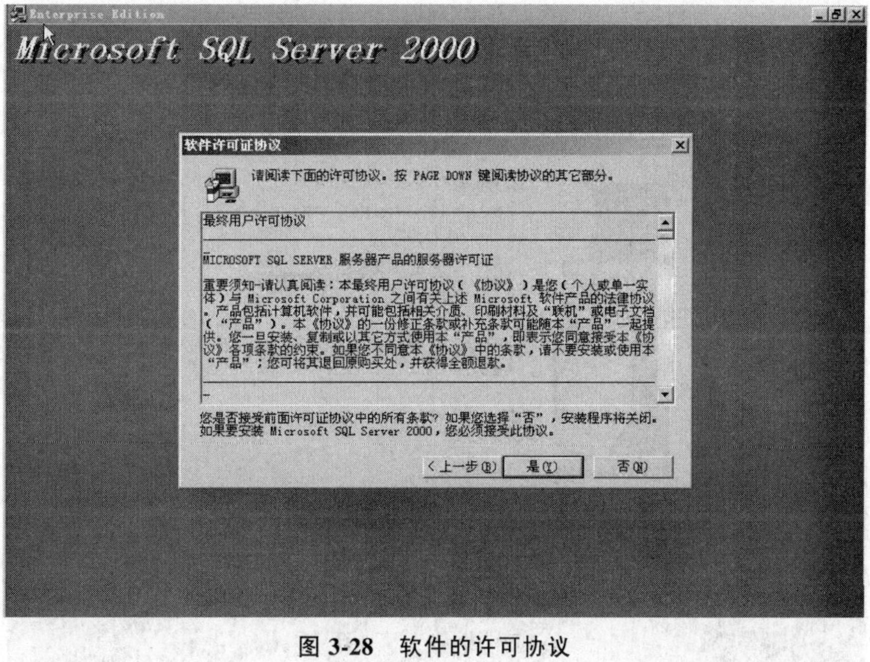

图 3-28　软件的许可协议

（7）选择服务器端和客户端进行安装。这取决于你的计算机在网络中担任的角色，这里选“服务器和客户端工具”，单击“下一步”按钮，如图3-29所示。

图 3-29　安装定义

（8）选择默认安装，计算机自己选择应安装的内容，默认盘装主程序盘在逻辑盘 C 盘上，数据内容也在 C 盘，单击“下一步”按钮，如图 3-30 所示。

图 3-30　选择数据库工具

（9）如果对数据库的内容还不熟悉，选“典型”安装即可，并单击“下一步”按钮，如图 3-31 所示。

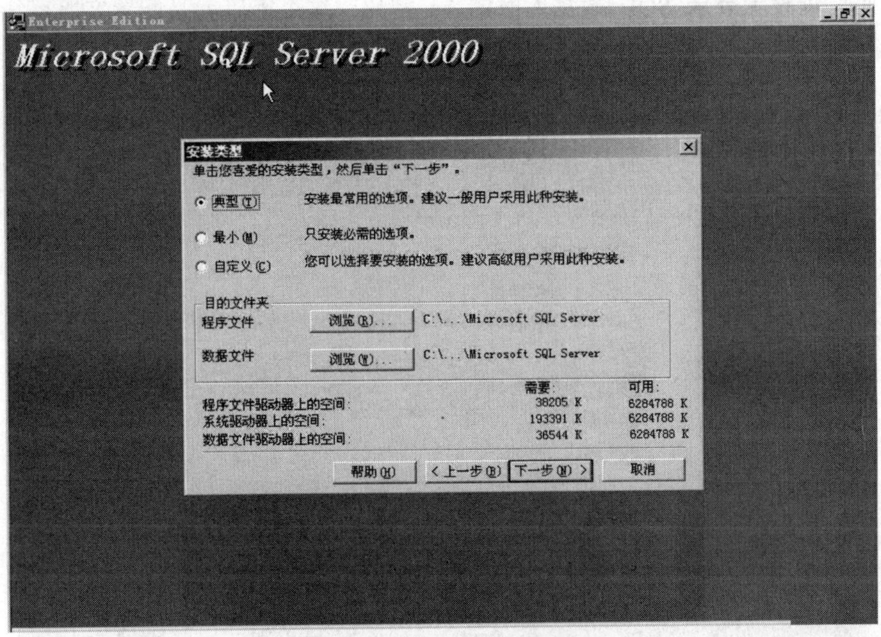

图 3-31　安装类型选项界面

（10）选择“对每个服务使用同一账户，自动启动 SQL Server 服务”，在“服务设置”中选择“使用本地系统账户”，单击“下一步”按钮，如图 3-32 所示。

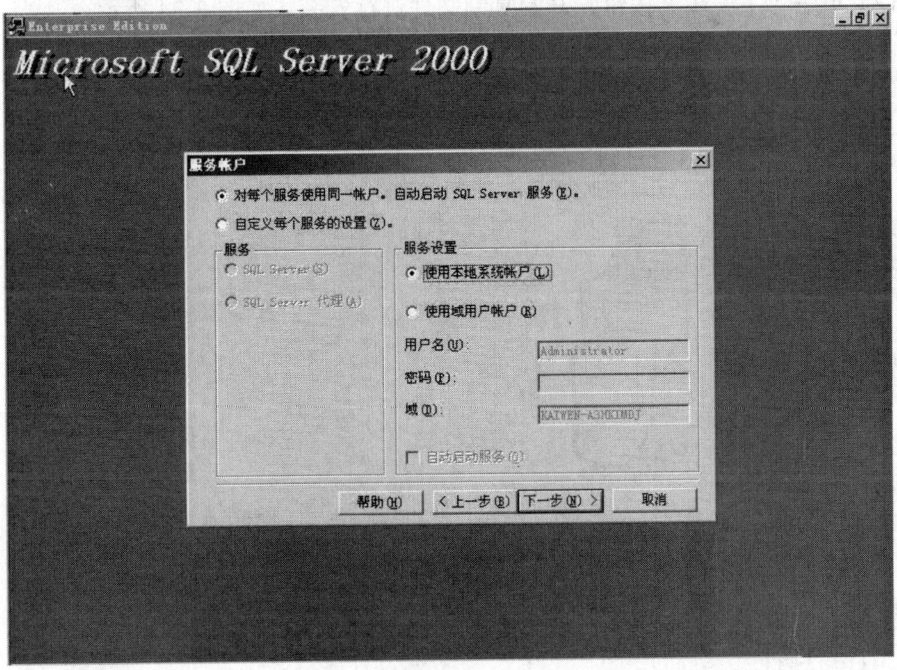

图 3-32　服务账户的选择对话框

（11）选择“混合模式 Windows 身份验证和 SQL Server 身份验证”，在“添加 SA 登录密码”项设置登录 SQL 数据库时的 sa 密码，这个密码就是配置客服系统数据库时，填写的密码，单击“下一步”按钮，如图 3-33 所示。

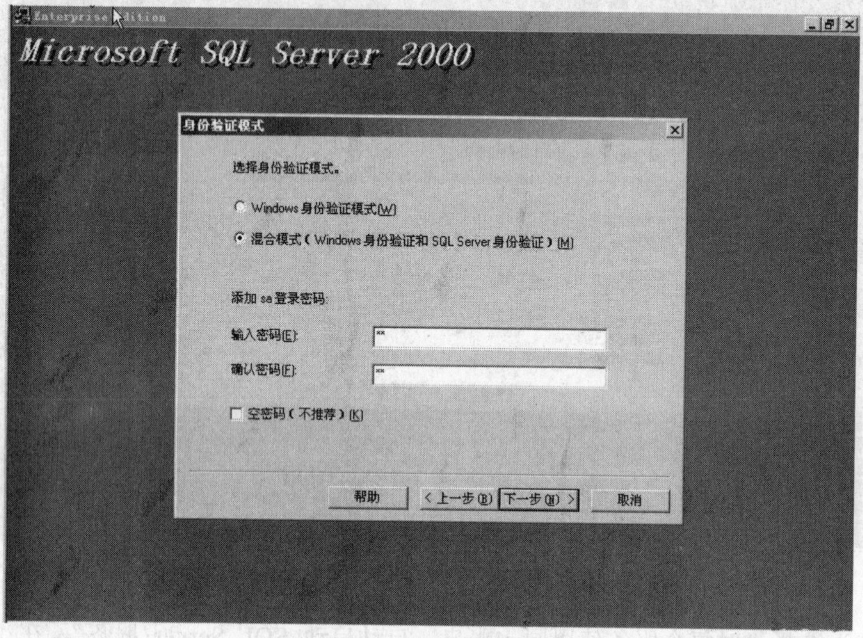

图 3-33　登录密码的设定

（12）单击“下一步”按钮，开始复制文件进行安装，如图 3-34 所示。

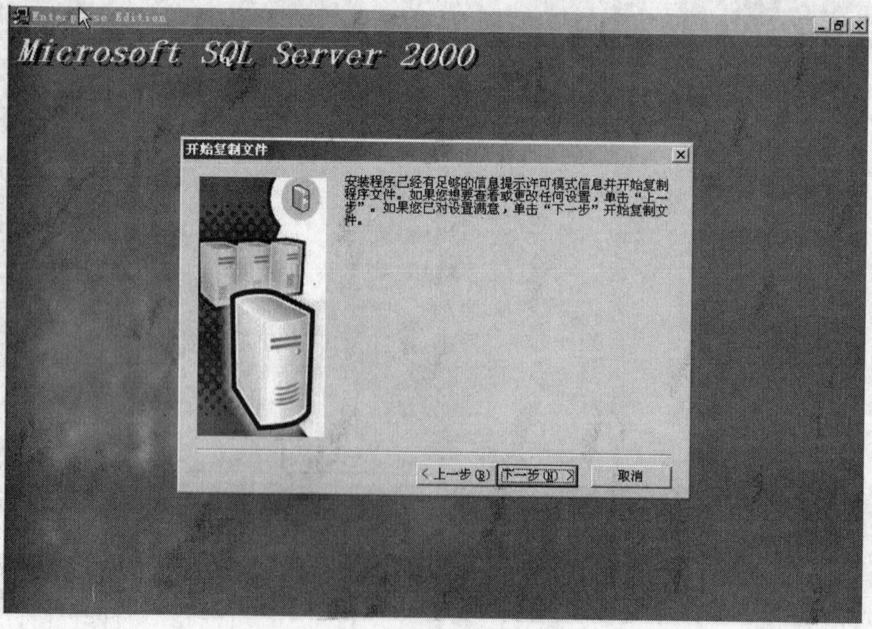

图 3-34　开始复制文件的界面

（13）选择“每客户”，并在其后的设备中选择“5”，单击“继续”，开始安装，如图3-35所示，等待安装进度结束后点击完成即可。至此SQL Server 2000的安装配置完成。

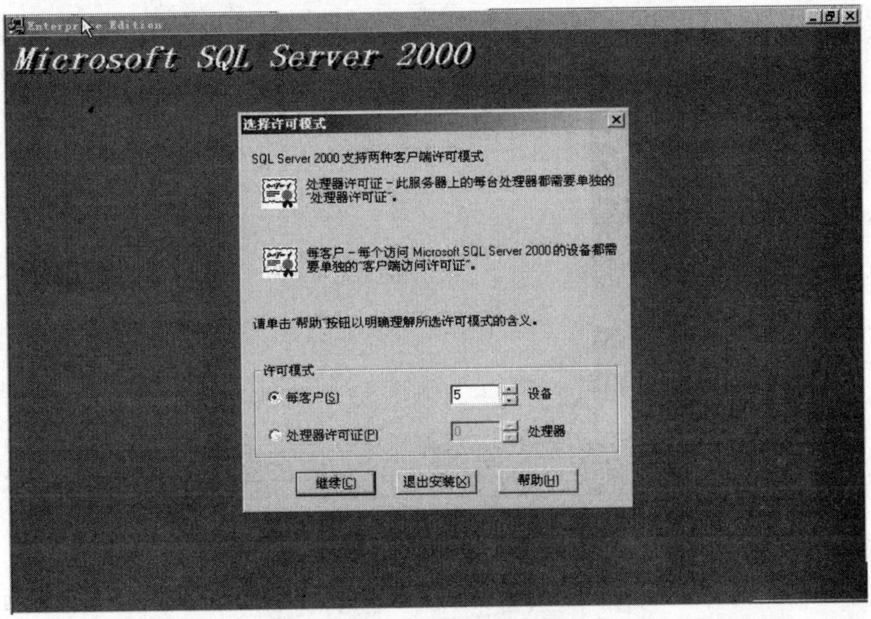

图3-35 选择许可模式

（四）安装微软的补丁包的操作步骤（补丁包可以在相关的网站下载，也可在微软网站下载）

（1）运行SP4安装程序，选Setup补丁包后释放压缩文件。

（2）弹出保存安装文件的位置的对话框。这个步骤只是将SP4的安装文件释放到你指定的目录里，选择一个磁盘空间比较充裕的目录。这里用默认的路径，点击“下一步”按钮，如图3-36所示。

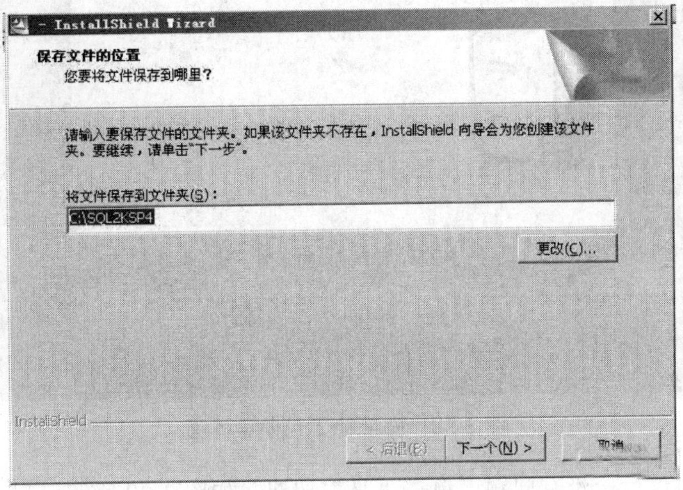

图3-36 复制补丁包安装路径对话框

（3）等待释放文件结束，单击“完成”即可。然后到刚才设定的释放目录里（这里就是“C:\SQL2KSP4”），点击 Setup.bat 文件，开始安装 SP4 补丁，如图 3-37 所示。

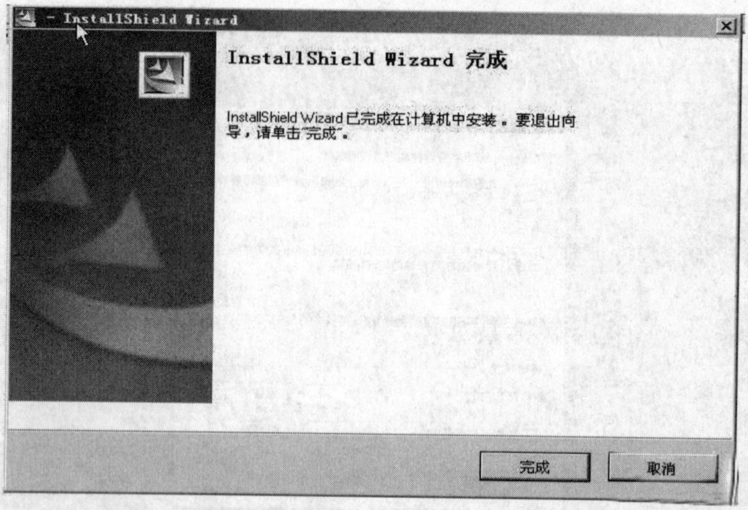

图 3-37　安装向导完成安装界面

（4）等待转换文件，完成后开始安装，单击“下一步”按钮，如图 3-38 所示。

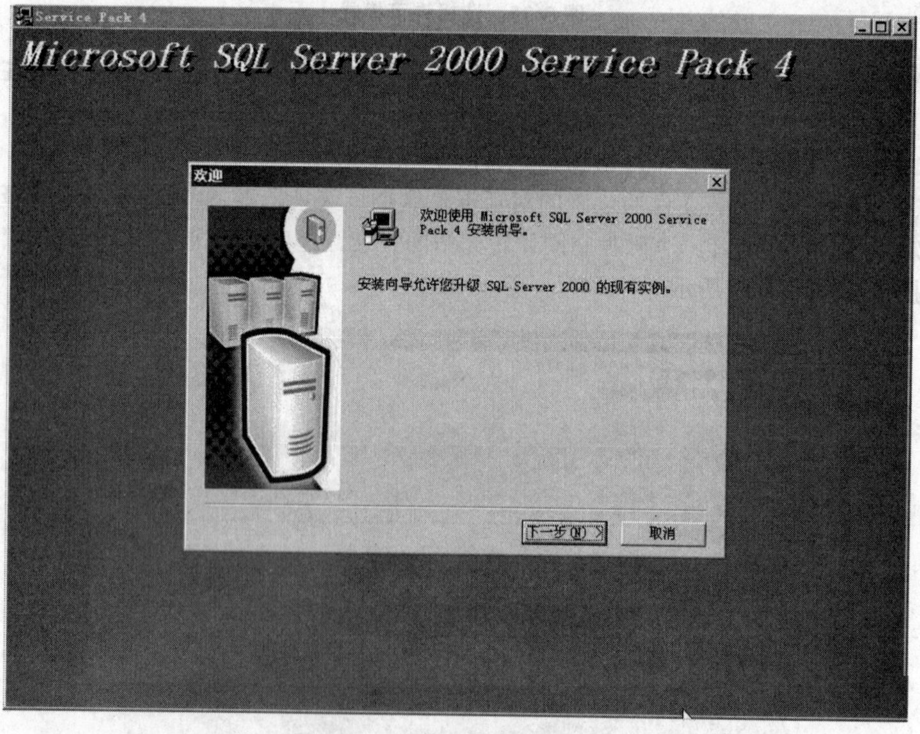

图 3-38　安装补丁包向导界面

（5）参看协议后，没有问题，单击“是”按钮，如图 3-39 所示。

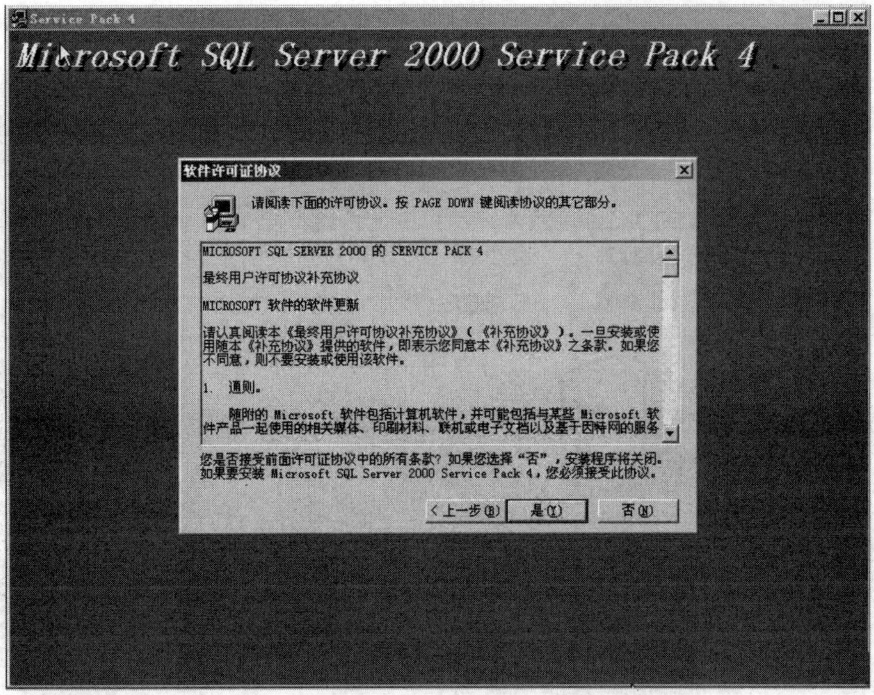

图 3-39 许可证协议内容

（6）选择默认的实例安装，单击“下一步”按钮，如图 3-40 所示。

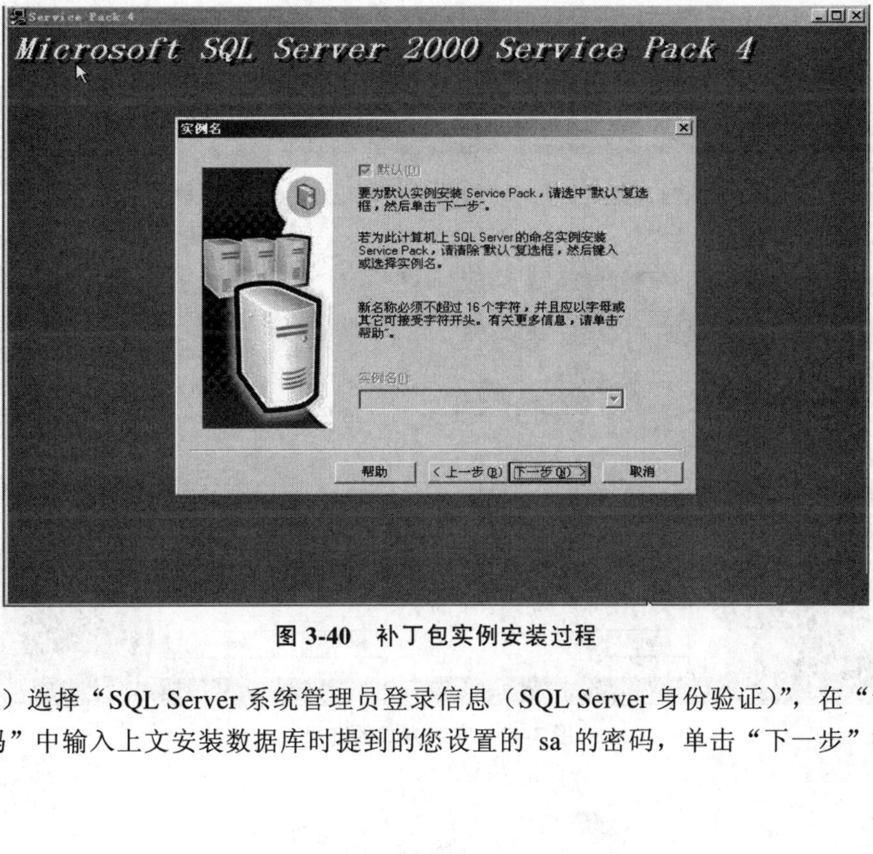

图 3-40 补丁包实例安装过程

（7）选择“SQL Server 系统管理员登录信息（SQL Server 身份验证）”，在“请输入 sa 密码”中输入上文安装数据库时提到的您设置的 sa 的密码，单击“下一步”按钮，如图 3-41 所示。

图 3-41　设置登录密码

（8）选择“升级 Microsoft Search 并应用 SQL Server 2000 SP4（必需）”，单击“继续”按钮，如图 3-42 所示。

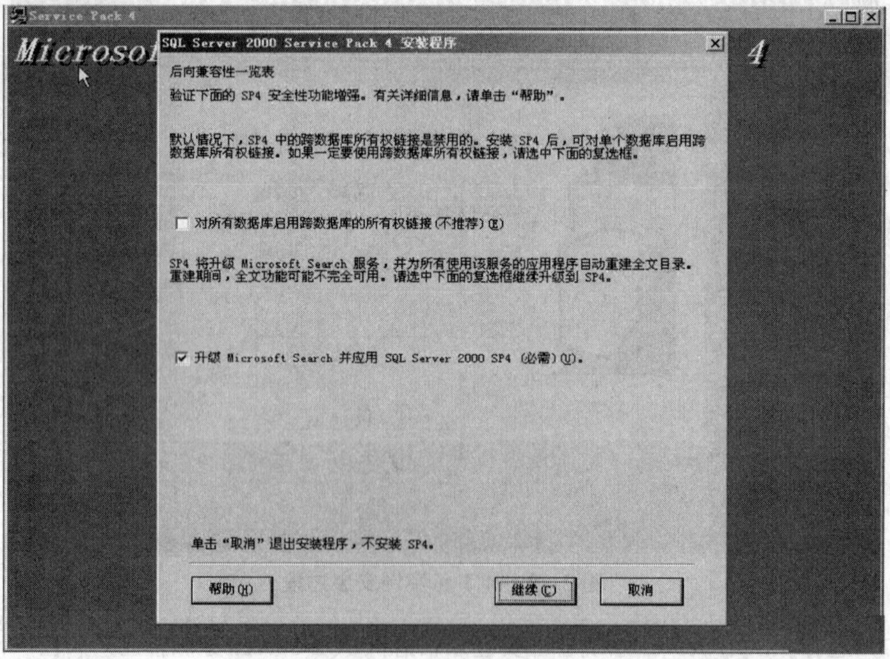

图 3-42　安装方式的选择

（9）不选择“自动将致命错误报告发送到微软”，单击“确定”按钮，如图 3-43 所示。

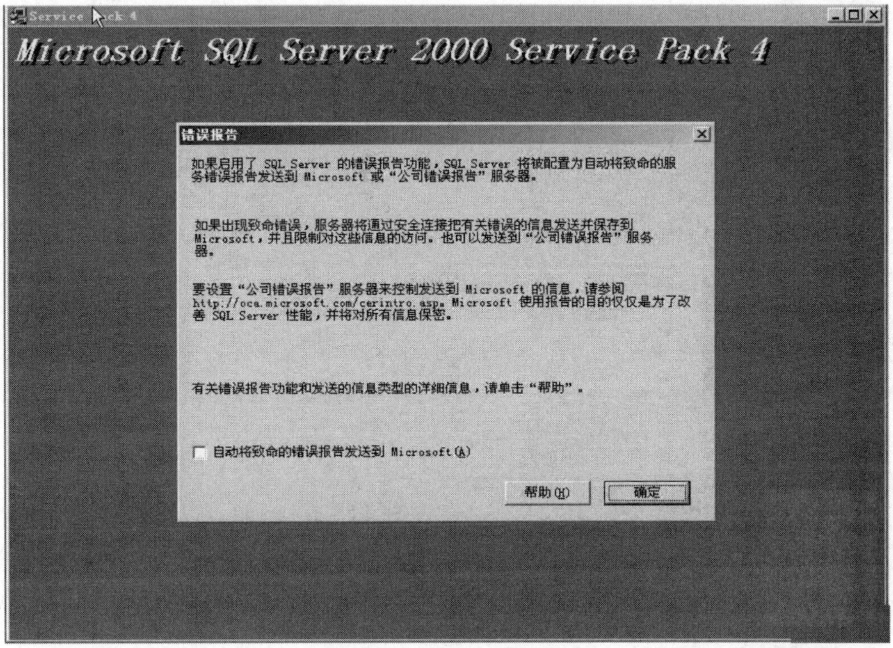

图 3-43　错误报告安装

（10）在出现的“开始复制文件”对话框中单击“下一步”，开始安装 SP4 补丁，如图 3-44 所示。

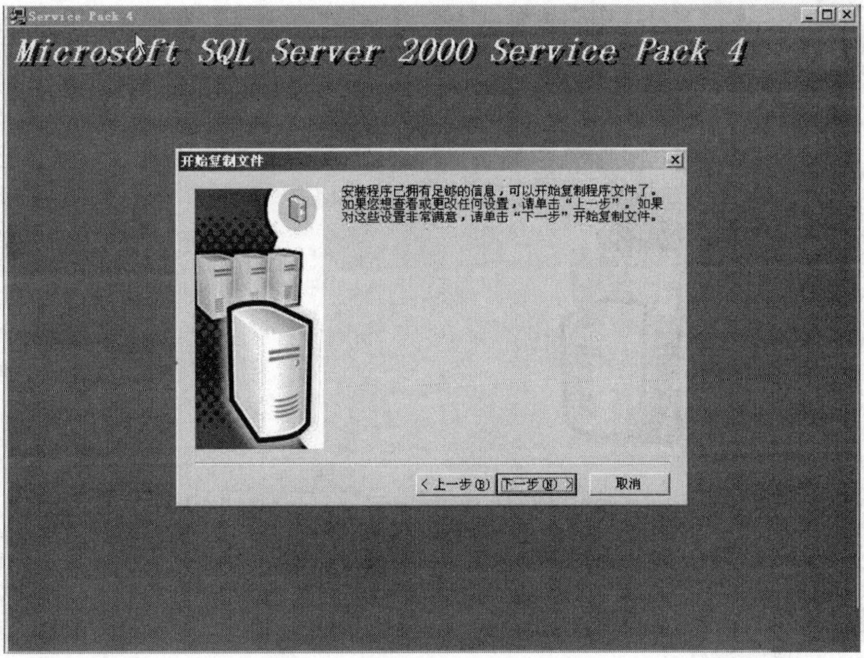

图 3-44　开始复制补丁包文件

（11）主数据库内容和 msdb 内容备份完成，单击“确定”按钮，如图 3-45 所示。

图 3-45　主数据库备份

（12）在弹出的“安装完毕”对话框中单击“完成”按钮，完成 SP4 的安装，如图 3-46 所示。

图 3-46　SP4 安装完成

至此数据库安装完毕。（注：如果安装 SQL 2008 时，应先安装.NET Framework 3.5 以上版本）

（13）重新启动计算机系统。

（14）SQL Server 服务管理器启动，安装成功，在系统托盘出现图标。双击此图标出现图 3-47 所示的“SQL Server 服务器管理”窗口。单击“开始/继续”按钮，可刷新服务。

（15）如果停止服务器可按暂停或停止按钮，使服务处于停止状态，如图 3-48 所示。

图 3-47　服务的启动界面

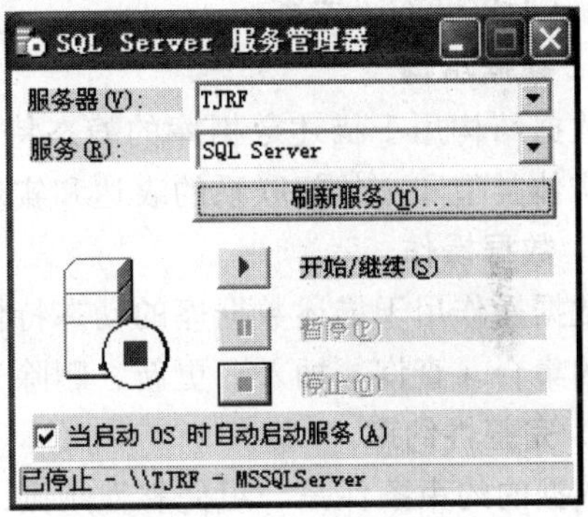

图 3-48　服务停止对话框

知识拓展

一、数据库的几个基本概念

（一）关于数据库的原理和说明

Web 数据库，又叫网络数据库。

数据和资源共享这两种方式结合在一起即成为今天广泛使用的网络数据库，它以后台（远程）数据库为基础，加上一定的前台（本地计算机）程序，通过浏览器完成数据存储、查询等操作的系统。

网络数据库（Network Database）其含义有三个：

（1）在网络上运行的数据库。

（2）网络上包含其他用户地址的数据库。

（3）信息管理中，数据记录可以以多种方式相互关联的一种数据库。

网络数据库和分层数据库相似，因为其包含从一个记录到另一个记录的前进。与后者的区别在于其更不严格的结构：任何一个记录可指向多个记录，而多个记录也可以指向一个记录。实际上，网络数据库允许两个节点间的多个路径，而分层数据库只能有一个从父记录（高级记录）到子记录（低级目录）的路径。

因此，网络数据库是跨越电脑在网络上创建、运行的数据库。网络数据库中的数据之间的关系不是一一对应的，可能存在着一对多的关系，这种关系也不是只有一种路径的涵盖关系，而可能会有多种路径或从属的关系。

（二）数据库管理系统（Database Management System）

DBMS 是位于用户与操作系统之间的一层数据管理软件，它属于系统软件，它为用户或应用程序提供访问数据库的方法。包括数据库的建立、查询、更新及各种数据控制。

数据库系统通常是指带有数据库的计算机系统，是一个实际可运行的、按照数据库方法存储、维护并向应用系统提供数据支持的系统，它是硬件系统、系统软件、数据库、数据库管理系统和数据库管理员（DBA）的集合。

（三）数据库三要素

1. 数据结构

数据结构用于描述数据库的静态特性，是所研究的对象类型的集合（数据定义），是对实体类型和实体间联系的表达和实现。

2. 数据操作

数据操作用于描述数据库的动态特性，是指对数据库中各种对象的实例允许执行的操作的集合（查询、插入、更新、删除）。

3. 完整性约束

数据的约束条件是一组完整性规则的集合。完整性规则是给定的数据及其联系所具有的制约和存储规则，用以限定数据库状态以及状态的变化，以保证数据的正确、有效和相容。

二、数据库分类

（一）模糊数据库

指能够处理模糊数据的数据库。一般的数据库都是以二直逻辑和精确的数据工具为基础的，不能表示许多模糊不清的事情。随着模糊数学理论体系的建立，人们可以用数量来描述模糊事件并能进行模糊运算。这样就可以把不完全性、不确定性、模糊性引入数据库系统中，从而形成模糊数据库。模糊数据库研究主要有两方面，首先是如何在数据库中存放模糊数据；其次是定义各种运算建立模糊数据上的函数。模糊数的表示主要有模糊区间数、模糊中心数、模糊集合数和隶属函数等。

（二）统计数据库

管理统计数据的数据库系统。这类数据库包含有大量的数据记录，但其目的是向用户提供各种统计汇总信息，而不是提供单个记录的信息。

（三）网状数据库

处理以记录类型为结点的网状数据模型的数据库。处理方法是将网状结构分解成若干棵二级树结构，称为系。系类型是二个或二个以上的记录类型之间联系的一种描述。在一个系类型中，有一个记录类型处于主导地位，称为系主记录类型，其他称为成员记录类型。系主和成员之间的联系是一对多的联系。网状数据库的代表是 DBTG 系统。1969 年美国的 CODASYL 组织提出了一份“DBTG 报告”，以后，根据 DBTG 报告实现的系统一般称为 DBTG 系统。现有的网状数据库系统大都是采用 DBTG 方案的。

DBTG 系统是典型的三级结构体系：子模式、模式、存储模式。相应的数据定义语言分别称为子模式定义语言 SSDDL，模式定义语言 SDDL，设备介质控制语言 DMCL。另外还有数据操纵语言 DML。

（四）演绎数据库

演绎数据库是指具有演绎推理能力的数据库。一般地，它用一个数据库管理系统和一个规则管理系统来实现。将推理用的事实数据存放在数据库中，称为外延数据库；用逻辑规则定义要导出的事实，称为内涵数据库。主要研究内容为，如何有效地计算逻辑规则推理。具体为：递归查询的优化、规则的一致性维护等。

（五）层次模型（hierarchical model）数据库

层次型数据库管理系统是紧随网状数据库而出现的。现实世界中很多事物是按层次组织起来的。层次数据模型的提出，首先是为了模拟这种按层次组织起来的事物。层次型数据库也是按记录来存取数据的。层次型数据模型中最基本的数据关系是基本层次关系，它代表两个记录型之间一对多的关系，也叫做双亲子女关系（PCR）。数据库中有且仅有一个记录型无双亲，称为根节点。其他记录型有且仅有一个双亲。在层次模型中从一个节点到其双亲的映射是惟一的，所以对每一个记录型（除根节点外）只需要指出它的双亲，就可以表示出层次模型的整体结构。层次模型是树状的。最著名最典型的层次型数据库系统是 IBM 公司的 IMS（Information Management System），这是 IBM 公司研制的最早的大型数据库系统程序产品。从 20 世纪 60 年代末产生起，如今已经发展到 IMSV6，提供群集、N 路数据共享、消息队列共享等先进特性的支持。这个具有 40 年历史的数据库产品在如今的 WWW 应用连接、商务智能应用中扮演着新的角色。

（六）关系模型（relational model）数据库

用表格形式结构表示实体类型以及实体间联系的模型称为关系模型。关系模型比较简单，容易为初学者接受。关系在用户看来是一个表格，记录是表中的行，属性是表中的列。现在流行的大型关系型数据库有 IBM DB2、IBM UDB、Oracle、SQL Server、SyBase、Informix 等。而它与前面两种最大区别在于，不是用指针而是用表格数据来实现实体之间的联系.

（七）面向对象模型（object-oriented model）

面向对象数据模型的核心概念：

（1）对象和对象标识（OID）：对象是现实世界中实体的模型化，与记录、元组的概念相似，但远比它们复杂。每一个对象都有一个惟一的标识，称为对象标识（OID）。对象标识 OID 不等于关系模式中的记录标识 RID 或元组标识 TID。OID 是独立值，全系统唯一的。

（2）封装（encapsulate）：每一个对象是状态（state）和行为（behavior）的封装。对象的状态是该对象属性的集合。对象的行为是在该对象状态上操作的方法（程序代码）的集合。被封装的状态和行为在对象外部是看不见的，只能通过显式定义的消息传递来访问。

（3）对象的属性（object attribute）：对象的属性描述对象的状态、组成和特性，对象的某个属性可以是单值或值的集合。对象的一个属性值本身在该属性看来也是一个对象。

（4）类和类层次（class and class hierarchy）

◆ 类：所有具有相同属性和方法的对象构成了一个对象类。任何一个对象都是某个对象类的一个实例（instance）。对象类中属性的定义域可以是任何类，包括：基本类整型，实型，字串等。一般类包含自身属性和方法类本身。

◆ 类层次：所有的类组成了一个有根有向无环图，称为类层次（结构）。一个类可以从直接/间接祖先（超类）中继承（inherit）所有的属性和方法，该类称为子类。

（5）继承（inherit）：子类可以从其超类中继承所有属性和方法。类继承要分为：单继承（即一个类只能有一个超类）和多重继承（即一个类可以有多个超类）。

三、SQL 中的五种数据类型

SQL 数据库属于关系型数据库，此类数据库应用最为广泛。

SQL 中的五种数据类型：字符型，文本型，数值型，逻辑型和日期型

（一）字符型（VARCHAR VS CHAR）

VARCHAR 型和 CHAR 型数据的这个差别是细微的，但是非常重要。他们都是用来储存字符串长度小于 255 的字符。

假如你向一个长度为四十个字符的 VARCHAR 型字段中输入数据 BIll Gates。当你以后从这个字段中取出此数据时，你取出的数据其长度为十个字符——字符串 Bill Gates 的长度。现在假如你把字符串输入一个长度为四十个字符的 CHAR 型字段中，那么当你取出数据时，所取出的数据长度将是四十个字符。字符串的后面会被附加多余的空格。

当你建立自己的站点时，你会发现使用 VARCHAR 型字段要比 CHAR 型字段方便得多。使用 VARCHAR 型字段时，你不需要为剪掉你数据中多余的空格而操心。

VARCHAR 型字段的另一个突出的好处是它可以比 CHAR 型字段占用更少的内存和硬盘空间。当你的数据库很大时，这种内存和磁盘空间的节省会变得非常重要

但是 VARCHAR 型字段在读取得效率上却比不上 CHAR，对于已经限定字符长度的字段来说用 CHAR 则优于 VARCHAR，因为可以获得更快得读取速度。例如日期字段固定格式为 yyyy-MM-dd 型得字段，固定长度是 10 了，那么用 CHAR 则读取速度会更快。

（二）文本型（TEXT）

使用文本型数据，你可以存放超过二十亿个字符的字符串。当你需要存储大串的字符时，应该使用文本型数据。

注意文本型数据没有长度，而上一节中所讲的字符型数据是有长度的。一个文本型字段中的数据通常要么为空，要么很大。

当你从 HTML FORM 的多行文本编辑框（TEXTAREA）中收集数据时，你应该把收集的信息存储于文本型字段中。但是，无论何时，只要你能避免使用文本型字段，你就应该不适用它。文本型字段既大且慢，滥用文本型字段会使服务器速度变慢。文本型字段还会吃掉大量的磁盘空间。

一旦你向文本型字段中输入了任何数据（甚至是空值），就会有 2K 的空间被自动

分配给该数据。除非删除该记录，否则你无法收回这部分存储空间。

（三）数值型（NUMERIC）

SQL支持许多种不同的数值型数据。你可以存储整数INT、小数NUMERIC、和钱数MONEY。

INT VS SMALLINT VS TINYINT 他们的区别只是字符长度：

INT型数据的表数范围是从–2 147 483 647到2 147 483 647的整数

SMALLINT型数据可以存储从–32 768到32 768的整数

TINYINT型的字段只能存储从0到255的整数,不能用来储存负数

通常，为了节省空间，应该尽可能使用最小的整型数据。一个TINYINT型数据只占用一个字节;一个INT型数据占用四个字节。这看起来似乎差别不大，但是在比较大的表中，字节数的增长是很快的。另一方面，一旦你已经创建了一个字段，要修改它是很困难的。因此，为安全起见，你应该预测一下，一个字段所需要存储的数值最大有可能是多大，然后选择适当的数据类型。

为了能对字段所存放的数据有更多的控制，你可以使用NUMERIC型数据来同时表示一个数的整数部分和小数部分。NUMERIC型数据使你能表示非常大的数——比INT型数据要大得多。一个NUMERIC型字段可以存储从–1 038到1 038范围内的数。NUMERIC型数据还使你能表示有小数部分的数，例如，你可以在NUMERIC型字段中存储小数3.14。

当定义一个NUMERIC型字段时，你需要同时指定整数部分的大小和小数部分的大小，如：NUMERIC（23,0）。

一个NUMERIC型数据的整数部分最大只能有28位，小数部分的位数必须小于或等于整数部分的位数，小数部分可以是零。

MONEY VS SMALLMONEY

你可以使用INT型或NUMERIC型数据来存储钱数。但是，专门有另外两种数据类型用于此目的。如果你希望你的网点能挣很多钱，你可以使用MONEY型数据。如果你的野心不大，你可以使用SMALLMONEY型数据。MONEY型数据可以存储从–922 337 203 685 477.580 8到922 337 203 685 477.580 7的钱数。如果你需要存储比这还大的金额，你可以使用NUMERIC型数据。

SMALLMONEY型数据只能存储从-214 748.364 8到214 748.364 7的钱数。同样，如果可以的话，你应该用SMALLMONEY型来代替MONEY型数据，以节省空间。

（四）逻辑型（BIT）

如果你使用复选框（CHECKBOX）从网页中搜集信息，你可以把此信息存储在BIT型字段中。BIT型字段只能取两个值：0或1。

当心，在你创建好一个表之后，你不能向表中添加BIT型字段。如果你打算在一个表中包含BIT型字段，你必须在创建表时完成。

（五）日期型（DATETIME VS SMALLDATETIME）

一个DATETIME型的字段可以存储的日期范围是从1753年1月1日第一毫秒到9999年12月31日最后一毫秒。

如果你不需要覆盖这么大范围的日期和时间，你可以使用 SMALLDATETIME 型数据。它与 DATETIME 型数据同样使用，只不过它能表示的日期和时间范围比 DATETIME 型数据小，而且不如 DATETIME 型数据精确。一个 SMALLDATETIME 型的字段能够存储从 1900 年 1 月 1 日到 2079 年 6 月 6 日的日期，它只能精确到秒。

DATETIME 型字段在你输入日期和时间之前并不包含实际的数据，认识这一点是重要的。

四、SQL 常用语句

SQL Server 2000 中的 SQL 语言是 Transact-SQL 语言。Transact-SQL 语言主要组成部分有一下几种：

数据定义语言（DDL，Data Definition Language）；

数据操纵语言（DML，Data Manipularion Language）；

数据控制语言（DCL，Data Control Language）；

系统存储过程（System Stored Procedure）；

其他语言元素。

（一）数据定义语言（DDL）

数据定义语言是指用来定义和管理数据库以及数据库中的各种对象的语句，这些语句包括 CREATE、ALTER 和 DROP 等语句。在 SQL Server 2000 中，数据库对象包括表、视图、触发器、存储过程、规则、缺省、用户自定义的数据类型等。这些对象的创建、修改和删除等都可以通过使用 CREATE、ALTER、DROP 等语句来完成。

创建数据库表的一个例子：

```
CREATE TABLE publishers
(
 pub_id char(4) NOT NULL
 CONSTRAINT UPKCL_pubind PRIMARY KEY CLUSTERED
 CHECK (pub_id IN ('1389', '0736', '0877', '1622', '1756')
 OR pub_id LIKE '99[0-9][0-9]'),
 pub_name varchar(40) NULL,
 city varchar(20) NULL,
 state char(2) NULL,
 country varchar(30) NULL
 DEFAULT('USA')
)
```

删除触发器的一个例子：

```
/*下面的例子将删除触发器 employee_insupd。
*/
USE pubs
IF EXISTS (SELECT name FROM sysobjects
 WHERE name = 'employee_insupd' AND type = 'TR')
 DROP TRIGGER employee_insupd
GO
```

（二）数据操纵语言（DML）

数据操纵语言是指用来查询、添加、修改和删除数据库中数据的语句，这些语句包括 SELECT、INSERT、UPDATE、DELETE 等。在默认情况下，只有 sysadmin、dbcreator、db_owner 或 db_datawriter 等角色的成员才有权力执行数据操纵语言。

1. SELECT 语句

SELECT 语句的语法形式如下：

SELECT select_list [INTO new_table] FROM table_source [WHERE search_condition] [GROUP BY group_by_expression] [HAVING search_condition] [ORDER BY order_expression [ASC | DESC]]

[COMPUTE clause]

[FOR BROWSE]

2. 几种常用语句的用法

（1）SELECT 子句用于指定所选择的要查询的特定表中的列，它可以是星号（*）、表达式、列表、变量等。

SELECT 子句的语法形式如下所示：

```
SELECT [ ALL | DISTINCT ][ TOP n [ PERCENT ] [ WITH TIES ] ]< select_list >
< select_list > ::=
{* | { table_name | view_name | table_alias }.*| { column_name | expression | IDENTITYCOL | ROWGUIDCOL }[ [ AS ] column_alias ]| column_alias = expression}[ ,...n ]
```

显示居住在加利福尼亚州且姓名不为 McBadden 的作者列。

```
USE pubs
SELECT au_fname, au_lname, phone AS Telephone
FROM authors
WHERE state = 'CA' and au_lname <> 'McBadden'
ORDER BY au_lname ASC, au_fname ASC
```

使用两个相关子查询查找作者姓名，这些作者至少参与过一本受欢迎的计算机书籍的创作。

```
USE pubs
```

```
SELECT au_lname, au_fname
FROM authors
WHERE au_id IN
(SELECT au_id
FROM titleauthor
WHERE title_id IN
(SELECT title_id
FROM titles
WHERE type = 'popular_comp'))
```

显示含有本年度截止到现在的当前销售额的行，然后按 type 以递减顺序计算书籍的平均价格和预付款总额

```
USE pubs
SELECT CAST(title AS char(20)) AS title, type, price, advance
FROM titles
WHERE ytd_sales IS NOT NULL
ORDER BY type DESC
COMPUTE AVG(price), SUM(advance) BY type
COMPUTE SUM(price), SUM(advance)
```

先删除表 T1，然后又创建一个带有四个列的表 T1。最后利用 INSERT 语句插入一些数据行，这些行只有部分列包含值。

```
IF EXISTS(SELECT TABLE_NAME FROM INFORMATION_SCHEMA.TABLES
WHERE TABLE_NAME = 'T1')
DROP TABLE T1
GO
CREATE TABLE T1
( column_1 int identity,
column_2 varchar(30)
CONSTRAINT default_name DEFAULT ('column default'),
column_3 int NULL,
column_4 varchar(40)
)
INSERT INTO T1 (column_4)
VALUES ('Explicit value')
INSERT INTO T1 (column_2,column_4)
VALUES ('Explicit value', 'Explicit value')
INSERT INTO T1 (column_2,column_3,column_4)
VALUES ('Explicit value',-44,'Explicit value')
SELECT *
```

```
FROM T1
```

一个简单的修改语句

```
UPDATE publishers
SET city = 'Atlanta', state = 'GA'
```

一个带有WHERE条件的修改语句

```
UPDATE authors
SET state = 'PC', city = 'Bay City'
WHERE state = 'CA' AND city = 'Oakland'
```

通过UPDATE语句使用来自另一个表的信息,其修改表titles中的ytd_sales列,以反映表sales中的最新销售记录。

```
UPDATE titles
SET ytd_sales = titles.ytd_sales + sales.qty
FROM titles, sales
WHERE titles.title_id = sales.title_id
AND sales.ord_date = (SELECT MAX(sales.ord_date) FROM sales)
```

（2）INTO子句用于指定所要生成的新表的名称。

（3）FROM子句用于指定要查询的表或者视图，最多可以指定16个表或者视图，用逗号相互隔开。

（4）WHERE子句用来限定查询的范围和条件。

（5）GROUP BY子句是分组查询子句。

（6）HAVING子句用于指定分组子句的条件。GROUP BY子句、HAVING子句和集合函数一起可以实现对每个组生成一行和一个汇总值。

（7）ORDER BY子句可以根据一个列或者多个列来排序查询结果，在该子句中，既可以使用列名，也可以使用相对列号。

（8）ASC表示升序排列，DESC表示降序排列。

（9）COMPUTE子句使用集合函数在查询的结果集中生成汇总行。

（10）COMPUTE BY子句用于增加各列汇总行。

（三）数据控制语言（DCL）

数据控制语言（DCL）是用来设置或者更改数据库用户或角色权限的语句，这些语句包括GRANT、DENY、REVOKE等语句，在默认状态下，只有sysadmin、dbcreator、db_owner或db_securityadmin等角色的成员才有权力执行数据控制语言。

1. GRANT语句

GRANT语句是授权语句，它可以把语句权限或者对象权限授予给其他用户和角色。

授予语句权限的语法形式为：

```
GRANT {ALL | statement[,...n]} TO security_account [ ,...n ]
```

授予对象权限的语法形式为：

```
GRANT { ALL [ PRIVILEGES ] | permission [ ,...n ] }{[ ( column [ ,...n ]) ]
```

```
ON { table | view }| ON { table | view } [ ( column [ ,...n ]) ]| ON
{ stored_procedure | extended_procedure }| ON { user_defined_function } } TO
security_account [ ,...n ] [ WITH GRANT OPTION ] [ AS { group | role } ]
```

2. DENY 语句

DENY 语句用于拒绝给当前数据库内的用户或者角色授予权限，并防止用户或角色通过其组或角色成员继承权限。

否定语句权限的语法形式为：

```
DENY { ALL | statement [ ,...n ] } TO security_account [ ,...n ]
```

否定对象权限的语法形式为：

```
DENY { ALL [ PRIVILEGES ] | permission [ ,...n ] } { [ ( column
[ ,...n ]) ] ON { table | view } | ON { table | view } [ ( column
[ ,...n ]) ] | ON { stored_procedure | extended_procedure } | ON
{ user_defined_function } } TO security_account [ ,...n ] [ CASCADE ]
```

3. REVOKE 语句

REVOKE 语句是与 GRANT 语句相反的语句，它能够将以前在当前数据库内的用户或者角色上授予或拒绝的权限删除，但是该语句并不影响用户或者角色从其他角色中作为成员继承过来的权限。

收回语句权限的语法形式为：

```
REVOKE { ALL | statement [ ,...n ] } FROM security_account [ ,...n ]
```

收回对象权限的语法形式为：

```
REVOKE [ GRANT OPTION FOR ] { ALL [ PRIVILEGES ] | permission
[ ,...n ] } { [ ( column [ ,...n ]) ] ON { table | view } | ON { table |
view } [ ( column [ ,...n ]) ] | ON { stored_procedure |
extended_procedure } | ON { user_defined_function } } { TO | FROM }
security_account [ ,...n ] [ CASCADE ] [ AS { group | role } ]
```

（四）系统存储过程

系统存储过程是 SQL Server 系统创建的存储过程，它的目的在于能够方便地从系统表中查询信息，或者完成与更新数据库表相关的管理任务或其他的系统管理任务。系统存储过程可以在任意一个数据库中执行。系统存储过程创建并存放于系统数据库 master 中，并且名称以 sp_或者 xp_开头。

系统存储过程的部分示例如下：

sp_addtype：用于定义一个用户定义数据类型。

sp_configure：用于管理服务器配置选项设置。

xp_sendmail：用于发送电子邮件或寻呼信息。

sp_stored_procedures：用于返回当前数据库中的存储过程的清单。

sp_help：用于显示参数清单和其数据类型。

sp_depends：用于显示存储过程依据的对象或者依据存储过程的对象。

sp_helptext：用于显示存储过程的定义文本。

sp_rename：用于修改当前数据库中用户对象的名称。

（五）其他语言元素

1. 注释

注释是程序代码中不执行的文本字符串（也称为注解）。在 SQL Server 中，可以使用两种类型的注释字符：一种是 ANSI 标准的注释符“--”，它用于单行注释；另一种是与C语言相同的程序注释符号，即“/* */”。

2. 变量

变量是一种语言中必不可少的组成部分。Transact-SQL 语言中有两种形式的变量，一种是用户自己定义的局部变量，另外一种是系统提供的全局变量。

3. 局部变量

局部变量是一个能够拥有特定数据类型的对象，它的作用范围仅限制在程序内部。局部变量可以作为计数器来计算循环执行的次数，或是控制循环执行的次数。另外，利用局部变量还可以保存数据值，以供控制流语句测试以及保存由存储过程返回的数据值等。局部变量被引用时要在其名称前加上标志“@”，而且必须先用 DECLARE 命令定义后才可以使用。

4. 全局变量

全局变量是 SQL Server 系统内部使用的变量，其作用范围并不仅仅局限于某一程序，而是任何程序均可以随时调用。全局变量通常存储一些 SQL Server 的配置设定值和统计数据。用户可以在程序中用全局变量来测试系统的设定值或者是 Transact-SQL 命令执行后的状态值。

使用全局变量时应该注意以下几点：

（1）全局变量不是由用户的程序定义的，它们是在服务器级定义的。

（2）用户只能使用预先定义的全局变量。

（3）引用全局变量时，必须以标记符“@@”开头。

（4）局部变量的名称不能与全局变量的名称相同，否则会在应用程序中出现不可预测的结果。

5. 运算符

运算符是一些符号，它们能够用来执行算术运算、字符串连接、赋值以及在字段、常量和变量之间进行比较。在 SQL Server 2000 中，运算符主要有以下六大类：算术运算符、赋值运算符、位运算符、比较运算符、逻辑运算符以及字符串串联运算符。

6. 算术运算符

算术运算符可以在两个表达式上执行数学运算，这两个表达式可以是数字数据类型分类的任何数据类型。算术运算符包括加（+）、减（–）、乘（*）、除（/）和取模（%）。

7. 赋值运算符

Transact-SQL 中只有一个赋值运算符，即等号（=）。赋值运算符使我们能够将数据值指派给特定的对象。另外，还可以使用赋值运算符在列标题和为列定义值的表达式之间建立关系。

8. 位运算符

位运算符使我们能够在整型数据或者二进制数据（image 数据类型除外）之间执行位操作。此外，在位运算符左右两侧的操作数不能同时是二进制数据。

9. 比较运算符

比较运算符用于比较两个表达式的大小或是否相同，其比较的结果是布尔值，即TR（表示表达式的结果为真）、FALSE（表示表达式的结果为假）以及 UNKNOWN。除了 text、ntext 或 image 数据类型的表达式外，比较运算符可以用于所有的表达式。

10. 逻辑运算符

逻辑运算符可以把多个逻辑表达式连接起来。逻辑运算符包括 AND、OR 和 NOT 等运算符。逻辑运算符和比较运算符一样，返回带有 TRUE 或 FALSE 值的布尔数据类型。

11. 字符串串联运算符

字符串串联运算符允许通过加号（+）进行字符串串联，这个加号即被称为字符串串联运算符。例如对于语句 SELECT 'abc'+'def'，其结果为 abcdef。

运算符的优先等级从高到低如下：

括号：();

乘、除、求模运算符：*、/、%;

加减运算符：+、-；

比较运算符：=、>、<、>=、<=、<>、!=、!>、!<;

位运算符：^、&、|;

逻辑运算符：NOT、AND、OR。

12. 函数

在 Transact-SQL 语言中，函数被用来执行一些特殊的运算以支持 SQL Server 的标准命令。Transact-SQL 编程语言提供了三种函数：

（1）行集函数可以在 Transact-SQL 语句中当作表引用。

（2）聚合函数用于对一组值执行计算并返回一个单一的值。

（3）标量函数用于对传递给它的一个或者多个参数值进行处理和计算，并返回一个单一的值。

（六）SQL Server 中最常用的几种函数

1. 字符串函数

字符串函数可以对二进制数据、字符串和表达式执行不同的运算，大多数字符串函数只能用于 char 和 varchar 数据类型以及明确转换成 char 和 varchar 的数据类型，少数几个字符串函数也可以用于 binary 和 varbinary 数据类型。此外，某些字符串函数还能够处理 text、ntext、image 数据类型的数据。

2. 字符串函数的分类

基本字符串函数：UPPER、LOWER、SPACE、REPLICATE、STUFF、REVERSE、LTRIM、RTRIM。

字符串查找函数：CHARINDEX、PATINDEX。

长度和分析函数：DATALENGTH、SUBSTRING、RIGHT。

转换函数：ASCH、CHAR、STR、SOUNDEX、DIFFERENCE。

日期和时间函数

日期和时间函数用于对日期和时间数据进行各种不同的处理和运算，并返回一个字符串、数字值或日期和时间值。

3. 数学函数

数学函数用于对数字表达式进行数学运算并返回运算结果。数学函数可以对 SQL Server 提供的数字数据（decimal、integer、float、real、money、smallmoney、smallint 和 tinyint）进行处理。

4. 转换函数

一般情况下，SQL Server 会自动处理某些数据类型的转换。例如，如果比较 char 和 datetime 表达式、smallint 和 int 表达式、或不同长度的 char 表达式，SQL Server 可以将它们自动转换，这种转换被称为隐性转换。但是，无法由 SQL Server 自动转换的或者是 SQL Server 自动转换的结果不符合预期结果的，就需要使用转换函数做显示转换。转换函数有两个：CONVERT 和 CAST。

5. 系统函数

系统函数用于返回有关 SQL Server 系统、用户、数据库和数据库对象的信息。系统函数可以让用户在得到信息后，使用条件语句，根据返回的信息进行不同的操作。与其它函数一样，可以在 SELECT 语句的 SELECT 和 WHERE 子句以及表达式中使用系统函数。

6. 聚合函数

聚合函数可以返回整个或者几个列或者一个列的汇总数据，它常用来计算 SELECT 语句查询的统计值。聚合函数经常与 SELECT 语句的 GROUP BY 子句一同使用。

（七）流程控制语句

流程控制语句是指那些用来控制程序执行和流程分支的命令，在 SQL Server 2000 中，流程控制语句主要用来控制 SQL 语句、语句块或者存储过程的执行流程。

1. IF...ELSE 语句

IF...ELSE 语句是条件判断语句，其中，ELSE 子句是可选的，最简单的 IF 语句没有 ELSE 子句部分。IF...ELSE 语句用来判断当某一条件成立时执行某段程序，条件不成立时执行另一段程序。SQL Server 允许嵌套使用 IF...ELSE 语句，而且嵌套层数没有限制。

IF...ELSE 语句的语法形式

```
IF Boolean_expression { sql_statement | statement_block } [ ELSE
{ sql_statement | statement_block } ]
```

2. BEGIN...END 语句

BEGIN...END 语句能够将多个 Transact-SQL 语句组合成一个语句块，并将它们视为一个单元处理。在条件语句和循环等控制流程语句中，当符合特定条件便要执行两个或者多个语句时，就需要使用 BEGIN...END 语句，其语法形式为：

```
BEGIN { sql_statement | statement_block } END
```

3. CASE 函数

CASE 函数可以计算多个条件式，并将其中一个符合条件的结果表达式返回。CASE 函数按照使用形式的不同，可以分为简单 CASE 函数和搜索 CASE 函数。

CASE 函数的语法形式

```
CASE input_expressionWHEN when_expression THEN result_expression
[ ...n ][ELSE else_result_expressionEND
```

搜索 CASE 函数的语法形式

```
CASE WHEN Boolean_expression THEN result_expression [ ...n ] [ ELSE
else_result_expression END
```

4. WHILE...CONTINUE...BREAK 语句

WHILE...CONTINUE...BREAK 语句用于设置重复执行 SQL 语句或语句块的条件。只要指定的条件为真，就重复执行语句。其中，CONTINUE 语句可以使程序跳过 CONTINUE 语句后面的语句，回到 WHILE 循环的第一行命令。BREAK 语句则使程序完全跳出循环，结束 WHILE 语句的执行。

结束 WHILE 语句的语法形式为：

```
WHILE Boolean_expression { sql_statement | statement_block }[ BREAK ]
{ sql_statement | statement_block } [ CONTINUE ]
```

5. GOTO 语句

GOTO 语句可以使程序直接跳到指定的标有标识符的位置处继续执行，而位于 GOTO 语句和标识符之间的程序将不会被执行。GOTO 语句和标识符可以用在语句块、批处理和存储过程中，标识符可以为数字与字符的组合，但必须以"："结尾。

GOTO 语句的语法形式

```
GOTO label
......
label:
```

程序清单 2-50：利用 GOTO 语句求出从 1 加到 5 的总和。

```
declare @sum int, @count int
select @sum=0, @count=1
label_1:
select @sum=@sum+@count
select @count=@count+1
if @count<=5
goto label_1
select @count @sum
```

6. WAITFOR 语句

WAITFOR 语句用于暂时停止执行 SQL 语句、语句块或者存储过程等，直到所设定的时间已过或者所设定的时间已到才继续执行。WAITFOR 语句的语法形式为：

```
WAITFOR { DELAY 'time' | TIME 'time' }
```

其中，DELAY 用于指定时间间隔，TIME 用于指定某一时刻，其数据类型为 datetime，格式为‘hh:mm:ss’。

7. RETURN 语句

RETURN 语句用于无条件地终止一个查询、存储过程或者批处理，此时位于 RETURN 语句之后的程序将不会被执行。RETURN 语句的语法形式为：

```
RETURN [ integer_expression ]
```

其中，参数 integer_expression 为返回的整型值。存储过程可以给调用过程或应用程序返回整型值。

五、根据任务要求进行配置调试 SQL 数据库操作

六、数据表的建立或导入现成的数据（可用 SQL、Access、Excel 等但能导入 SQL）

（注：操作可根据前面的有关知识进行，可由授课老师进行具体安排。）

任务评价

一、评价方法

个人评价，小组评价、教师评价结合使用。了解数据库的结构，正确的登录数据库。检查数据库的安装情况，对数据库能够进行正确的配置，进行安全登录。

二、评价指标

表 3-2　　任务完成情况评价表

评　价　指　标	学生自我评价		小组评价		他人/教师评价	
	合格	不合格	合格	不合格	合格	不合格
安装 SQL2000						
数据库登录						
数据库制表						
数据库配置						
相关知识的扩展掌握情况						

课后练习

一、思考题

1. Access 与 SQL 两种数据库的不同？
2. Excel 是否能导入 SQL 数据库？

二、实训题

建立 SQL 数据库，并在电脑上对 SQL 2000 数据库、IIS 6.0 的有关参数进行配置，然后对系统重新配置。

任务三 Web 系统与数据库的互联

任务要求

数据库的登录和配置。了解数据库连接的接口方式，使用方法。根据数据库的类型，运用不同的数据库。在设计好的页面添加语句，与数据库进行连接。使用 ASP 能够对数据库进行查询、添加数据、修改库结构。使用服务器/浏览器模式使我们能通过网页，修改数据库。

常用数据库和 web 的页面链接。不同的数据库连接的方法也不同：SQL 系统的连接，注意这是一个能够提供服务的数据库，连接时插入 asp 编辑页面达到连接的目的；其他数据库的连接，SQL 语句支持的链接。

任务实施

一、Web 系统与数据库的链接前的准备

首先完成 SQL 数据库的设置操作，步骤如下：

（1）SQL 数据库的建立：当安装好 SQL 后，下一步应该对软件正常使用前的配置和调试。首先我们启动 SQL server 2000 数据库，并打开企业管理器连接我们使用的数据库并找到数据库选项。

在“数据库”选项上面点击鼠标右键选择新建数据库属性（如图 3-49 所示）。建立数据库时可以在数据文件，和事件日志中设置数据文件的物理存放位置。

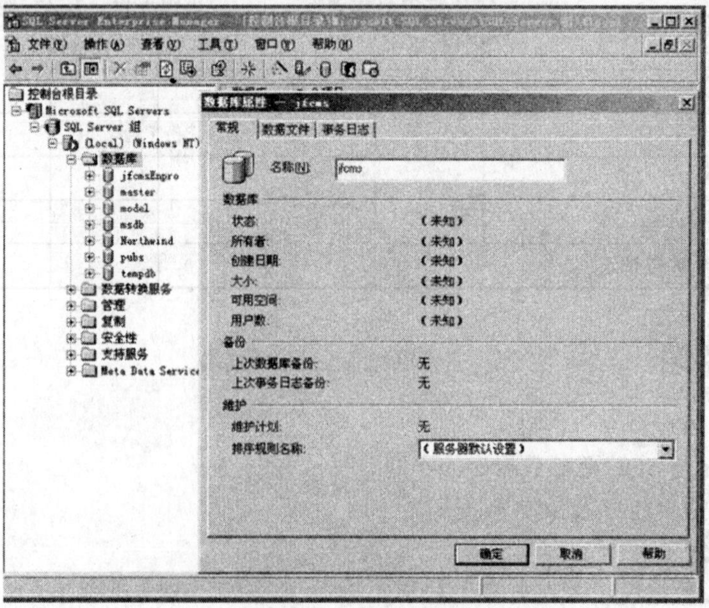

图 3-49 数据库设置

（2）在打开的企业管理器中，选中左侧“数据库”目录中的新建数据库（jfcms），选择“工具/SQL 查询分析器”菜单选项，执行 SQL 脚本，如图 3-50 所示。

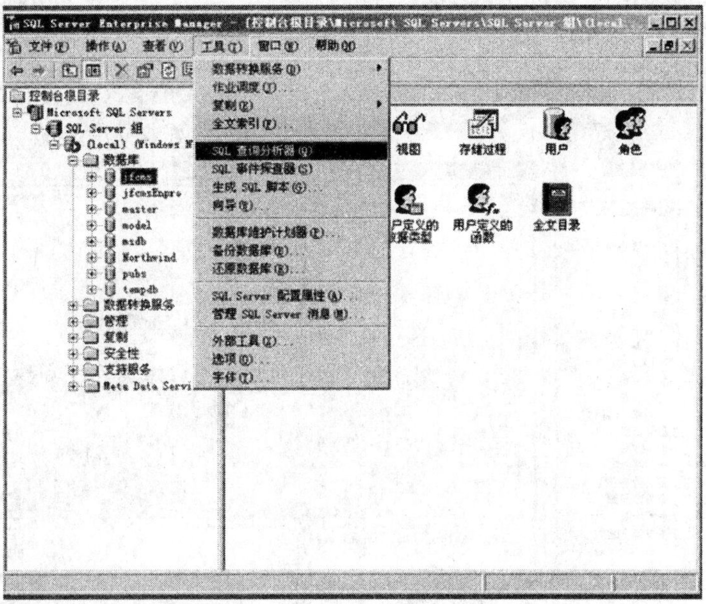

图 3-50 数据库工具菜单

（3）打开查询分析器后，选中要操作的表，选择“文件/打开”，查找 SQL 脚本位置，如图 3-51 所示。

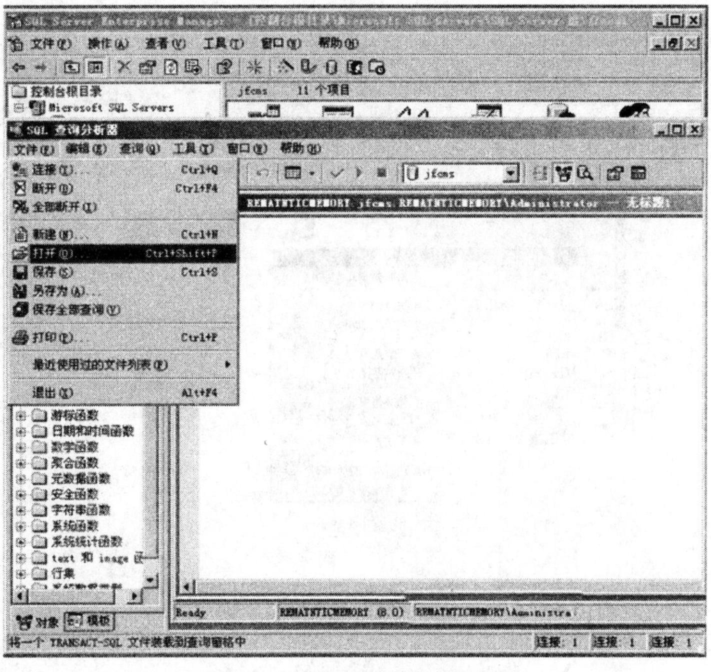

图 3-51 打开引进脚本代码

（4）引进脚本代码，执行查询操作即可以完成，如图 3-52 所示。

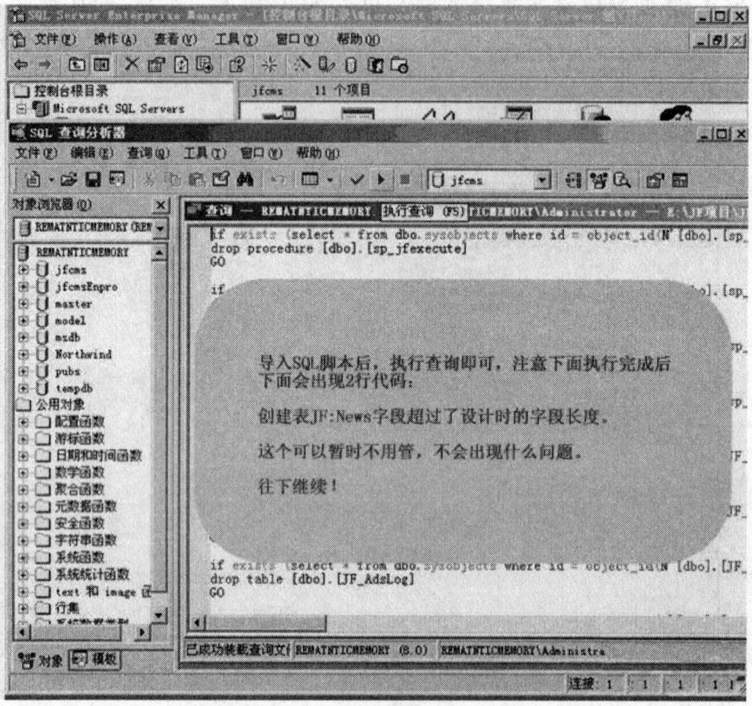

图 3-52 数据库查询分析器

（5）接下来就是导入.mdb 数据库文件，如图 3-53 所示。

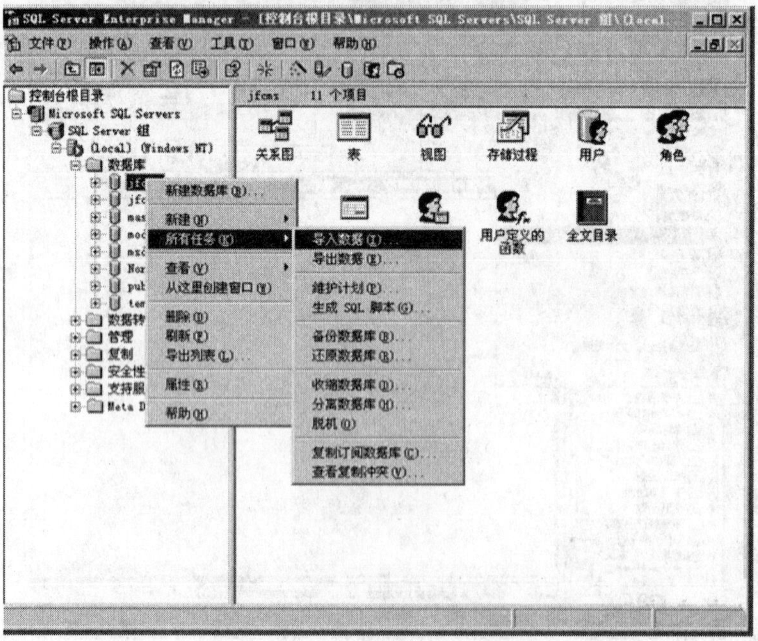

图 3-53 导入数据转换数据库

（6）选择 DTS 数据导入源（Data Transformation Service）：如图 3-54 所示。DTS 在 SQL 中也叫数据转换服务。

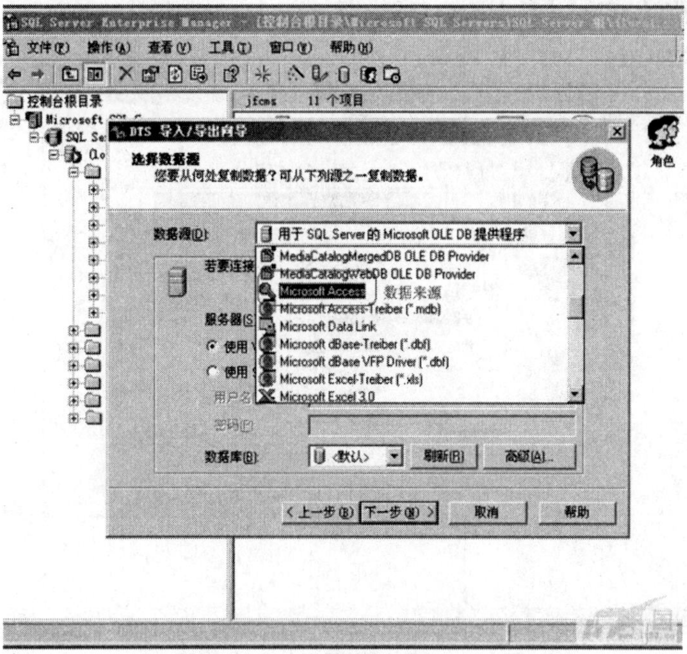

图 3-54 导入数据的数据源窗口

（7）进行数据文件源选择，如图 3-55 所示。

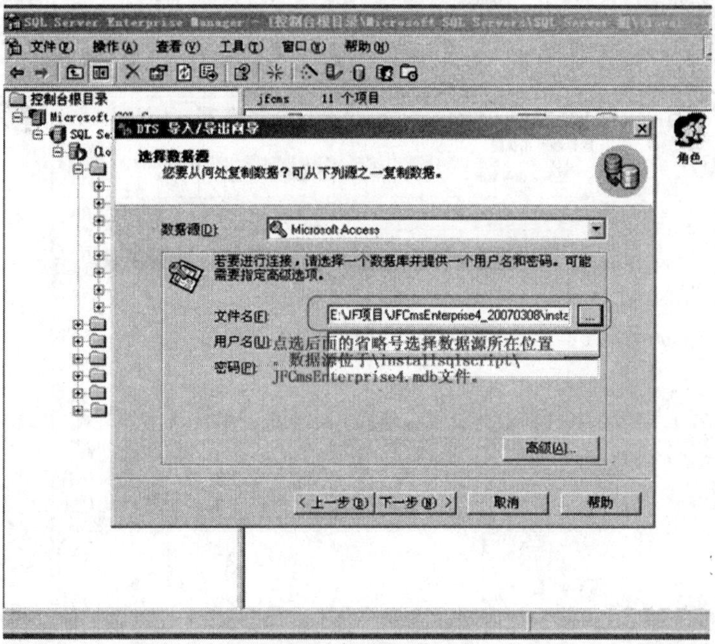

图 3-55 选择数据源

（8）选择 DTS 数据目的地，如图 3-56 所示。

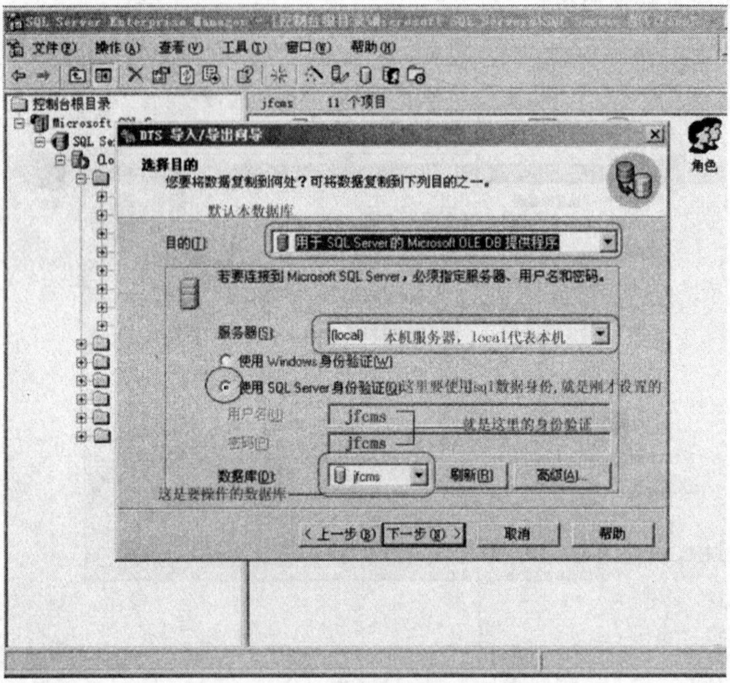

图 3-56　导入数据库的认定单元

（9）选择可操作性数据源表和视图，如图 3-57 所示。

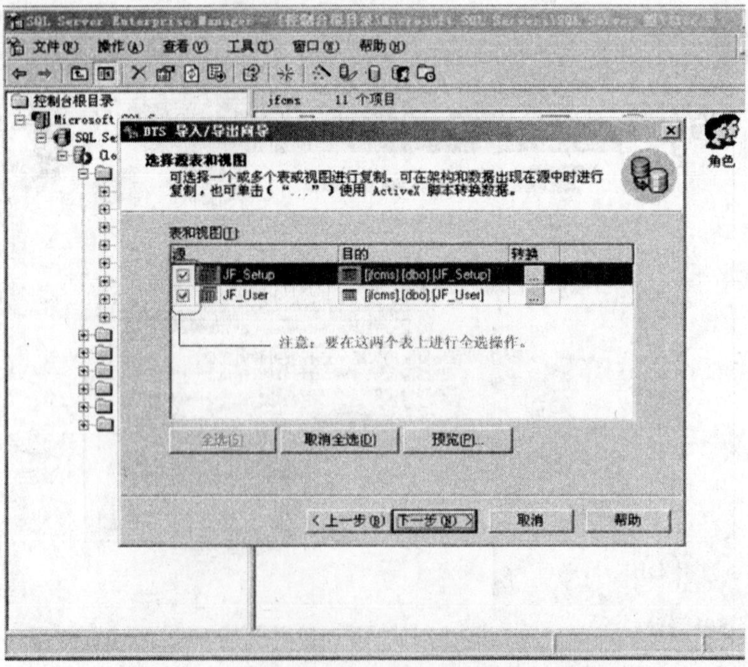

图 3-57　可以导入导出并操作的数据源表或图

（10）进行登陆数据库设置，如图 3-58 所示。

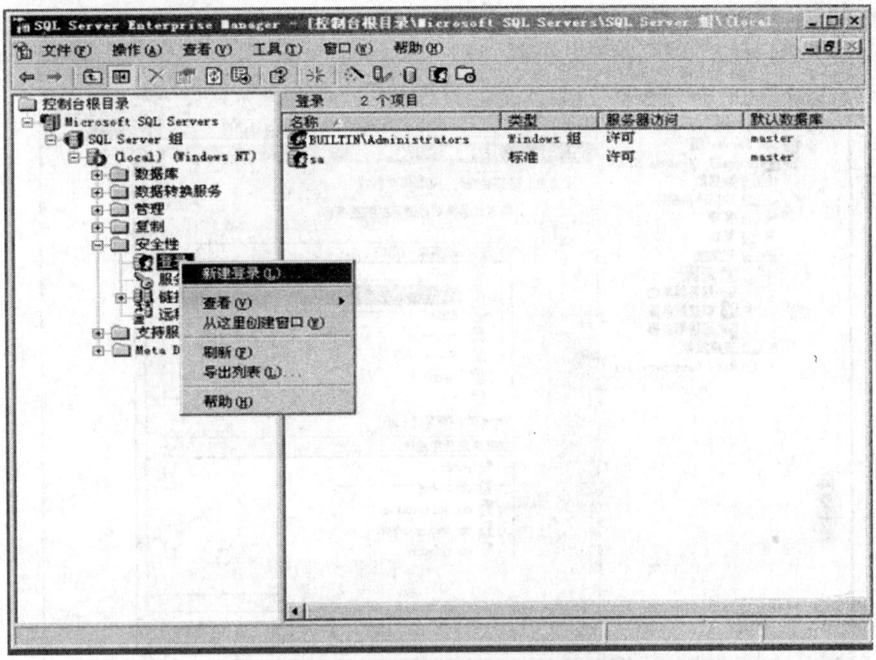

图 3-58 新建登录数据库的用户

（11）数据库执行的身份验证，新用户要建立相应的登录内容，如图 3-59 所示。

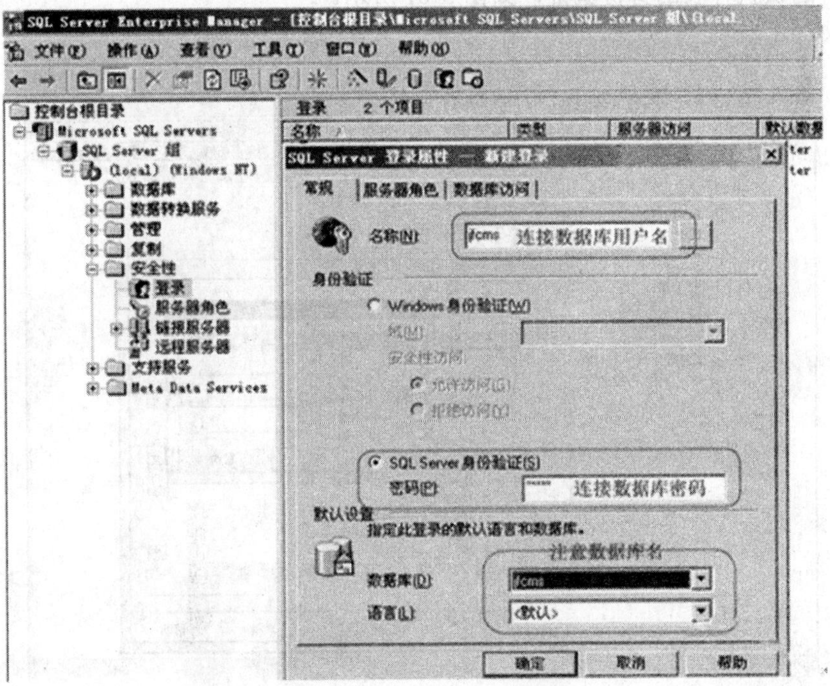

图 3-59 登录属性的身份验证

（12）可操作性表的属性设置，如图 3-60 所示。

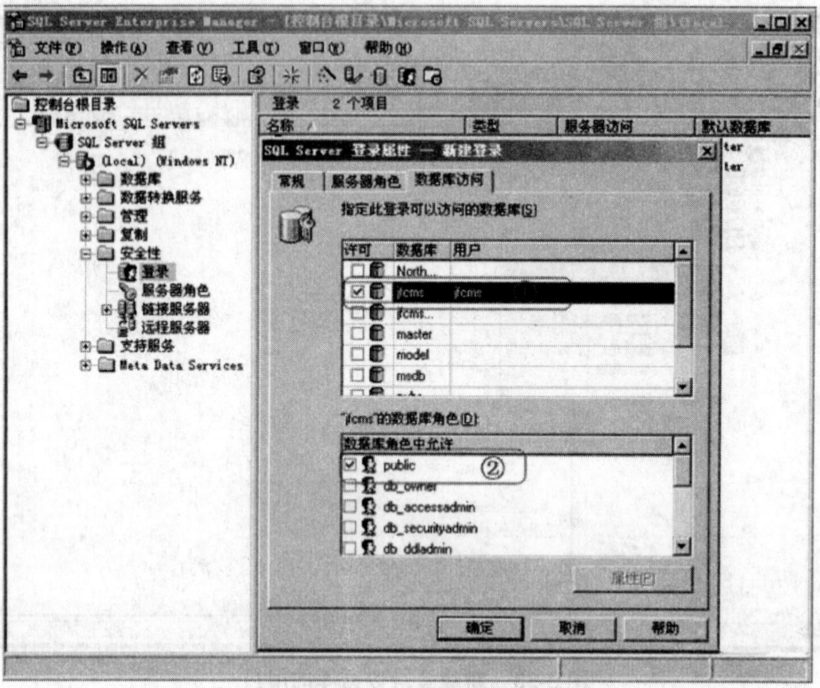

图 3-60　登录用户的角色（用户属性）

（13）确认执行表的身份验证，如图 3-61 所示。

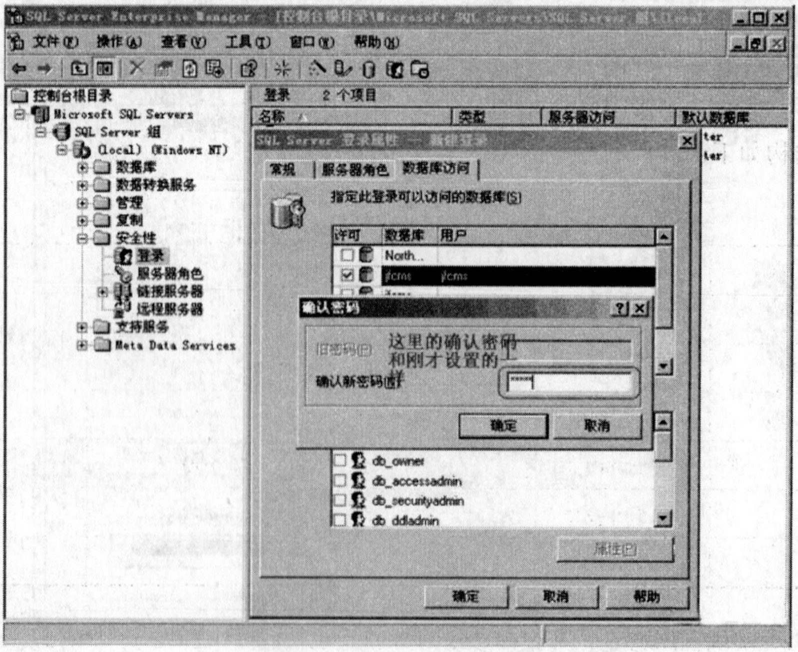

图 3-61　身份验证对话框

（14）最后就是应用程序的配置 webconfig 设置，如图 3-62 所示。

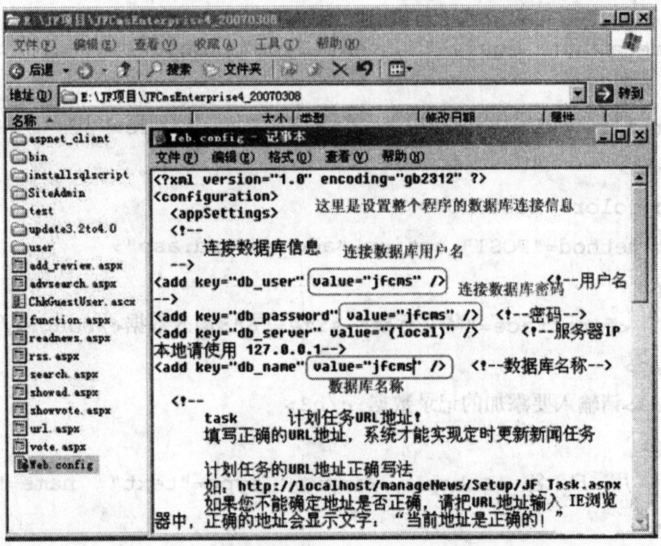

图 3-62　联接数据库的应用程序配置文件

以上就是整个 SQL 版的数据库操作流程。

二、基于 Web 系统与数据库的链接操作步骤

- 启动服务管理器中的 SQL SERVER 服务，启动 SQL 查询分析器；
- 选择 SQL　SERVER 后，按确认；
- 在 D 盘下建立子文件夹 example，并将下面的文件都建立到该文件中；
- 启动控制面板中的 IIS，并将网站默认路径设为：d:\example

（1）在企业管理器中建立数据库 TJRF，并在该数据库中建立商业用户信息表 user，表结构如下：

表 3-3　　用户表的结构

页面名称	字段名	数据类型	长度	允许空
地址	Id	bigint	8	
用户名	Username	varchar	20	√
密码	Password	varchar	20	√
邮箱	Email	varchar	50	√
简历	Resume	varchar	1 000	√
电话	Phone	varchar	20	√

（2）编程实现在浏览器中向 user 表中添加新记录功能的 HTML 文件 add_record.htm，代码如下：

```
<html>
<head>
    <meta http-equiv="Content-Type" content="text/html; charset=
gb2312">
    <title>基础模块"添加记录"之"输入数据"</title>
  </head>
<body bgcolor="#C0C0C0">
  <form method="POST" action="add_record.asp">
    <p>
      <font face="华文行楷" size="6">输入数据</font></h1>
    </p>
    <h3>请输入要添加的记录数据:</h3>
    <p>
      用 户 名 :  <input type="text" name="txtUserName"
size="20">
    </p>
    <p>
    密 码 :    <input type="password" name=
  "txtPassword" size="20">
    </p>
    <p>
      电子邮箱:<input type="text" name="txtEmail" size="20">
    </p>
    <p>
      电话:    <input type="text" name="txtPhone"
size="20">
    </p>
    <p>简历:</p>
    <p>
      <textarea rows="4" name="txtResume" cols="30"></textarea>
    </p>
    <p>
      <input type="submit" value="添加记录" ><input type="reset"
value="全部重填">
    </p>
  </form>

</body>

</html>
```

（3）在建立实现连接数据库中，向数据库添加数据的 ASP 文件 add_record.asp，代码如下：

```
<% Option Explicit %>
<%
    '建立一个到数据源的连接
Dim strDSN
Dim connTJRF
strDSN="Provider=MSDASQL;DRIVER={SQL
Server};SERVER=127.0.0.1;DATABASE=TJRF;UID=chen;PWD=123"
Set connTJRF = Server.CreateObject("ADODB.Connection")
connTJRF.Open strDSN

    '建立记录集,存放查询结果
Dim rsUsers
Dim strSqlSelectUsers

Set rsUsers = Server.CreateObject("ADODB.Recordset")
strSqlSelectUsers="SELECT * FROM users"
rsUsers.Open strSqlSelectUsers, connTJRF,1,3

    '接受表单输入数据,写入数据库表
rsUsers.AddNew
rsUsers("username")=Request.Form("txtUserName")
rsUsers("password")=Request.Form("txtPassword")
rsUsers("email")=Request.Form("txtEmail")
rsUsers("phone")=Request.Form("txtPhone")
rsUsers("resume")=Request.Form("txtResume")
rsUsers.Update
rsUsers.Close
set rsUsers=Nothing

    '返回成功信息
Dim msg
msg="添加成功!\n"
  Response.Write("<script>alert('" & msg & "')</script>")
%>

<html>
```

```
<head>
    <meta    http-equiv="Content-Type"    content="text/html;
 charset=gb2312">
    <title>基础模块"添加记录"之"添加记录"</title>
  </head>
  <body bgcolor="#C0C0C0">
    <p>
        <font face="华文行楷" size="6">添加记录</font></h1>
    </p>
    <h3>已成功添加您输入的记录</h3>
  </body>
  </html>
```

（4）在 IE 中输入：http://local/add_record.htm。然后通过网页输入数据。

（5）到 SQL Server2000 中打开 user 表，观察是否通过网页向表中添加了数据。

（6）建立网页 query_data.htm 和 query_asp 来实现 user 表数据查询功能。

◆ 文件名为 query_data.htm 源程序：

```
  <html>
  <head>
    <meta  http-equiv="Content-Type"  content="text/html;  charset=
gb2312">
    <title>基础模块"查询记录"之"输入查询串"</title>
  </head>
<body bgcolor="#C0C0C0">
  <form method="POST" action="query.asp">
    <p>
        <font face="华文行楷" size="6">输入查询串</font></h1>
      </p>
        <h3>请输入您要查询的用户名:</h3>
        <p>
            用户名:<input type="text" name="txtUserName" size="20">
        </p>
        <p>
            <input  type="submit"  value=" 查 询 " ><input  type="reset"
value="全部重填">
        </p>
  </form>
  </body>
  </html>
```

◆ 最后建一个名为 query.asp 源程序：

```
<% Option Explicit %>
<%
  '接受表单输入的数据
  Dim userName
  userName=Request.Form("txtUserName")

  '建立一个到数据源的连接
  Dim strDSN
  Dim connTJRF

  strDSN="Provider=MSDASQL;DRIVER={SQL Server};SERVER=127.0.0.1;
DATABASE=TJRF;UID=chen;PWD=123"
  Set connTJRF = Server.CreateObject("ADODB.Connection")
  connTJRF.Open strDSN

  '建立记录集,存放查询结果
  Dim rsUsers
  Dim strSqlSelectUsers

  Set rsUsers = Server.CreateObject("ADODB.Recordset")
  strSqlSelectUsers="SELECT * FROM users WHERE username LIKE
'%" & userName & "%'"
  rsUsers.Open strSqlSelectUsers, connTJRF
  %>

  <!--结果输出-->
  <html>
  <head>
     <meta http-equiv="Content-Type" content="text/html; charset=
gb2312">
     <title>基础模块"查询记录"之"查询结果"</title>
  </head>
  <body bgcolor="#C0C0C0">
     <p>
        <font face="华文行楷" size="6">查询结果</font></h1>
     </p>
        <h3>查询结果为:</h3>
```

```
<%
 If Not rsUsers.Eof Then
%>

    <table border="1" cellpadding="8" cellspacing="0" width="342">
        <tr>
            <th width="70"  >姓名</th>
            <th width="121" >电话</th>
            <th width="143" >电子邮箱</th>
        </tr>

<%
    Do While Not rsUsers.Eof
%>

            <tr>
                <td width="70"><% =rsUsers("username") %></td>
            <td width="121"><% =rsUsers("phone") %></td>
          <td width="143"><% =rsUsers("email") %></td>
        </tr>

<%
        rsUsers.MoveNext
    Loop
 End If
%>
</table>
</body>
</html>
```

以上模块中，通过使用一个循环来扫描记录集中的每一条纪录，把每个纪录的userName、password、email、phone、userResume字段值显示输出到浏览器。

当把查询结果保存到一个记录集对象中时，当前记录总是第一条纪录（如果查询结果不为空，那么此时BOF和EOF都是false）。在上面的例子中，调用了记录集对象的MoveNext方法，使当前记录移到下一条纪录。当所有的记录都显示完时，当前记录移到记录集中最后一条记录之后，使得记录集对象的EOF属性的值变成TRUE，从而退出Do while…Loop循环，结束这次显示输出。

知识拓展

一、有关数据库连接的相关知识

（一）数据库系统的应用结构

从最终用户角度来看，数据库系统的应用结构分为单用户结构、主从式结构、分布式结构、客户/服务器结构和浏览器/服务器结构。

1. 单用户数据库系统

单用户数据库系统是一种早期的最简单的数据库系统。在这种系统中，整个数据库系统（包括应用程序、DBMS、数据）都装在一台计算机上，由一个用户独占，不同机器之间不能共享数据。

2. 主从式结构

主从式结构是指一个主机带多个终端的多用户结构。在这种结构中，数据库系统（包括应用程序、DBMS、数据）都集中存放在主机上，所有处理任务都由主机来完成，各个用户通过主机的终端并发地存取数据库，共享数据资源。

3. 分布式结构

分布式结构是指数据库中的数据在逻辑上是一个整体，但物理地分布在计算机网络的不同节点上。网络中的每个节点都可以独立处理本地数据库中的数据，执行局部应用；也可以同时存取和处理多个异地数据库中的数据，执行全局应用。

4. C/S 结构

C/S 结构的软件一般采用两层结构。前端是客户机，客户端应用软件程序接受用户请求、向数据库服务器提出请求；后端是服务器，即处理数据并将处理结果提交给客户端，并提供数据访问的安全控制、并发访问协调和数据完整性处理等操作。

5. 客服服务器上的有关浏览器/服务器结构

浏览器/服务器结构即 Browser/Server 结构，简称 B/S 结构，前端是以 TCP/IP 协议为基础的 Web 浏览器，中间是 WWW 服务器，后台是数据库服务器，形成所谓三层结构。用户界面完全通过 WWW 浏览器实现，少部分数据处理在前端实现，部分数据处理在 WWW 服务器端实现，主要数据处理在数据库服务器端实现。

二、SQL 数据库的连接语句

（一）SQL 数据库使用

SQL 数据库是我们推荐使用的，数据库语句简单易学。而且数据的容量大可与甲骨文数据库不相上下，同时对 Windows 系统有着较好的亲和力，我们推荐使用。

```
<%
Dim
SqlDatabaseName,SqlPassword,SqlUsername,SqlLocalName,ConnStr,Conn
   SqlDatabaseName = "******"      'SQL 数据库名
   SqlUsername = "******"          'SQL 数据库用户名
```

```
    SqlPassword = "******"          'SQL 数据库用户密码
    SqlLocalName = "******"         'SQL 主机 IP 地址(本机可用"127.0.0.1"或"(local)",非本机请用真实 IP)
    ConnStr = "Provider = Sqloledb; User ID = " & SqlUsername & "; Password = " & SqlPassword & "; Initial Catalog = " & SqlDatabaseName & "; Data Source = " & SqlLocalName & ";"

    On Error Resume Next
    Set conn = Server.CreateObject("ADODB.Connection")
    conn.open ConnStr

    If Err Then
      err.Clear
      Set Conn = Nothing
      Response.Write "数据库连接出错,请检查连接字串。"
      Response.End
    End If
    %>
```

(二) Access 数据库连接

Access 数据库有着大量的用户特别是中小型用户一直在使用；而且与 Excel 数据库有着很好的互换性，因此多列几种联接形式以供参考。分以下列举三种不同的连接方法。

用 dsn 连接并且没有用户名和密码：

```
<%
set conn = server.createobject("adodb.connection")
conn.open "yourdsnname"
%>
```

用 dsn 连接并且有用户名和密码：

```
<%
set conn = server.createobject("adodb.connection")
conn.open "yourdsnname","username","password"
%>
```

用实际的数据库绝对路径连接：

```
<%
set conn = server.createobject("adodb.connection")
strconn="driver=; "
strconn=strconn & "dbq=e:\yanhang\database.mdb"
conn.open strconn
%>
```

把以上代码存为conn.asp(那些*号改为相对应于你自己的内容)，然后在要连接数据库的页面加一句<!--#include file="Conn.asp"-->就可以连接了。

（三）Web组件

J2EE提供的Servlet和JSP技术都可以实现Web组件。Servlet是一个Java类，它可以动态地处理请求并作出响应；JSP是在HTML页面中嵌套Java代码的文本，它后面的源代码就是Servlet，但它提供了比Servlet更好的展示方式。Web组件可以包含JavaBean组件，从而方便地进行业务逻辑的处理。

（四）Office电子表格组件

Office电子表格组件提供一个重计算的引擎，一个全功能的库和一个显示在Web页面的电子表格界面。通过页面内的控件或其他的URL地址内的Internet Explorer文档对象模型，用户可以进行多种计算。只要保存Excel文件作为Web页面，并选择交互页面，用户就可以制作交互页面。

Office数据可以使用电子表格输入和计算数据。电子表格由单元格的列和行组成。可以直接在电子表格的单元格中输入数据，并使用公式对这些数据进行计算。如果使用某个Microsoft Office 2000设计程序创建了交互式的电子表格，并将该电子表格放置到Web页之上，则Web用户就有可能直接在浏览器中与数据进行交互和计算。用户可以对数据进行更改，并自动看到计算的结果。

（五）透视表组件

Office数据透视表组件使用户能够通过分类、组合、过滤、纵览或数据透视来分析数据。数据可以从一个数据透视表、或从一个数据库（如Microsoft Access或Microsoft SQL Server）或从任何支持OLEDB（如Microsoft Decision Support Server）。当用户将一个含有数据透视表或者动态查询表的工作表保存为交互式主页时。用户就可以通过Internet页面来访问动态的数据透视表组件。

（六）Office数据源组件

数据源组件是工作于数据访问页面和数据透视表后的报告引擎。数据源组件用来管理后端数据库和决定页面上显示那条纪录。它依靠Microsoft Active Data Objects（ADO）来传送数据，向其它Office Web Component一样，它是可编程的。

（七）Office图表组件

Office图表组件用于图形化显示从Excel工作表、据透视表或数据源组件的数据。因为它是被直接绑定在页面上的其它控件上，所以它能够根据页面上的数据变化，动态的显示图表。Office图表组件组件可以在Excel和Access数据访问页设计器建立。

（八）Web应用程序

Web应用程序简单说,就是做一个网站。对于网站来说要有界面,有后台。

Web服务简单说,就是写一堆方法,这些方法可以被外部的其它程序远程调用。web服务嘛,没有界面,只有功能接口。微软Windows升级到.net技术的一个文件（又及修复.net框架用的命令），需要安装Microsoft .NET Framework组件获得。如果在安装Visual Studio .NET Windows组件更新或Visual Studio .NET之后安装了IIS，则必须修复。NET框架才能成功地创建Web应用程序和XML Web services。

三、查询精华

有关 SQL 数据库的查询有如下几种：

- 简单查询：使用较多的全列查询、表、字段等。
- 联合查询：使用 UNION 运算符，两个或两个以上 SELECT 语句的查询结果集合合并成一个结果集合显示，即执行联合查询。
- 连接查询：通过连接运算符可以实现多个表查询。连接是关系数据库模型的主要特点，也是它区别于其他类型数据库管理系统的一个标志。

简单的 Transact-SQL 查询只包括选择列表、FROM 子句和 WHERE 子句。

（一）简单查询

简单的 Transact-SQL 查询只包括选择列表、FROM 子句和 WHERE 子句。它们分别说明所查询列、查询的表或视图、以及搜索条件等。

例如，下面的语句查询 testtable 表中姓名为“张三”的 nickname 字段和 email 字段。

```
SELECT nickname,email
    FROM testtable
    WHERE name='张三'
```

1. 选择列表

选择列表（select_list）指出所查询列，它可以是一组列名列表、星号、表达式、变量（包括局部变量和全局变量）等构成。

（1）选择所有列

例如，下面语句显示 testtable 表中所有列的数据：

```
SELECT *
    FROM testtable
```

（2）选择部分列并指定它们的显示次序

查询结果集合中数据的排列顺序与选择列表中所指定的列名排列顺序相同。例如：

```
SELECT nickname,email
    FROM testtable
```

（3）更改列标题

在选择列表中，可重新指定列标题。定义格式为：

列标题=列名

列名 列标题

如果指定的列标题不是标准的标识符格式时，应使用引号定界符，例如，下列语句使用汉字显示列标题：

```
SELECT 昵称=nickname,电子邮件=email
  FROM testtable
```

（4）删除重复行

SELECT 语句中使用 ALL 或 DISTINCT 选项来显示表中符合条件的所有行或删除其中重复的数据行，默认为 ALL。使用 DISTINCT 选项时，对于所有重复的数据行在 SELECT 返回的结果集合中只保留一行。

（5）限制返回的行数

使用 TOP n [PERCENT]选项限制返回的数据行数，TOP n 说明返回 n 行，而 TOP n PERCENT 时，说明 n 是表示一百分数，指定返回的行数等于总行数的百分之几。

例如：

```
SELECT TOP 2 *FROM testtable SELECT TOP 20 PERCENT
* FROM testtable
```

2. FROM 子句

FROM 子句指定 SELECT 语句查询及与查询相关的表或视图。在 FROM 子句中最多可指定 256 个表或视图，它们之间用逗号分隔。

在 FROM 子句同时指定多个表或视图时，如果选择列表中存在同名列，这时应使用对象名限定这些列所属的表或视图。例如在 usertable 和 citytable 表中同时存在 cityid 列，在查询两个表中的 cityid 时应使用下面语句格式加以限定：

```
SELECT username,citytable.cityid
  FROM usertable,citytable
  WHERE usertable.cityid=citytable.cityid
```

在 FROM 子句中可用以下两种格式为表或视图指定别名：

表名 as 别名

表名 别名

例如上面语句可用表的别名格式表示为：

```
SELECT username,b.cityid
  FROM usertable a,citytable b
  WHERE a.cityid=b.cityid
```

SELECT 不仅能从表或视图中检索数据，它还能够从其他查询语句所返回的结果集合中查询数据。

例如：

```
SELECT a.au_fname+a.au_lname
FROM authors a,titleauthor ta
(SELECT title_id,title
FROM titles
WHERE ytd_sales>10000
) AS t
WHERE a.au_id=ta.au_id
AND ta.title_id=t.title_id
```

此例中，将 SELECT 返回的结果集合给予一别名 t，然后再从中检索数据。

3. 使用 WHERE 子句设置查询条件

WHERE 子句设置查询条件，过滤掉不需要的数据行。例如下面语句查询年龄大于 20 的数据：

```
SELECT *
  FROM usertable
  WHERE age>20
```

WHERE 子句可包括各种条件运算符：

比较运算符（大小比较）：>、>=、=、<、<=、<>、!>、!<

范围运算符（表达式值是否在指定的范围）：BETWEEN…AND…、NOT BETWEEN…AND…

列表运算符（判断表达式是否为列表中的指定项）：IN （项 1,项 2……）、NOT IN （项 1,项 2……）

模式匹配符（判断值是否与指定的字符通配格式相符）：LIKE、NOT LIKE

空值判断符（判断表达式是否为空）：IS NULL、NOT IS NULL

逻辑运算符（用于多条件的逻辑连接）：NOT、AND、OR

（1）范围运算符例：age BETWEEN 10 AND 30 相当于 age>=10 AND age<=30

（2）列表运算符例：country IN （'Germany','China'）

（3）模式匹配符例：常用于模糊查找，它判断列值是否与指定的字符串格式相匹配。可用于 char、varchar、text、ntext、datetime 和 smalldatetime 等类型查询。

可使用以下通配字符：

百分号%：可匹配任意类型和长度的字符，如果是中文，请使用两个百分号即%%。

下划线_：匹配单个任意字符，它常用来限制表达式的字符长度。

方括号[]：指定一个字符、字符串或范围，要求所匹配对象为它们中的任一个。[^]，其取值也[] 相同，但它要求所匹配对象为指定字符以外的任一个字符。

例如：

限制以 Publishing 结尾，使用 LIKE '%Publishing'

限制以 A 开头：LIKE '[A]%'

限制以 A 开头外：LIKE '[^A]%'

（4）空值判断符例 WHERE age IS NULL

（5）逻辑运算符：优先级为 NOT、AND、OR

4. 查询结果排序

使用 ORDER BY 子句对查询返回的结果按一列或多列排序。ORDER BY 子句的语法格式为：

ORDER BY {column_name [ASC|DESC]} [,…n]

其中 ASC 表示升序，为默认值，DESC 为降序。ORDER BY 不能按 ntext、text 和 image 数据类型进行排序。

例如：

```
SELECT *
  FROM usertable
  ORDER BY age desc,userid ASC
```

另外，可以根据表达式进行排序。

（二）联合查询

UNION 运算符可以将两个或两个以上 SELECT 语句的查询结果集合合并成一个结果集合显示，即执行联合查询。UNION 的语法格式为：

```
select_statement
  UNION [ALL] selectstatement
  [UNION [ALL] selectstatement][…n]
```

其中 selectstatement 为待联合的 SELECT 查询语句。

ALL 选项表示将所有行合并到结果集合中。不指定该项时，被联合查询结果集合中的重复行将只保留一行。

联合查询时，查询结果的列标题为第一个查询语句的列标题。因此，要定义列标题必须在第一个查询语句中定义。要对联合查询结果排序时，也必须使用第一查询语句中的列名、列标题或者列序号。

在使用 UNION 运算符时，应保证每个联合查询语句的选择列表中有相同数量的表达式，并且每个查询选择表达式应具有相同的数据类型，或是可以自动将它们转换为相同的数据类型。在自动转换时，对于数值类型，系统将低精度的数据类型转换为高精度的数据类型。

在包括多个查询的 UNION 语句中，其执行顺序是自左至右，使用括号可以改变这一执行顺序。例如：

查询 1 UNION（查询 2 UNION 查询 3）

（三）连接查询

通过连接运算符可以实现多个表查询。连接是关系数据库模型的主要特点，也是它区别于其他类型数据库管理系统的一个标志。

在关系数据库管理系统中，表建立时各数据之间的关系不必确定，常把一个实体的所有信息存放在一个表中。当检索数据时，通过连接操作查询出存放在多个表中的不同实体的信息。连接操作给用户带来很大的灵活性，他们可以在任何时候增加新的数据类型。为不同实体创建新的表，尔后通过连接进行查询。

连接可以在 SELECT 语句的 FROM 子句或 WHERE 子句中建立，似是而非在 FROM 子句中指出连接时有助于将连接操作与 WHERE 子句中的搜索条件区分开来。所以，在 Transact-SQL 中推荐使用这种方法。

SQL-92 标准所定义的 FROM 子句的连接语法格式为：

```
FROM join_table join_type join_table
[ON (join_condition)]
```

其中 join_table 指出参与连接操作的表名，连接可以对同一个表操作，也可以对多表操作，对同一个表操作的连接又称做自连接。

join_type 指出连接类型，可分为三种：内连接、外连接和交叉连接。内连接（INNER JOIN）使用比较运算符进行表间某（些）列数据的比较操作，并列出这些表中与连接条件相匹配的数据行。根据所使用的比较方式不同，内连接又分为等值连接、自然连接和不等连接三种。外连接分为左外连接（LEFT OUTER JOIN 或 LEFT JOIN）、右外连接（RIGHT OUTER JOIN 或 RIGHT JOIN）和全外连接（FULL OUTER JOIN 或 FULL JOIN）三种。与内连接不同的是，外连接不只列出与连接条件相匹配的行，而是列出左表（左外连接时）、右表（右外连接时）或两个表（全外连接时）中所有符合搜索条件的数据行。

交叉连接（CROSS JOIN）没有 WHERE 子句，它返回连接表中所有数据行的笛卡尔积，其结果集合中的数据行数等于第一个表中符合查询条件的数据行数乘以第二个表中符合查询条件的数据行数。

连接操作中的 ON（join_condition）子句指出连接条件，它由被连接表中的列和比较运算符、逻辑运算符等构成。

无论哪种连接都不能对 text、ntext 和 image 数据类型列进行直接连接，但可以对这三种列进行间接连接。例如：

```
SELECT p1.pub_id,p2.pub_id,p1.pr_info
FROM pub_info AS p1 INNER JOIN pub_info AS p2
ON DATALENGTH(p1.pr_info)=DATALENGTH(p2.pr_info)
```

1. 内连接

内连接查询操作列出与连接条件匹配的数据行，它使用比较运算符比较被连接列的列值。内连接分三种：

（1）等值连接：在连接条件中使用等于号（=）运算符比较被连接列的列值，其查询结果中列出被连接表中的所有列，包括其中的重复列。

（2）不等连接：在连接条件使用除等于运算符以外的其它比较运算符比较被连接的列的列值。这些运算符包括>、>=、<=、<、!>、!<和<>。

（3）自然连接：在连接条件中使用等于（=）运算符比较被连接列的列值，但它使用选择列表指出查询结果集合中所包括的列，并删除连接表中的重复列。

例，下面使用等值连接列出 authors 和 publishers 表中位于同一城市的作者和出版社：

```
SELECT *
  FROM authors AS a INNER JOIN publishers AS p
  ON a.city=p.city
```

又如使用自然连接，在选择列表中删除 authors 和 publishers 表中重复列（city 和 state）：

```
SELECT a.*,p.pub_id,p.pub_name,p.country
  FROM authors AS a INNER JOIN publishers AS p
  ON a.city=p.city
```

2. 外连接

内连接时，返回查询结果集合中的仅是符合查询条件（ WHERE 搜索条件或 HAVING 条件）和连接条件的行。而采用外连接时，它返回到查询结果集合中的不仅包含符合连接条件的行，而且还包括左表（左外连接时）、右表（右外连接时）或两个边接表（全外连接）中的所有数据行。如下面使用左外连接将论坛内容和作者信息连接起来：

```
SELECT a.*,b.* FROM luntan LEFT JOIN usertable as b
ON a.username=b.username
```

下面使用全外连接将 city 表中的所有作者以及 user 表中的所有作者，以及他们所在的城市：

```
SELECT a.*,b.*
  FROM city as a FULL OUTER JOIN user as b
  ON a.username=b.username
```

3. 交叉连接

交叉连接不带 WHERE 子句，它返回被连接的两个表所有数据行的笛卡尔积，返回到结果集合中的数据行数等于第一个表中符合查询条件的数据行数乘以第二个表中符合查询条件的数据行数。例，titles 表中有 6 类图书，而 publishers 表中有 8 家出版社，则下列交叉连接检索到的记录数将等于 6*8=48 行。

```
SELECT type,pub_name
  FROM titles CROSS JOIN publishers
  ORDER BY type
  [Post=0][/Post]
```

四、电子商务留言源代码

```
<html>
<head>
<title>电子商务教学</title>
<meta name="Robots" content="all">
<meta name="Generator" content="Dreamweaver,ASP">
<meta name="copyright" content="Copyright 2004-2010 - cn-pn.com">
<meta name="Author" content="flymorn,webmaster@cn-pn.com">
<meta name="description" content="荣丰,站长交流的好地方,有事请留言。">
<meta name="keywords" content="荣丰,留言本,留言,荣丰留言本,荣丰中国,绿色经
典,CN-PN.COM。">
<meta http-equiv="Content-Type" content="text/html; charset=gb2312">
<link href="css.css" rel="stylesheet" type="text/css">
</head>

<body background="images/bg_001.gif">

<table width="500" height="18" border="0" align="center" cellpadding=
"0" cellspacing="0">
<tr>
    <td></td>
  </tr>
</table>
<form name="add" method="post" action="addok.asp">
<table width="480" height="380" border="0" align="center" cellpadding=
"0" cellspacing="0" bgcolor="#ACD5E5" class="biao_bdr3">
  <tr bgcolor="#ABC503">
    <td  height="35"  colspan="3"><div  align="center"><strong><font
size="3"> 填 </font></strong><font  size=3><strong> 写 您 对 商 品 的 意 见
</strong>(<span  style="color: #FF0000">*</span> 为 必 填 项 )</font></div>
</td>
```

```
    </tr>
    <tr>
      <td width="80" bgcolor="#80FF80">    昵称:</td>
      <td  colspan="2"  bgcolor="#80FF80"><input  name="name"  type=
"text" id="name4" size="22" maxlength="12">
        <span  style="color:  #FF0000">*  </span><input  type="radio"
name="sex" value="1" checked>男
      <input type="radio" name="sex" value="0">女    </td>
    </tr>
    <tr>
      <td bgcolor="#80FF80">    标题:</td>
      <td bgcolor="#80FF80">
      <input name="title" type="text" size="40" maxlength="26">
      <span style="color: #FF0000">*</span></td>
   </tr>
      <tr>
      <td bgcolor="#80FF80">    邮箱:</td>
      <td bgcolor="#80FF80"><input name="email" type="text" size="40"
maxlength="40"></td>
   </tr>
    <tr>
      <td bgcolor="#80FF80">    主页:</td>
      <td    bgcolor="#80FF80"><input    name="homepage"    type="text"
size="40" maxlength="60">
     [+Http]</td>
    </tr>
    <tr>
      <td bgcolor="#80FF80">    QQ号:</td>
      <td bgcolor="#80FF80">
      <input name="qq" type="text" size="40" maxlength="12">
    </td>
    </tr>
    <tr>
      <td bgcolor="#80FF80">    验证:</td>
      <td bgcolor="#80FF80">
      <input name="verifycode" type="text" size="8" maxlength="4">
      <img  src="getcode.asp"  height="10"  border=0  align="absmiddle">
 <span style="color: #FF0000">*</span></td>
```

```
</tr>
  <tr>
    <td bgcolor="#80FF80">    保密:</td>
    <td bgcolor="#80FF80"><select name="qiaoqiaohua" id="select2">
      <option value="0">公开留言</option>
        <option value="1">版主可见</option>
    </select></td>
  </tr>
  <tr>
    <td bgcolor="#80FF80">    内容:<br>
  (<a href="UBBcode.htm" target="_blank" title="什么是 UBB 代码
">UBB 代码</a>√)</td>
    <td colspan="2" bgcolor="#80FF80"><textarea name="content" cols=
"52" rows="7" id="textarea3"></textarea></td>
</tr>
  <tr>
    <td colspan="2" bgcolor="#80FF80">     
           &nbs
p;      
    <input type="submit" name="btnSubmit" id="btnSubmit3" value=" 留
言 ">
  
    <input type="reset" name="Submit2" value=" 重 写 "></td>
  </tr>
</table>
<table width="480" height="40" border="0" align="center" cellpadding=
"0" cellspacing="0">
<tr>
    <td><div align="center">版权所有 &copy; 2005-2010 荣丰计算机 
<a href="index.asp" target="">留言本首页</a></div></td>
  </tr>
</table>
</form>
</body></html>
```

五、SQL2000 数据库的库和表

(一) SQL Server 2000 有 6 个系统数据库

(1) Master 数据库。是 SQL Server 系统最重要的数据库，它记录了 SQL Server 系

统的所有系统信息。这些系统信息包括所有的登录信息、系统设置信息、SQL Server 的初始化信息和其他系统数据库及用户数据库的相关信息。

（2）Model 数据库。是所有用户数据库和 Tempdb 数据库的模板数据库，它含有 Master 数据库所有系统表的子集，这些系统数据库是每个用户定义数据库需要的。

（3）Msdb 数据库。是代理服务数据库，为其警报、任务调度和记录操作员的操作提供存储空间。

（4）Tempdb。是一个临时数据库，它为所有的临时表、临时存储过程及其它临时操作提供存储空间。

（5）Pubs 和 Northwind 数据库。是两个实例数据库，它们可以作为 SQL Server 的学习工具。

（6）这六个库以外的所有的库，都往往是我们自建或者导入的。

（二）SQL Server 2000 系统表简介

系统目录是由描述 SQL Server 系统的数据库、基表、视图和索引等对象的结构的系统表组成。SQL Server 经常访问系统目录，检索系统正常运行所需的必要信息。

1. Sysobjects 表

SQL Server 的主系统表 Sysobjects 出现在每个数据库中，它对每个数据库对象含有一行记录。

2. Syscolumns 表

系统表 Syscolumns 出现在 Master 数据库和每个用户自定义的数据库中，它对基表或者视图的每个列和存储过程中的每个参数含有一行记录。

3. Sysindexes 表

系统表 Sysindexes 出现在 Master 数据库和每个用户自定义的数据库中，它对每个索引和没有聚簇索引的每个表含有一行记录，它还对包括文本/图像数据的每个表含有一行记录。

4. Sysusers 表

系统表 Sysusers 出现在 Master 数据库和每个用户自定义的数据库中，它对整个数据库中的每个 Windows NT 用户、Windows NT 用户组、SQL Server 用户或者 SQL Server 角色含有一行记录。

5. Sysdatabases 表

系统表 Sysdatabases 对 SQL Server 系统上的每个系统数据库和用户自定义的数据库含有一行记录，它只出现在 Master 数据库中。

6. Sysdepends 表

系统表 Sysdepends 对表、视图和存储过程之间的每个依赖关系含有一行记录，它出现在 Master 数据库和每个用户自定义的数据库中。

7. Sysconstraints 表

系统表 Sysconstraints 对使用 CREATE TABLE 或者 ALTER TABLE 语句为数据库对象定义的每个完整性约束含有一行记录，它出现在 Master 数据库和每个用户自定义的数据库中。

表 3-4　　数据库主要英文术语一览表

缩略语	中文意译	英文原文
SQL	结构化查询语言	structure query language
DB	数据库	database
DBMS	数据库管理系统	Database management system
DBS	数据库系统	database system
DBA	数据库管理员	database administrator
DDL	数据定义语言	data definition language
DML	数据操纵语言	data manipulation language
DCL	数据控制语言	data control language
C/S	客户服务器结构	client server
B/S	浏览器服务器结构	browser server
IIS	因特网信息服务	internet information service
BLOB	二进制大对象	binary large object
DTS	数据转换服务	data transformation service
OLE	对象链接和嵌入	object link and embed
DBCC	数据库控制台命令	database console command
ASCII	美国信息交换标准代码	American Standard Code for Information Interchange

任务评价

一、评价方法

1. 在前面制作的网页可以加入数据库部分。

2. 评价时现在小组讨论使用不同的语言的优劣，然后再对任务的制作进行评价。如果一次完成任务的时间不够，可考虑以小组为单位来进行任务实施。

二、评价指标

表 3-5　　任务完成情况评价表

评价指标	学生自我评价		小组评价		他人/教师评价	
	合格	不合格	合格	不合格	合格	不合格
建立 Web 系统主页						
建立数据库系统						
建立分页内容						
将页面和数据库连接						
相关知识的掌握情况						

课后练习

一、思考题

1. 在本地机数据库开动服务，同时又做客户机这样可以用吗？

2. 页面的 flash 按教程插入页面，用浏览器浏览时打不开？

二、实训题

1. 建立一数据库（注：可用 Access，如果学习过 SQL 也可用 SQL 建立），名称为《客户通讯录》内容：[编号]、[单位]、[姓名]、[性别]、[出生日期]、[身高]、[民族]、[身份证号]、[家庭地址]。

要求：建好的库，要以表的形式存放在网站上（针对 Access 数据库）；而 SQL 则可直接存在数据库中。字段名用字母，不用汉字。

2. 举一实例说明：商品征求意见表单，通过表单反馈收集有关商品顾客使用后的意见。留言板的截图，如图 3-63 所示。

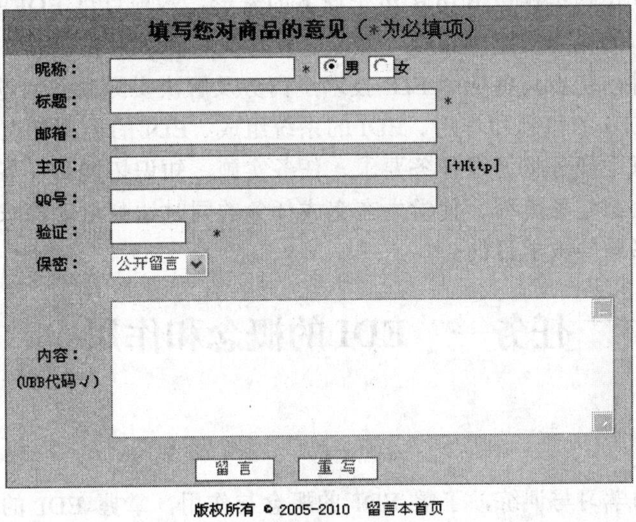

图 3-63 留言本首页

项目四

EDI 技术

项目综述

EDI 技术是 20 世纪 80 年代发展起来的、融现代计算机技术和远程通信技术为一体的产物，用于计算机之间商业信息的传递，包括日常咨询、计划、询价、合同等信息的交换。EDI 贸易方式其实就是 B to B 电子商务的雏形。本项目将 EDI 的基本概念、EDI 的系统组成与具体的应用实践相结合，理论联系实践，使学生在了解 EDI 商务上商业信息流通方式的同时，初步具备应用 EDI 技术于商务及解决实际商务问题的能力。

本项目包括 EDI 的概念和作用、EDI 的系统组成、EDI 的类型及在 EDI 上构建电子商务四个任务，每个任务将通过任务要求、任务实施、知识拓展和任务评价几个部分，创设任务情境、组织任务流程、使学生在完成任务的同时达到主动探求知识、扩展知识领域、引起学习兴趣的教学目的。

任务一 EDI 的概念和作用

任务要求

通过任务一的学习与训练，了解 EDI 的概念与作用，掌握 EDI 的特点，了解 EDI 的产生背景与在国内外的发展情况。

任务实施

一、了解 EDI 的概念

所谓的 EDI，即电子数据交换（Electronic Data Interchange），港澳地区及海外华人地区称为“电子资料通联”，是由国际标准化组织（International Standard Organization，ISO）推出使用的国际标准，它是指一种通过电子信息化的手段，在贸易伙伴之间传播标准化的商务贸易元素的方法和标准。例如，国际贸易中的采购订单、发货通知、运单、装箱单、收据发票、保险单、财务报表等数据的交换。由于使用 EDI 可以大大减少甚至消除贸易过程中的纸面文件，因此，人们也形象地称它为“无纸贸易”或“无纸交易”。

EDI 的定义至今没有一个统一的规范，下面是一些权威的国际组织给出的 EDI 的定义，供大家参考。

（1）国际标准化组织对EDI的定义："EDI是将商业或行政事务处理按照一个公认的标准，形成结构化的事务处理或报文数据格式，从计算机到计算机的电子传输方法。"

（2）国际电信联合会（International Telecommunication Union，ITU）对EDI的定义："从计算机到计算机之间的结构化的事务数据互换。"

（3）联合国欧洲经济委员会贸易程序简化工作组（UN/ECE/WP.4）从技术上对EDI的定义："EDI是用一种商定的标准来处理信息所涉及交易式电子数据的机构，商业或行政交易事项从计算机到计算机的电子传递。"

（4）联合国国际贸易法委员会EDI工作组（UNCITRAL/WP.4）从法律上对EDI的定义："EDI是计算机之间信息的电子传递，而且使用某种商定的标准来处理信息结构。"

（5）联合国标准化委员会及联合国贸发会对EDI的最新定义："EDI是用户的计算机系统之间的对结构化的、标准化的商业信息进行自动传送和自动处理的过程。"

虽然EDI的定义至今没有一个统一的规范，不同的组织给出了不同的定义，但有三个方面的内容是相同的。

- 资料用统一标准。
- 利用电信号传递信息。
- 计算机系统之间的连接。

二、通过分析认识EDI的作用

（一）缩短了业务处理周期，降低成本

企业或公司采用EDI技术，可以更快速、更便宜地在制造商、原料供应商、客户、银行、以及其他相关的贸易伙伴之间进行发票、采购定单、传输通知和其他商业单证的传送，从而提高快速交换单证的能力，加快了商业业务的处理速度。而且同时可以提高结汇的安全性，缩短和减少结汇清算的时间，加速了贸易资金的周转。相关数据表明，使用EDI技术以后，国际事务处理的周期平均缩短40%。

EDI的一个重要特征就是数据传输由收发双方的计算机系统经通信网络直接传送、交换资料，不需要人工介入操作，所以不必像纸质文件那样需要手工处理，不仅可以节省纸张，去除对纸质文件的打印、审核、修改、邮寄等花费，而且可以使企业或公司在同样业务的情况下，使用更少的员工去处理，从而大大减低企业或公司的运作成本。

（二）降低错误率，提高总体质量

众所周知，商业文件中的一个错误可能要付出很大代价，订单遗失也会给企业或公司带来很大损失。EDI通过对数据进行电子式的记录，可以避免重复操作，减少人为差错，可以在很大程度上提高业务的总体质量，降低数据对人的依赖性，保证企业或公司的效益。相关数据表明，错误率可以减少50%以上。

EDI软件一般具有编辑查错的功能，一些信息源上的数据输入错误可以很早就被发现，加上EDI在收到信息后就会回发给信息发送方一份收到通知，这样就可以及时发现漏发信息或信息中途遗失的情况。虽然EDI不能消除所有的错误，但它确实可以更早、并且用更少的代价去改变错误。

（三）减少库存，直至零库存管理

适当的库存量是企业维持正常生产所必须的。采用 EDI 技术，可以更快、更精确地填写订单，缩短业务处理周期，减少库存，达到库存管理的优化，直至零库存管理。比如全球著名的 IT 巨头——美国的戴尔公司，其与全球的众多供应商的业务往来上完全采用 EDI 等电子贸易方式，不仅做到快速反应，提高效率，而且也帮助实现了“零库存”的理念，在很大程度上了提高了戴尔公司的核心竞争力。

（四）有助于商业效率

EDI 存储了完备的交易信息和审计记录，通过对这些有价值信息的统计分析、多维分析、数据挖掘，可以为企业或公司的管理决策者提供更准确的信息和数据，进而为企业或公司提高效率、降低成本以及降低经营风险提供了更大的可能。

（五）改善企业内部的信息流程

EDI 技术的应用，促进了企业内部结构与运行机制变革，生产业务流程重组，以电子数据形式接收的贸易事务数据不仅更加精确完善，同时数据依次通过不同的应用程序进行了处理，改善了数据流程。

（六）增进贸易伙伴间的联系

EDI 的应用改变了贸易方式，使贸易伙伴之间建立更好更密切的关系，扩大信息共享程度，增加贸易机会，使双方的合作进一步加强，使贸易过程变成没有输家的、每个企业或公司均可从中获利的过程，提高企业或公司对市场变化的应变能力。

知识拓展

一、EDI 的产生背景

20 世纪 60 年代，随着全球贸易额的不断上升，出现了各种贸易单证、文件数量激增的现象。美国森林及纸张协会曾经做过统计，得出了“年国民生产总值每增加 10 亿美元，用纸量就会增加 8 万吨”用纸量超速增长的规律。而且，在各类商业贸易单证中有相当大的一部分数据是重复出现的，需要反复地输入。相关数据表明，由人工输入计算机的数据平均 70%来源于另一台计算机的输出文件，且重复输入也使出差错的机率增高，据美国一家大型分销中心的统计，有 5%的单证中存在着相应的错误。同时重复录入不仅浪费人力、时间，而且效率低下。因此，纸面贸易文件成了阻碍贸易进一步发展的一个比较突出的因素。

与此同时，全球市场竞争也出现了新的特征。价格因素在激烈的竞争中所占比重逐渐减小，而服务性因素所占的比重却逐渐增大。销售商为了降低风险，要求供应商所供应的商品要批量小、品种多、供货快，以便能够适应瞬息万变的市场行情。而在整个贸易链中，绝大多数的企业担当着两个角色，既是供货商，又是销售商，因此，提高商业文件的传递速度和处理速度就成了所有贸易链中成员的共同需求。同样，随着现代计算机的大量普及和应用以及功能的不断完善和提高，计算机应用已经从单机应用走向系统应用；同时通信条件和技术进一步完善，网络也进一步普及。

正是在这样的背景下，人们开始尝试在贸易伙伴之间的计算机上使商务数据（如订货单、合同等）能够自动交换，直至商务的完成，以计算机应用、通信网络和数据标准化为基础的EDI应运而生。EDI一经出现便显示出其强大的生命力，迅速地在世界各主要工业发达国家和地区得到广泛的应用，EDI的兴起标志着一场全新的、全球性的商业革命的开始。

EDI最早产生于20世纪60年代的美国，当时美国在航运业率先使用EDI技术。但是EDI概念的提出却是在70年代，由一家英国政府资助的服务机构STPRO（Simpler Trade Procedure Board）提出。80年代以后EDI获得真正的发展。进入90年代，建立在开放系统互连OSI基础上的报文处理系统MHS作为EDI的应用平台的出现，以及世界各经贸大国推广和全面采用EDI贸易方式，标志着EDI已进入成熟期。

二、EDI的发展概况

（一）国外发展概况

美国是最早应用EDI的国家之一。20世纪60年代末，美国在航运业首先使用EDI。1968年美国运输业许多公司联合成立了运输业数据协调委员会TDCC，它在美国国防部的支持下开始研究开发电子通信标准的可行性，制定商业文件的传输格式，后来几经修改和完善，生成EDI标准，简称TDCC标准，这就是ANSI X.12的前身，主要用于铁路、公路运输、海运、空运。早期EDI是点对点，靠计算机与计算机直接通信完成的。

20世纪70年代，数字通信网的出现加快了EDI技术的成熟和应用范围的扩大。在对TDCC文本充分研究并考察运输业的基础上，1978年，美国ANSI X.12委员会制定了美国国家EDI标准ANSI X.12。

20世纪80年代EDI应用迅速发展，美国ANSI X.12委员会与欧洲许多国家联合进行国际标准的研究。1986年，欧洲和北美20多个国家代表开发了EDI国际标准EDIFACT，用于行政管理、商业及运输业。随后，美国海关总署决定采用EDIFACT标准，并使EDIFACT标准获得国际商业协会体系的承认。1988年，美国应用EDI进行商贸活动的企业已达5 000多家，1990年至1994年，应用EDI的企业以平均每年增长达23个百分点的速度大幅度增加，到1998年初，已超过5万家。

美国EDI的发展速度之快主要归功于政府支持和大公司的带头示范作用。美国海关总署从1989年2月底起对用EDI方式报关者给予优先处理，美国政府也正式宣布从1992年起全国采用EDI方式办理海关业务，不采用EDI方式者，其清关手续将被推迟处理。1997年7月1日，美国克林顿政府开始采用EDI方式进行政府采购。美国著名的IBM公司组建了一个庞大的全球性通信网，积极地对外进行EDI增值服务。通用汽车公司GM的EDI应用探索，为汽车行业应用EDI起到了很好的示范作用。其他公司还有通用电气公司GE等等。

在欧洲，英国、法国、德国、意在利、丹麦、瑞典及挪威等国家开展EDI业务的时间比较早，可以追溯到60年代末期。欧洲共同体委员会为了适应欧洲一体化及全欧单一市场的需要，在1980年开始名为TEDIS的贸易电子数据交换系统工程，该项目分布在欧洲的各个国家，参与企业超过1 000家。目前欧洲已在主要行业内如汽车工业、化学工业、运输业、分销零售业等设立了EDI项目，这些行业项目几乎覆盖了所有的西欧国家。

面对国际贸易的挑战，亚洲各国也积极推动EDI的发展。新加坡是全球EDI发展最富代表性的国家，投资2.1亿美元，建立了世界上第一个全国EDI贸易服务网TRADENET，该网络通过横向联合，可以把新加坡所有国际贸易主管机构联接到一个系统网络中，从而实现各部门之间的信息共享；通过垂直联合，该网络目前已与5 000多家公司的管理信息系统实现联网。日本对应用EDI也很积极，其发展是从行业型向跨行业型发展的，早在1971年2月就成立了“贸易公文格式标准化委员会”。目前，主要银行与各公司已普遍利用EDI进行电子兑换和传送银行报表。韩国EDI的应用启动较晚，可以追溯到20世纪80年代后期，其投资5.8亿美元，建立了全国EDI服务系统——韩国贸易网KTNET，1988年开始投入商用，已拥有100多名工作人员和700多家EDI用户。

（二）国内发展概况

我国EDI起步较晚，正式引入EDI概念是在1990年，但因有了借鉴，故起点较高。1991年成立“中国促进EDI应用协调小组”。同年9月申请加入了亚洲UN/EDIFACT委员会（AS/EB），并宣布中国UN/EDIFACT委员会（CEC）成立。

我国自1990年开始，原国家计委、科委就将EDI列入“八五”国家科技攻关项目，组织各方技术力量进行EDI技术的研究和实际应用工程的试点工作，比如国家外贸许可证EDI系统、中国化工进出口总公司石油橡胶贸易EDI系统、山东抽纱总公司的轻纺出口业务EDI系统、中国外贸运输总公司的外运海运空运管理EDI系统和中电进出口总公司EDI应用系统等。通过这些EDI应用试点工程的实施，对我国EDI的推广应用起到了切实的推动作用。

进入“九五”以后，海关、交通、商检及商业的EDI应用项目已被列为国家重点项目，进一步加大EDI应用试点的力度。比如列为国家科委“九五”重中之重的国家科技攻关项目“现代商贸EDI关键技术开发与应用示范”，包括“海关EDI通关二期工程”、“商检EDI应用系统的开发与建设”、“商业EDI开发与规范”、“典型城市商贸EDI综合应用示范系统技术研究与开发”、“商业电子信息技术安全与认证技术开发与应用”、“中国EDI应用发展模式研究”等6项课题。

与此同时，我国的EDI中心建设也已有初步发展。广东省EDI中心是我国首家投入实际营运的EDI中心，上海、北京、天津、大连、青岛、深圳等省市也相继成立了EDI中心。中国电信为了推动全国EDI的应用，已经在13个城市设立了EDI交换中心，以China EDI的方式对外提供EDI服务。这些EDI中心的建成营运，将把我国的EDI应用推向一个新的高潮。

我国的EDI应用模式可以分为三种：

（1）行业应用模式：“八五”期间，我国的EDI应用主要以行业为主，比如“海关EDI通关系统”、“国际集装箱运输EDI示范工程”等。

（2）EDI中心模式：比如广东EDI中心、上海港航EDI中心等。

（3）China EDI模式：由邮电通信网为支撑提供的EDI增值服务。

目前，EDI技术还在不断发展和完善中，不过EDI的推广应用的的确确大幅度提高了商贸和相关行业（比如报关、商检、税务、运输等）的运作效率。

三、EDI 的特点

作为电子商务贸易的一种工具，EDI 将商业文件，比如订单、发票、运货单、报关单等按照统一的标准，编制成计算机系统能够识别和处理的数据格式，并在计算机系统之间进行数据交换。EDI 的特点主要表现为以下几个方面。

（1）EDI 的使用对象是不同的组织之间，EDI 传输的是企业与企业之间的电子信息，是企业之间信息交流的一种方式。

（2）EDI 所传送的资料是具有一定结构特征的标准经济信息，是一般性的业务资料，比如发票、订单、提货单、海关申报单、进出口许可证等，而不是指一般性的通知。

（3）EDI 所传输的报文具有一定的标准格式，是符合国际标准要求的，这是计算机系统能够自动处理报文的基本前提。

（4）EDI 所使用的数据通信网络一般是增值网、专用网。

（5）EDI 的数据传输是由收送双方的计算机系统直接自动传送、交换资料，其对象是计算机系统，无须人工介入操作。

（6）EDI 与传真或电子邮件 E-Mail 的主要区别是：① 传真与电子邮件 E-Mail，需要人工的阅读、判断、处理，然后才能进入计算机系统；② 传真与电子邮件 E-Mail，需要人工将资料重复输入计算机系统中，不仅浪费人力资源，而且也容易发生错误。

（7）EDI 对于传送的文件具有跟踪、确认、防篡改、防冒领、电子签名等一系列的安全保密功能。而传真和电报没有该项功能，电子邮件 E-Mail 的安全保密功能要比 EDI 层次低。

（8）EDI 文本具有法律效力，而传真等没有。

任务评价

一、评价方法

本任务采用学生自我检验、小组评价和教师评价的方法。学生本人首先对自己的学习情况进行自查，找出不足；小组根据每位同学所做的工作给出综合评价；最后教师针对每个小组的总结报告结合每一位同学给出评价结论，指出改进和努力的方向。

二、评价指标

表 4-1　　任务完成情况评价表

评价指标	学生自我评价		小组评价		他人/教师评价	
	合格	不合格	合格	不合格	合格	不合格
EDI 的概念						
EDI 的特点						
EDI 的作用						
EDI 的产生背景						
EDI 的发展情况						
总结报告						

课后练习

一、思考题

1. 不同机构对 EDI 的概念描述有何区别，其侧重点分别是什么？

2. EDI 包括什么特点？

二、实训题

进入 EDI 网站（http：//www.edifacts.com.cn/），了解 EDI 系统资源的构成，撰写总结报告。

任务二　EDI 系统的组成

任务要求

通过任务二的学习与训练，了解 EDI 系统的组成，掌握 EDI 相关的行业标准，EDI 系统的软硬件构成，掌握 EDI 中心的工作流程与功能。

任务实施

一、通过 EDI 系统模型，分析 EDI 系统的组成

EDI 系统模型图如图 4-1 所示，主要由数据标准化、EDI 软件和硬件、通信网络三大部分组成，即组成三要素。这三方面要素互相衔接、相互依存，构成 EDI 的基础技术框架。

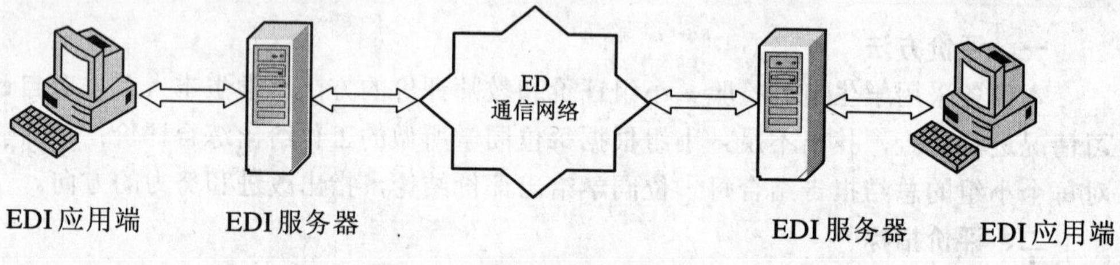

图 4-1　EDI 系统模型图

（一）EDI 的数据标准

EDI 标准是由世界各企业、各地区代表共同讨论后制定的电子数据交换共同标准，是一种用于电子数据中书写商务报文的规范和国际标准并实现报文在国际网络和各个系统之间传递的标准协议，是 EDI 的关键。EDI 标准化的目的在于消除世界上各国语言、商务规定以及表达和理解上的歧义性，通过共同标准的采用，达到彼此文件方便交换的目的，为国际贸易业务操作中的各类单证数据交换架构一座电子通信的桥梁。

1. EDI 标准种类

（1）语言标准

目前国际上存在两大标准体系，一是 UN/EDIFACT 标准，由联合国欧洲经济委员会

（UN/ECE）下属第四工作组（WP4）制订，该标准已被国际标准化组织ISO接收为国际标准，编号为ISO 9735，流行于欧洲、亚洲；另一个是ANSIX.12标准，由美国国家标准化协会（ANSI）X.12鉴定委员会（AXCS.12）制订，流行于北美。UN/EDIFACT标准与ANSIX.12标准有相同的地方也有不同的地方，两种标准的比较请参见表4-2。EDI标准的未来发展要求讲一种语言，用一种标准。今天，在EDIFACT和ANSI的积极努力与配合下，终于达成一致而统一采用 EDIFACT 标准，为国际间更广泛的合作提供了有利的保证。

表4-2 UN/EDIFACT标准与ANSIX.12标准的比较

	UNEDI/FACT	ANSI X.12
单证名	报文，A6，例如ORDERS	交易套，N3，例如850
数据段标识符	可标明层次和重复	不能标明层次和重复
默认控制符	有	无
指定控制符	UNA	ISA
数据段终止符	单引号	<LF>或<NL>
数据元素分隔符	+	*
成分数据元素分隔符	:	无
小数点	，或·	·
转义符	?	无
交换信封	UNB，可变长	ISA，固定长度
功能组信封	可选择	必须
数据段要求指示符	M，C	M，O，F
数据段重复	固定最多次数	可无限
环重复	固定最多次数	可无限
复合数据元素	有	无
限定符	可以放在被限定数据元素后面	总是放在被限定数据元素前面
数据类型	A——字母字符 N——数字字符 AN——字母和数字字符	Nx——固定小数据 B——二进制数据 AN——字符 R——实数 ID——代码 DT——日期

（2）通信标准

所谓的通信标准，是指载运信息手段的标准，其作用是负责将数据从一台计算机传输到另一台计算机中。EDI语言对其载体所使用的通信标准并无限制，但目前一般采用国际标准的 MHS 系统（电子邮件系统）。

2. UN/EDIFACT 标准

UN/EDIFACT 标准由一系列涉及电子数据交换的标准、指南和规则、目录和标准报文组成，共有 10 个部分：语法规格、报文设计指南、语法应用指南、数据表目录、代码表、复合数据表目录、段目录、标准报文格式、贸易数据交换格式构成总揽、适当的说明解释。主要可分成几下几类：

（1）指南和规则

◆ 《EDIFACT 应用级语法规则》（ISO 9735）：是根本准则、EDIFACT 最重要的标准。所有 EDI 的参与方在准备他们的报文和进行电子数据交换时，必须遵守该标准，它是描述 EDI 信息的标准语言。只有使用该标准，才能使传输的信息不受地域、语言环境和应用领域的限制。

◆ 《EDIFACT 报文设计指南和规则》：表述报文的基本结构和设计规则，包括段、复合数据段、数据元、代码分类等等。

◆ 《EDIFACT 语法实施指南》：提出 EDI 的基本要求，包括内部系统接口、软件、通信、交换协议、传输成分等基本内容，还包括 EDIFACT 报文的标示和管理规则。

（2）目录

◆ 《EDIFACT 数据元目录》UN / EDED：是 ISO 7372 即 UN / TDED 联合国贸易数据元字典的子集。该目录对每个数据源的名称、定义、数据类型和长度都有具体的描述，收集了近 300 个与报文相关的数据元。

◆ 《EDIFACT 复合数据元目录》UN/EDCD：共收集了 60 多个与报文相关的复合数据元。

◆ 《EDIFACT 代码表》UN/EDCL：是 ISO 7372 的组成部分，共收集了 103 个数据元代码。

◆ 《EDIFACT 段目录》UN/EDSD：该目录定义了 70 多个 EDIFACT 报文中用到的段，每个段通过“段标”与 EDIFACT 标准报文联系。

（3）报文

EDIFACT 标准报文有 200 个左右，分别涉及海关、金融、保险、贸易及运输等多个方面。其格式分为三级：0 级是草案级；1 级是推荐草案级；2 级是推荐报文标准级。在采用 EDI 方式交换数据时，利用计算机及通信网络，按照通用的标准格式经数据结构化后，以报文为载体，再在报文上加上信封，传送到对方的计算机系统中。

（4）其他

◆ 贸易数据格式构成总揽：介绍了 EDIFACT 国际标准产生的背景，欲达到的目的和对用户的要求。

◆ 适当的说明解释

3. EDI 标准三要素

（1）数据元（Data Element）

数据元是电子单证最基本的单位，一般可以分为基本数据元素和复合数据元素两类。

基本数据元素是基本信息单元，用于表示某些有特定含义的信息，相当于自然语言中的字。根据其含义，可以分为非限定型、限定型、限定词三类。其中，非限定型表示一个无需其他说明就能表明其含义的数据元素，比如合同号；限定型表示需要另外一个限定词才能了解其含义的数据元素，比如通信号码，利用限定词来说明该数据元素是电话号码还是传真号码等；限定词是给限定性数据元素以特定含义的数据元素。

例如：

COM+2147271917：TE’（电话号码）

COM+02260586153：TL’（电传号码）

COM+BCAF：EM’（电子邮箱代码）

复合数据元素是由一组基本数据元素组成的，相当于自然语言中的词。每个复合数据元都有一个四位编号，以“S”开头的编号表示用于传输控制的复合数据元；以“C”开头的编号为用户数据元，用于传输使用者需要传输的信息。通过代码表查到具体的表示内容。

例如：

S002：交换的发送方

C531：包装详情

（2）数据段（Data Segment）

所谓的数据段，是 EDI 标准报文中的一个信息行，由逻辑相关的数据元素构成，这些数据元素在数据段中有相应的固定形式、定义和顺序。数据段的基本内容可以分为四部分：数据段标识符、数据元素、数据元素分隔符及成分元素分隔符、数据段中止符。其中，数据段标识符由三个英文字母组成，用以说明是什么数据段，比如 DTM，UNB 等；数据元素是指基本数据元素或复合数据元素；数据元素分隔符及成分元素分隔符为“+”或“：”；数据段中止符为“’”。

例如：一个典型的数据段，如图 4-2 所示。

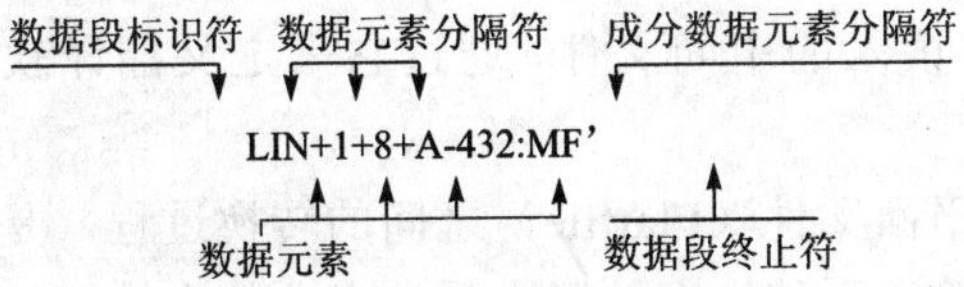

图 4-2 数据段的表示

（3）标准报文（Standard Message）

所谓的标准报文，是按照 UN/EDIFACT 句法规则所写成的一个具有标准格式的邮件。它由三个部分组成：首部、详细部分、摘要部分，而且报文必须以服务段“UNH”（报文标题）开始，以服务段“UNT”（报文尾标）结束。一份公司格式的商业单据必须转换为一份 EDI 标准报文才能进行信息交换。其转换过程为：

步骤一：将某公司格式的商业单据转换为平面文件；

步骤二：将平面文件翻译成 EDI 标准报文。

（二）EDI 软件

EDI 软件具有将用户数据库系统中的信息译成 EDI 的标准格式，以供传输交换的功能。当某公司或企业需要将信息作为 EDI 电文发送时，由于全球各个公司或企业所拥有的信息格式各不相同，每个公司有其自己规定的信息格式，所以必须要采用某些方法从公司的专有数据库中提取信息，并把它翻译成 EDI 标准格式，进行传输，这就需要与 EDI 相关软件的帮助。EDI 相关软件由三部分构成：转换软件、翻译软件和打包/拆包通信软件。如图 4-3 所示。

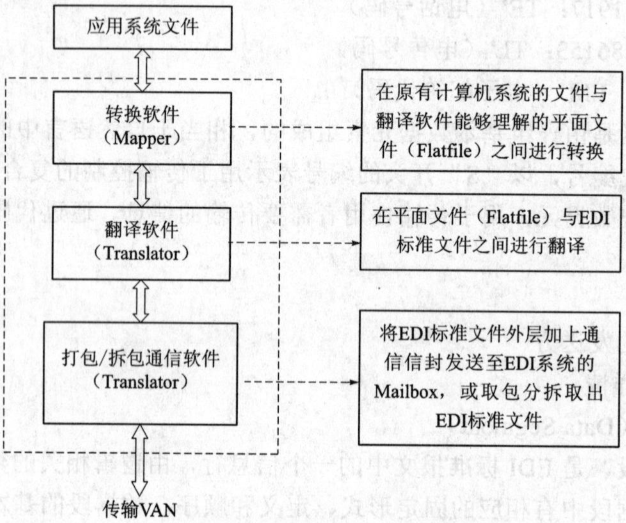

图 4-3　EDI 软件构成图

1. 转换软件（Mapper）

转换软件（Mapper）的功能是帮助用户将原有计算机系统的文件转换成翻译软件能够理解的平面文件（Flatfile），这是标准报文转换的第一步；或是将从翻译软件接受来的平面文件（Flatfile）转换成原计算机系统中的文件。所谓的平面文件（Flatfile），是指符合 EDI 翻译软件读入的中间文件，通过它来定义翻译软件能够理解的文件、数据段、数据源格式。

用户计算机系统与平面文件（Flatfile）之间的转换过程，是连接翻译和用户应用系统的中间过程。用户计算机系统中存储了大量的企业信息，所以该过程的任务就是读取企业数据库中的信息，然后按照不同的报文结构生成平面文件（Flatfile）以备翻译。

2. 翻译软件（Translator）

翻译软件（Translator）的功能是将平面文件（Flatfile）翻译成 EDI 标准文件，或将接收到的 EDI 标准文件翻译成平面文件（Flatfile）。翻译是根据报文标准、报文类型和版本由 EDI 系统的贸易伙伴清单确定，或由服务机构提供的目录服务功能确定。翻译软件中存储的多种翻译程序，使得多种 EDI 标准文件和平面文件之间可以进行相互转换。在进行翻译之前，需对平面文件（Flatfile）做一些准备工作，比如对平面文件进行编辑、一致性检查和地址鉴别等。

3. 打包/拆包通信软件（Communicator）

打包/拆包通信软件（Communicator）具有管理和维护贸易伙伴的电话号码系统，自动执行拨号等功能。具体过程是将 EDI 标准格式的文件外层加上通信信封（Envelope）"表头"，再送到 EDI 系统交换中心的邮箱（Mailbox）；或由 EDI 系统交换中心将接收到的文件取回。"表头"的具体内容有接收方公司名称、地址，接收方的具体部门、姓名，发送方的地址等等，这些信息可以从用户信息库和用户地址库中获取。目前，常采取增值网 VAN 方式，由第三方网络公司进行通信，类似于邮局，为发送方和接收方维护邮箱，并提供存储转送、记忆保管、通信协议转换、格式转换、安全管理等相关功能，从而在很大程度上降低相互传送资料的复杂度。

（三）EDI 硬件

EDI 系统在用户端所需要的硬件环境可以是单机方式、主机方式、局域网方式以及客户机/服务器方式等。各种硬件环境的集成结构图如图 4-4 所示。从图中可以看出，EDI 客户端所需配置的硬件设备主要有计算机、网络连接设备、通信线路。

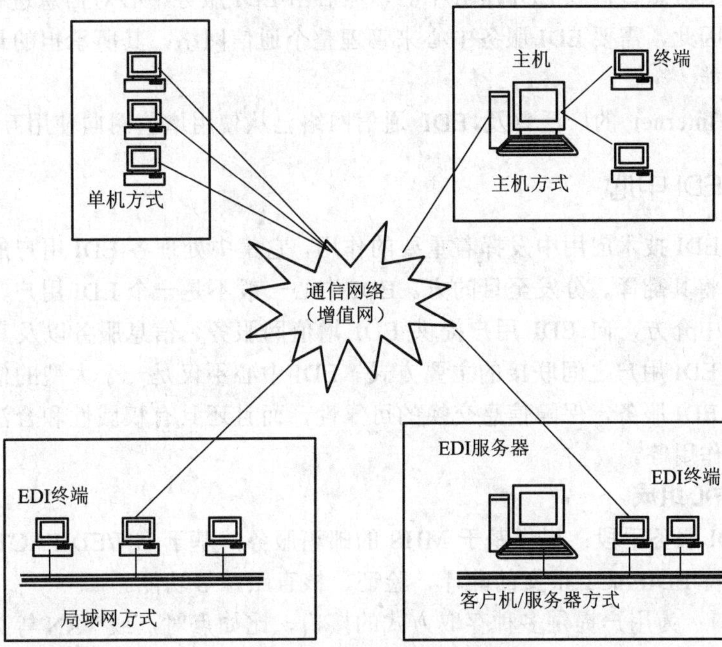

图 4-4 EDI 的硬件环境

1. 计算机

可根据企业已有应用系统的硬件环境和现有条件进行选配，PC 机、工作站、小型机、主机等均可进行利用。

2. 网络连接设备

采用 EDI 方式进行电子数据交换时，需要通过通信网络，因此，网络连接设备是必然需要的。网络连接设备主要有调制解调器、集线器、交换机、路由器等。企业可根据自身的实际情况进行相应选择。

3. 通信线路

通信线路一般较常采用的是电话线路。但如果企业在传输时效及资料传输量上有较高的要求，最好是租用专用线路或其他宽带介质。

需要注意的是，企业 EDI 应用系统硬件环境可以在原有应用的基础上进行构造或改造，不必从头做起，以避免不必要的浪费。

（四）EDI 通信网络

EDI 通信网络主要有两大类：增值网 VAN 和互联网 Internet。在互联网 Internet 广泛采用之前，通常采用增值网 VAN 作为 EDI 的数据通信网络。

所谓增值网 VAN，并不是一种新型的通信网，而是指在现有的通信网络中，增加 EDI 服务功能而构成的计算机网络。增值网 VAN 可以使用的通信网络有分组交换数据网 PSDN、电话交换网 PSTN、数字数据网 DDN、综合业务数字网 ISDN 与 BSDN、卫星数据网 SDN、移动数据通信网以及无线网络 WLAN 等。

在增值网 VAN 中，EDI 系统采用存储——转发的通信方式，贸易双方与 EDI 服务中心联结，双方的信息传输到 EDI 服务中心，然后由 EDI 服务中心对信息进行处理，再传输到接收方。因此，需要 EDI 服务中心来管理整个通信网络，其所承担的最重要任务就是网络管理功能。

随着互联网 Internet 的广泛普及，EDI 通信网络已从使用增值网向使用互联网转变。

二、认识 EDI 中心

EDI 中心在 EDI 技术应用中发挥着重要的作用，它集中处理各 EDI 用户的业务数据及 EDI 信息，并将其翻译、分发至目的方。EDI 中心一般不是一个 EDI 用户，只是作为 EDI 业务的第三中介方，向 EDI 用户提供 EDI 增值网服务、信息服务以及其他的 EDI 业务服务等，是 EDI 用户之间联接的主要方式。EDI 中心不仅是一个大型的信息交换中心，提供完整的 EDI 服务，保障信息交换的可靠性，而且还具有权威性和合法性，能起信息公证机构的作用等。

（一）EDI 中心组成

◆ 公共 EDI 服务手段：提供基于 MHS 的邮箱服务，基于 UN/EDIFACT 报文的成组交换功能，支持 EDIFACT 报文的翻译、验证、核查跟踪等功能。

◆ 通信接口：为用户提供多种存取方式的接口，比如点对点或 VAN 等。

◆ 公共业务服务：代办用户委托的 EDI 业务，用户可以通过 FAX、柜台服务，进行现有纸面单证的 EDI 处理。

◆ EDI 最终用户系统：为最终用户提供 EDI 应用系统解决方案。

（二）EDI 中心功能

◆ 邮箱管理：比如信件的收发管理、信件的分送管理等。

◆ 回执响应功能：返回信件被收件人收取，或未在制定时间内取走等回应通知。

◆ 分类区件：由使用者选择，可依照信件的种类及送件人的地址等分类方式取件。

◆ 断点重发功能：用户可以重复操作能力。

◆ 编制管理报表：比如送件清单、收件清单及回执清单等。客户的基本信息管理及客户关系管理。

◆ 检查信件的正确性：比如检查 EDI 交换、格式的正确性等。

◆ EDI的翻译功能：比如不同标准的转换等。

◆ 安全控制能力：比如对多种密码的修改，使用者存取记录，防止多次不正确的系统登陆及跟踪核查对系统的安全造成的威胁。

◆ 灾害回复功能：在灾害发生时，自动保存现行系统数据，自动备份系统，使系统的损失减少。

三、EDI的实现过程

所谓EDI的实现过程，是指用户将相关数据从自己的计算机信息系统传送到有关交易方的计算机信息系统的过程。该过程因用户应用以及外部通信环境的差异而有所不同。在有EDI 增值服务的条件下，具体的实现过程如图4-5所示，具体步骤如下：

步骤一：发送方A公司将要发送的数据从信息系统数据库提出，经转换软件（Mapper）转换成平面文件（Flatfile）（亦称中间文件）。

步骤二：将平面文件（Flatfile）经翻译软件（Translator）翻译成标准的EDI报文。

步骤三：通过通信网络发送EDI信件。

步骤四：接收方从EDI 信箱中收取信件。

步骤五：EDI信件拆开并经翻译软件（Translator）翻译成平面文件（Flatfile）。

步骤六：将平面文件（Flatfile）经转换软件（Mapper）进行转换并送到接收方信息系统中进行处理。

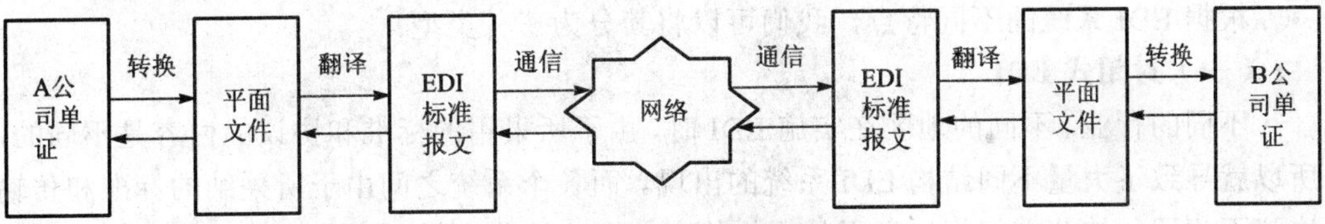

图4-5 EDI的实现过程

知识拓展

一、EDI标准的发展

EDI是为了实现商业文件、单证的互通和自动处理，因此文件结构、格式、语法规则等方面的标准化是实现EDI的关键。EDI标准是随着EDI业务的发展而不断完善的，它大致经过了以下三个阶段。

（一）产业标准阶段（1970~1980年）

1970年，美国运输行业的几家公司联合起来，成立了运输数据协调委员会TDCC，其目的是开发一种能够传输运输业文件的共同语言或标准，并于1975年公布了它的第一个标准。继运输数据协调委员会TDCC之后，其他行业也陆续开始开发制定属于自己行业的标准，比如零售行业的标准UCS、仓储行业的标准WINS等。

（二）国家标准阶段（1980~1985年）

当产业标准应用逐渐成熟后，随着经济全球化的发展，人们发现企业运作并不仅仅局限在单一行业，由此国家标准诞生。1979 年，美国国家标准协会 ANSI 授权“特命标准化委员会 ASC”的 X.12 委员会在 TDCC 标准的基础上，开发、建立跨行业且具有一般性的 EDI 国家标准 ANSI X.12。与此同时，欧洲方面由联合国欧洲经济理事会第四工作组（UN/ECE/WP.4）负责进行欧洲 EDI 标准的开发，并在 20 世纪 80 年代早期提出 TDI 及 GTDI 标准，但该标准只定义了商业文件的语法规则，没有报文标准。

（三）国际通用标准阶段（1985 至今）

在欧、美两大区域的 EDI 标准制定、试行几年后，1985 年，ANSI X.12 与欧洲 GTDI 开始进行广泛的接触与合作，共同进行国际间 EDI 通用标准的研究与制定。联合国欧洲经济委员会负责国际贸易程序简化的工作小组（UN/ECE/WP.4）承办了国际性 EDI 标准制定的任务，并于 1986 年正式以 UN/EDIFACT（United Nations/Electronic Data Interchange For Administration，Commerce and Transport）作为国际性 EDI 通用标准。另一方面，ANSIASC X.12 于 1992 年决定在其第四版标准制定后，不再进行继续的发展维护，全力与 UN/EDIFACT 标准相整合，至此，全世界的 EDI 标准趋于统一。

另外，在此同时还出现过许多其他的标准，比如用于零售行业的标准 VICS、英国贸易标准 TRADACOMS、欧洲汽车工业和其他工业标准 ODETTE、日本的 EDI 标准 CⅡ 等等。

二、EDI 发展的类型

根据 EDI 系统的不同特点，我们可以将其分为三种类型：

（一）封闭式 EDI

不同的行业、不同的地区在实施 EDI 时，由于所采用的标准和协议的内容是不同的，所以就导致了大量不同结构 EDI 系统的出现。而各个系统之间由于所采纳的标准和传输协议不相同，彼此之间相对处于封闭的状态，因此被称为封闭式 EDI。

（二）开放式 EDI

为了解决逐渐形成的专用封闭的 EDI 孤岛的格局，一些国际组织提出了开放式 EDI 的概念，定义为“使用公共的、非专用的标准、以跨时域、跨商域、跨现行技术系统和跨数据类型的交互操作性（Interoperability）为目的的自治采用方之间的电子数据交换。”它试图通过建立一个通用基础传输协议和标准系统来解决开发中产生的各种问题，其方法是构造一个开放式的环境，发展 EDI 多应用领域的互操作性，创建应用多种信息技术标准的基础，同时保证 EDI 的参与方对实际使用 EDI 的目标和含义都有相同的理解，以减少甚至消除对专用协议的需求，使得任何一个参与方不需要事先安排就都能与其他的参与者进行 EDI 业务。

（三）交互式 EDI

所谓的交互式 EDI，是指在两个计算机系统之间连续不断地以询问和应答形式，经过预定义和结构化的自动数据交换达到对不同信息的自动实时反应，具有全球性和实时性等特点。一次询问和应答被称为一个对话，用户等待应答的时间可以达到秒或更短的水平。交互式 EDI 是在开放式 EDI 的基础上发展起来的，最符合电子商务的需求，是未来 EDI 的发展方向。

资料卡

常用 EDI 中心网站：

厦门电子商务中心 http：//www.xmec.com.cn

上海 EDI 中心 http：//www.shedi.com/

上海港航 EDI 中心 http：//www.portinfo.net.cn/edispec/index.php

航运商务网 http：//www.21shipping.com/

宁波 EDI 中心 http：//www.npedi.com.cn/cn/index_cn.htm

厦门空港 EDI 中心 http：//www.xmairedi.com.cn/

任务评价

一、评价方法

本任务要求学生上网搜索一些 EDI 系统的实例，分析 EDI 系统的组成、EDI 中心的组成和 EDI 的实现过程，让学生分小组讨论；然后以书面形式将讨论结果和处理办法提交，老师对其结论给予综合评定。

二、评价指标

表 4-3 任务完成情况评价表

评价指标	学生自我评价		小组评价		他人/教师评价	
	合格	不合格	合格	不合格	合格	不合格
EDI 数据标准分类						
EDI 数据标准要素						
EDI 软硬件系统的构成						
EDI 中心的功能						
EDI 中心的工作流程						
调查报告						
相关知识的扩展掌握情况						

课后练习

一、思考题

1. EDI 系统包括哪些？简述 EDI 的实现过程。

2. EDI 系统的数据标准的分类与构成要素。

二、实训题

进入中国 EDI 门户网站（http：//www.edieai.com），学习 EDI 的行业标准及发展情况。

任务三　EDI 的类型

任务要求

通过任务三的学习与训练，了解 EDI 系统的类型，掌握 EDI 系统的业务流程，了解 EDI 仔不同行业中的应用。

任务实施

一、了解 EDI 的类型

一般来说，EDI 较多地应用于有大量表单式数据处理的部门和单位，而且要求有一定的规范性。根据 EDI 系统的功能，可以将其分为贸易数据互换系统、电子金融汇兑系统、交互式应答系统、带有图形资料自动传输的 EDI 四类。

第一类：贸易数据互换系统 TDI（Trade Data Interchange），也称为订货信息系统，是最基本的也是最知名、应用范围最大的 EDI 系统，它用电子数据文件来传输订单、发货票和各类通知。

第二类：电子金融汇兑系统 EFT（Electronic Fund Transfer），也称为电子转账系统，是在银行和应用 EDI 的企业之间实行电子费用汇兑。目前，EFT 正与电子订货系统进行有效的整合，形成一个自动化水平更高的一体化系统。

第三类：交互式应答系统 IQR（Inter-active Query Response）。这类系统主要应用在旅行社或航空公司作为机票预定系统。在具体应用时，需要先询问到达某一目的地的航班，要求显示航班的始发时间、到达目的地时间、票价及其他信息，然后根据旅客的自身要求确定所要的航班，打印机票。

第四类：带有图形资料自动传输的 EDI。在这类系统中，最常见的是计算机辅助设计 CAD（Computer Aided Design）图形的自动传输。比如，某设计公司再完成一个厂房的平面布置图后，将其平面布置图传输给厂房的主人，请主人提出修改意见；一旦该设计被认可，系统将自动输出订单，然后发出购买建筑材料的报告；在收到这些建筑材料后，系统自动开出收据。比如美国的一个厨房用品制造公司—KraftMaid 公司，在 PC 机上以 CAD 设计厨房的平面布置图，再用 EDI 传输设计图纸、订货收据等，取得了良好的效益。

二、EDI 的业务流程

下面我们以采购业务为例，说明在采用 EDI 进行商务处理的情况下，买卖双方是如何处理业务的。

我们可以看出 EDI 进行商品交易信息处理的流程如下：

（1）当买方的库存管理系统提出购买某种物资的数据时，EDI 的翻译软件据此编制一份 EDI 订单。

（2）通信软件将订单通过网络送至网络中心指定的卖方邮箱内。

同时，利用公司内部计算机应用程序之间的搭桥软件，将这些数据传送给应付帐部门和收货部门，进行有关的登记。

（3）卖方定时经通信网络到网络中心的邮箱内取回订单，EDI 的翻译软件把这份订单翻译成卖方数据格式。

（4）如果确认可以售给买方指定的物资，则送出供应单经相反方向返回给买方。若只有部分满足买方要求或不能满足要求，则以相同的方向返回相应信息。

卖方收到订单时，卖方的搭桥软件把有关的数据传送给仓库或工厂，以及开票部门，并对计算机发票文件的内容进行相应的更新。

（5）买方收到供应单后，在订单基础上产生一份商品情况询问表，传送给卖方。双方就商品价格等问题进行讨论，直到达成一致。

（6）达成一致后，卖方的仓库或工厂填制装运单，编制船期通知，并将其传送给买方。

同时，通过搭桥软件，将船期通知传送给开票部门，生成电子发票，传送给买方。卖方在开立发票时，有关数据就进入应收帐部门，对应收帐的有关数据进行更新。

（7）买方接到船期通知后，有关数据自动进入收货部门文件，产生收货通知。收货部门的收货通知通过搭桥软件传送给应付账部门。

（8）买方收到电子发票以后，产生一份支付核准书，传送给应付账部门。

（9）买方应付账部门开具付款单据通知自己的开户银行付款，同时通知卖方付款信息。

（10）卖方收到汇款通知后，有关数据经过翻译进入应收账户，买方则因支付而记入贷方项目。

由此可见，当买方提出购买的要求后，EDI 就可以自动进行转换操作，生成不同用途的数据，送至各相关伙伴，直至该事务处理结束。

知识拓展

一、EDI 的在制造业中的应用

下面以 EDI 在汽车制造行业中的实施为例进行介绍。

汽车制造行业可能是全世界最早大规模实施 EDI 的行业。主要的原因就是汽车制造行业集成装配的生产特征要求零部件的供应要准确和适时，EDI 的运用正好能够满足这个要求。早在 1980 年代，英国的汽车制造行业就开始规划 EDI 的实施，例如 Motornet、INS 和 Istel 等就是英国较早开展 EDI 业务的行业 EDI 服务提供商。目前，在欧洲的至少 20 几家汽车制造商中，几乎所有的制造商都已经实施了适时管理控制的 EDI。

当初，该行业在规划 EDI 应用时所确定的实施目标是：

- EDI 的通信联系要基于一对多的模式；
- 企业端的 EDI 要易于使用和管理，必须避免技术的复杂性给用户带来的麻烦；
- 要有严格的安全措施，防止非授权者侵入；
- 提供无差错的数据交换；
- 要求与各种品牌和类型的电脑硬件设备兼容；
- 适用于该行业所有的用户或供应商；

◆ 使用一个共同的传输方式；

◆ 达到节省成本的目的；

◆ 针对每个报文种类要使用一个共同的数据格式；

◆ 向数据的发出者提供数据接受者对数据接受的确认。

在该行业 EDI 的实施初期，虽然不同的企业从中获得了不同程度好处，然而总的来讲，EDI 的实施为企业普遍带来了如下好处：

1. 支持企业适时库存管理控制

◆ 按日交付货物的安排成为可能；

◆ 使货物的运输情况得到了跟踪；

◆ 使迟交货物的情况能够事先甄别，从而在很大程度上减少了风险。

2. 货物接收程序简化，时间缩短

3. 减低了企业的运营成本

◆ 使用无纸的单证传输方式，无需人工处理和实物邮寄；

◆ 提供了可以用电脑自动处理的数据，无需人工重复录入；

◆ 消除了纸张单据的储存和提取

4. 提高了企业的运营效率

◆ 使单据的交付速度更快；

◆ 对单据的交付进行自动确认；

◆ 使企业收款速度加快；

◆ 保证了数据的准确性，避免了出现错误；

◆ 建立了更为规范的企业运作环境；

◆ 提高了数据的准确性和可靠性，从而增加了数据和信息的价值；

◆ 提高了业务人员的工作效率，因为他们不再为固定的工作程序耗费精力，在处理特殊情况方面可以花更多的时间。

汽车制造行业的 EDI 电子商务系统主要体现在供应链的管理上，相互独立的零部件供应商、制造厂商，以及与它们相关的运输等企业之间的信息交往就成为 EDI 信息系统当中的主要角色。为了达到适时库存管理和控制，在汽车行业 EDI 系统主要是依靠以下两种报文系统来实现的：

◆ 物料交付时间表（Material Release Schedule，MRS）。这是汽车制造行业物料采购中随附在采购订单中的物料交付的时间安排表。为了达到适时库存管理控制的目的，MRS 规定了每月当中，甚至于每天的物料供应时间表和相关的许多单据格式。

◆ 提前通知货运单（Advanced Shipping Note，ASN）。这是由供应商向汽车制造商和货运公司发送的货物运输的提前通知单。这个货运单发出有关货物在途的信息，并预期货物到达的时间，提供的信息包括货物的地点、数量，以及产品描述等。

汽车制造行业的 EDI 在英国的早期实施中初见成效，据测算，由于建立了适时库存管理系统，每生产一辆车平均节省成本 200 英镑。在单据方面，原来出具每张发票的成本为 9.50 英镑，而在实施 EDI 后下降到 30 便士。另外，随着条形码的使用，货物的运输信息与条形码自动比较，使货物的流转程序缩短，操作的错误和疏忽情况大大减少。

资料来源：http：//book.06eb1.cn/read.php/12.htm

二、EDI在物流中的应用

近年EDI在物流中广泛应用，被称为物流EDI。

所谓物流EDI是指货主、承运业主以及其他相关的单位之间，通过EDI系统进行物流数据交换，并以此为基础实施物流作业活动的方法。物流EDI参与单位有发送货物业主（如生产厂家、贸易商、批发商、零售商等）、承运业主（如独立的物流承运企业等）、实际运送货物的交通运输企业（铁路企业、水运企业、航空企业、公路运输企业等）、协助单位（政府有关部门、金融企业等）和其他的物流相关单位（如仓库业者、专业报送业者等）。

这个物流模型的主要步骤如下：

（1）发送货物业主（如生产厂家）在接到订货后制定货物运送计划，并把运送货物的清单及运送时间安排等信息通过EDI发送给物流运输业主和接收货物业主（如零售商），以便物流运输业主预先制定车辆调配计划和接收货物业主制定货物接收计划。

（2）发送货物业主依据顾客订货的要求和货物运送计划下达发货指令，分拣配货，打印出物流条形码的货物标签（即SCM标签，Shipping Carton Marking）并贴在货物包装箱上，同时把运送货物品种、数量、包装等信息通过EDI发送给物流运输业主和接收货物业主依据请示下达车辆调配指令。

（3）物流运输业主在向发货货物业主取运货物时，利用车载扫描读数仪读取货物标签的物流条形码，并与先前收到的货物运输数据进行核对，确认运送货物。

（4）物流运输业主在物流中心对货物进行整理、集装、作成送货清单并通过EDI向收货业主发送发货信息。在货物运送的同时进行货物跟踪管理，并在货物交纳给收货业主之后，通过EDI向发货物业主发送完成运送业务信息和运费请示信息。

（5）收货业主在货物到达时，利用扫描读数仪读取货物标签的物汉条形，并与先前收到的货物运输数据进行核对确认，开出收货发票，货物入库。同时通过EDI向物流运输业主和发送货物业主发送收货确认信息。

物流EDI的优点在于供应链组成各方基于标准化的信息格式和处理方法通过EDI共同分享信息、提高流通效率、降低物流成本。

应用传统的EDI成本较高，一是因为通过VAN进行通讯的成本高，二是制定和满足EDI标准较为困难。但近年来，互联网的迅速普及，为物流信息活动提供了快速、简便、廉价的通讯方式，所以，互联网将为企业实施物流EDI提供坚实的基础。

资料来源：http：//wenwen.soso.com/

三、EDI在海关的应用

EDI在海关中的应用较早和广泛，也较为完善。下面以中国海关EDI为例进行介绍。

中国海关EDI通关系统是指海关与通关对象之间运用EDI技术自动交换和处理通关文件，并利用海关计算机应用系统及时、自动完成整个通关过程的EDI实用系统。EDI通关系统涉及到进出口货物报关、审单、征税、放行等通关环节，以及包括报关行、金融单位、仓储、运输企业和国际贸易行政管理等部门。EDI 通关系统是指海关原有报关自动化系统（H883 系统）的延伸、发展和提高。它在 H883 系统的基础上，进一步简化了通关手续，用户在许多情况下不必派人到海关办理报关手续。

中国海关的 EDI 发展经历了如下阶段：

（一）前期调研阶段

中国海关从 20 世纪 90 年代初开始 EDI 应用的研究工作。主要是通过广泛地参加国际组织的各种研讨会和工作会议，对世界范围内的 EDI 应用现状和发展动态进行研究。开始是概貌了解，然后逐步深入，最后基本掌握了实施 EDI 应用的关键技术。比如通过参加世界海关组织（WCO）每年一次的 IT 工作会议，着重对美、英、澳、日等国家海关的 EDI 通关系统进行比较研究。20 世纪 90 年代初，中国海关正值全力以赴地推广应用面向海关业务管理的报关自动化系统，而上述国家海关已先后进入 EDI 通关系统的开发和应用时期，这对我国海关是一个很大的启示，认识到海关 IT 应用的发展方向应是无纸化的 EDI 通关。

（二）研制开发阶段

1992 年 9 月海关总署办公会议做出决定，批准 EDI 通关系统工程正式立项，为此成立了由署领导亲自挂帅的 EDI 工程领导小组，并从全国海关抽调了 30 余名计算机与海关业务专家组成了工程组。工程组于 1993 年 3 月完成 EDI 通关系统所需 14 个 EDIFACT 标准报文子集的制订工作，7 月完成系统总体技术方案设计，1993 年 9 月至 1994 年 1 月，只用 5 个多月的时间完成了用于普通货物通关的软件设计。随后于 1994 年 11 月完成了用于快递货物通关的软件设计。1995 年 1 月完成了基于微机平台的普通货物通关软件设计。EDI 通关系统按运行平台分，有基于 ALPHA 服务器和 INTEL 服务器两种；按适用范围分，有适用于普通货物（海陆空运）和快递货物（空运）两种；从 EDI 应用深度看，有仅限于货物进出口申报业务的，也有用于货物进出口申报、审单、放行业务的。

（三）试点应用阶段

在海关总署的统一部署下，EDI 通关系统的试点应用工作，于 1994 年 4 月首先在北京首都机场海关进行，9 月起在上海浦东外高桥保税区海关进行。起初仅用于普通货物进出口的通关。随着快递货物 EDI 通关系统的开发成功，1994 年底和 1995 年初又将该系统分别投入到上海虹桥机场海关和北京首都机场海关使用。

（四）推广应用阶段

EDI 通关系统在两个海关试点成功后，海关总署开始有计划地进行推广。到 1997 年底，已开通 EDI 通关业务的有北京、上海、广州、深圳、珠海、杭州、宁波、青岛、大连、厦门、福州、郑州等口岸的十余个海关。EDI 通关企业已近 500 家，系统处理的普通货物进出口日报关单量约占全国总数的 20%，系统处理的空运快递货物进出口占全国总数的 80%以上。

（五）向电子商务发展阶段

在许可证、进出口结付汇、出口退税报关单核销方面：海关总署于 1998 年 8 月组织开发了进出口报关单联网核查系统。该系统利用中国电信公共数据网，采用 WWW 服务器技术，具有身份论证，数字签名，数据密押，传输加密以及跟踪审计等一整套安全保密措施。系统已于当年9月开始逐步推广使用。首期投入应用的是国家外汇管理部门和银行对企业进出口结付汇报关单的核查业务。系统用户包括国家外汇管理局及各地方分支局、国内所有经营外汇售收业务的银行单位以及进出口企业。开通国家税务局对企业出口退税的报关单核查、外经贸许可证管理部门对企业进出口许可证报关单核查等业务。该系统是国内第一个在全国范围内推广应用并取得实际应用效果的电子商务应用系统。

经过多年的发展，中国海关的EDI电子通关系统已经由最早的H883系统升级到H2000系统（目前正在使用的系统），不论从技术上还是功能上，都已经发生了质的飞跃，随着社会经济的发展，海关总署将对目前的H2000系统做出新的技术革新和系统升级，届时将会出现在世界范围都可以说是领先水平的、容纳数据最大的，运行效率最高的EDI系统。

资料来源：http：//zhidao.baidu.com

四、EDI在商业中的应用

EDI应用在商业中，可以减少商场库存量与空架率，加速商品资金周转，降低成本；同时建立物资配送体系，完成产、存、运、销一体化的供应线管理。现以上海联华为例进行介绍。

（一）基本状况

上海联华超市集团公司成立于1992年，目前已发展到有门店250多家。有直营店、加盟店、合营店三种经营方式，其中直营店有80多家；加盟店分布在浙江、江苏等省市；合营店主要以控股方式经营，主要分布在远郊区、县。直营、加盟、合营三种方式的门店都由总部统一进货。

随着经营规模的越来越大，管理工作越来越复杂。公司领导意识到必须加强高科技的投入，搞好计算机网络应用。从1997年开始，公司成立了总部计算机中心，进行经营信息的汇总、处理。配送中心也完全实现了订货、配送、发货的计算机管理，各门店的计算机由总部统一配置、统一开发、统一管理。配送中心与门店之间的货源信息通过上海商业高新技术公司的商业增值网以文件方式传递。

每天中午12点钟，配送中心将商品的库存信息以文件形式发送到增值网上，各门店计算机系统从自己的增值网信箱中取出库存信息，然后根据库存信息和自己门店的销售信息制作“要货单”。但要货单信息没有通过网上传输，而是从计算机中打印出来，通过传真形式传送到配送中心，配送中心的计算机工作人员再将要货信息输入计算机系统。这样做的结果不仅导致了数据二次录入可能发生的错误和人力资源的浪费，也体现不出网络应用的价值和效益，因此，公司决定采用EDI系统管理公司的业务。

（二）系统结构

上海联华超市集团公司作为国家科委“九五”科技攻关项目“商业EDI系统开发与示范”的示范单位之一，从1998年3月开始，与北京商学院、杭州商学院、上海商业高新技术开发公司合作开发自己的EDI应用系统。这个EDI应用系统包括配送中心和供货厂家之间、总部与配送中心之间、配送中心与门店之间的标准格式的信息传递，信息通过上海商业增值网EDI服务中心完成。系统结构如图4-6所示。

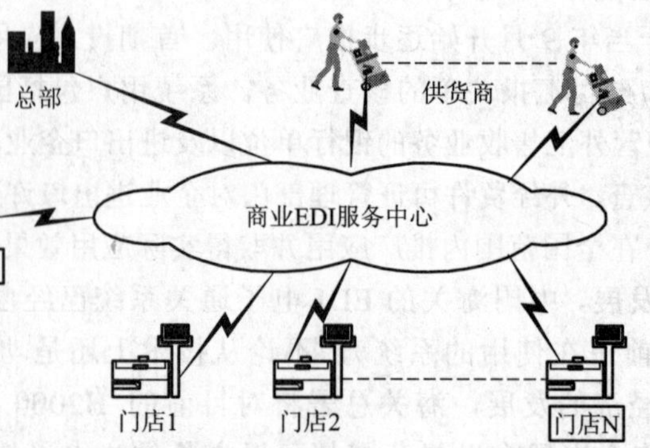

图 4-6　系统结构

（三）应用信息流

采用 EDI 之后，配送中心直接根据各门店的销售情况和要货情况产生订货信息发送给供货厂家。供货厂家供货后，配送中心根据供货厂家的发货通知单直接去维护库存，向门店发布存货信息，这样做的结果，使得信息流在供应商、配送中心、门店之间流动，所有数据只有一个入口，保证了数据传递的及时、准确，降低了订货成本和库存费用。EDI 应用信息流如图 4-7 所示。

图 4-7　EDI 应用信息流

资料来源：http：//hvjg.hep.com.cn/hep/plugin/gaozhi/sites/21780-00/chapter03.pdf

任务评价

一、评价方法

本任务要求学生去查询、搜索 EDI 应用的典型案例，了解 EDI 在不同行业中的具体应用，分析 EDI 的类型、具体的业务流程，并完成相应的实训报告，进行自我评价、小组评价、他人/教师评价。

二、评价指标

表 4-4　　任务完成情况评价表

评价指标	学生自我评价		小组评价		他人/教师评价	
	合格	不合格	合格	不合格	合格	不合格
EDI 系统的分类						
EDI 系统的业务流程						
总结报告						
相关知识的扩展掌握情况						

课后练习

一、思考题

1. EDI系统的分类包括什么？

2. EDI系统的业务流程包括什么？

二、实训题

进入EDI外包网站（http：//www.spscommerce-asia.com），学习EDI系统的业务流程。

任务四　在EDI上构建电子商务

任务要求

通过任务四的学习与训练，了解EDI与电子商务的区别与联系，掌握通过不同手段构建基于EDI的电子商务系统。

任务实施

一、通过Internet Mail方式在EDI基础上构建电子商务

所谓的Internet Mail，即网络邮件，该方式是指利用Internet的ISP（Internet Service Providers）代替增值网络VAN实现商业数据和信息的电子交换，是最早把EDI带入到Internet的一种方式。一般来说，对于普通的信息，可以利用电子邮件E-Mail功能直接进行即时的信息传递和信息共享；对于重要的信息，可以利用电子邮件E-Mail的加密功能进行保密传送。Internet相对于增值网络VAN，其费用要低得多，为中小企业电子商务活动的开展提供了很好的平台。但是该种方式由于E-Mail很容易伪造，并且发送方可以否认自己曾经发送过某个电子邮件E-Mail，所以在利用Internet Mail方式融合EDI应用系统时，必须采用电子认证的方法以解决电子商务的不可否认性。

二、通过SIC方式在EDI基础上构建电子商务

在实现EDI的方案中，不同的行业或企业常常根据他们自己的需要选择一定标准，去掉一些他们根本不使用的部分。IC（Implementation Conventions）就是指那些被裁剪了的标准信息版本。但不同IC版本之间不能实现相互通信，在Internet上实现EDI时，只有使用了相同的IC版本后才能正确工作。SIC，即标准执行协定（Standard Implementation Conventions），着重解决的就是在使用Internet进行EDI时存在的多版本问题，它是一种特殊的跨行业的针对特定应用的国际标准。但这种标准相对来说十分简单，没有过多的可选项，不同于以前的行业标准、国家标准及以前制订的国际标准，并且还考虑了以前IC的需求。最终，应用程序厂商可以在他们的产品中实现这一标准。比如OBI（Open Buying on the Internet）是针对大量的、低价格的交易定义的一组简洁的报文，使其成为标准。OBI在EDI报文中综合了电子目录，在互联网Internet上为企业——

企业购买商品提供了一个完整地解决方案。

三、通过 Web-EDI 方式在 EDI 基础上构建电子商务

所谓的 Web-EDI，即 EDI 与 Internet 相结合，这是目前最为流行的 EDI 与 Internet 融合的方法。由于 EDI 可以实现企业数据的自动交换，Web 可以实现企业信息的共享，所以两者的融合，可以同时实现数据交换和资源共享，互相取长补短。

（一）Web-EDI 的目标

Web-EDI 的目标是减少中小企业实现 EDI 的费用，即允许中小企业通过 Web 浏览器和 Internet 连接来执行 EDI 报文交换。

（二）Web-EDI 的基本思想

Web-EDI 方案的基本思想是在提供 EDI 服务的 EDI 中心建立 Internet Web Server，并在 Web 上开发有大量的表格可以供用户使用，用户只要通过访问浏览器就可以进行单证的填写、收发。在发送单证时，先填写表格，然后检查，确认无误后，发送至 EDI 中心翻译成 EDI 标准报文，传送至对方的 EDI 信箱；在接收时，只要将该翻译系统已翻译好的单证通过浏览器下载下来即可使用。Web-EDI 解决方案如图 4-8 所示。

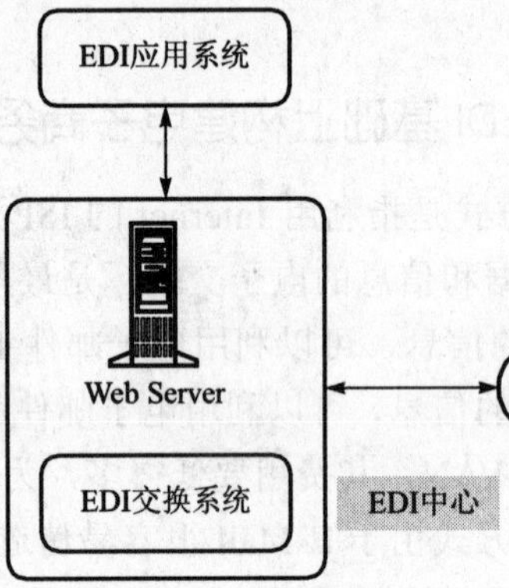

图 4-8　Web-EDI 解决方案

（三）Web-EDI 的基本原理

Web 是 EDI 报文的接口。一般情况下，一个参与者是较大的企业，针对每个 EDI 报文开发或购买相应的 Web 表单，改造成适合自己的 IC，然后把它们放在 Web 站点上。此时，Web 表单就成为 EDI 系统的接口。另外一个参与者是较小的企业，登陆 Web 站点选择他们所感兴趣的表单进行填写，将填写结果提交给到 Web 服务器，通过服务器端程序进行的合法性检查，把它变成通常的 EDI 报文，之后的报文处理就同传统的 EDI 报文处理一样了。为了保证报文信息能够从 Web 站点返回到它的参与者，报文还能转变成 Web 表单或者 E-Mail 的形式。总之，对所有的交易，EDI 相关的费用转换只发生一次，对所有的参与者来说均发生在 Web 站点上。

（四）Web-EDI 的特点

1. 不对称性

Web-EDI 的不对称性体现在：一方参与者实现了 EDI 交换，承担所有实现 EDI 的费

用，从而享受EDI所带来的所有好处；另一方参与者只参与EDI的交换，从EDI中得到的好处甚微，他们不需要任何翻译和转换。

2. 低成本性

Web-EDI解决方案只需一个浏览器和Internet连接就可以完成，EDI软件和转换的费用都在服务器端。这种方式只需对现有企业应用做很小的改动，就能方便快速地扩展系统应用，不仅有效保护了企业现有的投资，而且也不必重新进行企业数据库的开发。

3. 低出错率

四、通过XML/EDI方式在EDI基础上构建电子商务

所谓的XML，即可扩充的标记语言（Extensible Markup Language），它与HTML一样，都是标准通用标记语言SGML（Standard Generalized Markup Language）。但XML与HTML不同，它是HTML的变体，HTML确定网页的外观，而XML表明页面的数据代表什么内容，借助它，买主可以更加容易地在许许多多商务网站之间进行产品和服务的比较，可以更加方便地将网页转换为商务文件。XML的诞生可以说引发了一场Web技术革命，此后EDI将获得基于Internet的新生。

XML/EDI方式的目标是使所有的参与者都能从EDI中得到好处，不像Web-EDI方式只有实施方才能从中得到好处，这也是XML/EDI方式与Web-EDI方式最大的区别。所以XML/EDI方式着重解决的最主要问题是EDI中的映射问题。其应用原理主要是引进模板（Template）的概念，该模板（Template）描述的不是报文的数据，而是报文的结构以及如何解释报文，做到无需编程就可以实现报文的映射。在客户端的计算机上，安装一个模板（Template）的软件代理，它会用最佳的方式解释模板并处理报文，接着自动完成转换，从而产生正确的报文。同时代理可以给用户生成一个Web表单。

XML/EDI的实现过程主要可以分为一下三个步骤：

步骤一：数据采集；

步骤二：数据传输；

步骤三：数据处理。

知识拓展

一、电子商务与EDI的比较

电子商务与EDI是两个不同范畴的概念。EDI是一种技术、方法或手段，而电子商务是指一种业务活动，从这个角度上讲EDI是实施电子商务的手段之一。EDI与电子商务的发展过程不同，EDI更注重数据结构的标准化，其目的是将商业或行政事务处理中的报文数据按照一个公认的标准，形成结构化的事务处理的报文数据格式，进而将这些结构化的报文数据经由网络，从计算机传输到计算机，无须人为介入操作，降低成本，提高效率；而电子商务更注重经济活动的电子化和网络化，其目的是解除传统经济活动中时间、空间对人类的限制，减少纸质媒介的使用，促进经济活动的开展，适用于所有的业务活动。对于应用领域，EDI一般多发生在企业之间，而电子商务则涉及到更加广

泛的领域。随着互联网 Internet 的快速发展，EDI 的应用已开始由增值网 VAN 向互联网 Internet 平台上转移。

电子商务的核心是数据交换，而数据交换是 EDI 不可分割的一部分，两者是密切联系在一起的。目前，EDI 是许多面向业务的电子商务框架的核心，是交易的双方用电子方式发送标准文件的途径，比如订单、账单、资金报表、接收单据等。而 EDI 所运行的电子商务文件主要就是商务活动所涉及的有关单据、文件、票据、凭证。

二、Internet 对 EDI 的影响

Internet 是世界上最大的开放性计算机网络，拥有用户众多并且飞速发展，费用低廉，越来越多的公司和企业利用 Internet 资源寻求新的商业机会。Internet 对 EDI 的影响主要有以下几点：

（1）Internet 具有全球性，可以大大扩大参与双方交易的范围。

（2）Internet 通信费用低廉，其费用不到增值网络 VAN 的 1/4。

（3）基于 Internet 的 EDI 系统实现容易，技术上不复杂，应用简单，用户可以使用 Web 页面完成交易。

（4）ISP 提供了多种服务方式，节省了费用。

任务评价

一、评价方法

本任务采用学生自我检验、小组评价和教师评价的方法，对学习目标进行检验。学生上网查询不同的企业所采用的构建电子商务的方法，并进行相应的比较，完成调研报告。

二、评价指标

表 4-5　　任务完成情况评价表

评价指标	学生自我评价		小组评价		他人/教师评价	
	合格	不合格	合格	不合格	合格	不合格
基于 Internet Mai 电子商务						
基于 SIC 构建电子商务						
基于 Web-EDI 电子商务						
基于 XML/EDI 电子商务						
调查报告						
相关知识的扩展掌握情况						

课后练习

一、思考题

1. 掌握基于不同手段构建 EDI 基础上的电子商务手段？

2. EDI 与电子商务的关系是什么？

二、实训题

分别进入中国国际 EDI 中心（http：//cieccxmzg.ce.china-china.biz/shop/default），了解电子商务与 EDI 的结合应用情况。

任务五　EDI 应用系统模拟

任务要求

通过任务五 EDI 应用系统的模拟，要求学生理解 EDI 应用系统的工作原理，并掌握 EDI 应用系统的具体操作流程。

任务实施

一、登陆电子商务师实验室，进入 EDI 模块

通过教师给定的用户名和密码，登陆电子商务师实验室，进入 EDI 模块，如图 4-9 所示。

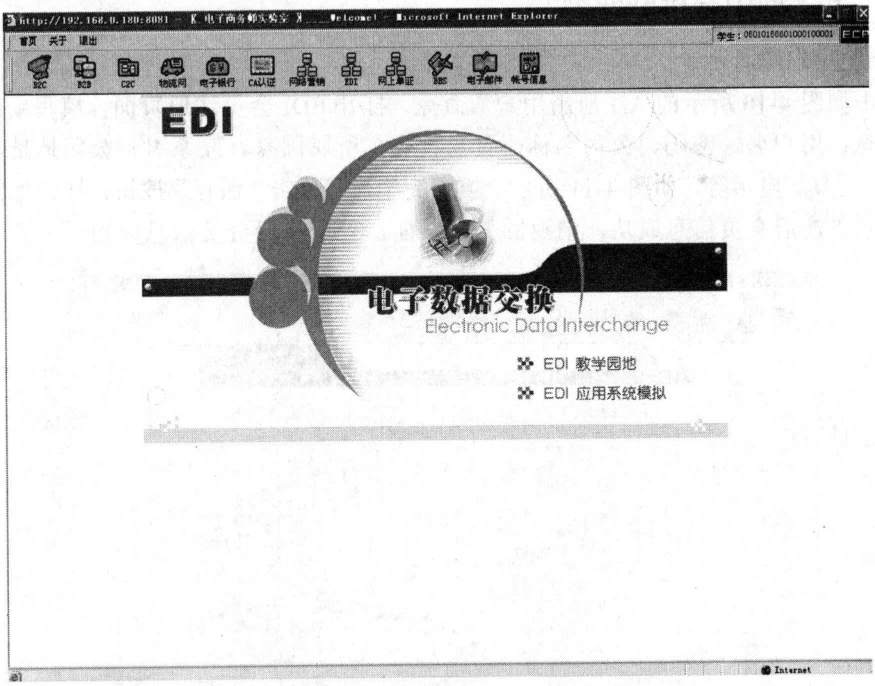

图 4-9　电子商务师实验室——EDI 模块

二、进入 EDI 应用系统模拟页面

单击如图 4-9 所示的“EDI 应用系统模拟”命令，进入 EDI 应用系统模拟页面，如图 4-10 所示。

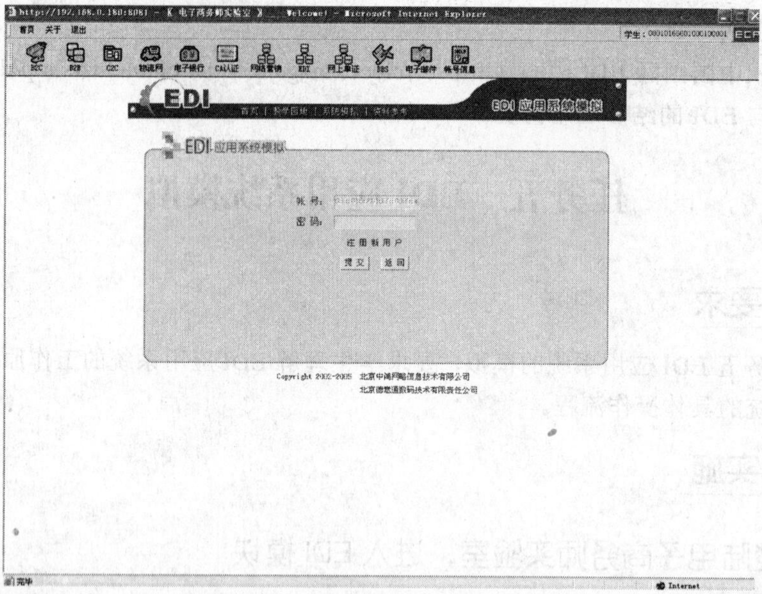

图 4-10　EDI 应用系统模拟页面

三、EDI 应用系统的模拟

（一）用户注册

单击如图 4-10 所示的“注册新用户”命令，打开 EDI 会员注册页面，填写新用户的相关信息：用户名、密码、公司名称、贸易种类、所属国家、联系人、公司地址、公司 E-Mail、传真、电话等，如图 4-11 所示。填写完毕后，单击“保存”按钮，打开如图 4-12 所示提示“注册会员信息成功，请返回”的页面，表示注册会员信息成功。

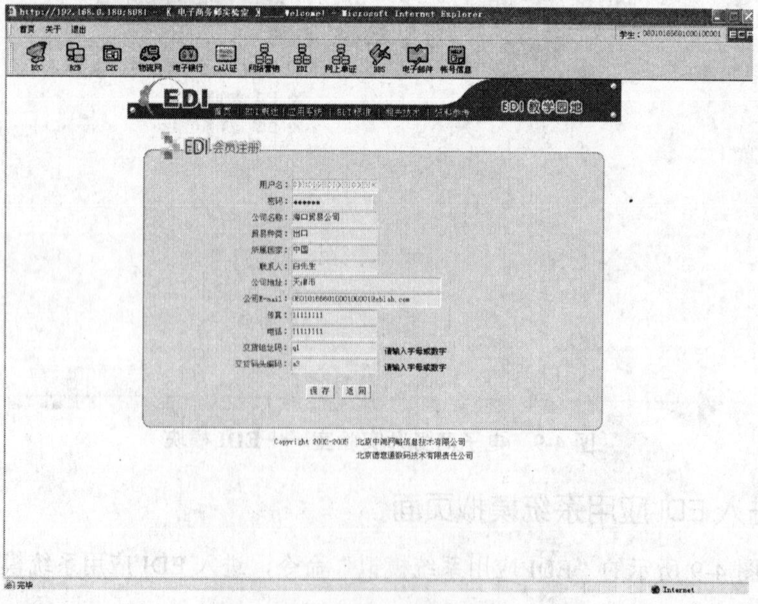

图 4-11　EDI 会员注册页面

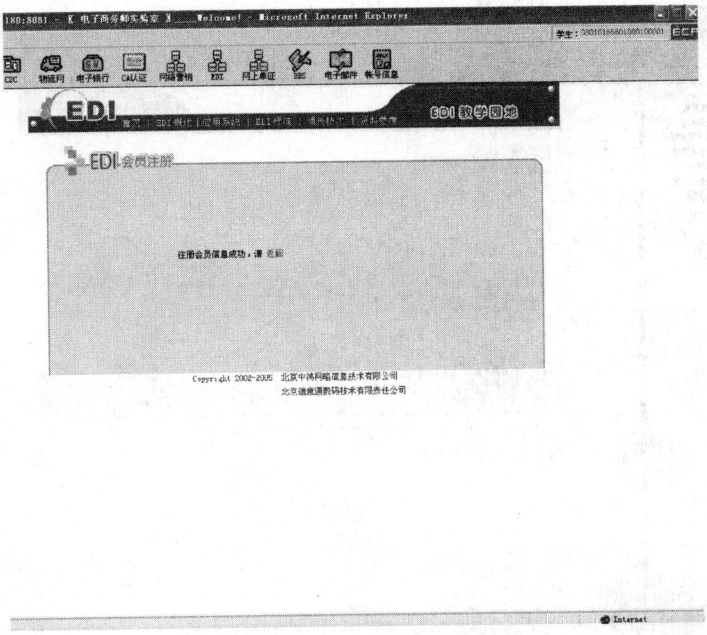

图 4-12 EDI会员注册成功页面

（二）用户登录

单击如图 4-12 所示的“返回”命令，进入 EDI 应用系统模拟登录页面，如图 4-13 所示，输入刚注册成功的账号和密码，单击“提交”按钮，进入 EDI 应用系统。

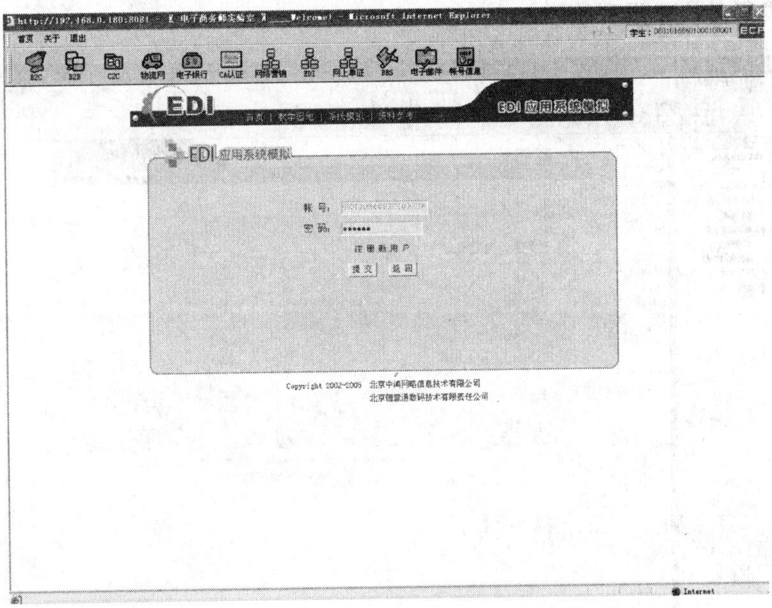

图 4-13 EDI应用系统模拟登录

（三）浏览 EDI 系统的结构

登录 EDI 应用系统后，打开如图 4-14 所示页面，浏览 EDI 应用系统的结构。

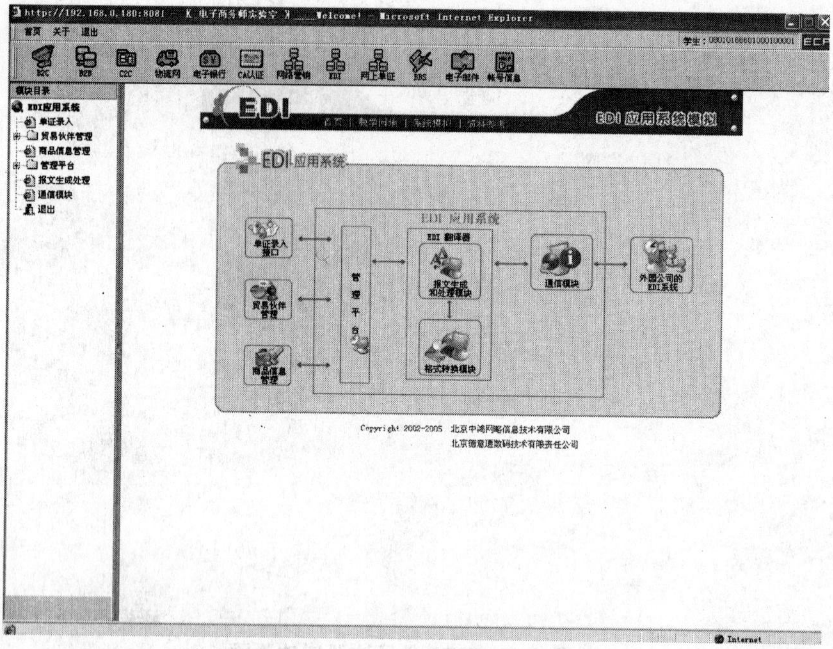

图 4-14　EDI 应用系统的结构

（四）添加贸易伙伴的类型

如图 4-15 所示，单击“类型”命令，再单击“新增类型”按钮，打开如图 4-16 所示页面，填写贸易伙伴类型的名称，填写完毕，单击“保存”按钮。打开如图 4-17 所示页面，完成贸易伙伴类型的添加。

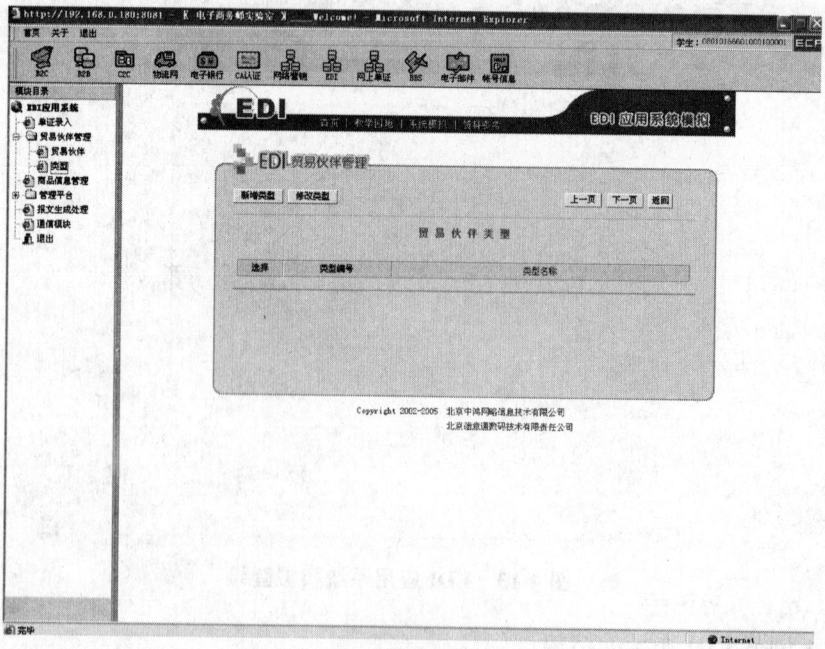

图 4-15　添加贸易伙伴的类型

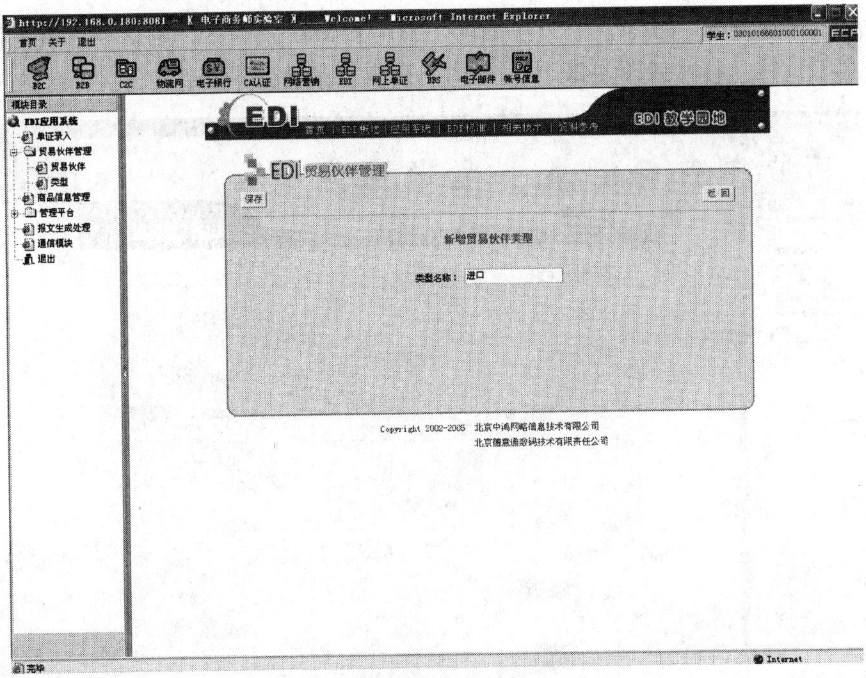

图 4-16　填写贸易伙伴的类型名称

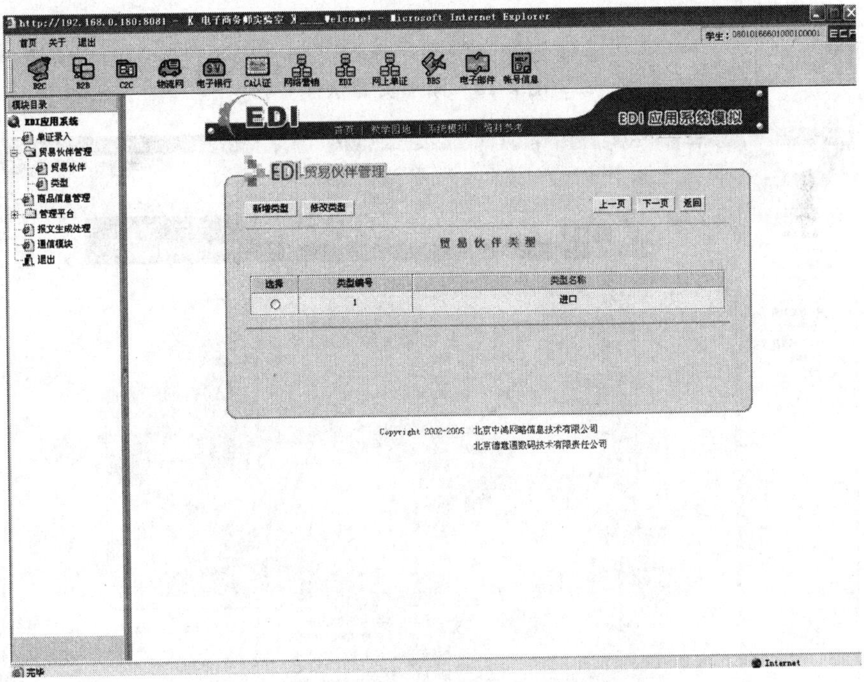

图 4-17　完成添加贸易伙伴类型的添加

（五）添加贸易伙伴

如图 4-18 所示，单击“贸易伙伴”命令，再单击“新增贸易伙伴”按钮，打开如图 4-19 所示页面，填写贸易伙伴相关信息：贸易伙伴编号、贸易伙伴名称、贸易伙伴类型、贸易种类、所属国家、联系人、公司地址、公司 E-Mail、传真、电话等，填写完毕，单击“保存”按钮。打开如图 4-20 所示页面，完成贸易伙伴的添加。

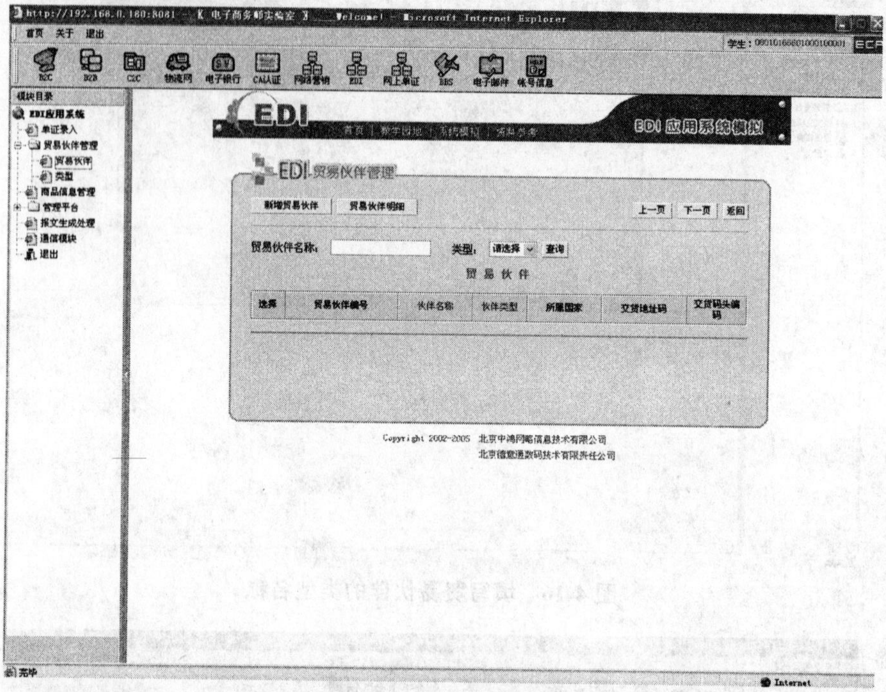

图 4-18 添加贸易伙伴

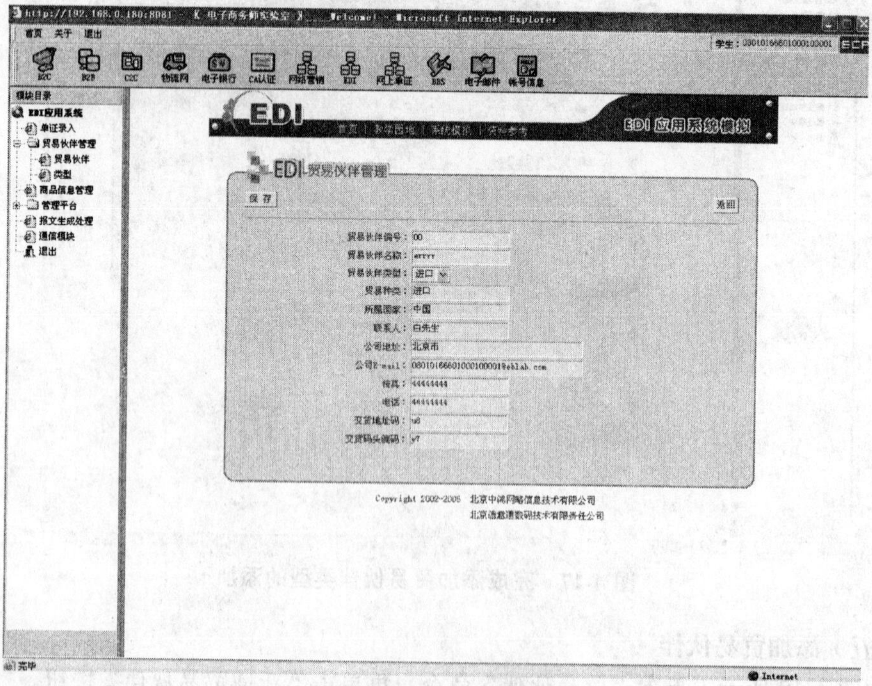

图 4-19 填写贸易伙伴的相关信息

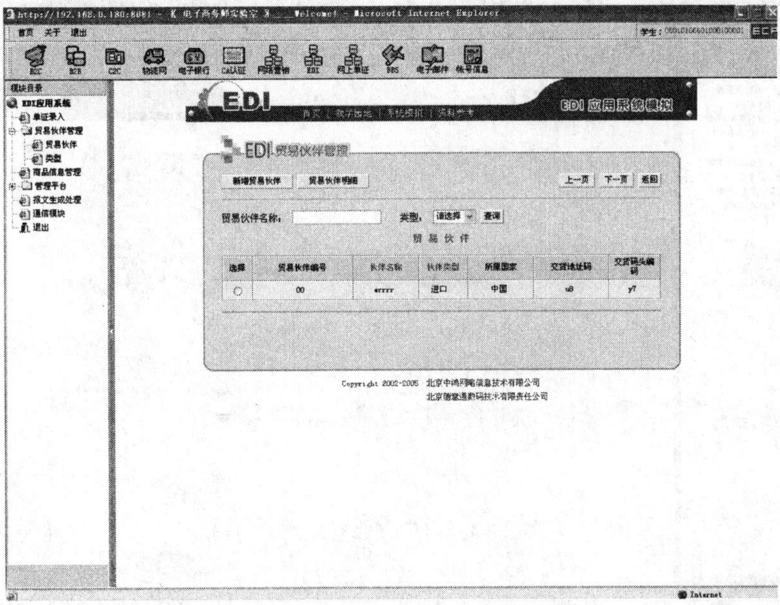

图 4-20 完成贸易伙伴的添加

（六）添加商品信息

如图 4-21 所示，单击“商品信息管理”命令，再单击“新增商品”按钮，打开如图 4-22 所示页面，填写商品相关信息：商品编号、品名、货物类型、包装尺寸、单位价格计量数、单位价格、货币类型等，填写完毕，单击“保存”按钮。打开如图 4-23 所示页面，完成商品信息的添加。

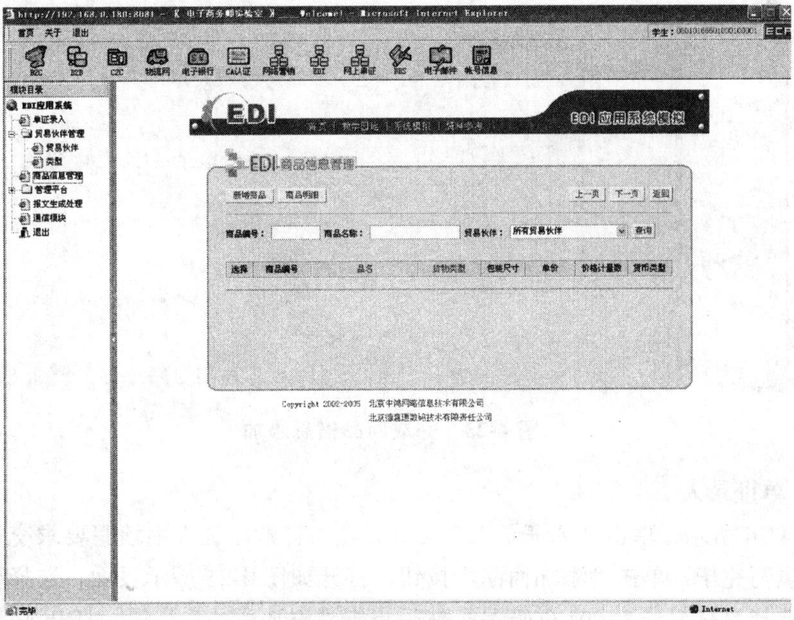

图 4-21 添加商品信息

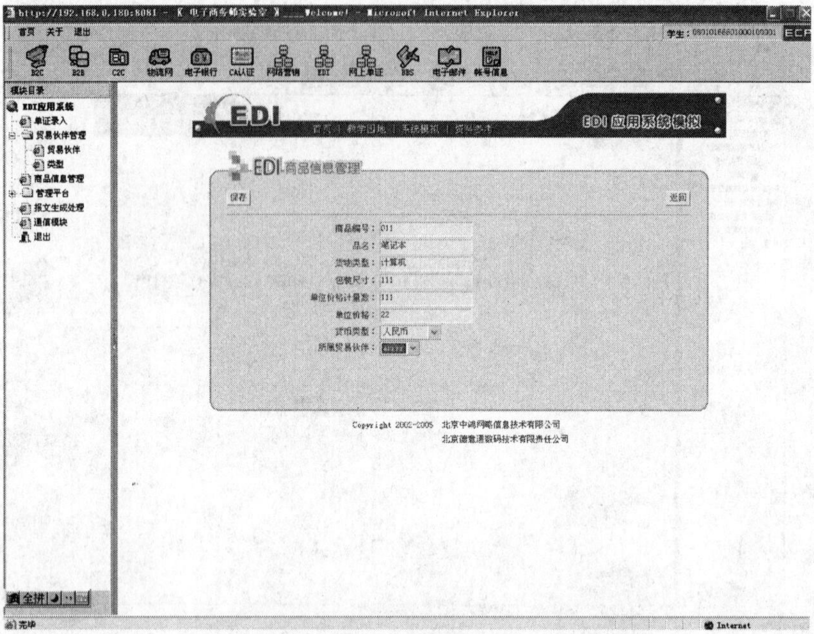

图 4-22　填写商品信息

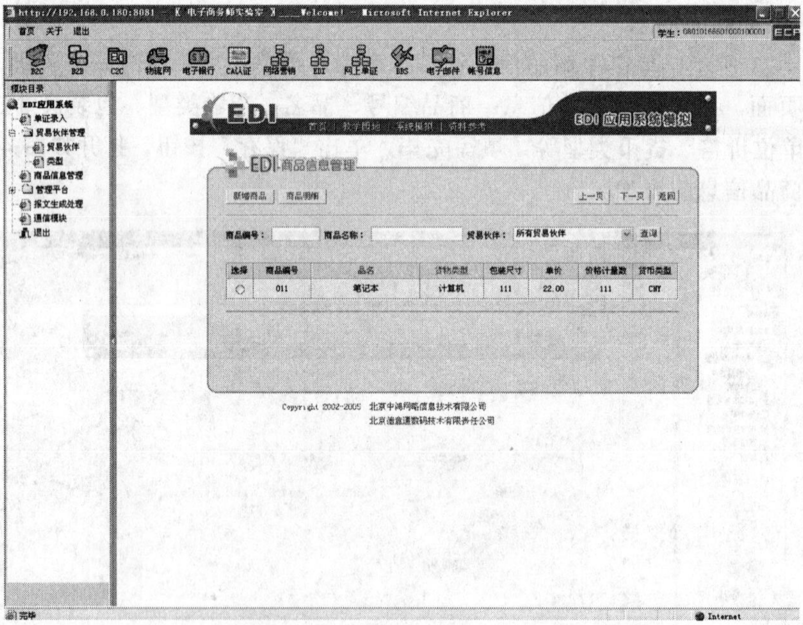

图 4-23　完成商品信息添加

（七）单证录入

如图 4-24 所示，单击“单证录入”命令，在“订购单证”中填写要求交货时间和卖主编码，填写完毕，单击“添加商品”按钮。打开如图 4-25 所示页面，选择要添加的商品，比如选择商品编号为 001 的商品，然后单击“添加商品”按钮。打开如图 4-26 所示页面，填写每层装箱数、集装箱层数、数量，填写完毕后，单击“保存单证”按钮。打开如图 4-27 所示页面，完成单证录入。

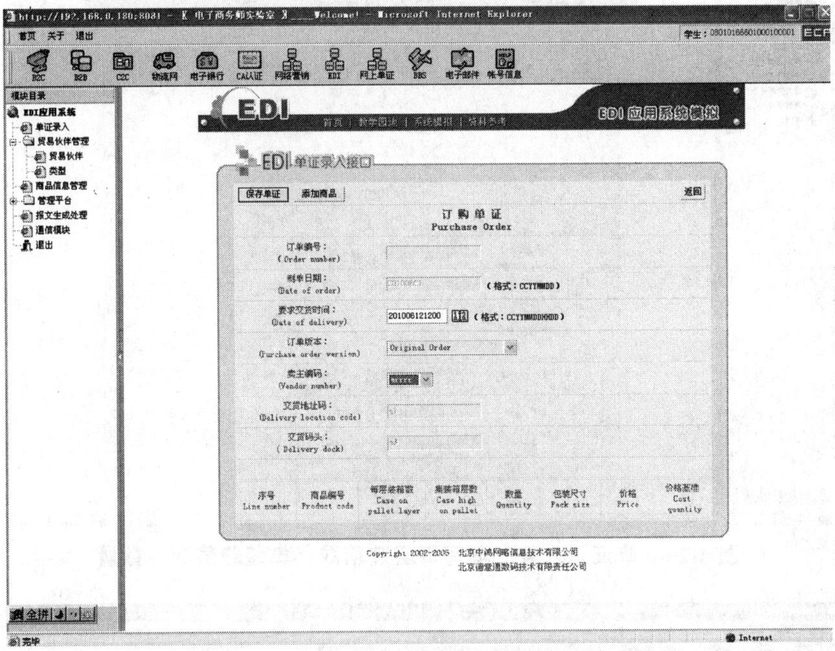

图 4-24 单证录入——填写交货时间和卖主编码

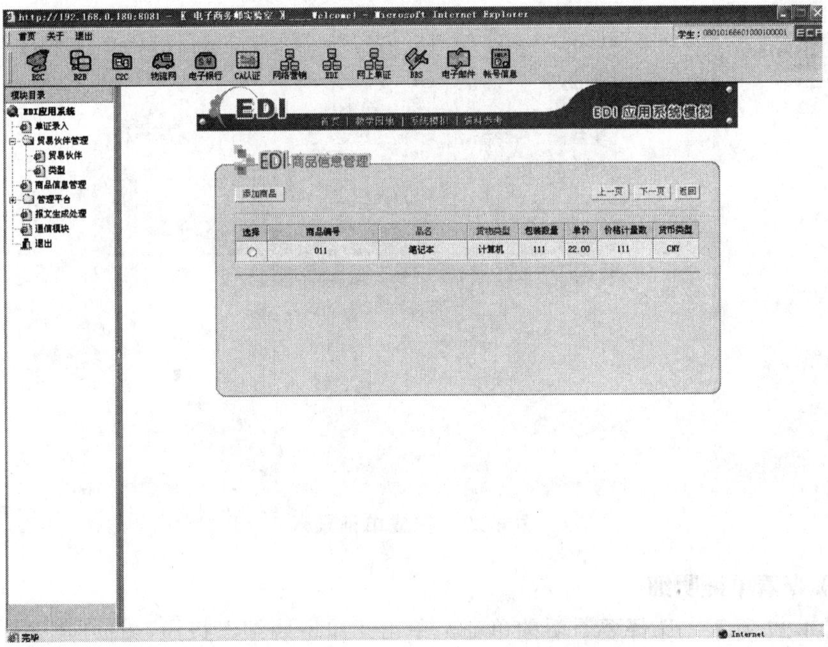

图 4-25 单证录入——选择、添加商品

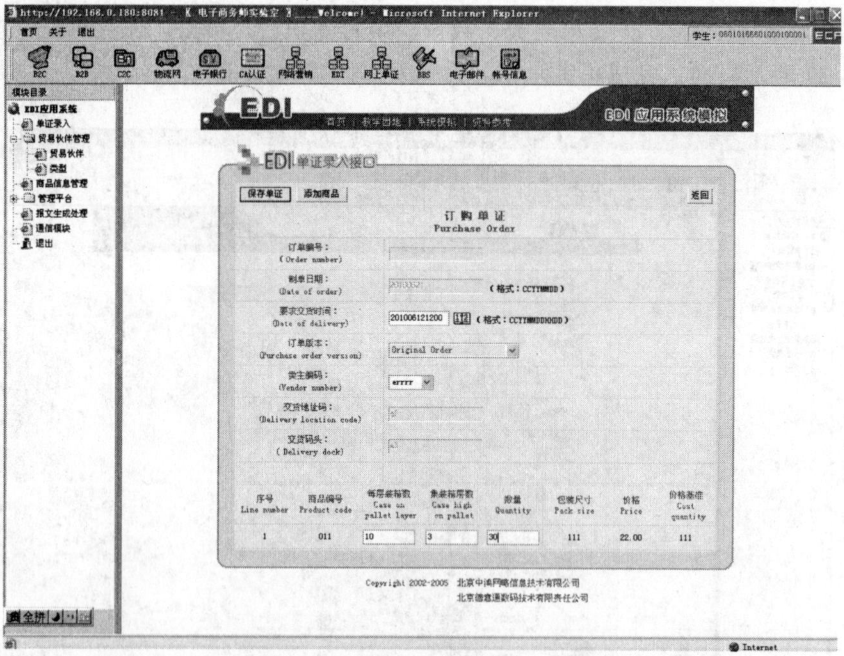

图 4-26　单证录入——填写每层装箱数、集装箱层数、数量

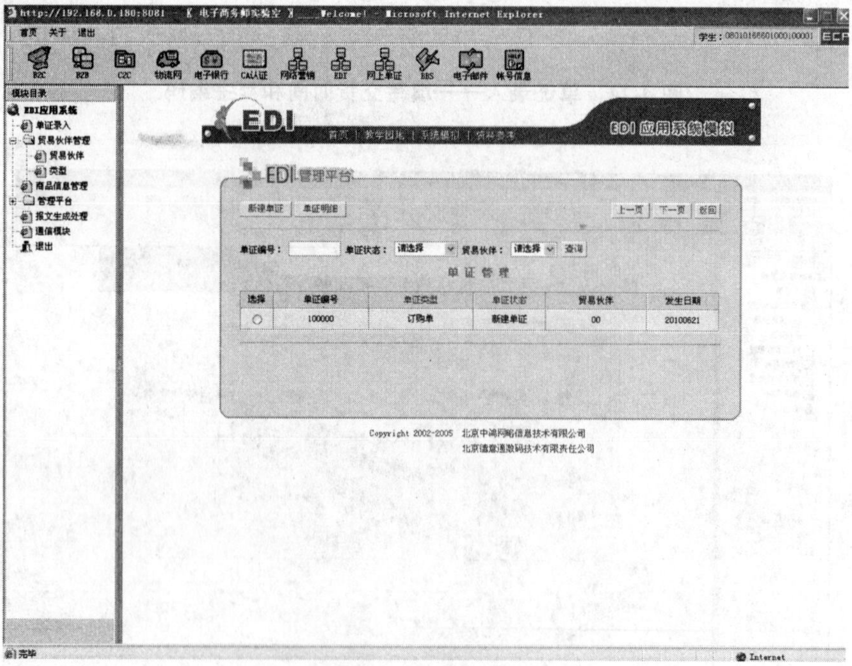

图 4-27　完成单证录入

（八）查看单证明细

如图 4-27 所示，选择要查看的单证，单击“单证明细”按钮，打开单证明细页面，如图 4-28 所示。

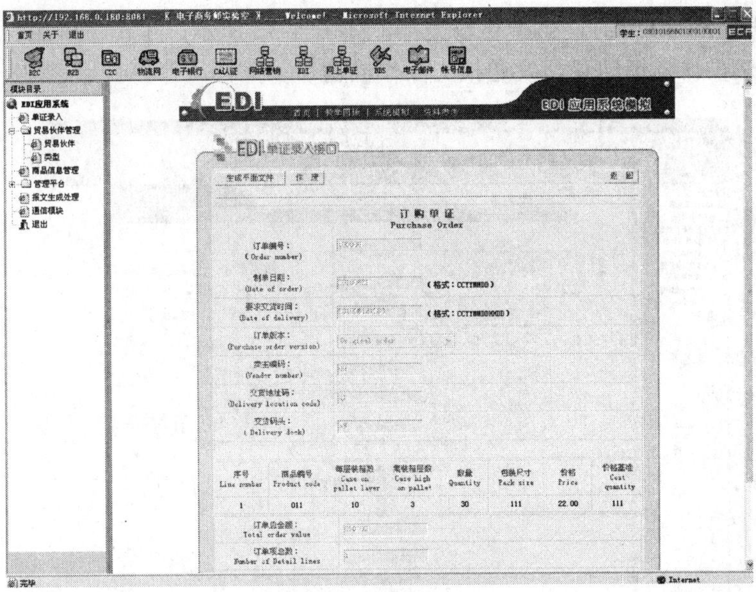

图 4-28　单证明细

（九）生成平面文件

如图 4-28 所示，单击“生成平面文件”按钮，生成平面文件，如图 4-29 所示。

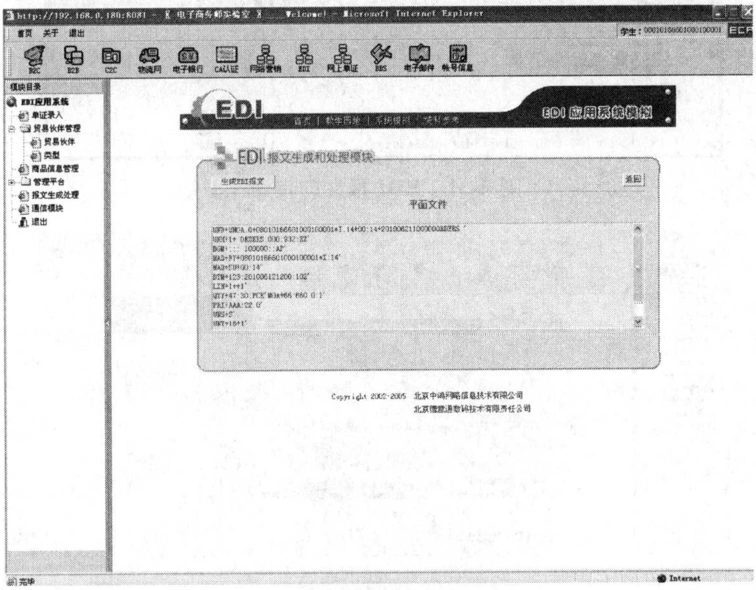

图 4-29　平面文件

（十）生成 EDI 报文

如图 4-29 所示，单击“生成 EDI 报文”按钮，生成 EDI 报文，如图 4-30 所示。

（十一）发送报文

如图 4-30 所示，单击“发送”按钮，进行 EDI 报文的传送，如图 4-31 所示。当正在传输的数据达到100%时，数据传输完毕，如图4-32所示。单击“确定”按钮，打开如图4-33所示操作反馈结果，发送报文操作成功。

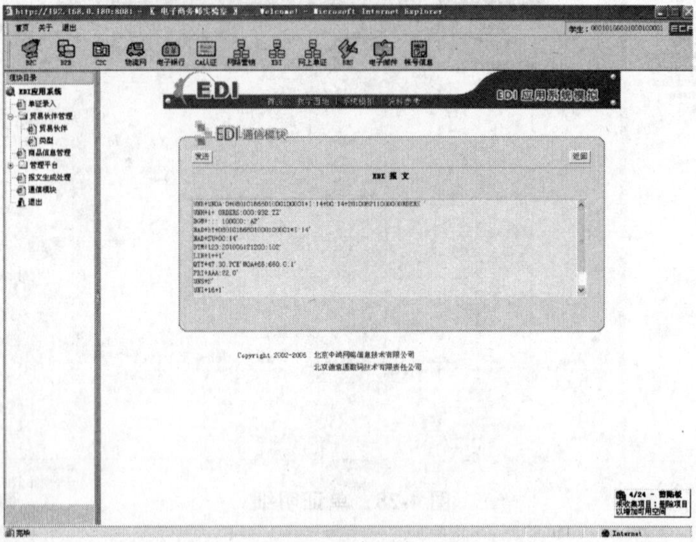

图 4-30　EDI 报文

图 4-31　EDI 报文的传送

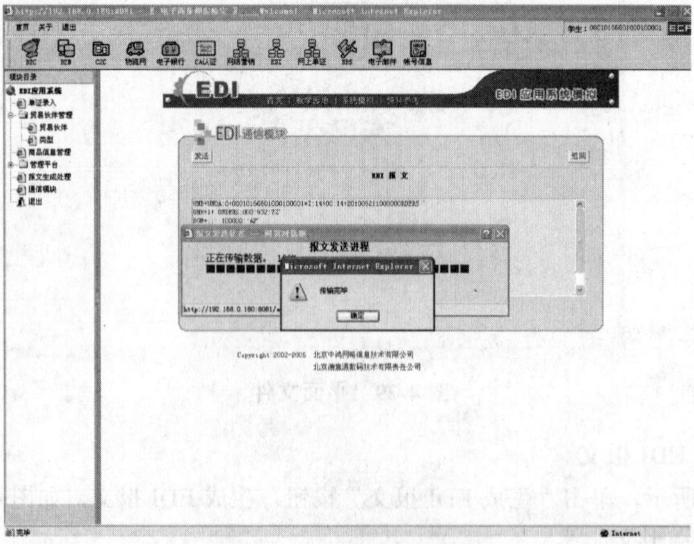

图 4-32　EDI 报文传输完毕

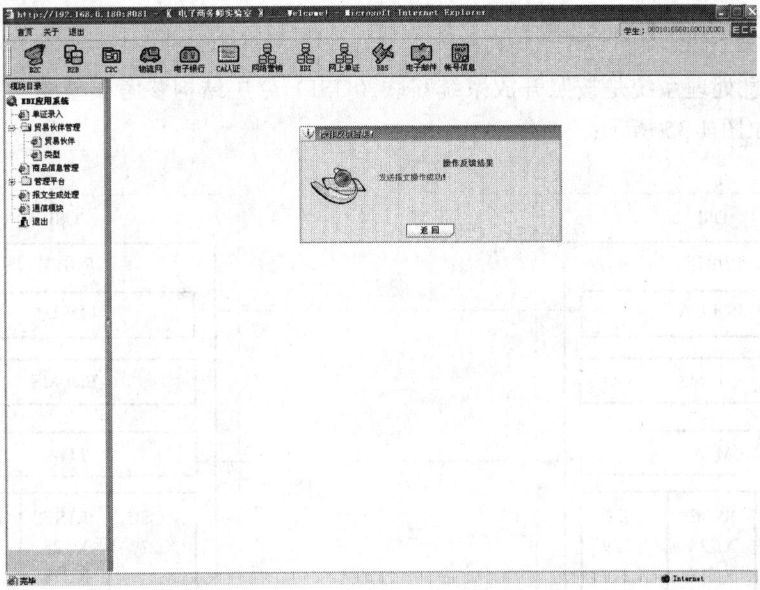

图 4-33 EDI 报文发送成功

知识拓展

一、EDI 翻译器

EDI 翻译器负责 EDI 报文的翻译和反翻译工作。EDI 翻译器的输入为用户文件，它从用户应用系统输入数据。系统的输出为 EDI 报文，它通过通信网络发送给贸易伙伴。反过来，EDI 翻译系统也可以把从通信网络上结合搜的 EDI 报文输入，经过处理生成用户文件，输出到用户应用系统中。其系统结构如图 4-34 所示：

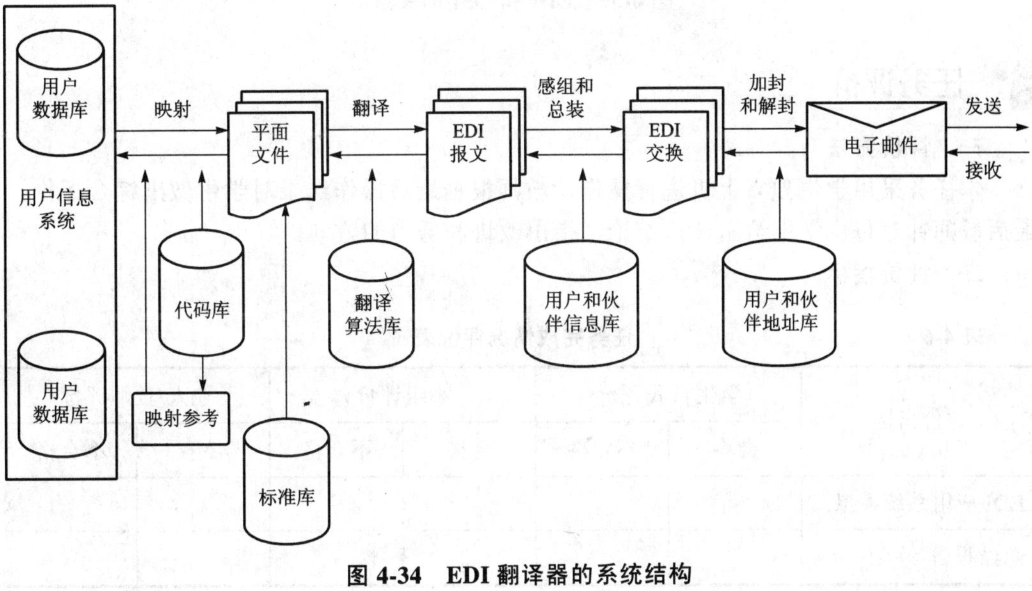

图 4-34 EDI 翻译器的系统结构

二、EDI 通信协议和服务

EDI 消息处理系统是按照开放系统互联（OSI）分层结构参考模型建立的。EDI 和 OSI 的关系如图 4-35 所示：

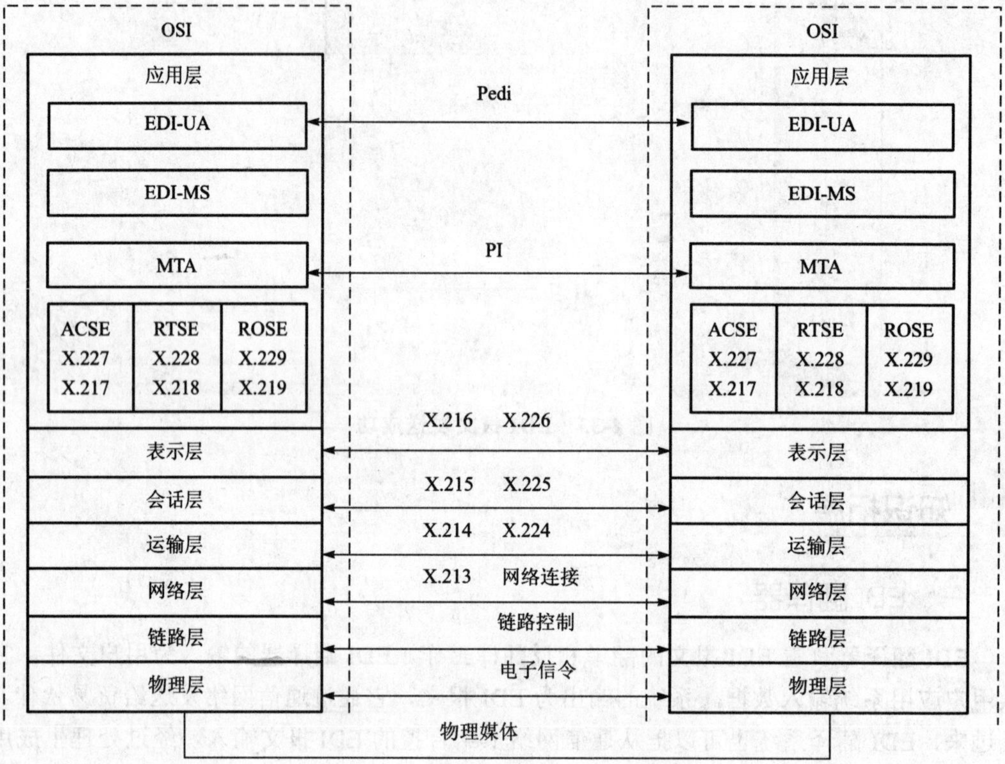

图 4-35 EDI 和 OSI 的关系

任务评价

一、评价方法

本任务采用学生独立上机进行操作，教师根据最后操作结果对学生做出综合评价；最后教师针对每位学生给出评价结论，指出改进和努力的方向。

二、评价指标

表 4-6　　任务完成情况评价表

评价指标	学生自我评价		小组评价		他人/教师评价	
	合格	不合格	合格	不合格	合格	不合格
EDI 应用系统模拟						
总结报告						

课后练习

一、思考题

1. 调查某一具体应用 EDI 的企业，分析其具体应用流程。

2. EDI 消息处理系统由哪几部分组成以及每一部分的功能？

二、实训题

1. 登录电子商务师实验室平台，进入 EDI 模块进行 EDI 应用系统模拟。

2. 上网查询 2 个 EDI 网站，比较其业务的不同点？

3. 实地调查 EDI 在哪些领域中有应用？写出调查报告。

项 目 五

电子商务安全技术

项目综述

随着 Internet 的发展，电子商务已经逐渐成为人们进行商务活动的新模式。越来越多的人通过 Internet 进行商务活动。电子商务的发展前景十分诱人，但是，这种新的交易方式同时带给我们的，还有它与传统法律之间的种种不协调。如何建立一个安全、便捷的电子商务应用环境，对信息提供足够的保护，已经成为商家和用户都十分关心的话题。

商务交易安全则紧紧围绕传统商务在互联网络上应用时产生的各种安全问题，在计算机网络安全的基础上，如何保障电子商务过程的顺利进行，即实现电子商务的保密性、完整性、可鉴别性、不可伪造性和不可抵赖性。

本项目一共包括四个任务，分别为数据加密技术、数字签名技术、数字证书及认证中心、防火墙技术。每个任务将通过任务要求、任务实施、知识拓展和任务评价几个部分，创设任务情景、组织任务流程、使学生在完成任务的同时达到主动探求知识、扩展知识领域、引起学习兴趣的教学目的。

任务一　数据加密技术

任务要求

学会如何利用数据加密技术构建电子商务的安全体制；了解两种数字加密技术，区分其各自的优缺点；学会加密软件 PGP 的使用。

任务实施

加密软件 PGP 的使用方法

PGP 加密软件是美国网络联盟公司出产的免费软件，可用它对文件、邮件进行加密，在常用的 WINZIP、WORD、ARJ、EXCEL 等软件的加密功能均告可被破解时，选择 PGP 对自己的私人文件、邮件进行加密不失为一个好办法。除此之外，你还可和同样装有 PGP 软件的朋友互相传递加密文件，安全十分保障。

一、软件安装

PGP 的安装简单，和其他常用软件安装一样，只须按提示一步步“Next”完成即可。其中在图 5-1 界面中你可以选择要安装的选件，如果选择了“PGPnet Virtual Private Networking”虚拟网，再选择相应的 Plugin，如“PGP Microsoft Outlook Express Plugin”，就可以在 Outlook Express 中直接用 PGP 加密邮件，这里指的是加密邮件的内容。

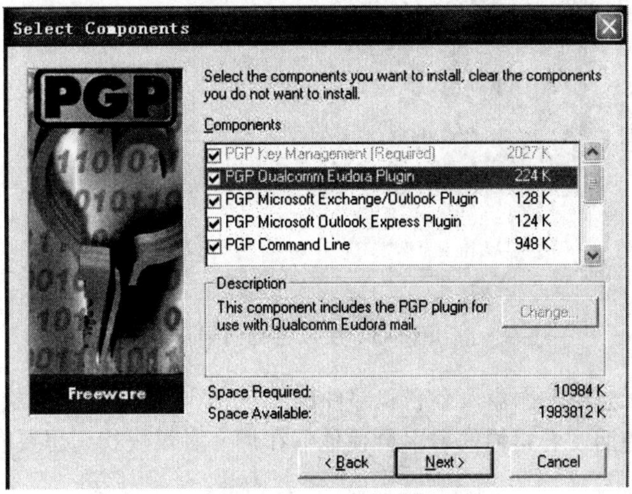

图 5-1 安装选择界面

二、密钥

使用 PGP 之前，首先需要生成一对密钥，这一对密钥其实是同时生成的，其中的一个我们称为公钥，意思是公共的密钥，你可以把它分发给你的朋友们，让他们用这个密钥来加密文件，另一个我们称为私钥，这个密钥由你保存，你是用这个密钥来解开加密文件的。打开“开始”中“PGP”的“PGP KEYS”，可看到图 5-2 的画面。点击图标，或者用菜单“密钥>新建密钥”开始生成密钥。PGP 有一个很好的密钥生成向导，只要跟着它一步一步做下去就可以生成密钥。

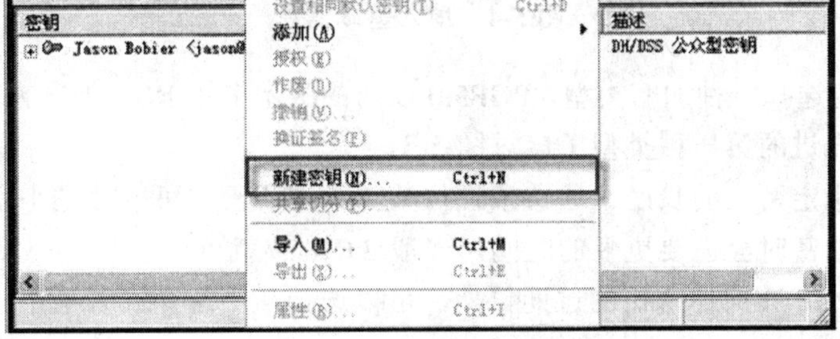

图 5-2 生成密匙

第一步，PGP 会提示这个向导的目的是生成一对密钥，你可以用它来加密文件或对数字文件进行签名。

图 5-3　生成密匙向导

第二步，PGP 会要求你输入全名和邮件地址，见图 5-4 虽然真实的姓名不是必须的，但是输入一个你的朋友看得懂的名字会使他们在加密时很快找到想要的密钥。

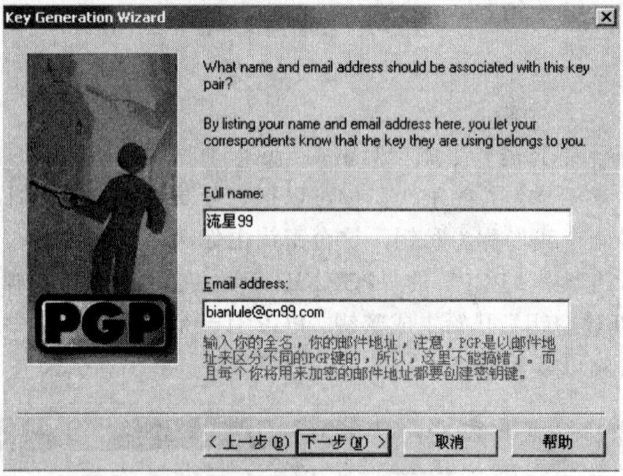

图 5-4　填入基本信息

第三步，请选择一种加密类型。PGP5.0 以前的版本多用 RSA 加密方式，但 5.0 以后就常常选用较先进的第一种类型了，见图 5-5。

第四步，指定密钥的长度。通常来说位数越大被解密的可能性越小就越安全，但是在执行解密和加密时会需要更多的时间，一般 2 048 位就可以了。

第五步，PGP 会问你密钥的过期日期，可以选择从不过期或者指定一个日期作为过期的界限。

图 5-5 选择加密类型

第六步，请重复输入你的密码。建议你的密码大于 8 位，并且最好包括大小写、空格、数字、标点符号等，为了方便记忆，你可以用一句话作为你的密钥，如“Amy is 12 years old.”等。PGP 支持用中文作为密码，所以你也可以输入“天津海运职业学院”做为与朋友进行电子商务往来的密码。边上的“隐藏打字”指示是否显示键入的密码，见图 5-6。

图 5-6 输入密码

第七步，接下来 PGP 会花一点点时间来生成你的密钥，然后会问你是否想把你的公共密钥发送到服务器上去，一般我们是不会这么做的，因此一直“下一步”就可以完成了。

第八步，把你的公用密钥发给你的朋友。用快捷键 Ctrl+E 或者菜单 keys>Emport 将你的密钥导出为扩展名为 asc 或 txt 的文件，将它发给你的朋友们。(对方则用 Ctrl+M 或 keys>import 导入)。

三、加密、解密

对文件加密非常简单，只须选中该文件，然后点击右键中 PGP 的 Encrypt，会弹出一个对话框让你选择你要用的密钥，双击使它加到下面的 Recipients 框中即可，图 5-7。

解密时双击扩展名为 pgp 的文件或选中并点击右键中的 PGP>Decrypt，在图 5-8 中的下框输入密码即可。

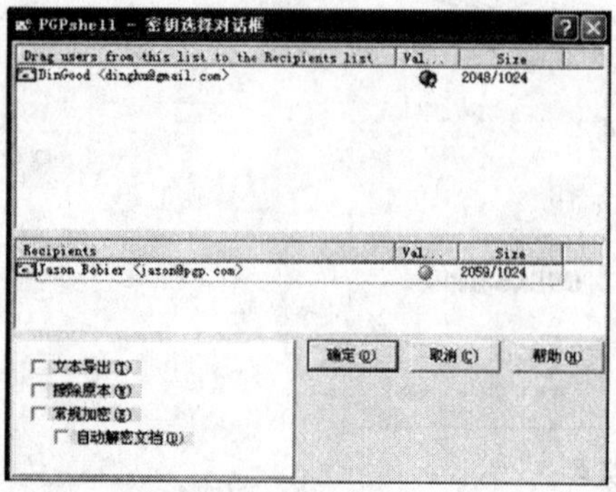

图 5-7 选择密钥

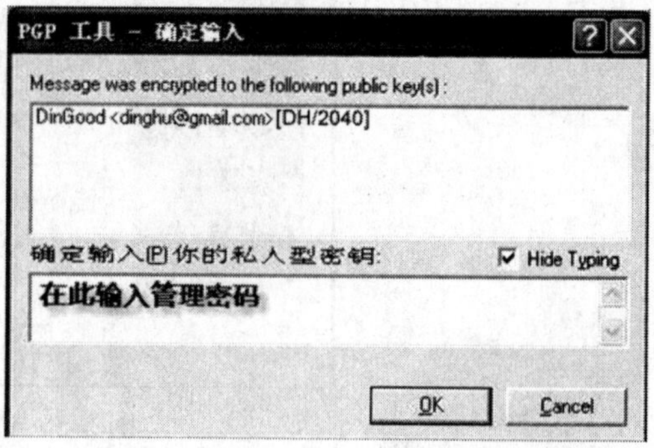

图 5-8 输入密码

如果要在 Outlook Express 或 Outlook 中直接对邮件进行加密，可在写新邮件时点击工具栏中的图标 PGP Encrypt，当邮件写完发送时，PGP 会如上图 5-7 所示弹出对话框请你选择密钥，同上操作即可。

知识拓展

一、加密技术

加密技术是电子商务采取的主要安全保密措施，是最常用的安全保密手段，利用技术手段把重要的数据变为乱码（加密）传送，到达目的地后再用相同或不同的手段还原（解密）。加密技术包括两个元素：算法和密钥。算法是将普通的文本（或者可以理解的信息）与一串数字（密钥）的结合，产生不可理解的密文的步骤，密钥是用来对数据进行编码和解码的一种算法。在安全保密中，可通过适当的密钥加密技术和管理机制来保证网络的信息通讯安全。密钥加密技术的密码体制分为对称密钥体制和非对称密钥体制两种。相应地，对数据加密的技术分为两类，即对称加密（私人密钥加密）和非对称加密（公开密钥加密）。对称加密以数据加密标准（DES，Data Encryption Standard）算法为典型代表，非对称加密通常以 RSA（Rivest Shamir Ad1eman）算法为代表。对称加密的加密密钥和解密密钥相同，而非对称加密的加密密钥和解密密钥不同，加密密钥可以公开而解密密钥需要保密。

加密算法的原理：

Y=EKe（X）：数据加密是利用加密算法 E 和加密密钥 Ke，将明文 X 加密成不易识读的密文 Y。

X=DKd（Y）：数据解密是用解密算法 D 和解密密钥 Ka，将密文 Y 变换成为易于识读的明文 X。

利用代替加密和置换加密的方法对数据进行加密

（一）代替加密：

在代替加密技术中，为了伪装掩饰每个字母或一组字母，通常都是由另一个字母或另一组字母代替。例如：将字母 a,，b，c，d，e，f，...... w，x，y，z 的自然顺序保持不变，但使之与 D，E，F，G，H，I，...... Z，A，B，C 分别对应（相差 3 个字符，密钥为 3），即将明文的字母移位若干字母而形成密文。

例如，若明文为：I am a student

则对应的密文为：LDPDVXGHQW。

（二）置换加密：

代替加密实质是保持明文的次序，而把明文字符隐藏起来。置换加密技术则是按照某一规则重新排列字母的顺序，而不是隐藏它们。

例如：以无重复字母组成的短语 insert 作为密钥，密钥的作用是对列编号。在最接近于英文字母表首端的密钥字母的下面为第 1 列，依次类推。

密钥：I n s e r t

次序：2 3 5 1 4 6

明文：a t t a c k；第一行

b e g i n s；第二行

a t f o u r；第三行

明文：attackbeginsatfour

密文：aioabatetcnutgfksr

二、对称加密技术

对称加密采用了对称密码编码技术，它的特点是文件加密和解密使用相同的密钥，即加密密钥也可以用作解密密钥，这种方法在密码学中叫做对称加密算法，对称加密算法使用起来简单快捷，密钥较短，且破译困难，除了数据加密标准（DES），另一个对称密钥加密系统是国际数据加密算法（IDEA），它比 DNS 的加密性好，而且对计算机功能要求也没有那么高。IDEA 加密标准由 PGP（Pretty Good Privacy）系统使用。

三、非对称加密技术

1976 年，美国学者 Dime 和 Henman 为解决信息公开传送和密钥管理问题，提出一种新的密钥交换协议，允许在不安全的媒体上的通讯双方交换信息，安全地达成一致的密钥，这就是“公开密钥系统”。相对于“对称加密算法”这种方法也叫做“非对称加密算法”。与对称加密算法不同，非对称加密算法需要两个密钥：公开密钥（publickey）和私有密钥（privatekey）。公开密钥与私有密钥是一对，如果用公开密钥对数据进行加密，只有用对应的私有密钥才能解密；如果用私有密钥对数据进行加密，那么只有用对应的公开密钥才能解密。因为加密和解密使用的是两个不同的密钥，所以这种算法叫作非对称加密算法。

四、公钥和密钥算法

（一）RSA 算法

RSA 是被研究得最广泛的公钥算法，从提出到现在已近三十年，经历了各种攻击的考验，逐渐为人们接受，普遍认为是目前最优秀的公钥方案之一。1983 年麻省理工学院在美国为 RSA 算法申请了专利。

RSA 允许你选择公钥的大小。512 位的密钥被视为不安全的；768 位的密钥不用担心受到除了国家安全管理（NSA）外的其他事物的危害；1024 位的密钥几乎是安全的。RSA 在一些主要产品内部都有嵌入，像 Windows、网景 Navigator、Quicken 和 Lotus Notes。

（二）DES（数据加密标准）

数据加密算法（Data Encryption Algorithm，DEA）的数据加密标准（Data Encryption Standard，DES）是规范的描述，它出自 IBM 的研究工作，并在 1977 年被美国政府正式采纳。它很可能是使用最广泛的密钥系统，特别是在保护金融数据的安全中，最初开发的 DES 是嵌入硬件中的。通常，自动取款机（Automated Teller Machine，ATM）都使用 DES。

DES 使用一个 56 位的密钥以及附加的 8 位奇偶校验位，产生最大 64 位的分组大小。这是一个迭代的分组密码，使用称为 Feistel 的技术，其中将加密的文本块分成两半。使用子密钥对其中一半应用循环功能，然后将输出与另一半进行“异或”运算；接着交换这两半，这一过程会继续下去，但最后一个循环不交换。DES 使用 16 个循环，使用异或、置换、代换、移位操作四种基本运算。

攻击 DES 的主要形式被称为蛮力的或彻底密钥搜索，即重复尝试各种密钥直到有一个符合为止。如果 DES 使用 56 位的密钥，则可能的密钥数量是 2 的 56 次方个。随着计算机系统能力的不断发展，DES 的安全性比它刚出现时会弱得多，然而从非关键性质的实际出发，仍可以认为它是足够的。不过，DES 现在仅用于旧系统的鉴定，而更多地选择新的加密标准—高级加密标准（Advanced Encryption Standard，AES）。

DES 的常见变体是三重 DES，使用 168 位的密钥对资料进行三次加密的一种机制；它通常（但非始终）提供极其强大的安全性。如果三个 56 位的子元素都相同，则三重 DES 向后兼容 DES。

IBM 曾对 DES 拥有几年的专利权，但是在 1983 年已到期，并且处于公有范围中，允许在特定条件下可以免除专利使用费而使用。

由于 DES 是加（解）密 64 位明（密）文，即为 8 个字节（8*8=64），可以据此初步判断这是分组加密，加密的过程中会有 16 次循环与密钥置换过程，据此可以判断有可能是用到 DES 密码算法，更精确的判断还得必须懂得一点 DES 的加密过程。

DES 是一种安全性比较高的算法，目前只有一种方法可以破解该算法，那就是穷举法。它采用 64 位密钥技术，实际只有 56 位有效，8 位用来校验的。譬如，有这样的一台 PC 机器，它能每秒计算一百万次，那么 256 位空间它要穷举的时间为 2285 年。所以这种算法还是比较安全的一种算法。

（三）3DES

3DES 是 DES 加密算法的一种模式，它使用 3 条 56 位的密钥对数据进行三次加密。数据加密标准（DES）是美国的一种由来已久的加密标准，它使用对称密钥加密法，并于 1981 年被 ANSI 组织规范为 ANSI X.3.92。DES 使用 56 位密钥和密码块的方法，而在密码块的方法中，文本被分成 64 位大小的文本块然后再进行加密。比起最初的 DES，

3DES 更为安全。

（四）RC4

RC4 加密算法是大名鼎鼎的 RSA 三人组中的头号人物 Ron Rivest 在 1987 年设计的密钥长度可变的流加密算法簇。之所以称其为簇，是由于其核心部分的 S-box 长度可为任意，但一般为 256 字节。该算法的速度可以达到 DES 加密的 10 倍左右，且具有很高级别的非线性。RC4 起初是用于保护商业机密的。但是在 1994 年 9 月，它的算法被发布在互联网上，也就不再有什么商业机密了。RC4 也被叫做 ARC4（Alleged RC4——所谓的 RC4），因为 RSA 从来就没有正式发布过这个算法。

（五）IDEA（国际数据加密算法）

IDEA 是旅居瑞士中国青年学者来学嘉和著名密码专家 J.Massey 于 1990 年提出的。它在 1990 年正式公布并在以后得到完善。这种算法是在 DES 算法的基础上发展出来的，类似于三重 DES，和 DES 一样 IDEA 也是属于对称密钥算法。发展 IDEA 也是因为感到 DES 具有密钥太短等缺点，已经过时。IDEA 的密钥为 128 位，这么长的密钥在今后若干年内应该是安全的。

类似于 DES，IDEA 算法也是一种数据块加密算法，它设计了一系列加密轮次，每轮加密都使用从完整的加密密钥中生成的一个子密钥。与 DES 的不同处在于，它采用软件实现和采用硬件实现同样快速。

由于 IDEA 是在美国之外提出并发展起来的，避开了美国法律上对加密技术的诸多限制，因此，有关 IDEA 算法和实现技术的书籍都可以自由出版和交流，可极大地促进 IDEA 的发展和完善。但由于该算法出现的时间不长，针对它的攻击也还不多，还未经过较长时间的考验。因此，尚不能判断出它的优势和缺陷。

任务评价

一、评价方法

本任务采用学教师评价的方法，对学习目标进行检验。由教师出题，学生完成后上交，老师批出成绩、分析不足。

二、评价指标

表 5-1　　任务完成情况评价表

评价指标	学生自我评价		小组评价		他人/教师评价	
	合格	不合格	合格	不合格	合格	不合格
代替加密习题						
置换加密习题						

课后练习

一、思考题

1. 数据加密技术是否可破解？

2. 目前最常使用的数据加密技术是哪种？

二、实训题

上网下载 PGP 加密软件，学习该软件的使用方法。

任务二　数字签名技术

任务要求

学会采用 CA 数字签名技术，保证邮件安全。

任务实施

一、传送过程

（1）甲准备好要传送的数字信息（明文）。

（2）甲对数字信息进行哈希（hash）运算，得到一个信息摘要。

（3）甲用自己的私钥（SK）对信息摘要进行加密得到甲的数字签名，并将其附在数字信息上。

（4）甲随机产生一个加密密钥（DES 密钥），并用此密钥对要发送的信息进行加密，形成密文。

（5）甲用乙的公钥（PK）对刚才随机产生的加密密钥进行加密，将加密后的 DES 密钥连同密文一起传送给乙。

（一）数据发送方流程

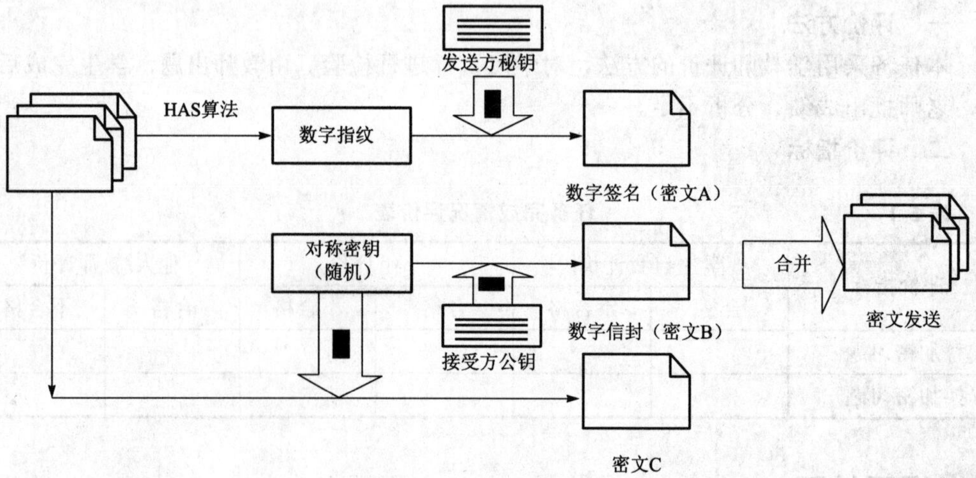

图 5-9　传送过程图（一）

（二）数据接收方流程

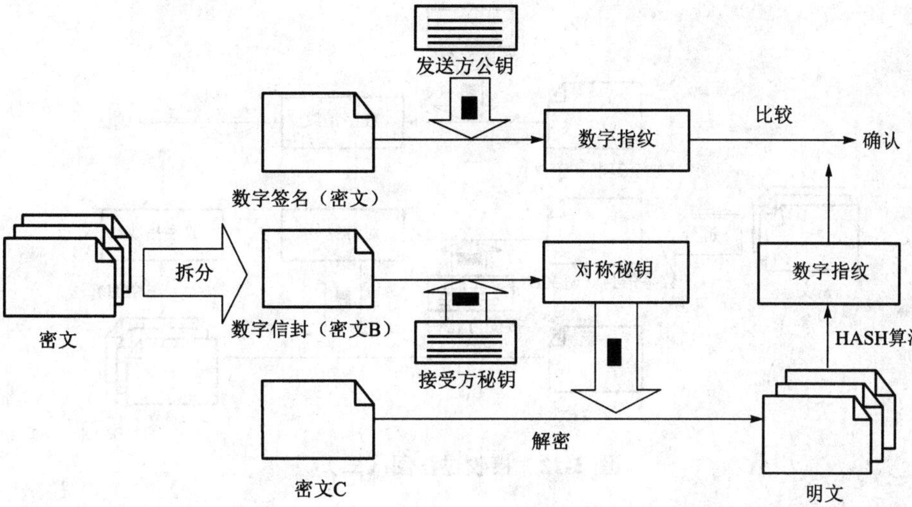

图 5-10　传送过程图（二）

二、接收过程

（1）乙收到甲传送过来的密文和加过密的 DES 密钥，先用自己的私钥（SK）对加密的 DES 密钥进行解密，得到 DES 密钥。

（2）乙然后用 DES 密钥对收到的密文进行解密，得到明文的数字信息，然后将 DES 密钥抛弃（即 DES 密钥作废）。

（3）乙用甲的公钥（PK）对甲的数字签名进行解密，得到信息摘要。

（4）乙用相同的 hash 算法对收到的明文再进行一次 hash 运算，得到一个新的信息摘要。

（5）乙将收到的信息摘要和新产生的信息摘要进行比较，如果一致，说明收到的信息没有被修改过。

（一）数据发送方流程

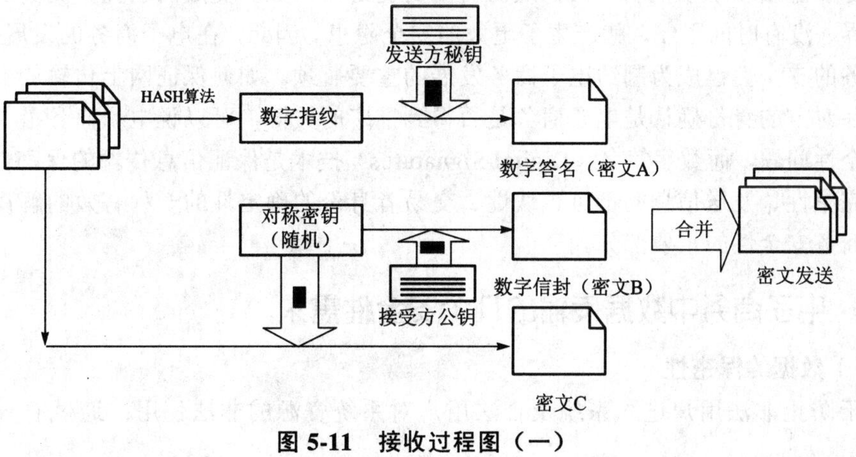

图 5-11　接收过程图（一）

（二）数据接收方流程

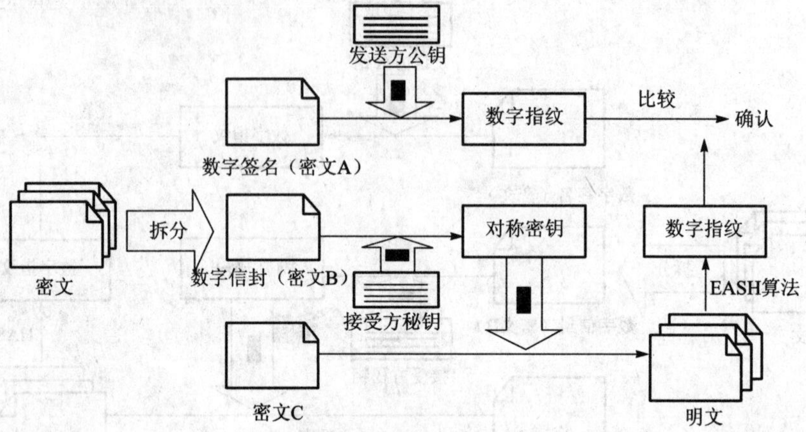

图 5-12　接收过程图（二）

知识拓展

数字签名技术即进行身份认证的技术。在数字化文档上的数字签名类似于纸张上的手写签名，是不可伪造的。接收者能够验证文档确实来自签名者，并且签名后文档没有被修改过，从而保证信息的真实性和完整性。在指挥自动化系统中，数字签名技术可用于安全地传送作战指挥命令和文件。

完善的签名应满足以下三个条件：签名者事后不能抵赖自己的签名；任何其他人不能伪造签名；如果当事人双方关于签名的真伪发生争执，能够在公正的仲裁者面前通过验证签名来确认其真伪。

Internet 的迅猛发展使电子商务成为商务活动的新模式。电子商务包括管理信息系统 MIS、电子数据交换 EDI、电子订货系统 EOS、商业增值网 VAN 等，其中 EDI 成为电子商务的核心部分，涉及到多个环节的复杂的人机工程。网络的开放性与共享性使网络的安全性受到严重影响，在开放的 Internet 平台上，社会生活中传统的犯罪和不道德行为将变得更加隐蔽和难以控制。人们从面对面的交易和作业，变成网上互不见面的操作、没有国界、没有时间限制，就产生了更大的安全隐患。因此，在电子商务的发展热潮中，电子商务的安全性已成为制约电子商务发展的重要瓶颈。如何保证网上传输的数据的安全和交易对方的身份确认是电子商务是否得到推广的关键，可以说电子商务最关键的问题是安全性问题，而数字签名（Digital Signatures）技术是保证信息传输的保密性、数据交换的完整性、发送信息的不可否认性、交易者身份的确定性的一种有效的解决方案，是电子商务安全性的重要部分。

一、电子商务中数据传输的几个安全性需求

（一）数据的保密性

用于防止非法用户进入系统及合法用户对系统资源的非法使用；通过对一些敏感

的数据文件进行加密来保护系统之间的数据交换，防止除接收方之外的第三方截获数据及即使获取文件也无法得到其内容。如在电子交易中，避免遭到黑客的袭击使信用卡信息丢失的问题。

（二）数据的完整性

防止非法用户对进行交换的数据进行无意或恶意的修改、插入，防止交换的数据丢失等。

（三）数据的不可否认性

对数据和信息的来源进行验证，以确保数据由合法的用户发出；防止数据发送方在发出数据后又加以否认；同时防止接收方在收到数据后又否认曾收到过此数据及篡改数据。

上述需求对应于防火墙、加密、数字签名、身份认证等技术，但其关键在于数字签名技术。

二、数字签名的含义和功能

数字签名是通过一个单向函数对要传送的报文进行处理得到的用以认证报文来源并核实报文是否发生变化的一个字母数字串。

在传统的商业系统中，通常都利用书面文件的亲笔签名或印章来规定契约性的责任，在电子商务中，传送的文件是通过电子签名证明当事人身份与数据真实性的。数据加密是保护数据的最基本方法，但也只能防止第三者获得真实数据。电子签名则可以解决否认、伪造、篡改及冒充等问题，具体要求：发送者事后不能否认发送的报文签名、接收者能够核实发送者发送的报文签名、接收者不能伪造发送者的报文签名、接收者不能对发送者的报文进行部分篡改、网络中的某一用户不能冒充另一用户作为发送者或接收者。

三、数字签名的实现方法

实现数字签名有很多方法，目前数字签名采用较多的是公钥加密技术，如基于 RSA Date Security 公司的 PKCS（Public Key Cryptography Standards）、Digital Signature Algorithm、x.509、PGP（Pretty Good Privacy）。1994 年美国标准与技术协会公布了数字签名标准（DSS）而使公钥加密技术广泛应用。公钥加密系统采用的是非对称加密算法。

（一）用非对称加密算法进行数字签名

1. 算法的含义

此算法使用两个密钥：公开密钥（public key）和私有密钥（private key），分别用于对数据的加密和解密，即如果用公开密钥对数据进行加密，只有用对应的私有密钥才能进行解密；如果用私有密钥对数据进行加密，则只有用对应的公开密钥才能解密。

2. 签名和验证过程

（1）发送方首先用公开的单向函数对报文进行一次变换，得到数字签名，然后利用私有密钥对数字签名进行加密后附在报文之后一同发出。

（2）接收方用发送方的公开密钥对数字签名进行解密变换，得到一个数字签名的明文。发送方的公钥是由一个可信赖的技术管理机构即验证机构（CA：Certification Authority）发布的。

（3）接收方将得到的明文通过单向函数进行计算，同样得到一个数字签名，再将两个数字签名进行对比，如果相同，则证明签名有效，否则无效。

这种方法使任何拥有发送方公开密钥的人都可以验证数字签名的正确性。由于发送方私有密钥的保密性，使得接收方既可以根据验证结果来拒收该报文，也能使其无法伪造报文签名及对报文进行修改，原因是数字签名是对整个报文进行的，是一组代表报文特征的定长代码，同一个人对不同的报文将产生不同的数字签名。这就解决了银行通过网络传送一张支票，而接收方可能对支票数额进行改动的问题，也避免了发送方逃避责任的可能性。

（二）用对称加密算法进行数字签名

1. 算法的含义

对称加密算法所用的加密密钥和解密密钥通常是相同的，即使不同也可以很容易地由其中的任意一个推导出另一个。在此算法中，加、解密双方所用的密钥都要保守秘密。由于计算速度快而广泛应用于对大量数据如文件的加密过程中，如 RD4 和 DES。

2. 签名和验证过程

Lamport 发明了称为 Lamport-Diffie 的对称加密算法：利用一组长度是报文的比特数（n）两倍的密钥 A，来产生对签名的验证信息，即随机选择 2n 个数 B，由签名密钥对这 2n 个数 B 进行一次加密变换，得到另一组 2n 个数 C。

（1）发送方从报文分组 M 的第一位开始，依次检查 M 的第 i 位，若为 0 时，取密钥 A 的第 i 位，若为 1 则取密钥 A 的第 i+1 位；直至报文全部检查完毕。所选取的 n 个密钥位形成了最后的签名。

（2）接收方对签名进行验证时，也是首先从第一位开始依次检查报文 M，如果 M 的第 i 位为 0 时，它就认为签名中的第 I 组信息是密钥 A 的第 i 位，若为 1 则为密钥 A 的第 i+1 位；直至报文全部验证完毕后，就得到了 n 个密钥，由于接收方具有发送方的验证信息 C，所以可以利用得到的 n 个密钥检验验证信息，从而确认报文是否是由发送方所发送。

这种方法由于它是逐位进行签名的，只要有一位被改动过，接收方就得不到正确的数字签名，因此其安全性较好，其缺点是：签名太长（对报文先进行压缩再签名，可以减少签名的长度）；签名密钥及相应的验证信息不能重复使用，否则极不安全。

（三）几个认证产品

认证产品可分两大类：一是用户认证，主要是通过单独签名访问网络资源；二是对象认证，即判定传递信息和文件的认证及其真实性。数字签名技术就主要用于信息、文件以及其他存储在网上的传输对象的认证。AT&T Government Market 的 Secret Agent 便通过将数字签发的文档作为 E-mail 消息的文件附件来发表的形式，将现有客户机运行的环境 E-mail 系统、Web 浏览器等应用密切地结合在一起；Regnoc Software 的 Signature 使用 OLE 2.0 可对 Windows 下的任何文本作数字签名；ViaCrypt 的 ViaCrypt PGP 可从传递信息的应用中切割文本至 Windows 或 Macintosh 裁剪板，在那里对它进行数字签名后将它粘贴到传递信息中，其面对电子商务的一个功能是，无论雇员发送或接收的所有密文都能破译，可设置成在公司密钥下去自动破译所有外发信息，且要求雇员须使用职权范围允许的解密密钥。

四、数字签名的算法及数字签名的保密性

数字签名的算法很多，应用最为广泛的三种是：Hash 签名、DSS 签名、RSA 签名。

（一）Hash 签名

Hash 签名不属于强计算密集型算法，应用较广泛。很多少量现金付款系统，如 DEC 的 Millicent 和 CyberCash 的 CyberCoin 等都使用 Hash 签名。使用较快的算法，可以降低服务器资源的消耗，减轻中央服务器的负荷。Hash 的主要局限是接收方必须持有用户密钥的副本以检验签名，因为双方都知道生成签名的密钥，较容易攻破，存在伪造签名的可能。如果中央或用户计算机中有一个被攻破，那么其安全性就受到了威胁。

（二）DSS 和 RSA 签名

DSS 和 RSA 采用了公钥算法，不存在 Hash 的局限性。RSA 是最流行的一种加密标准，许多产品的内核中都有 RSA 的软件和类库，早在 Web 飞速发展之前，RSA 数据安全公司就负责数字签名软件与 Macintosh 操作系统的集成，在 Apple 的协作软件 PowerTalk 上还增加了签名拖放功能，用户只要把需要加密的数据拖到相应的图标上，就完成了电子形式的数字签名。RSA 与 Microsoft、IBM、Sun 和 Digital 都签订了许可协议，使在其生产线上加入了类似的签名特性。与 DSS 不同，RSA 既可以用来加密数据，也可以用于身份认证。和 Hash 签名相比，在公钥系统中，由于生成签名的密钥只存储于用户的计算机中，安全系数大一些。

数字签名的保密性很大程度上依赖于公开密钥。数字认证是基于安全标准、协议和密码技术的电子证书，用以确立一个人或服务器的身份，它把一对用于信息加密和签名的电子密钥捆绑在一起，保证了这对密钥真正属于指定的个人和机构。数字认证由验证机构 CA 进行电子化发布或撤消公钥验证，信息接收方可以从 CA Web 站点上下载发送方的验证信息。Verisign 是第一家 X.509 公开密钥的商业化发布机构，在它的 Digital ID 下可以生成、管理应用于其他厂商的数字签名的公开密钥验证。

任务评价

一、评价方法

本任务采用学生自我检验、小组评价和教师评价的方法，对学习目标进行检验。学生本人首先对自己的操作进行自查，小组根据每位同学所做的结果给出综合评价；最后教师针对每位同学学给出评价结论，指出改进和努力的方向。

二、评价指标

表 5-2　　任务完成情况评价表

评价指标	学生自我评价		小组评价		他人/教师评价	
	合格	不合格	合格	不合格	合格	不合格
传送信息						
接收信息						

课后练习

一、思考题

1. DSS 和 RSA 签名相比，有何区别？

2. 数字签名技术还能应用到哪些领域？

二、实训题

上网查找数字签名技术在现实中的应用。

任务三　数字证书及认证中心

任务要求

学会数字证书的申请方法

任务实施

只要你申请并使用了银行提供的数字证书，即可保证网上银行业务的安全，即使黑客窃取了你的帐户密码，因为他没有你的数字证书，所以也无法进入你的网上银行帐户。下面我们以建设银行的网上银行为例，介绍数字证书的安装与使用：

一、自助开通网上银行

（一）登录建行网站首页，点击个人客户登录进入登录页面，见图 5-13

图 5-13　登录页面

（二）点击“开通网上银行服务

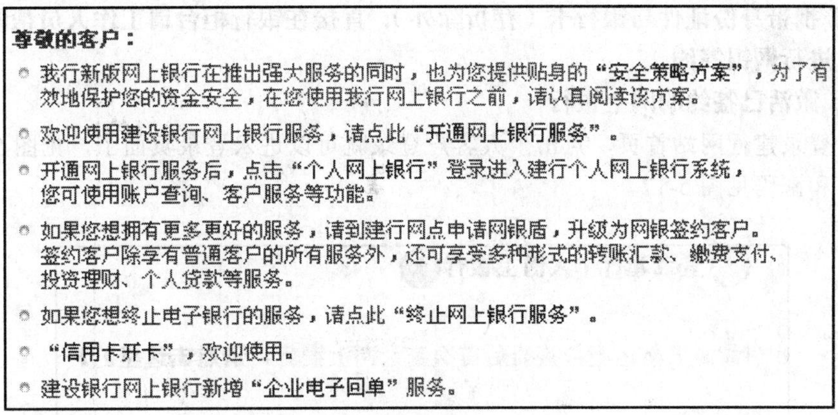

图 5-14　网上银行起始页

（三）阅读协议、填写个人基本资料、填写账户信息、设置网上银行密码

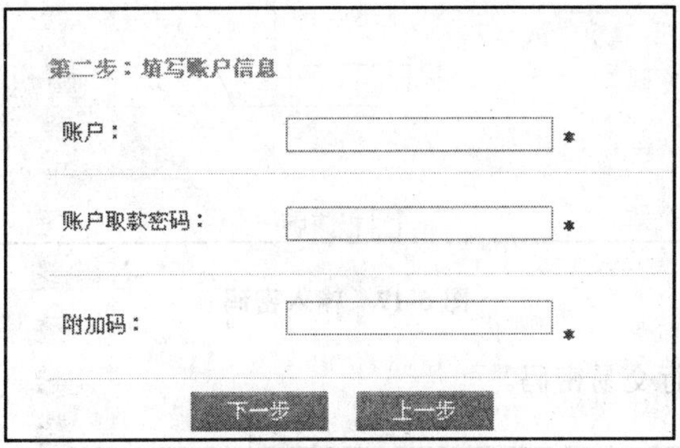

图 5-15　填写个人信息

（四）申请成功

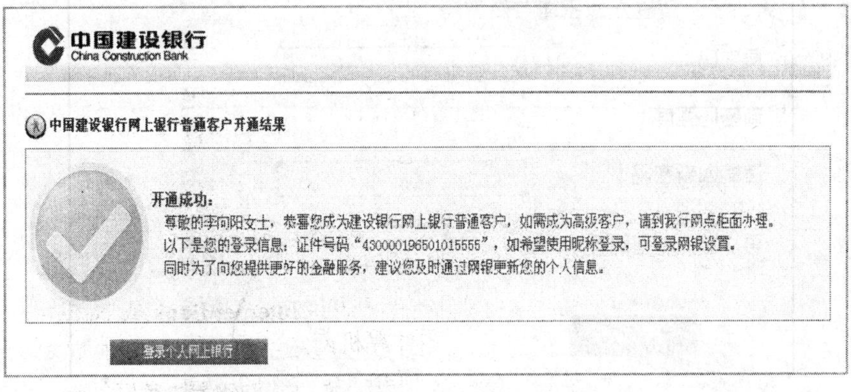

图 5-16　申请成功

二、证书版开通

（一）携带身份证件与银行卡（存折除外），直接在银行柜台请工作人员帮助开通网上银行，进行网银签约

（二）激活已签约的网上银行

（1）登录建行网站首页，点击个人客户登录就可以进入登录页面了，见图 5-13。输入用户名和密码见图 5-17。

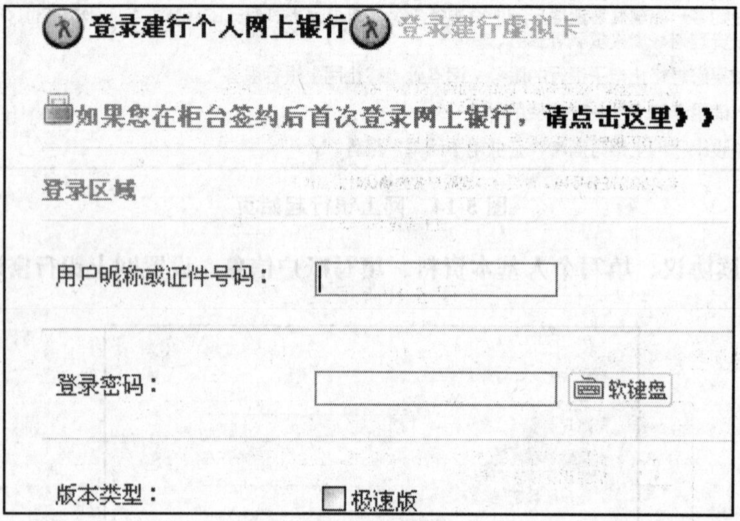

图 5-17　输入密码

（2）设置网上银行交易密码。

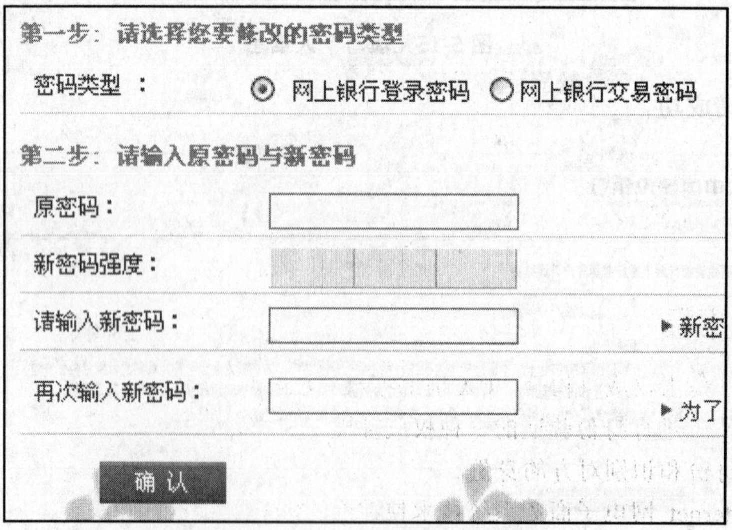

图 5-18　设置交易密码

（3）下载证书。

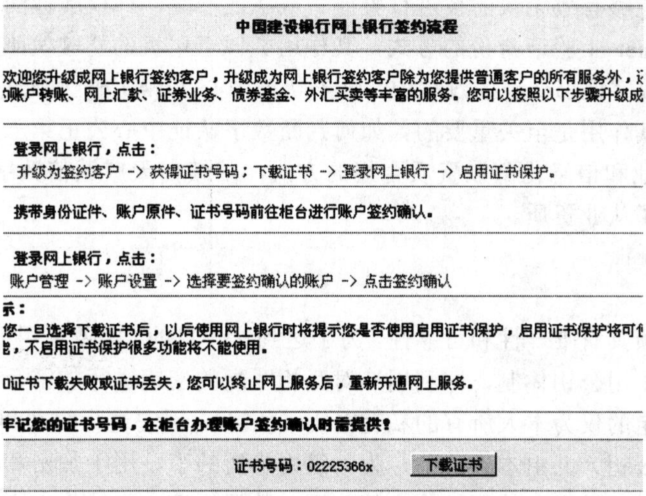

图 5-19 下载证书

（4）根据建行系统提示，一步步安装证书，点击“生成证书”。

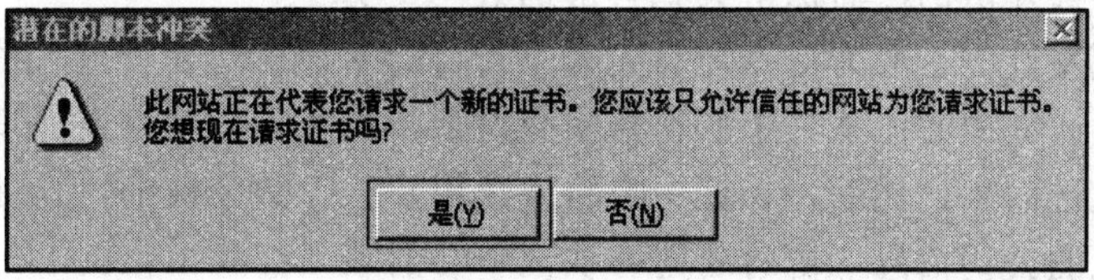

图 5-20 生成证书

（5）按照向导提示，连续点击“是”。直至证书安装成功，见图 5-21。

图 5-21 安装成功

知识拓展

数字证书是由权威机构——CA 证书授权（Certificate Authority）中心发行的，能提供在 Internet 上进行身份验证的一种权威性电子文档，人们可以在互联网交往中用它来证明自己的身份和识别对方的身份。

由于 Internet 网电子商务系统技术使在网上购物的顾客能够极其方便轻松地获得商家和企业的信息，但同时也增加了对某些敏感或有价值的数据被滥用的风险。为了保证互联网上电子交易及支付的安全性，保密性等，防范交易及支付过程中的欺诈行为，必须在网上建立一种信任机制。这就要求参加电子商务的买方和卖方都必须拥有合法的身份，并且在网上能够有效无误的被进行验证。数字证书是一种权威性的电子文档。它提供了一种在 Internet 上验证身份的方式，其作用类似于司机的驾驶执照或日常生活中的身份证。当然在数字证书认证的过程中，证书认证中心（CA）作为权威的、公正的、可信赖的第三方，其作用是至关重要的。如何判断数字认证中心公正第三方的地位是权威可信的，国家工业和信息化部以资质合规的方式，陆续向天威诚信数字认证中心等 30 家相关机构颁发了从业资质。

一、特点

数字证书必须具有唯一性和可靠性。为了达到这一目的，需要采用很多技术来实现。通常，数字证书采用公钥体制，即利用一对互相匹配的密钥进行加密、解密。每个用户自己设定一把特定的仅为本人所有的私有密钥（私钥），用它进行解密和签名；同时设定一把公共密钥（公钥）并由本人公开，为一组用户所共享，用于加密和验证签名。当发送一份保密文件时，发送方使用接收方的公钥对数据加密，而接收方则使用自己的私钥解密，这样信息就可以安全无误地到达目的地了。通过数字的手段保证加密过程是一个不可逆过程，即只有用私有密钥才能解密。公开密钥技术解决了密钥发布的管理问题，用户可以公开其公开密钥，而保留其私有密钥。

数字证书颁发过程一般为：用户首先产生自己的密钥对，并将公共密钥及部分个人身份信息传送给认证中心；认证中心在核实身份后，将执行一些必要的步骤，以确信请求确实由用户发送而来，然后，认证中心将发给用户一个数字证书，该证书内包含用户的个人信息和他的公钥信息，同时还附有认证中心的签名信息。见图 5-22，用户就可以使用自己的数字证书进行相关的各种活动。数字证书由独立的证书发行机构发布。数字证书各不相同，每种证书可提供不同级别的可信度。

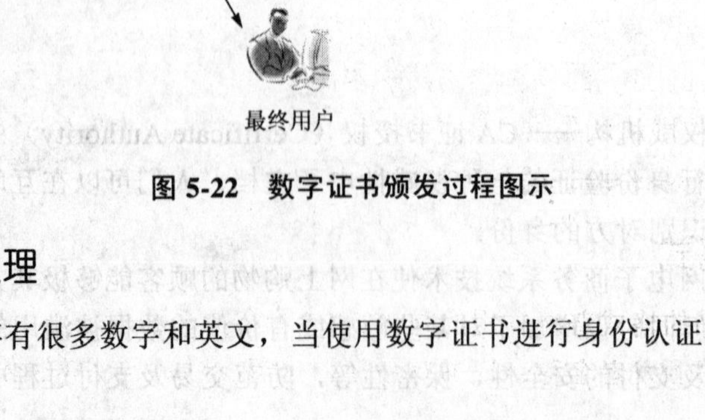

图 5-22　数字证书颁发过程图示

二、工作原理

数字证书里存有很多数字和英文，当使用数字证书进行身份认证时，它将随机生成

128 位的身份码，每份数字证书都能生成相应但每次都不可能相同的数码，从而保证数据传输的保密性，即相当于生成一个复杂的密码。

数字证书绑定了公钥及其持有者的真实身份，它类似于现实生活中的居民身份证，所不同的是数字证书不再是纸质的证照，而是一段含有证书持有者身份信息并经过认证中心审核签发的电子数据，可以更加方便灵活地运用在电子商务和电子政务中。

三、分类

基于数字证书的应用角度分类，数字证书可以分为以下几种：

（一）服务器证书

服务器证书被安装于服务器设备上，用来证明服务器的身份和进行通信加密。服务器证书可以用来防止假冒站点。

在服务器上安装服务器证书后，客户端浏览器可以与服务器证书建立 SSL 连接，在 SSL 连接上传输的任何数据都会被加密。同时，浏览器会自动验证服务器证书是否有效，验证所访问的站点是否是假冒站点，服务器证书保护的站点多被用来进行密码登录、订单处理、网上银行交易等。全球知名的服务器证书品牌有 Verisign，Thawte，Geotrust 等。

SSL 证书主要用于服务器（应用）的数据传输链路加密和身份认证，绑定网站域名，不同的产品对于不同价值的数据和要求不同的身份认证。超真 SSL 和超快 SSL 在颁发时间上已经没有什么区别，主要区别在于：超快 SSL 只验证域名所有权，证书中不显示单位名称；而超真 SSL 需要验证域名所有权、营业执照和第三方数据库验证，证书中显示单位名称。

（二）电子邮件证书

电子邮件证书可以用来证明电子邮件发件人的真实性。它并不证明数字证书上面 CN 一项所标识的证书所有者姓名的真实性，它只证明邮件地址的真实性。收到具有有效电子签名的电子邮件，我们除了能相信邮件确实由指定邮箱发出外，还可以确信该邮件从被发出后没有被篡改过。

另外，使用接收的邮件证书，我们还可以向接收方发送加密邮件。该加密邮件可以在非安全网络传输，只有接收方的持有者才可能打开该邮件。

（三）客户端个人证书

客户端证书主要被用来进行身份验证和电子签名。

安全的客户端证书被存储于专用的 usbkey 中。存储于 key 中的证书不能被导出或复制，且 key 使用时需要输入 key 的保护密码。使用该证书需要物理上获得其存储介质 usbkey，且需要知道 key 的保护密码，这也被称为双因子认证。这种认证手段是目前在 internet 最安全的身份认证手段之一。key 的种类有多种，指纹识别、第三键确认，语音报读，以及带显示屏的专用 usbkey 和普通 usbkey 等。

四、证书格式

目前数字证书的格式普遍采用的是 X.509 V3 国际标准，内容包括证书序列号、证书持有者名称、证书颁发者名称、证书有效期、公钥、证书颁发者的数字签名等。

五、认证中心

认证中心（Certificate Authority，简称 CA），为安全电子交易中之重要单位，为一公正、公开的代理组织，接受持卡人和特约商店的申请，会同发卡及收单银行核对其申请资料是否一致，并负责电子证书之发放、管理及取消等事宜，是在线交易的监督者和担保人。认证中心主要进行电子证书管理、电子贸易伙伴关系建立和确认、密钥管理、为支付系统中的各参与方提供身份认证等。CA 类似于现实生活中公证人的角色，具有权威性，是一个普遍可信的第三方。

六、证书申请和使用方法

一般来讲，用户要携带有关证件到各地的证书受理点，或者直接到证书发放机构即 CA 中心填写申请表并进行身份审核，审核通过后交纳一定费用就可以得到装有证书的相关介质（磁盘或 Key）和一个写有密码口令的密码信封。

用户在进行需要使用证书的网上操作时，必须准备好装有证书的存储介质。如果用户是在自己的计算机上进行操作，操作前必须先安装 CA 根证书。一般所访问的系统如果需要使用数字证书会自动弹出提示框要求安装根证书，用户直接选择确认即可；也可以直接登陆 CA 中心的网站，下载安装根证书。操作时，一般系统会自动提示用户出示数字证书或者插入证书介质（IC 卡或 Key），用户插入证书介质后系统将要求用户输入密码口令，此时用户需要输入申请证书时获得的密码信封中的密码，密码验证正确后系统将自动调用数字证书进行相关操作。使用后，用户应记住取出证书介质，并妥善保管。当然，根据不同系统数字证书会有不同的使用方式，但系统一般会有明确提示，用户使用起来都较为方便。

资料卡

已依法取得认证资格的机构：

河南省数字证书有限责任公司
深圳市电子商务安全证书管理有限公司
天津电子认证服务中心
山东省数字证书认证管理有限公司
中国金融认证中心有限公司
西部安全认证中心有限责任公司（宁夏）
北京天威诚信电子商务服务有限公司
陕西省数字证书认证中心有限责任公司
国投安信数字证书认证有限公司
广东省电子商务认证有限公司
广东数字证书认证中心有限公司
上海市数字证书认证中心有限公司
北京数字证书认证中心有限公司

辽宁数字证书认证管理有限公司
湖北省数字证书认证管理中心有限公司
颐信科技有限公司
江苏省电子商务证书认证中心有限责任公司
东方中讯数字证书认证有限公司
浙江省数字安全证书管理有限公司
福建省数字安全证书管理有限公司
新疆数字证书认证中心（有限公司）
北京国富安电子商务安全认证有限公司
安徽省电子认证管理中心有限责任公司
河北省电子商务认证有限公司

任务评价

一、评价方法

本任务采用学生独立上机进行操作、开通网上银行，教师根据最后操作结果对学生位同学做出综合评价；最后教师针对每位同学学给出评价结论，指出改进和努力的方向。

二、评价指标

表 5-3　任务完成情况评价表

评价指标	学生自我评价		小组评价		他人/教师评价	
	合格	不合格	合格	不合格	合格	不合格
开通网上银行						
生成数字证书						

课后练习

一、思考题

1. 自己尝试开通中国农业银行的网上银行？

2. 开网店可否不申请数字证书？

二、实训题

按照书中范例，开通中国建设银行的网上银行。

任务四　防火墙技术

任务要求

在保证计算机网络安全的过程中有多种软、硬件的防范措施，要求大家熟练掌握天网防火墙的操作。

任务实施

一、防火墙操作——天网防火墙

天网防火墙有正式版（收费的版本，服务好，功能强）和试用版（免费，用的人很多，IP 编辑高级功能受一些限制），正式版和试用版的界面和操作基本都一样，使用试用版的可以参考类似的操作。

安装完后要重启计算机，重启后打开天网防火墙就能起到作用了。默认的中级状态下，它的作用就基本可以了。但有时它苛刻的 IP 规则也带来了很多不便。所以，如果没特殊要求就设置为默认，安全级别为中就可以。

（一）普通应用

首先介绍天网防火墙的一些简单设置，图 5-23 是系统设置界面：

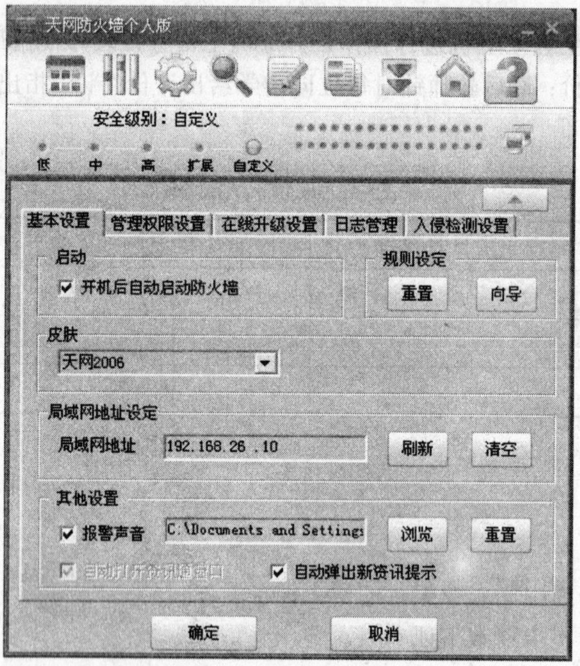

图 5-23　系统设置界面

图 5-24 是 IP 规则，一般默认就可以了，在未经过修改的自定义 IP 规则与默认中级的规则是一样的。但如果想新建新的 IP 规则也是可以的，这里对默认情况就不过多介绍。

再看图 5-25 就是日志，上面记录了程序访问网络的记录，局域网和网上被 IP 扫描端口的情况，供参考以便采取相应对策。

以上是天网在默认下的一些情况，只要用户没特殊要求，如开放某些端口或屏蔽某些端口，或某些 IP 操作等等，默认下就能起到防火墙的强大作用。但是防火墙的苛刻要求给某些程序的使用带来麻烦。以下就介绍开放某些端口的设置方法，读者可以依此类推，完成你想要的相关操作。

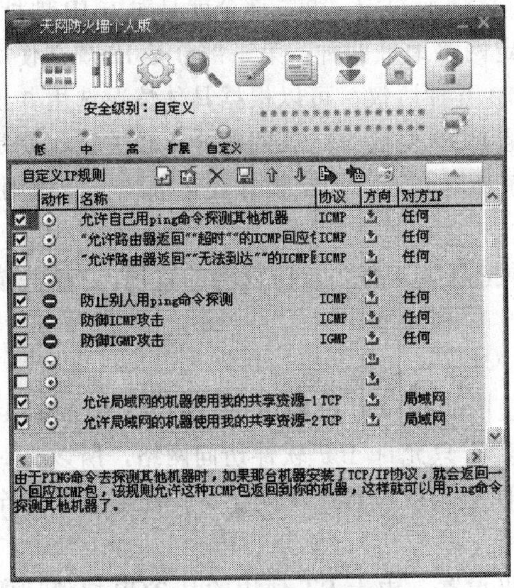

图 5-24 IP 规则设置界面

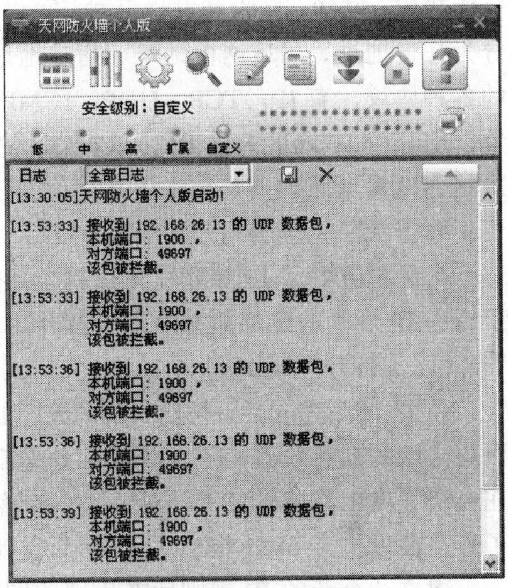

图 5-25 日志界面

（二）防火墙开放端口应用

如果想开放端口就得新建新的 IP 规则，所以在说开放端口前，我们来讲一下怎样建立新的 IP 规则。在自定义 IP 规则里点击增加规则，然后就会出现图 5-26 所示界面。

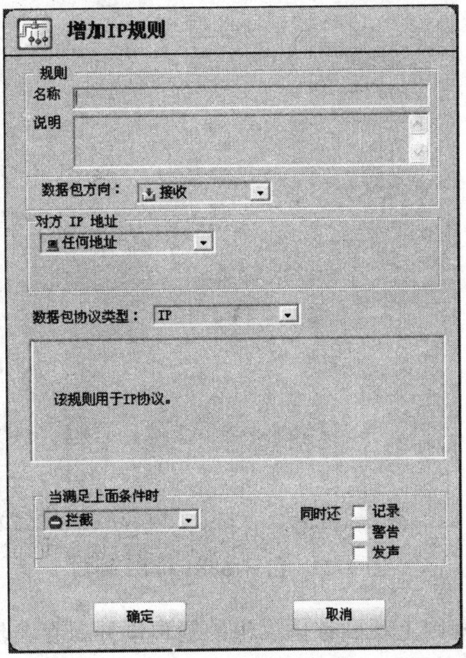

图 5-26 增加 IP 规则

图 5-26 包括了四个部分，第一部分就是新建 IP 规则的说明部分，你可以取有代表性的名字，如“打开 BT6881-6889 端口”，说明详细点也可以，还有数据包方向的选择，分为接收，发送，接收和发送三种，可以根据具体情况决定；第二部分就是对方 IP 地址，分为任何地址、局域网内地址、指定地址、指定网络地址四种；第三部分是 IP 规则使用的各种协议，有 IP，TCP，UDP，ICMP，IGMP 五种协议，可以根据具体情况选用并设置，如开放 IP 地址的是 IP 协议，QQ 使用的是 UDP 协议等；第四部分比较关键，就是决定你设置上面规则是允许还是拒绝，在满足条件时是通行还是拦截还是继续下一规则，要不要记录，完全看用户如何设置了。

如果设置好了 IP 规则就单击确定后保存并把规则上移到该协议组的置顶，这就完成了新的 IP 规则的建立，并立即发挥作用。

（三）打开端口实例

新 IP 规则建立后，举例说明。流行的 BT 使用的端口为 6881-6889 端口这九个端口，而防火墙的默认设置是不允许访问这些端口的，它只允许 BT 软件访问网络，所以有时在一定程度上影响了 BT 下载速度。当然关闭防火墙就没什么影响了，但机器就不安全了。下面以打开 6881-6889 端口举个实例。

建立一个新的 IP 规则后在出现的图 5-27 里设置，由于 BT 使用的是 TCP 协议，所以就按图 5-27 设置就可以了，点击确定完成新规则的建立，命名为 BT。

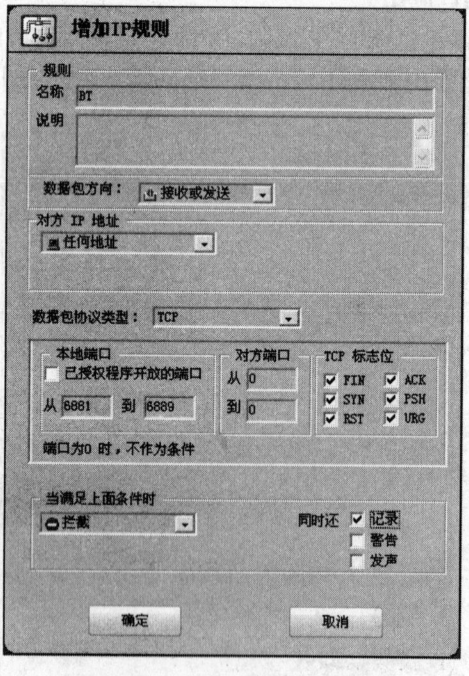

图 5-27　打开 6881-6889 端口

设置新规则后，把规则上移到该协议组的置顶，并保存。然后可以进行在线端口测试是否 BT 的连接端口已经开放。

（四）应用自定义规则防止常见病毒

上面介绍的是开放端口的应用，大体上都能类推，如其他程序要用到某些端口，而防火墙没有开放这些端口时，就可以自己设置。下面来一些实例封端口，让某些病毒无法入侵。

1. 防范冲击波

冲击波，这病毒大家都很熟悉了，它是利用 Windows 系统的 RPC 服务漏洞以及开放的 69、135、139、445、4444 端口入侵。

如何防范，就是封住以上端口，首先在 IP 规则设置界面（图 5-23）里找到“禁止互联网上的机器使用我的共享资源”这项打勾，就禁止了 135 和 139 两个端口。下边是禁止 4444 端口的图 5-28，禁止 445 端口的图 5-29 和禁止 69 端口的图 5-30，建立完后保存就可以看到效果了。

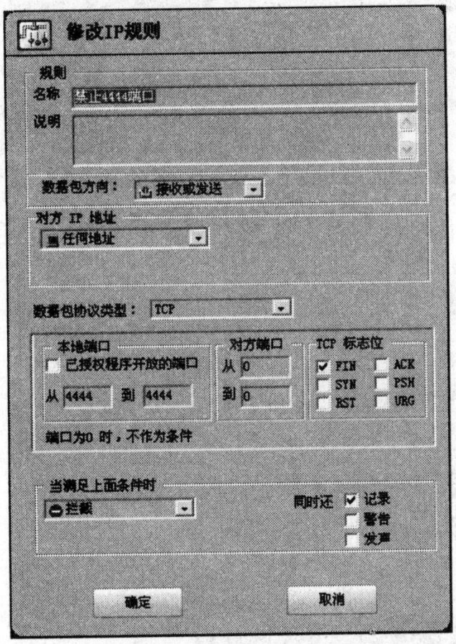

图 5-28 禁止 4444 端口

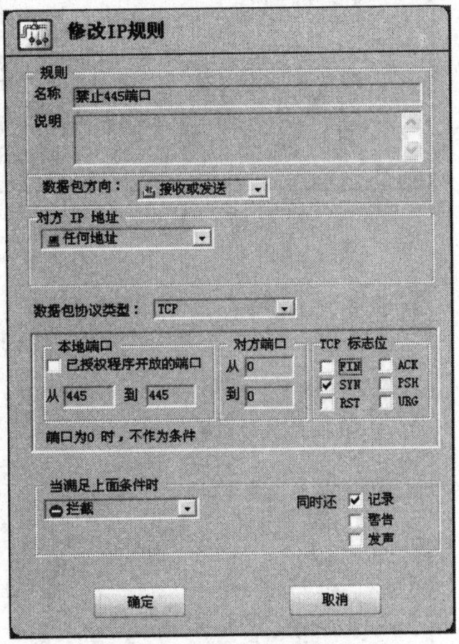

图 5-29 禁止 445 端口

2. 防范冰河木马

冰河也是一款比较狠的病毒，它使用的是 UDP 协议，默认端口为 7626，设置如图 5-31。

如果掌握一些病毒的攻击特性及其使用的端口就可以参照上面的方法进行设置，这样可以很大程度的提高防范病毒和木马的能力。

（五）打开 Web 和 FTP 服务

有不少用户都使用 FTP 服务器软件和 Web 服务器，放火墙不仅限制本机访问外部的服务器，也限制外部计算机访问本机。为了 Web 和 FTP 服务器能正常使用就得设置防火墙，首先在 IP 规则设置界面把“禁止所有人连接”前的勾去掉。图 5-32 和 5-33 分别是 Web 和 FTP 的 IP 规则供大家参考：

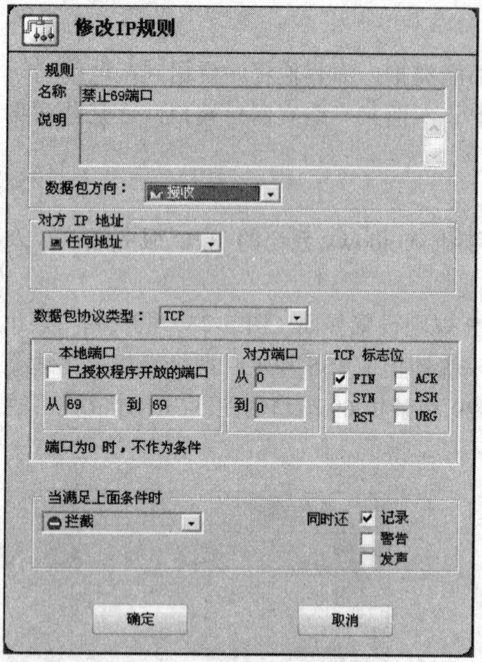

图 5-30　禁止 69 端口

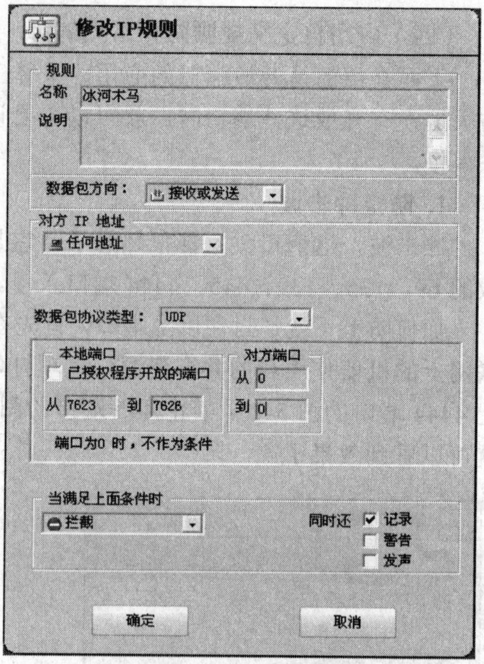

图 5-31　防范冰河木马

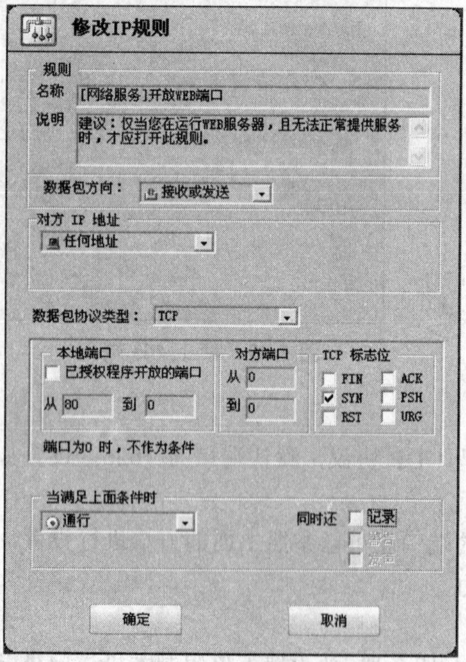

图 5-32　打开 Web 服务

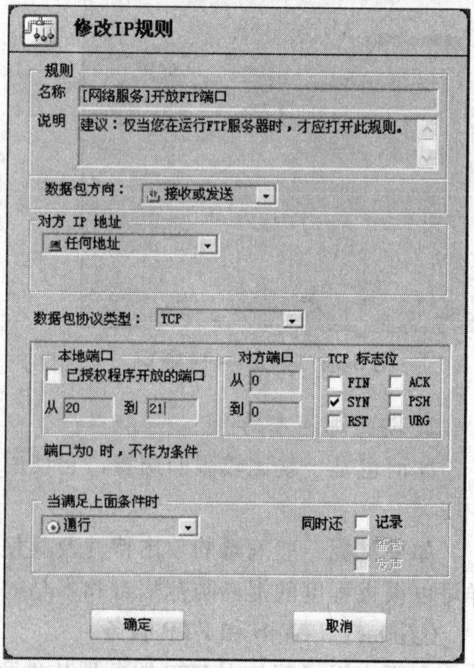

图 5-33　打开 FTP 服务

（六）常见日志的分析

使用防火墙关键是会看日志，看懂日志对分析问题是非常关键的，日志记录上面记录了不符合规则的数据包被拦截的情况，通过分析日志就能知道自己受到什么攻击。下面来说说日志代表的意思。

一般日志分为三行，第一行反映了数据包的发送、接受时间、发送者 IP 地址、对方通讯端口、数据包类型、本机通讯端口等等情况；第二行为 TCP 数据包的标志位，共有六位标志位 URG、ACK、PSH、RST、SYN、FIN，在日志上显示时只标出第一个字母，他们的简单含义如下：

URG：紧急标志，紧急标志置位。

ACK：确认标志，提示远端系统已经成功接收所有数据。

PSH：推标志，该标志置位时，接收端不将该数据进行队列处理，而是尽可能快将数据转由应用处理。在处理 telnet 或 rlogin 等交互模式的连接时，该标志总是置位的。

RST：复位标志，用于复位相应的 TCP 连接。

SYN：同步标志，该标志仅在建立 TCP 连接时有效，它提示 TCP 连接的服务端检查序列编号。

FIN：结束标志，带有该标志位的数据包用来结束一个 TCP 会话，但对应端口还处于开放状态，准备接收后续数据。

第三行是对数据包的处理方法，对于不符合规则的数据包会拦截或拒绝，对符合规则的但被设为监视的数据包会显示为“继续下一规则”。

下面举些常见典型例子来讲讲：

记录 1：[22:30:56] 202、121、0、112 尝试用 PING 来探测本机

TCP 标志：S

该操作被拒绝

该记录显示了在 22:30:56 时，从 IP 地址 202、121、0、112 向你的电脑发出 PING 命令来探测主机信息，但被拒绝了。

人们用 PING 命令来确定一个合法 IP 是否存在，当别人用 PING 命令来探测你的机器时，如果你的电脑安装了 TCP/IP 协议，就会返回一个回音 ICMP 包，如果你在防火墙规则里设置了“防止别人用 PING 命令探测主机”，你的电脑就不会返回给对方这种 ICMP 包，这样别人就无法用 PING 命令探测你的电脑，也就以为没你电脑的存在。如果偶尔一两条就没什么大惊小怪的，但如果在日志里显示有 N 个来自同一 IP 地址的记录，很有可能是别人用扫描工具探测你主机信息。

记录 2：[5:29:11] 61、114、155、11 试图连接本机的 http [80] 端口

TCP 标志：S

该操作被拒绝

本机的 http [80] 端口是 HTTP 协议的端口，主要用来进行 HTTP 协议数据交换，比如网页浏览，提供 WEB 服务。对于服务器，该记录表示有人通过此端口访问服务器的网页，而对于个人用户一般没这项服务，如果个人用户在日志里见到大量来自不同 IP 和端口号的此类记录，而 TCP 标志都为 S（即连接请求）的话，你可能是受到 SYN 洪水攻击了。还有就是如“红色代码”类的病毒，主要是攻击服务器，也会出现上面的情况。

记录 3：[5:49:55] 31、14、78、110 试图连接本机的木马冰河 [7626] 端口

TCP 标志：S

该操作被拒绝

这个记录就有些麻烦了，假如你没有中木马，也就没有打开 7626 端口，当然没什么事。而木马如果已植入你的计算机，你已中了冰河，木马程序自动打开 7626 端口，迎接远方黑客的到来并控制你的计算机，但你装了防火墙以后，即使你中了木马，该操作也被禁止，黑客拿你也没办法。但这是常见的木马，防火墙会给出相应的木马名称，而对于不常见的木马，天网只会给出连接端口号，这时就得靠你的经验和资料来分析该端口是和哪种木马程序相关联，从而判断对方的企图，并采取相应措施，封了那个端口。

记录 4：[6:12:33] 接收到 228、121、22、55 的 IGMP 数据包

该包被拦截

这是日志中最常见的，也是最普遍的攻击形式。IGMP（Internet Group Management Protocol）是用于组播的一种协议，实际上是对 Windows 的用户是没什么用途的，但由于 Windows 中存在 IGMP 漏洞，当向安装有 Windows 9X 操作系统的计算机发送长度和数量较大的 IGMP 数据包时，会导致系统 TCP/IP 栈崩溃，系统直接蓝屏或死机，这就是所谓的 IGMP 攻击。在标志中表现为大量来自同一 IP 的 IGMP 数据包。一般在自定义 IP 规则里已经设定了该规则，只要选中就可以了。

记录 5：[6:14:20] 192、168、0、110 的 1294 端口停止对本机发送数据包

TCP 标志：F A

继续下一规则

[6:14:20] 本机应答 192、168、0、110 的 1294 端口

TCP 标志：A

继续下一规则

从上面两条规则看就知道发送数据包的计算机是局域网里的计算机，而且本机也做出了应答，因此说明此条数据的传输是符合规则的。为何有此记录，那是你在防火墙规则中选了“TCP 数据包监视”，这样通过 TCP 传输的数据包都会被记录下来，所以大家不要以为有新的记录就是人家在攻击你，上面的日志是正常的。

防火墙的日志内容远不只上面几种，如果你碰到一些不正常的连接，自己手头资料和网上资料可以帮助你找到问题的答案，或查看防火墙的主页，这有助于你改进防火墙规则的设置，使你上网更安全。

知识拓展

一、防火墙技术

防火墙技术，最初是针对 Internet 网络不安全因素所采取的一种保护措施。顾名思义，防火墙就是用来阻挡外部不安全因素影响的内部网络屏障，其目的就是防止外部网络用户未经授权的访问。目前，防火墙采取的技术，主要是包过滤、应用网关、子网屏蔽等。

二、防火墙技术分类

（1）网络级防火墙：主要是用来防止整个网络出现外来非法入侵。属于这类的有分

组过滤器和授权服务器。前者检查所有流入本网络的信息，然后拒绝不符合事先制定好的一套准则的数据，而后者则是检查用户的登录是否合法。

（2）应用级防火墙：从应用程序来进行接入控制。通常使用应用网关或代理服务器来区分各种应用。例如，可以只允许通过访问万维网的应用，而阻止 FTP 应用的通过。

三、常见的防火墙体系结构：

（1）双重宿主主机体系结构。

（2）屏蔽主机体系结构。

（3）屏蔽子网体系结构。

防火墙不能防止内部攻击；防火墙不能防止未经过防火墙的攻击；防火墙不能取代杀毒软件；防火墙不易防止反弹端口木马攻击。

任务评价

一、评价方法

本任务采用教师取一部分防火墙日志，让学生分小组讨论，然后以书面形式将讨论结果和处理办法提交，老师对其结论给予综合评定。

二、评价指标

表 5-4　　任务完成情况评价表

评价指标	学生自我评价		小组评价		他人/教师评价	
	合格	不合格	合格	不合格	合格	不合格
防火墙普通应用						
防火墙开放端口应用						
应用自定义规则 防止常见病毒						
打开 WEB 和 FTP 服务						
日志的分析						

课后练习

一、思考题

1. 打开防火墙，查看并分析日志？

2. 在日常生活中，网络防火墙能起到哪些必不可少的作用，举例说明。

二、实训题

网上搜索下载天网防火墙软件，并自己安装使用该软件。

项目六

网上支付技术

项目综述

网上支付，也称网络支付，英文可定义为 Net Payment 或者 Internet Payment，就是指以金融电子化网络为基础，以商用电子化工具和各种交易卡为媒介，通过计算机网络特别是 Internet 以电子信息传递的形式实现流通和支付功能。随着技术的不断进步、电子商务的不断发展以及人们传统观念的革新，网上支付技术也随之发展，越来越多的更加安全、可靠、方便、快捷的网上支付手段正不断被研发，并且投入实践，这是新时代商务支付结算方式的发展趋势。

本项目将网上支付的基本概念、网上支付的方式及应用与实际的上机练习相结合，理论联系实践，使学生具备有关网上支付与结算的基本知识、基本理论和采用不同网上支付方式进行网络支付的能力（比如利用网络银行进行网上支付、利用信用卡进行网上支付、利用电子支票进行网上支付、利用电子现金进行网上支付等）。

本项目共包括三个任务：网络银行、电子货币和第三方支付，每个任务将通过任务要求、任务实施、知识拓展和任务评价几个部分，创设任务情景、组织任务流程、使学生在完成任务的同时达到主动探求知识、扩展知识领域、引起学习兴趣的教学目的。

任务一　网 络 银 行

任务要求

以小组为单位进行典型银行网站的访问，比如中国招商银行、中国银行、中国建设银行、中国工商银行等，熟悉网络银行金融业务以及申请网络银行业务的流程，能够利用网络银行进行网上支付与结算，写出任务实训报告。

任务实施

网络银行，也称网上银行、电子银行、虚拟银行，英文为 Internet Bank 或 Network Bank 或 Web Bank，是指依托信息技术和 Internet 的发展，主要基于 Internet 平台开展和提供各种金融服务的新型银行机构与服务形式。它随着计算机和计算机网络与通信技术、电子商务技术的发展而发展，突破了银行传统的业务操作模式，摒弃了银行由前台接柜开始的传统服务流程，把银行的业务直接在因特网上推出，为用户提供全方位、全天候、便捷、实时的现代化服务。

目前，网络银行提供的金融业务很多，比如网上证券、网上理财、网上支付与结算等，这里主要讲述网络银行提供的网络支付与结算业务。

一、访问典型的银行网站，熟悉网络银行金融业务

（一）访问典型的银行网站

1. 中国银行：http：//www.boc.cn（见图 6-1）

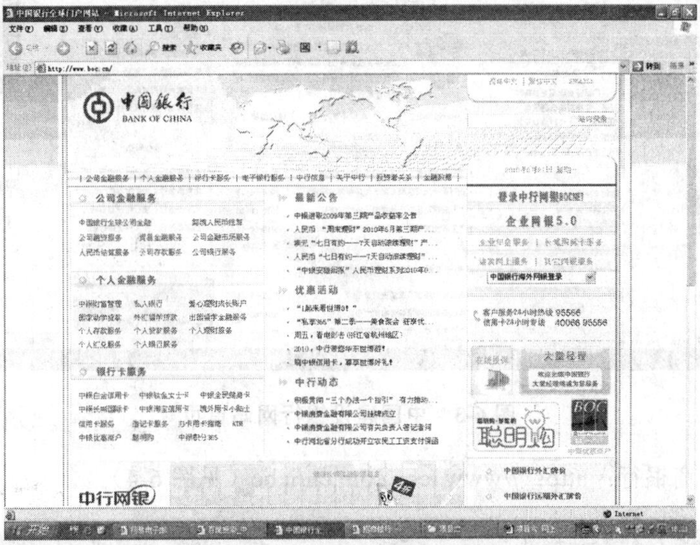

图 6-1　中国银行网站首页

2. 招商银行：http：//www.cmbchina.com（见图 6-2）

图 6-2　招商银行网站首页

3. 中国建设银行：http：//www.ccb.com/cn/home/index.html（图 6-3）

图 6-3　中国建设银行网站首页

4. 中国工商银行：http：//www.icbc.com.cn/icbc（见图 6-4）

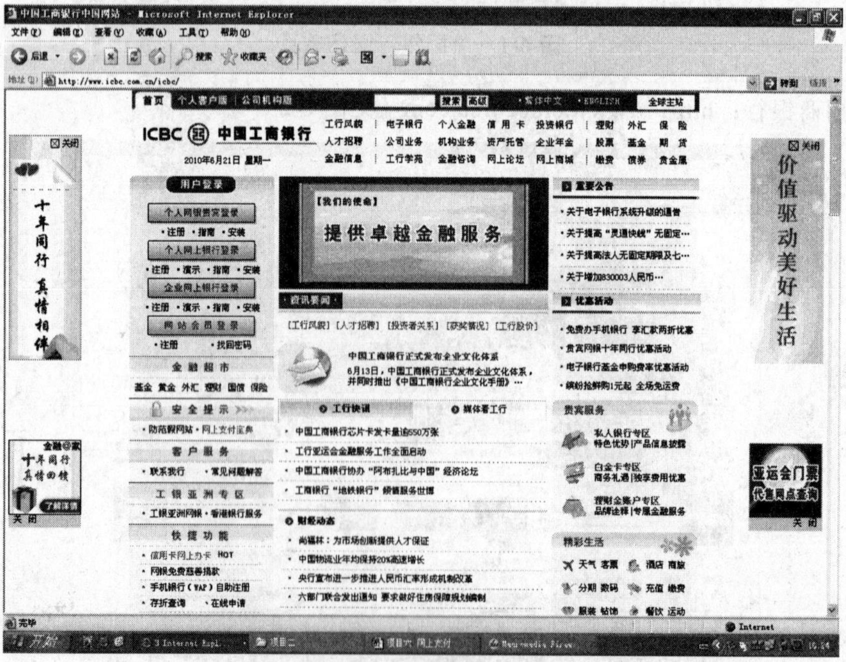

图 6-4　中国工商银行网站首页

（二）网络银行的金融业务

1. 企业网络银行的金融业务

根据访问典型的银行网站，可知企业网络银行的金融业务几乎涵盖并延伸到了现有的对公银行业务，主要包括账务查询、内部转账、对外支付、代发工资、信息管理、集团支付、定/活期存款互转、B to B 电子商务、银行信息通知等。所以，通过企业网络银行，企业可以随时掌握自己的财务状况，轻松处理大量的支付、工资发放、大额转账等公司业务。

一般来说，企业网络银行的金融业务内容如图 6-5 所示。

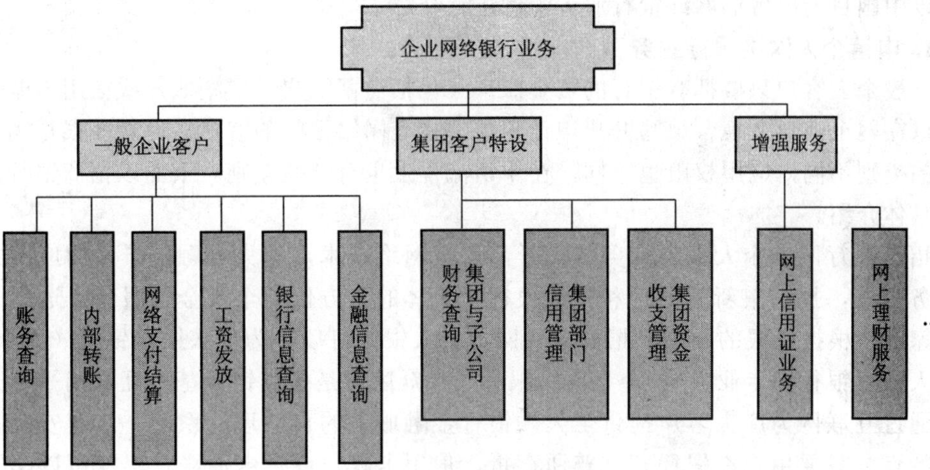

图 6-5　企业网络银行的金融业务内容

2. 个人网络银行的金融业务

个人网络银行主要面向个人和家庭，根据访问典型的银行网站，可知个人网络银行的金融业务主要包括账户账务查询、转账、汇款、缴费、自助贷款、网络支付、证券服务、个人理财等。所以，通过个人网络银行，客户可以随时掌握自己的财务状况、轻松处理大量的生活费用支付、消费、转账等业务。

一般来说，个人网络银行的金融业务内容如图 6-6 所示。

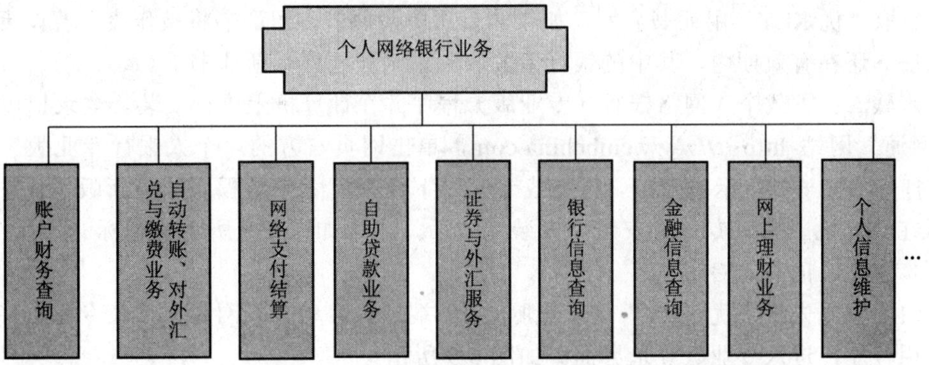

图 6-6　个人网络银行的金融业务内容

二、访问典型的银行网站，申请网络银行业务

（一）访问典型的银行网站

详细内容请参考上述第一部分内容。

（二）申请网络银行业务

目前，全球对于网络银行的业务申请程序并没有一个严格的格式。不同国家的网络银行业务申请程序各不相同，甚至是同一国家的不同银行，其程序也有差别。即使是同一个网络银行推出的多种网络银行产品，可能由于金额、业务用途等的不同也有差别。下面以中国目前出现的网络银行服务为例进行介绍。

1. 申请个人网络银行业务

一般个人客户只要拥有银行的资金账户（包括储蓄账户、定期账户或信用卡账户）就可以在网上或营业柜台填写开户申请表单，成为网络银行的客户。但有些银行因个人客户的类别不同，应用权限也不同，在申请流程上也有一些差别。下面以招商银行为例进行具体介绍。

招商银行网上个人银行业务依托于高科技网络技术，加大金融电子化的应用力度和服务范围，提供集新型银行和传统银行于一体的全方位的个人金融服务，适用于个人和家庭。根据权限的不同，招商银行网上个人银行可以分为个人网络银行（大众版）和个人网络银行（专业版）。个人网络银行（大众版）是招商银行基于互联网平台开发的、通过互联网为广大客户提供全天候银行金融服务的自助理财系统，具有安全、方便的特点。只要用户在银行开立普通存折、信用卡账户或一卡通账户，就可以享用众多日常服务，比如查询账户余额和交易明细、转账、修改密码等。个人网络银行（专业版）是招商银行基于互联网平台开发的网上个人银行理财软件，该软件建立在严格的客户身份认证基础上，对参与交易的客户发放证书，交易时验证证书。具有安全可靠、功能强大、方便快捷、安装智能化、信息丰富的特点。用户只有安装了专业客户端程序，经过银行的认证，才能通过网络进行支付结算操作。

下面以招商银行个人网络银行（专业版）为例，客户申请的具体流程如下：

步骤一：客户携带本人有效身份证件和一卡通到招商银行营业网点填写《招商银行网上个人银行证书申请表》，申请个人网络银行（专业版），关联您的银行卡并获得授权码，领取“优 KEY”用证书启用。如果非首次申请证书，旧证书将被作废，若作废前您的旧证书还在有效期内，其中的银行卡关联关系将被迁移至新证书下。

步骤二：下载个人网络银行（专业版）程序并在计算机上进行安装。登录招商银行“一网通”网站 http：//www.cmbchina.com，单击网页右方的“个人银行专业版”超链接，打开如图 6-7 所示的窗口，从下载专区中下载专业版安装程序的最新版本，并按照提示在计算机上完成专业版安装。安装完成后，出现如图 6-8 所示的图标。

步骤三：证书的启用。

（1）首先先将“优 KEY”插入电脑 USB 端口，启动个人网络银行（专业版）客户端应用程序，进入专业版登录界面。如图 6-9 所示。

（2）选择“使用移动证书”，单击“证书启用”按钮，打开证书启用向导，按提示完

成操作，完成证书启用过程。

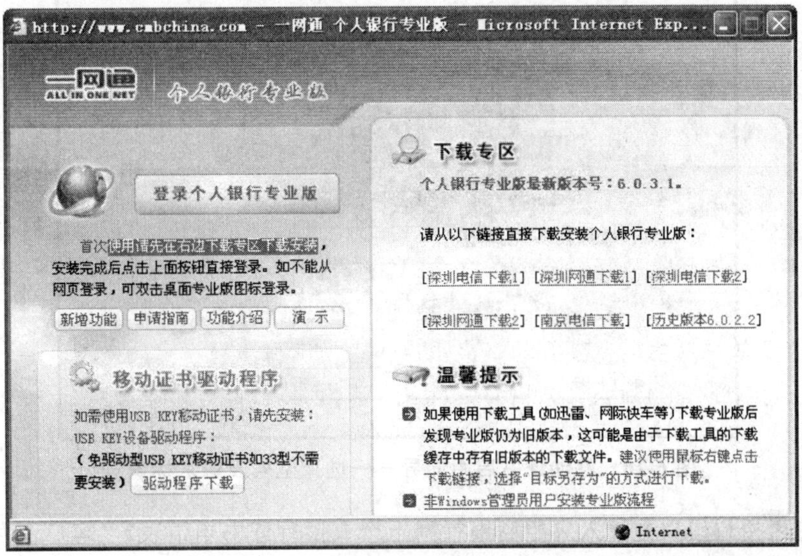

图 6-7　个人网络银行（专业版）页面

图 6-8　个人网络银行（专业版）客户端应用程序

图 6-9　个人网络银行（专业版）登录界面

◆ 在“USB KEY 型号”处选择“类型 23”或者“类型 33”；在“USB KEY 标识号”处输入《招商银行网上个人银行证书申请表》“客户留存联”中的 10 位移动数字证书 KEY 号；如图 6-10 所示。

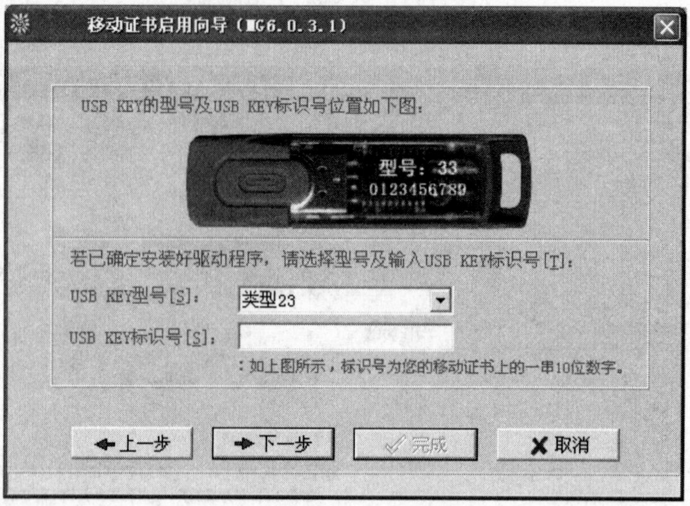

图 6-10　移动证书启用向导——选择型号及输入标识号

◆　在“授权码”处输入《招商银行网上个人银行证书申请表》“客户留存联”中的 16 位授权码，录入申请人证件资料和用户初始登录密码。如图 6-11 所示。

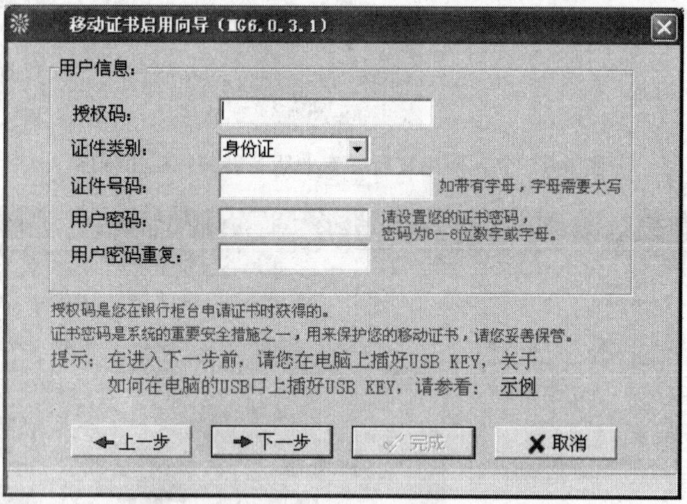

图 6-11　移动证书启用向导——用户信息

步骤四：使用个人网络银行（专业版）。正常情况下，等待约十分钟至一小时后，再次登录专业版，就可以使用个人网络银行（专业版）提供的服务了。

2. 申请企业网络银行业务

企业网络银行业务的申请与个人网络银行（专业版）客户申请步骤类似，下面以招商银行为例进行具体介绍。

“网上企业银行 U-BANK”是招商银行网上银行——“一网通”的重要组成部分，它是通过 Internet 或其他公用信息网，将客户的计算机终端连接至银行主机，实现将银行服务直接送到客户办公室、家中或出差地点的银行对公服务系统，使客户足不出户就可以享受到招商银行的服务。其业务申请流程如图 6-12 所示。

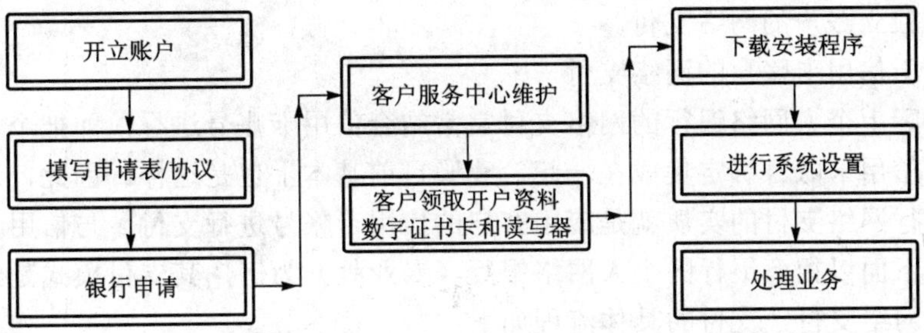

图 6-12　“网上企业银行 U-BANK”业务申请流程图

步骤一：开立帐户。请携带公司的“营业执照”和“法人代码证”正本以及复印件（加盖公章），带齐企业公章、银行预留印鉴章（财务章、私章），到就近的招商银行网点办理开户手续（如已开有“201 活期存款”或“204 部队存款”或“232 同业存放款项”或“2211 一般财政性存款”科目账户的客户可免此步骤）。

步骤二：填写申请表/协议。客户到其账户行领取《网上“企业银行”服务协议》和《网上“企业银行”申请表》，或从网上企业银行社区“业务表格”栏目中下载（服务协议一式三联，申请表一式四联）。按格式填写后在每一份“协议”上加盖公章，在“申请表”上加盖预留印鉴（如果客户多个账号使用不同印鉴，则须分别填写多份申请表），选择好使用的版本和登录方式；确定开办的业务。然后将申请表和协议书提交账户行。

步骤三：银行审核。银行受理客户的申请后，审核用户的身份及检查申请表和协议是否正确。

步骤四：客户服务中心维护。客户服务中心根据用户的申请，为企业开户，打印并分发用户开户资料及系统管理密码信封、IC 卡密码信封等。

步骤五：客户领取开户资料，数字证书卡及其读写器。客户取得系统管理员用户号、数字证书卡及其读写器、读写器驱动程序等资料。

步骤六：下载安装程序。如果是数字证书卡用户，先安装好数字证书卡读写器及其驱动程序。然后从招商银行网页（www.cmbchina.com）上下载安装企业银行程序。

步骤七：进行系统设置。对使用局域网代理服务器的用户可能需要进行通讯参数的设置。如果是数字证书卡用户，建议先测试数字证书卡及读写器。

步骤八：处理业务。详细内容请参考招行网页上的企业银行系统系统演示或帮助文件。

三、访问典型的银行网站，进行网上支付

（一）访问典型的银行网站

详细内容请参考上述第一部分内容。

（二）网上支付

各类网络银行在用于网络支付与结算时具有类似的流程和特点，下面以中国目前网络银行的应用方式为例进行具体介绍。

1. 个人网络银行的网上支付

个人网络银行的网上支付一般分为两种：一是基于信用卡账户的网络支付，二是基于网络银行独立账户的网络支付。

（1）基于信用卡账户的网络支付

目前国际上个人网络银行的网络支付常常结合信用卡账号进行，即把个人网络银行账号与客户信用卡账号绑定集成在一起，我国目前基本上也是这样。因此，这种方式的个人网络银行网络支付的实质就是应用客户的信用卡帐号进行支付，与信用卡网络支付基本相同。下面以招商银行的个人网络银行（专业版）为例，其支付模式是结合“一卡通”账户的网络支付，支付的具体流程如下：

步骤一：登录网上商城，选购商品，在进行网络支付时选择招商银行网上支付付款，浏览器将自动以安全连接方式（SSL 连接）连接到招商银行网站，出现付款的页面。如图 6-13 所示。

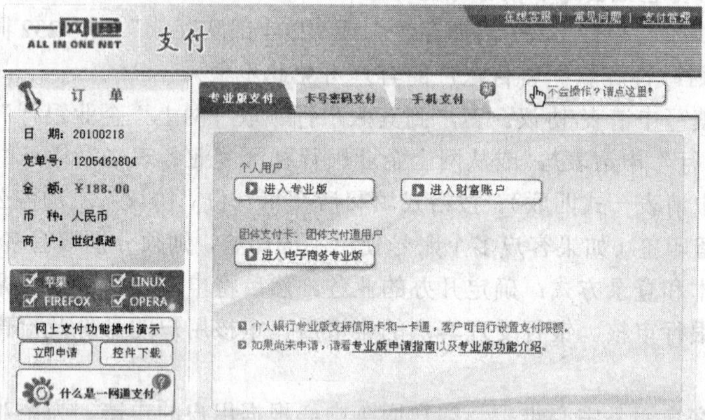

图 6-13 专业版支付页面

步骤二：单击“进入专业版”，弹出专业版用户登录窗口，如图 6-14 所示，选择硬件类型和服务器地址，输入用户密码，进入个人网络银行（专业版）。

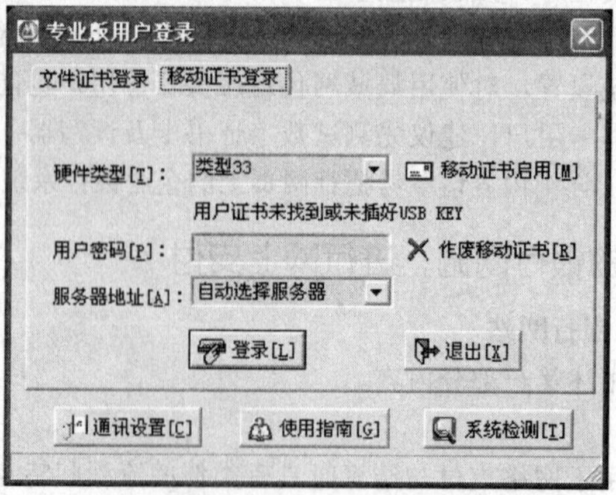

图 6-14 专业版用户登录窗口

步骤三：在个人网络银行（专业版）中可以看到网上商城的名称、订单号、日期、金额等信息，选择用来付款的一卡通，输入密码，确认支付，即可完成一次网上交易的网络支付。

步骤四：不管付款成功或失败，均可看到银行或商店返回的提示信息。其过程都是在安全加密通道中进行的。

（2）基于网络银行独立账户的网络支付

该种方式是把网络银行独立账户当做资金账号，在进行网络支付时输入此独立账号和密码即可。

2. 企业网络银行的网上支付

企业网络银行的网上支付与直接用个人网络银行（专业版）账号进行支付结算的过程比较相似。

知识拓展

一、网络银行的产生与发展

20世纪90年代中期，随着Internet的普及应用，电子商务的快速发展，银行为加强自身的竞争优势，在提高服务质量的前提下也不断推出更多的金融服务产品来满足客户的需求，商业银行业务开始驶上网络快车道，银行经营方式也呈现了网络化趋势。1995年10月18日，全球首家以网络银行冠名的金融组织——安全第一网络银行SFNB（Security First Network Bank）诞生。在网络银行诞生仅仅几年的时间，它的发展已深深的改变了我们的传统生活，以几何级数的形式不断扩展，大有取传统银行业务方式而代之的发展趋势。

要是追溯历史，网络银行也并不完全是新生的事物，其运作模式早在20世纪50年代就有类似的雏形，只是是在专用网络上而不是Internet上进行，它的发展是伴随着银行的电子化与信息化的发展进程而发展的。网络银行的发展可以分为以下三个阶段：

（一）计算机辅助银行管理阶段

该阶段是从20世纪50年代到20世纪80年代中后期。20世纪50年代末，计算机逐渐在美国和日本等国家的银行业务中得到应用，最初主要是解决手工记账速度慢、提高财务处理能力和减轻人力负担的问题。20世纪60年代末，出现了电子资金转账EFT（Electronic Funds Transfer），其技术的兴起和应用为网络银行的发展奠定了技术基础。所谓电子资金转账系统，是指使用主计算机、终端机、磁带、电话和电信网络等电子通讯设备及技术手段进行快速、高效的资金传递方式。根据服务对象的不同与支付金额的大小，EFT可以分为零售（Retail）电子资金划拨系统（又称小额电子资金划拨系统）与批发（Wholesale）电子资金划拨系统（又称为大额电子资金划拨系统）。

20世纪70年代末到80年代中后期，电话银行兴起并得到迅速发展。它是基于电话通讯技术的发展而出现的金融服务品种的创新结果。但是，电话银行服务存在着其自身难以克服的缺陷，最大的缺陷之一就是迄今依然主要依靠语音识别、记录系统提供金融服务，这给电话银行服务的客户带来了诸多不便。因为客户的语音和听力都无法规范，在金融服务通讯中客户交易时隐含着差错、误解或矛盾的隐患。而且目前流行的针对重大金融服务交易的传真复核确认制度过于烦琐和复杂。电子银行的这些缺陷影响了它的发展范围和速度。

（二）银行电子化或金融信息化阶段

随着个人计算机PC的不断普及，商业银行的发展重点逐渐从电话银行调整为PC银行，即以PC为基础的电子银行业务。20世纪80年代中后期，在世界各国的国内各银行之间的网络化金融服务系统基础上，形成了不同国家银行之间的电子信息网络，进而形成了全球金融通信网络。在此基础上，出现了各种新型的电子网络服务，比如以自助方式为主的在线银行服务（PC银行）、自动柜员机系统ATM、销售终端系统POS、家庭银行系统和企业电子银行系统等。

银行的电子化使传统银行提供的金融服务变成了全天候、全方位和开放型的金融服务。电子货币成为电子化银行的未来货币形式，并且随着银行电子化的发展，电子货币转账逐渐成为银行服务中的主要业务形式。我国银行其实基本还处在这个阶段。

（三）网络银行阶段

20世纪90年代中期以后，随着Internet在各行各业中的普及应用以及电子商务的快速发展，银行为满足电子商务发展和金融行业竞争的需要，纷纷开始借助Internet及其他网络平台开展各种金融业务，以达到拓展银行业务触角、降低运营成本、满足客户个性化需要的目的，直接导致了基于Internet平台的网络银行的出现。网络银行可以突破实物媒介等传统的空间与时间上的局限性，接近客户与银行的距离，为用户提供全方位、全天候、便捷、实时的快捷金融服务。

总之，网络银行是网络时代的产物。网络银行的产生和发展，推动了银行业务流程的再造，优化了经营过程，降低了交易成本，在一定程度上改变了金融活动参与各方的信息不对称状况，为网络经济的发展提供了更有效的支持和更大的发展空间。目前，网络银行正处在不断迅速发展变化的进程中，其流行的发展模式和总体框架也在不断变化。

二、网络银行的特征与分类

（一）网路银行的特征

1. 无需物理银行分支机构，人员少，运作费用低

与传统商业银行相比，网络银行只需建立基于Internet的客户中心和数据收集、处理及储存库，需要工作人员少，运作费用低。其成本比一般的传统商业银行要低1/4，而其交易成本，据英国宝诚集团旗下网络银行Egg的总裁Mike Harris的统计，是电话银行的1/4、普通银行的1/10。

2. 跨区域的24小时服务

网络银行是利用Internet来开展银行业务，而Internet本身具有跨时域的特点，因此网络银行可以将金融业务和市场延伸到全球每个角落，提供每天24小时、每周七天、全年365天的全天候跨区域服务。

3. 能以客户为中心，体现品牌独特性

网络银行服务并不需要面对面的与客户接触，一切交易和沟通通过Internet进行。

这就要求网络银行的营销理念从过去的注重一般性金融产品的开发和管理，即产品注重型，转移到以客户为核心上来，即根据每个客户不同的金融和财务需求，“量身定做”个人的金融产品并提供银行业务服务。此外，网络银行要将客户作为一个独立有个性的个体来对待，在为客户解决金融疑问和困难的时候，使得客户感觉到解决的方案是按自己的想法和愿望而形成的，并且自己能够自由和灵活的控制自己的资金。这就是创建独特品牌的内在含义之一，也是成熟金融市场的要求。

4. 业务信息系统的管理控制能力要求高、集成性强

网络银行的所有业务都通过 Internet 进行并由信息系统软件处理，比如网络支付、发行信用卡等。业务信息系统是网络银行业务顺利运转的核心，因此，它的维护和管理至关重要。如果计算机系统发生故障，一切无从谈起。所以，强有力的信息系统管理与维护能力是保障网络银行安全运转的关键。

5. 银行的信息共享

网络银行的业务操作和处理可以形象地比喻为一条生产流水线。因此，员工之间、员工与上司之间及各部门之间要建立沟通和协调的渠道和机制；同时，各部门要大量收集客户及有关的信息，通过内部信息网络管理系统，进行信息共享（这也包括社会信息的共享），以达到提高效率、提高服务水平以及客户满意度的目的。

6. 需要良好的社会基础设施与客户的网络应用意识的支持

（二）网络银行的分类

目前，网络银行主要有两种分类方式。

（1）根据网络银行的主要服务对象进行划分：可以分为企业网络银行和个人网络银行两类。企业网络银行适用于企业与政府部门等企事业组织客户。通过企业网络银行，他们可以实时了解财务的运作情况，及时调度资金，轻松处理大批量的网络支付和工资发放业务、并可处理信用证相关业务。个人网络银行适用于个人与家庭的日常消费支付与转账。通过个人网络银行，客户可以实时查询、转帐、网络支付和汇款。

（2）根据网络银行的组成架构进行划分：可以分为两种形式。一种是完全依赖于互联网的无形的电子银行，也叫“虚拟银行”、纯网络银行，是指没有实际的物理柜台作为支持的网上银行。这种网上银行一般只有一个办公地址，没有分支机构，也没有营业网点，雇员很少，银行的所有业务几乎都在 Internet 上进行。其最大的优点就是节省费用，运作成本低。美国安全第一网络银行就是属于这种类型的银行。另一种是以传统银行拓展网络业务为基础的网络银行。即传统银行利用互联网作为新的服务手段为客户提供在线服务，这实际上是传统银行服务在互联网上的延伸，是目前网络银行存在的主要形式。我国现在的网络银行基本上都属于这种类型。

三、我国网络银行的发展概况

1996 年 2 月，中国银行在国际互联网上建立了主页，首先在互联网上发布信息。目前，包括四大国有商业银行在内的各家银行均在积极发展自身网络银行的业务，我国网络银行在发展环境、水平等方面均有了显著的提高。

（一）中国银行

中国银行从 1996 年起就投入网络银行的开发。1998 年 3 月 6 日，中国银行网上银行服务系统成功办理了我国大陆第一笔国际互联网上的电子交易，从而拉开了中国大陆网上银行业的序幕。从 1999 年 6 月起，中国银行正式推出了“企业在线理财”、“个人在线理财”和“支付网上行”等网上银行的系列化产品。中国银行按照 SET 标准建立了一整套购物及支付系统，为用户提供了一个快捷、方便、安全的网上购物环境，使得中行的持卡人可以毫无后顾之忧地享受网上购物的乐趣。中国银行电子钱包 E-wallet 就是一个在 SET 交易中运行在持卡人端的软件。2000 年 2 月，与中国移动通信集团公司联合推出手机银行服务。目前，中国银行网上银行的功能包括：网上账务查询、内部转账、资金划拨、国际收支申报以及网上支付、信用卡结算及网上订票等业务。

（二）招商银行

1997 年，招商银行率先在国内推出了自己的网络银行品牌“一网通”，因而成为国内第一家上网的银行。1999 年 9 月 6 日，招行与中国邮电电信总局、中国南方航空公司和新浪网在北京签订了电子商务全面合作协议。至此，招行已率先在全国启动网上银行业务。招商银行坚持“科技兴行”的发展战略和“因您而变”的经营服务理念，立足于市场和客户需求，充分发挥拥有全行统一的电子化平台的巨大优势，率先开发了一系列高技术含量的金融产品与金融服务，打造了“一卡通”、“一网通”等知名金融品牌，树立了技术领先型银行的社会形象。

（三）中国建设银行

1999 年 8 月，中国建设银行在北京和广州相继推出了网上虚拟银行业务。中国建设银行的网上银行服务内容也相当全面。除常规个人理财服务项目外，建设银行北京分行还在 2000 年 12 月 22 日正式推出“汇如意”个人外汇买卖业务 24 小时网上服务，成为北京市第一家提供近 24 小时外汇买卖交易服务的银行。中国建设银行是紧随中国银行、中国招商银行而推出网络支付业务的，其业务范围与中国银行大体相似，网络支付较有特色的就是提供退款功能。

（四）中国工商银行

中国工商银行于 2000 年 6 月 30 日起在深圳等 31 个城市正式开通了网络银行业务，使国内网络银行开始形成竞争的格局。到目前为止，工商银行对公网上银行服务主要提供账户查询、转账付款、企业集团理财、客户证书管理等。个人网上银行业务主要提供查询账户余额、交易明细、对账单信息、网上挂失换卡申请等。工商银行的 B to B 在线支付具有开户手续简便，安全措施先进，并能提供增值信息服务的特点。

任务评价

一、评价方法

本任务要求学生进行上网实践，访问典型的网络银行站点，熟悉网络银行业务，进行相应网络银行业务的申请，并利用网络银行进行网络支付。根据自己的实际操作过程，完成实训报告，然后进行小组讨论。小组根据每位同学的实训报告给出综合评价，教师结合小组的综合评价给出学生的教师评价，并指出不足和改进的方向。

二、评价指标

表 6-1 任务完成情况评价表

评价指标	学生自我评价		小组评价		他人/教师评价	
	合格	不合格	合格	不合格	合格	不合格
企业网络银行的金融业务						
个人网络银行的金融业务						
个人网络银行业务的申请						
企业网络银行业务的申请						
个人网络银行的网上支付						
企业网络银行的网上支付						
相关知识的扩展掌握情况						

课后练习

一、思考题

1. 比较网络银行和传统银行，分析网络银行对传统银行的影响？

2. 试述利用网络银行进行网上支付的一般流程？

二、实训题

进入中国招商银行（http：//www. cmbchina.com）、中国银行（http：//www.bank-of-china.com）网站，进行一次实际的网上支付，写出购物过程。从而说明网上银行的支付方式和运行机制，及其功能。

任务二 电子货币

任务要求

以小组为单位进行电子货币实训，能够利用不同形式的电子货币比如信用卡、电子现金、电子支票等进行网上支付与结算，并写出任务实训报告。

任务实施

电子货币是一种使用电子数据信息表达、通过计算机及通信网络进行金融交易的货币，这种货币在形式上已经与纸币等实物形式无关，而体现为一串串的特殊电子数据。随着 Internet 的普及应用，电子货币越发体现出“网络货币”的特点。

一、利用信用卡进行网络支付

（一）了解信用卡的概念和分类

信用卡最早出现在 20 世纪的美国。所谓的信用卡，英文为 Credit Card，是银行或其他财务机构签发给资信状况良好人士的一种特制卡片，是一种特殊的信用凭证。信用卡可以在指定的商店购物和消费，或在指定的银行机构存取现金。VISA 国际组织是目前世界上最大的信用卡和旅行支票组织，其前身是美洲银行信用卡公司。MasterCard 国际组织是全球仅次于 VISA 的第二大信用卡国际组织。

信用卡的种类繁多，根据不同的分类标准，信用卡可以有不同的类别：

（1）根据发行机构进行划分，可以分为银行卡（金融卡）和非银行卡两类。

（2）根据发行对象进行划分，可以分为公司卡和个人卡两类。

（3）根据流通范围进行划分，可以分为国际卡和地区卡两类。

（4）根据从属关系进行划分，可以分为主卡和附属卡两类。

（5）根据资信状况进行划分，可以分为金卡和普通卡两类。

（6）根据清偿方式进行划分，可以分为贷记卡、准贷记卡和借记卡三类。贷记卡是指发卡银行给予持卡人一定的信用额度，持卡人可在信用额度内先消费，后还款的信用卡。贷记卡是真正意义上的信用卡，具有信用消费、转账结算、存取现金等功能，比如牡丹国际卡，长城国际卡等。准贷记卡是指持卡人须先按发卡银行要求交存一定金额的备用金，当备用金帐户余额不足支付时，可在发卡银行规定的信用额度内透支的信用卡，比如中国建设银行的龙卡、中国建设银行的长城卡等。借记卡是指先存款后消费（或取现），没有透支功能的银行卡，比如长城电子借记卡、牡丹灵通卡等。按照功能的不同进行划分，借记卡又可分为转帐卡（含储蓄卡）、专用卡和储值卡。

（二）利用信用卡进行网络支付

信用卡支付是目前 Internet 上网络支付方式中最常见的方式。目前基于信用卡的支付主要有四种：无安全措施的信用卡支付、借助第三方代理机构的信用卡支付、基于 SSL 协议机制的信用卡支付和基于 SET 协议机制的信用卡支付。

1. 无安全措施的信用卡支付

（1）支付流程。

客户通过 Internet 从商家订货，交易通过信用卡支付进行。信用卡信息可以通过电话、传真等非网上手段传送，或者通过互联网传送，但没有任何安全措施。商家与银行之间使用各自现有的银行商家专用网络授权来检查信用卡的合法性。其支付流程图如图 6-15 所示。

图 6-15　无安全措施的信用卡支付流程示意图

（2）支付特点

◆ 风险由商家负责。因为商家没有得到客户的签字，故如果客户拒付或者否认购买的行为，商家将承担一定的风险。

◆ 安全性差，持卡人的信用卡隐私信息完全被商家掌握。

◆ 支付效率低。

2. 借助第三方代理机构的信用卡支付

（1）支付流程

首先，持卡客户在第三方代理处登记信用卡号并注册相应的应用账号（以在线或者离线方式），由第三方代理持有其信用卡号和账号。然后，持卡客户在网上商家进行在线订货，将应用账号传送给商家，商家把从持卡客户传送过来的应用账号、交易资金、支付条款等信息传送给第三方代理机构（以在线或者离线方式），由其进行核实。第三方代理机构核实验证后，要求客户确认购买和支付，并将验证信息返回给商家。商家收到确认信息后，接收购货订单，发出交易确认通知。最后，第三方代理机构按支付条款要求办理资金转拨手续。其支付流程图如图 6-16 所示。

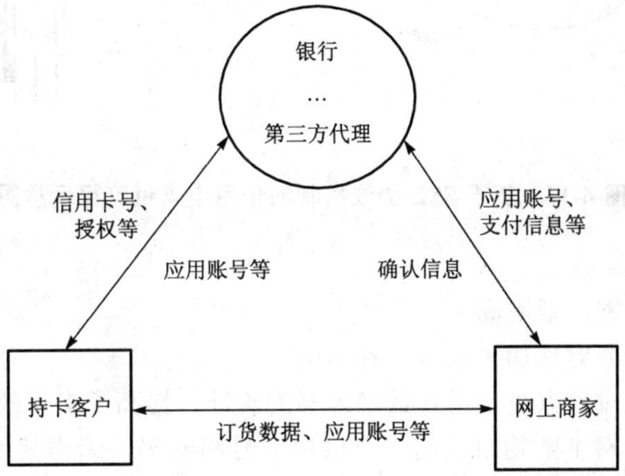

图 6-16 借助第三方代理机构的信用卡支付流程示意图

（2）支付特点

◆ 提高了支付的安全性。

◆ 商家自由度大，风险小。

◆ 支付是通过双方都信任的第三方（经纪人）完成，主要风险由第三方代理机构承担。

◆ 支付效率低，成本高。

3. 基于 SSL 协议机制的信用卡支付

（1）支付流程

SSL 协议是设计用来保证互联网信息传递的保密性的。通过 SSL，用户在浏览商家页面信息的时候，客户端浏览器与商家服务器通过一个加密的安全通道进行信息交换，第三方无法通过窃听的方法把得到的加密数据还原成明文。同样，消费者的信用卡授权信息也将在安全的通道中进行传递。支付流程如下：身份认证，客户与商家在建立“握手”关系时交换数字证书；客户建立和商家之间的加密传输通道之后，将商品订单和信用卡转帐授权传递给商家；商家通过支付网关将转帐授权传递给其收单行；收单行通过信用卡清算网络向发卡行严正授权信息，发卡行验证信用卡相关信息无误后，通知收单行；收单行通知商家电子支付成功，商家向收单行请款。其支付流程图如图 6-17 所示。

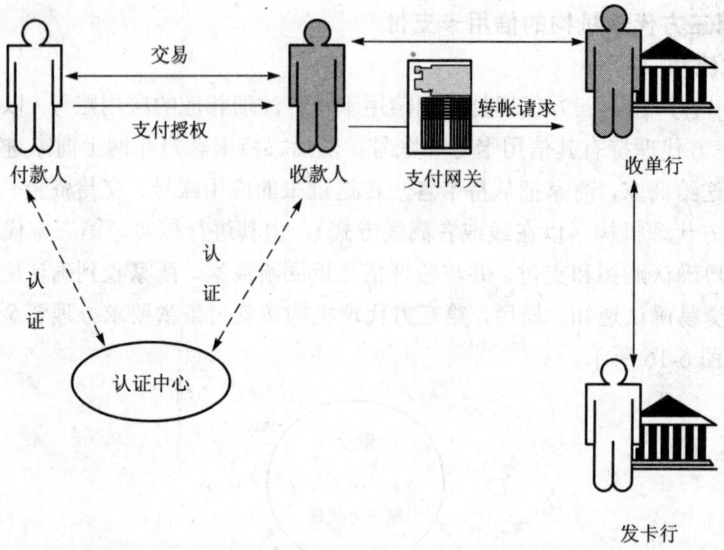

图 6-17　基于 SSL 协议机制的信用卡支付流程示意图

（2）支付特点

◆ 部分信息加密，效率高。

◆ 使用对称和非对称加密技术，各尽所长。

◆ 客户端可选对商家身份进行数字证书的验证，提高了支付效率。

◆ 客户在进行网上购物时只需一个信用卡号和密码，无需其他硬件设施，方便、快捷。

◆ 需要一定成本，微额交易不适用。

4. 基于 SET 协议机制的信用卡支付

（1）支付流程。

SET 协议机制是一种具有非常安全、逻辑非常严密的网上信息交互机制，它主要针对信用卡的网上支付。在 SET 环境下，应用信用卡进行网络支付时，需要在客户端下载一个客户端软件（电子钱包软件）并且成功安装，在商家服务器端安装商家服务器端软件，在支付网关安装和其对应的网关转换软件等，并且交易的各参与方还需要各自下载一个证实自己身份的数字证书，借此来获取自己的公开密钥和私人密钥对，而且要把公开密钥公开出去等，相对比较复杂。具体支付流程如下：客户在发卡行柜台办理信用卡；商家与收单行签订相关结算合同，得到商家服务器端的 SET 支持软件，并进行安装；客户从银行网站下载客户端软件并进行安装，然后设置应用此软件的用户名、密码等，防止别人非法使用；客户访问认证中心网站，把信用卡相关信息如卡的类别、卡号、密码、有效期等资料填入客户端软件，并且申请一张数字证书；客户在商家网上商城选购商品，结算时选择 SET 信用卡网络支付方式。这时客户端软件被自动激活，客户输入软件用户名和密码，取出里面的相应信用卡进行支付（此时 SET 开始介入）；客户端软件自动与商家服务器对应软件进行身份验证，双方验证成功后，将订单信息及信用卡信息一起加密传送到商家；商家服务器接收到客户发送过来的相关信息，验证通过后，一边回复客户一边产生支付结算请求，连同从客户端来的转发信息一并发送给支付网关。支付网关收到相应支付信息后转入后台银行网络处理，通过各项验证审核后，支付网关收到银行端发来的支付确认信息。否则向商家回复支付不成功。支付网关向商家转发支付确认的信息，商家收到后认可客户的这次购物订货单，并且给客户发回相关购物确认与支付确认的信息。客户收到商家发来的购物确认与支付确认的信息后，表示这次购物与网络支付成功，客户端软件关闭。此时电子支付完毕。其支付流程图如图 6-18 所示。

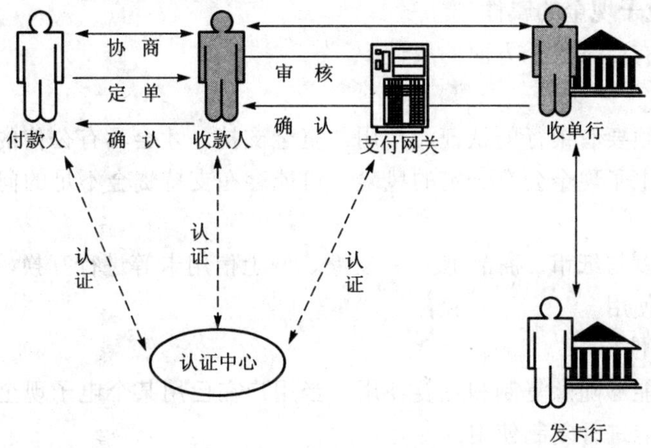

图 6-18 基于 SET 协议机制的信用卡支付流程示意图

（2）支付特点：

◆ 客户端需要安装客户端软件。

◆ 参与交易的各方均需要申请安装数字证书并且验证真实身份。

◆ 部分信息加密，效率高。

◆ 使用多种安全技术，比如对称密钥加密法、非对称密钥加密法、数字摘要技术、数字签名、数字信封等。

◆ 客户端软件功能多样，方便、快捷。

◆ 相对于 SSL 机制，支付处理速度稍慢一些。据相关统计，在完成一个 SET 协议交易过程中，整个交易平均需验证数字证书 9 次，数字签名的验证 6 次，传递证书 7 次，做 5 次签名，分别做 4 次对称和非对称加密运算。完成一个 SET 的过程耗时 1～2 分钟，甚至需要更多的时间。

◆ 由于 SET 协议过于复杂，使用麻烦，成本较高，故它一般只适用于具有电子钱包的客户使用。

二、利用电子现金进行网络支付

（一）了解电子现金的概念

电子现金，也称数字现金，英文为 Digital Cash、Electronic Cash，是一种以数据形式流通的、能被客户和商家普遍接受的、通过 Internet 购买商品或服务时使用的货币。它可以用来表示现实中各种金额的币值。可以说，电子现金是纸币现金的电子化。

电子现金通常有两种形态：一种是硬盘数据文件形式的电子现金，它是用一种电子化的数字信息块或数据文件作为代表纸币或者辅币所有信息的电子化手段。在利用电子现金进行网络支付时，只需将相当于支付金额的若干信息块综合之后，通过网络传送给收款人即可完成支付。另一种是 IC 卡形式的电子现金，将现金余额以二进制的形式存储在 IC 卡芯片中。当从 IC 卡内支出一定货币金额或向 IC 卡内存入一定货币金额时，就是改写 IC 内的记录余额，也就是相当于改写持卡人的 IC 卡存款账户。

（二）熟悉电子现金的属性

电子现金具有以下五个方面的属性。

1. 货币价值

电子现金必须要有银行的认证、信用与资金支持，才会具有公信的价值。如果失去了银行的支持，电子现金会有一定的风险，可能存在支持资金不足的问题。

2. 可交换性

电子现金可以与纸币、商品/服务、支票、网上信用卡等进行互换，一般倾向于电子现金在一家银行使用。

3. 不可重复性

电子现金不能够随意复制和重复使用。当用户在已用某个电子现金后，就不能够再用第二次，也不能进行复制使用。

4. 可存储型

可存储性是指电子现金可以安全地存储在用户的计算机外存、IC 卡或电子钱包等特殊通途的设备中。由于在计算机上产生或存储现金，故伪造现金非常容易，所以最好将现金存入一个不可修改的专用设备。

5. 可分性

可分性是指电子现金可以用若干种货币单位，也可以把大钱分为小钱。

（三）利用电子现金进行网络支付

其支付流程图如图 6-19 所示，具体支付流程如下：

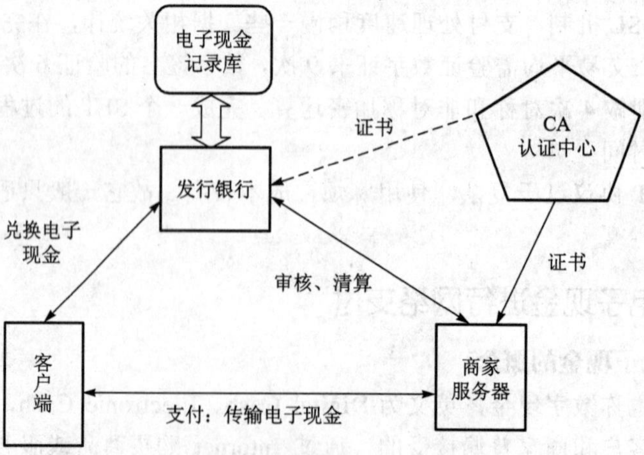

图 6-19　电子现金网络支付流程示意图

（1）预备工作：客户、商家、发行银行均需在 CA 认证中心申请数字证书，并安装专用软件。客户从发行银行处开设电子现金账号，并用其他电子支付方式存入一定数量的资金（比如使用银行转帐或信用卡支付方式），利用客户端软件完成一定数量电子现金的兑换。接受电子现金付款的商家也需在发行银行处注册，并签约收单行用于电子现金的兑换。

（2）客户与商家达成购销协议，客户验证商家的身份并确定对方能够接受电子现金支付。

（3）客户将订单与电子现金一起传送给商家。这些信息使用商家的公开密钥加密，商家使用自己的私钥解密。

（4）商家收到电子现金后，可以要求发行者兑换成实体现金。发行者通过银行转帐的方式将实体资金转到收单行，商家与收单行清算。

三、利用电子支票进行网络支付

（一）了解电子支票的概念与属性

电子支票，也称数字支票，英文为 E-Check，是指将传统支票的全部内容电子化和数字化，形成标准格式的电子版，借助计算机网络（Internet 与金融专网）完成其在客户之间、银行与客户之间以及银行与银行之间的传递与处理，实现银行客户间的资金支付结算。简单地说，电子支票就是传统纸质支票的电子版，具有和纸质支票一样的支付结算功能。

电子支票从产生到投入使用，一般具备货币价值、价值可控性、可交换性、不可重复性、可存储性、应用安全与方便六个属性。

（二）利用电子支票进行网络支付

在进行电子支票网络支付时，根据参与银行的情况可以分为两种：同行电子支票网络支付和异行电子支票网络支付。

1. 同行电子支票网络支付

同行电子支票网络支付只涉及同一个银行的资金结算问题，比较简单、方便、可靠。其支付流程图如图 6-20 所示，具体流程如下：

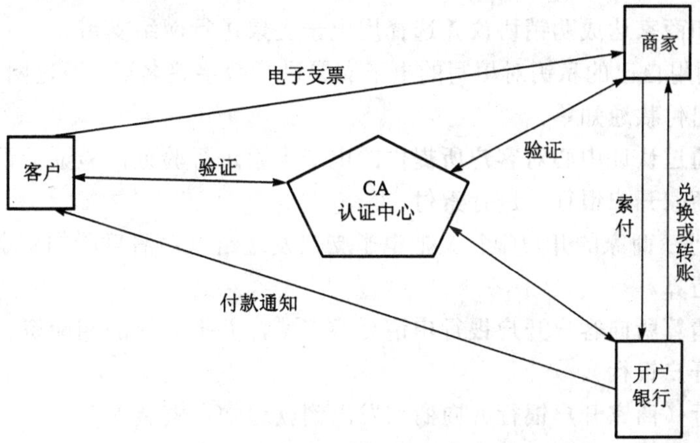

图 6-20　同行电子支票网络支付流程示意图

（1）预备工作：客户与开户银行之间、商家与开户银行之间进行密切协作，通过严格的认证阶段，进行电子支票支付的准备工作，比如进行相关资料的认定、进行数字证书的申请、电子支票相关软件的安装应用、电子支票应用的授权等。

（2）客户和商家达成购销协议并选择用电子支票支付。

（3）客户通过网络向商家发出电子支票，同时向银行发出付款通知单。

（4）商家收到客户传送过来的电子支票后，通过验证中心对电子支票进行验证，验证无误后将电子支票送交银行索付。

（5）在商家索付时，银行通过验证中心对客户所提供的电子支票进行最后的验证，验证无误后即向商家兑付或转帐。操作成功后，银行通过网络向客户发出付款成功通知消息。

2. 异行电子支票网络支付

异行电子支票网络支付涉及两个或多个银行，以及用于银行间资金清算的票据交易所（资金清算系统），流程较为复杂一些。该种支付方式需要银行之间、银行与票据交易所之间在电子支票的应用上达成协议。其支付流程图如图 6-21 所示，具体流程如下：

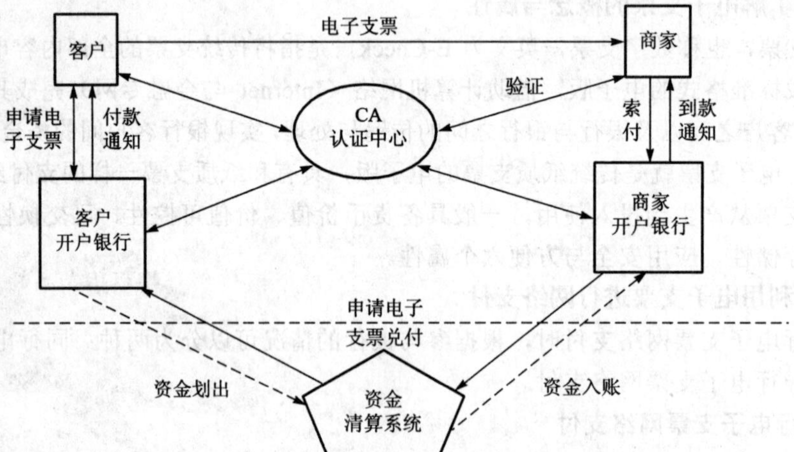

图 6-21　异行电子支票网络支付流程示意图

（1）客户和商家达成购销协议并选择用电子支票进行网络支付。

（2）客户利用自己的私钥对填写的电子支票进行数字签名后，通过网络发送给商家，同时向银行发出付款通知单。

（3）商家通过认证中心对客户所提供的电子支票进行验证，验证无误后将电子支票送交收单行（商家开户银行）进行索付。

（4）收单行（商家的开户银行）把电子支票发送给自动清算所的资金清算系统，以兑换资金进行清算。

（5）自动清算所向客户开户银行申请兑换支票，并把兑换的相应资金发送到商家的收单行（商家开户银行）。

（6）收单行（商家开户银行）向商家发出到款通知，资金入账。

相对于传统的纸质支票支付，电子支票网络支付具有如下特点：电子支票以传统支票为雏形，在内容、外观、支付流程上均与传统支票十分相似，客户容易接受而且容易上手；电子支票较好的支持了企业与企业间即 B2B、企业与政府部门间即 B2G 的电子商务市场；电子支票采用先进的技术，比如数字证书、数字签名、各种加密/解密技术等，提供了比传统支票更为可靠的安全防欺诈手段；电子支票打破了地域的限制，可以最大限度的提高支票的运转周期，减少在途资金；电子支票使得整个支票业务流程自动化和网络化，节省了大量的人力和物力，极大的降低了处理成本。

知识拓展

一、电子货币的运作形态

电子货币的运作形态是指电子货币的一般应用方式，即用一定金额的现金或存款从电子货币发行机构的营业柜台兑换，并获得代表相同金额的电子数据，通过使用某些电子化方法将该特殊数据直接转移给支付对象，从而实现债务清偿。这里的特殊电子数据本身即称作电子货币。

（一）电子货币的基本运作形态

电子货币的基本运作形态如图 6-22 所示，分为三个步骤，具体流程如下：

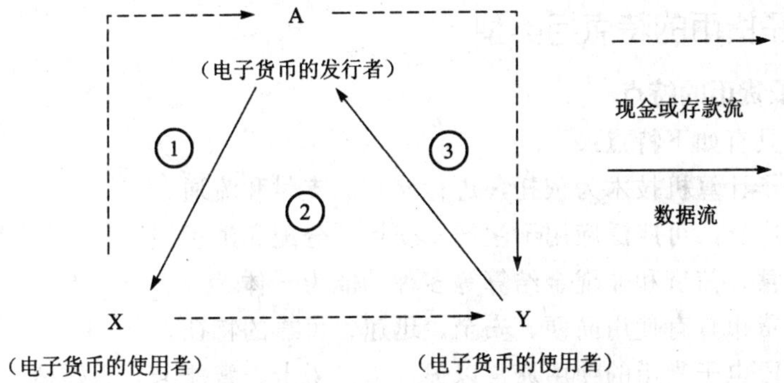

图 6-22　电子货币的基本运作形态

步骤一：发行。X 向 A 提供一定金额的现金或存款并请求发行电子货币，A 接受了 X 的有关信息之后，将相当于一定金额电子货币的数据对 X 授信。之后，电子货币就可以使用了。

步骤二：流通。X 接收来自 A 的电子货币之后，为了清偿对 Y 的债务，将电子货币的数据对 Y 授信。也就是 Y 收到 X 传送过来的相应电子货币的数据。

步骤三：回收。Y 把收到的相应电子货币数据传送给 A，要求兑换支付。A 根据 Y 的支付请求，将电子货币兑换成现金支付给 Y 或者存人 Y 的存款帐户。

（二）有中介介入的电子货币运作形态

在有中介介入的情况下，电子货币的运作形态如图 6-23 所示，分为五个步骤，具体流程如下：

步骤一：A 根据 a 银行的请求，进行现金或存款交换，发行电子货币。

步骤二：X 对 a 银行提供现金或存款，请求得到电子货币，a 银行将电子货币向 X 授信。

步骤三：X 将由 a 银行接受的电子货币用于清偿债务，授信给 Y。

步骤四：Y 的开户银行 b 根据 Y 的请求，将电子货币兑换成现金支付给 Y（或存入 Y 的存款账户）。

步骤五：A 根据从 Y 处接受了电子货币的 b 银行的请求，将电子货币兑换将现金支付给 b（或存入 b 的存款账户），并从相应的 a 银行存款帐户扣除。

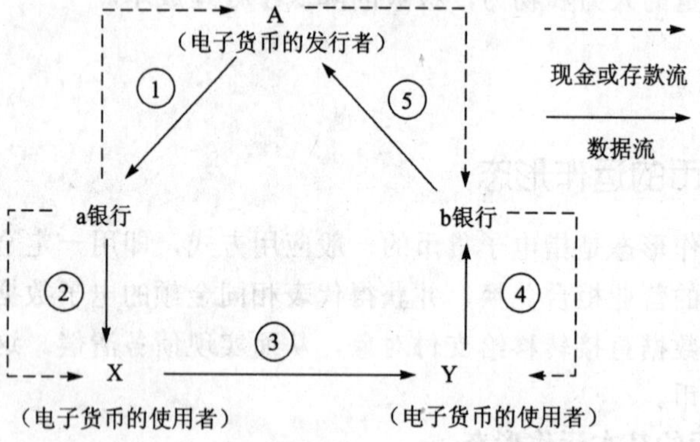

图 6-23　有中介介入的电子货币的运作形态

二、电子货币的特点与类型

（一）电子货币的特点

电子货币具有如下特点：

（1）以电子计算机技术为依托，进行储存、支付和流通。

（2）应用广泛，可广泛应用于生产、交换、分配和消费领域。

（3）融储蓄、信贷和非现金结算等多种功能为一体。

（4）电子货币具有使用简便、安全、迅速、可靠的特征。

（5）现阶段电子货币的使用通常以银行卡（磁卡、智能卡）为媒体。

（二）电子货币的类型

目前，我国流行的电子货币主要有以下四种类型。

1. 储值卡型电子货币

储值卡型电子货币一般以磁卡或 IC 卡的形式出现，比如电话充值卡神州行等，其发行主体除了商业银行之外，还有电信部门、IC 企业、商业零售企业、政府机关和学校等。发行主体在预收客户的资金以后，发行等值的储值卡，使储值卡成为独立于银行存款之外新的“存款账户”。同时，储值卡在客户消费时以扣减的方式支付费用，也就相当于存款账户支付货币。典型的储值卡型电子货币是金融 IC 卡。目前使用的金融 IC 卡大约有三种：用完即弃的 IC 卡、可重复使用的 IC 卡、与用户银行信用卡相结合的 IC 卡。

2. 信用卡应用型电子货币

信用卡应用型电子货币是指实现了网络结算的广义信用卡（能透支或不能透支），是目前最早实现的能在 Internet 上进行支付结算的电子货币。比如中国银行的长城信用卡、中国建设银行的龙卡等。

信用卡 1915 年起源于美国，其本质是是银行或专门的发行公司发给消费者使用的一种信用凭证，是一种把支付与信贷两项银行基本功能融为一体的业务。信用卡的普及使用可扩大消费信贷，影响货币供给量。

3. 存款利用型电子货币

存款利用型电子货币是指用做一种电子化的支付方法在计算机网络包括 Internet 上被传递的存款货币。该类电子化支付方法的普及使用能减少消费者往返于银行的费用，致使现金需求的余额减少，并可以加快货币的流通速度。其最典型的代表就是模拟纸质支票的电子支票。

4. 现金模拟型电子货币

现金模拟型电子货币是指利用信息技术完全模仿当前的纸币，是一种能够进行网上即时支付的电子货币。该种类型的电子货币主要有两种：一种是电子现金，基于 Internet 使用且将代表货币价值的二进制数据，保管在微机终端硬盘内；一种是电子钱包，将货币价值保存在 IC 卡内并可脱离银行支付系统流通。现金模拟型电子货币具有匿名性、节省交易费用、节省传输费用、持有风险小、支付灵活方便、防伪造及防重复性、不可跟踪性等特点。

三、电子货币发展中的一些问题

相对于传统货币而言，电子货币具有无与伦比的优势。但就目前的发展情况来看，电子货币在许多方面仍然存在一些问题，比如安全性方面、标准化方面、法律纠纷和审计问题等，需要进行进一步的完善。

（一）安全性问题

电子货币的安全性主要是指在使用电子货币进行支付，在交易信息传递过程中金额、卡信息，比如密码和持卡人身份证等信息传递的安全问题，电子货币系统是电子化的数字系统，其安全性必须得到保证。虽然与纸币相比，电子货币很难被抢劫和被偷盗，相比较于支票等票据，电子货币更不容易被冒认和盗用。但目前计算机网络是一个资源共享的开放环境，尤其是 Internet，面向全球开放，以及系统的软硬件环境尚存在一定的漏洞，所以，电子货币仍然存在被伪造及被非法使用的安全性问题，其安全技术还需要得到进一步的提高。电子货币的安全性是电子货币能够普及应用的关键因素，它将会直接影响到人们对电子货币的接受程度。

（二）标准化问题

计算机网络尤其是 Internet 具有全球性的特点，基于其上开展的电子商务也是国际性的，因此，服务于电子商务的电子货币最好也应是国际化的。在网络上流通的电子货币要真正国际化，必须依靠世界银行和国际货币组织联合各国对其进行标准化的定义，并使其与各国的货币进行汇率挂钩。目前世界上虽然出现了多种货币，但基本上没有统一的适用于电子商务支付与结算的电子货币应用标准，而且各个国家和公司很大程度上都是各自为战的。不仅限制了电子货币的推广，限制了电子商务的效率、方便，而且重复开发，资源浪费严重，这种发展趋势必须加以控制和管理。虽然多样性能够让各发行电子货币的公司相互之间存在竞争从而促进技术进步，但也会引起某些混乱，应该在统一标准的前提下进行竞争，这样电子货币才能得以健康、完善地发展。

（三）法律纠纷

现在的互联网只是各区间的区域局部管理，并没有一个总的责任机构，那么，电子货币在流通过程中出现的差错而导致的损失将由谁来负责其经济、法律责任呢？目前国际上在相关 Internet 的电子货币使用上并没有一些大家都认可的相关法律来加强对电子货币的监管与责任细分，增加了企业或商家甚至个人的商务风险。

目前面临的法律问题主要可以归纳为以下三个问题：

（1）关于电子货币发行主体的确认及发行规模、种类等的确定。

（2）关于交易的合法性问题。

（3）关于流通过程中将引起的纠纷的责任识别和解决办法裁定等问题。

（四）审计问题

在互联网上，网络资源是全球共享的，但用户有其绝对的隐私权，利用电子货币易于跨区域地隐蔽转移资金也带来很多问题。比如各种经济犯罪，以权谋私、贪污、出卖商业机密等问题在电子货币普及的时候就更加难以管理；还有如何处理企业为了偷漏税收而通过网络转移资金，黑社会分子通过网络洗黑钱等问题。这种审计上的问题将是电子货币应用带来的的难题之一。

任务评价

一、评价方法

本任务要求学生以小组为单位进行具体的购物实践，采用不同的支付手段如信用卡、电子现金、电子支票等完成网上购物及支付结算过程。小组针对每个学生的具体表现给出小组评价，最后教师针对每个小组的实训报告结合每一位同学给出评价结论，指出改进和努力的方向。

二、评价指标

表 6-2　　任务完成情况评价表

评价指标	学生自我评价		小组评价		他人/教师评价	
	合格	不合格	合格	不合格	合格	不合格
信用卡网上支付						
电子支票网上支付						
电子现金网上支付						
相关知识的扩展掌握情况						

课后练习

一、思考题

1. 电子货币和传统的货币相比，有何特点？

2. 试比较信用卡网上支付、电子支票网上支付、电子现金网上支付的优劣以及每一种支付方式的应用范围？

二、实训题

进入中国招商银行（http://www.cmbchina.com）、中国银行（http://www.bank-of-china.com）网站，进行信用卡的申请，并利用信用卡完成一次实际的网上支付，写出购物过程及体会。

任务三 第三方支付

任务要求

以小组为单位进行第三方支付实训，自行选择第三方支付平台，了解其具体的支付流程，并利用第三方支付平台进行网上支付与结算，写出任务实训报告。

任务实施

所谓第三方支付，就是指一些和产品所在国家以及国外各大银行签约、并具备一定实力和信誉保障的第三方独立机构提供的交易支持平台，可以实现从消费者到金融机构、商家的货币支付、现金流转、资金清算、查询统计等问题。

一、了解第三方支付的主流产品

（一）第三方支付的主流产品

目前中国国内的第三方支付产品主要有：

1. 贝宝（paypal）。易趣公司产品，为中国量身设计的一种安全、快捷而方便的互联网在线支付服务。

2. 支付宝（alipay）。阿里巴巴旗下的产品，2009 年 7 月 6 日支付宝公司宣布用户数突破 2 亿。

3. 财付通（tenpay）。腾讯公司创办的在线支付平台。财付通与拍拍网、腾讯 QQ 有着很好的融合，按照交易额来算，财付通排名第二，份额为 20%，仅次于阿里巴巴公司的支付宝。

4. 快钱。完全独立的第三方支付平台，截至 2009 年 12 月 31 日，快钱已拥有 5 300 万注册用户和逾 15 万商业合作伙伴，并荣获中国信息安全产品测评认证中心颁发的“支付清算系统安全技术保障级一级”认证证书和国际 PCI 安全认证。

5. 百付宝。由百度在 2008 年 9 月 25 日正式推出的 C2C 支付平台。

6. 网易宝。网易旗下的产品。

7. 环迅支付。成立于 2000 年，是国内最早的支付公司之一。至今，深受数千万持卡人信赖，月交易额不断攀升，成为国内支付领域的领跑者。

8. 汇付天下。

二、理解第三方支付经营模式

第三方支付是电子支付产业链中重要的纽带，它一方面连接银行，另一方面又连接着非常多的商户和消费者。银行作为金融机构，负责搭建最基础的支付平台，同时为第三方网上支付提供统一的支付网关。目前我国第三方支付服务主要有两种模式：

（一）没有内部交易功能的银行网关代理，即第三方支付网关模式

该模式可以向在线商家提供服务，方便商家同时利用多家银行的支付功能。但由于其提供的价值非常有限，而且门槛低，技术含量少，也缺少创新空间，使得这种运营模式很容易被复制和取代，故采用此模式的网站只能靠打价格战求生。其典型代表是首信易支付。

（二）有内部交易功能的电子商务交易平台支付模式

该模式需要为交易双方开立账户，商业银行也是通过他们建立支付网关，网上支付指令通过银行网关最终进入他的后台处理系统，进行最终的资金处理。第三方支付平台又可以分为两种类型：一是基于 C2C 的；二是基于 B2B 或 B2C 的。C2C 类型的第三方支付平台只向客户收取极低的手续费，甚至有些干脆不收任何费用。而 B2B 或 B2C 类型则更注重与银行的合作。

三、利用第三方平台进行网络支付

1. 支付流程

利用第三方平台进行网络支付的支付流程如图 6-24 所示，具体如下：

（1）付款人将实体资金转移到支付平台的支付账户中。

（2）付款人购买商品（或服务）。

（3）付款人发出支付授权，第三方平台将付款人账户中相应的资金转移到自己的账户中保管。

（4）第三方平台告诉收款人已经收到货款，可以发货。

（5）收款人完成发货许诺（或完成服务）。

（6）付款人确认可以付款。

（7）第三方平台将临时保管的资金划拨到收款人账户中。

（8）收款人可以将账户中的款项通过第三方平台和实际支付层的支付平台兑换成实体货币，也可以用于购买商品。

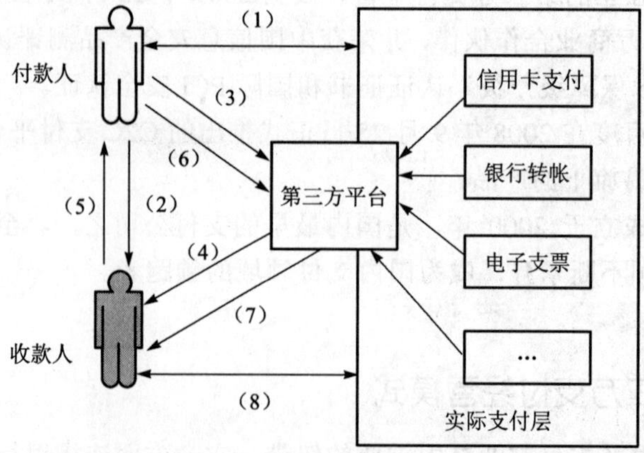

图 6-24　第三方平台支付的支付流程示意图

2. 支付特点

（1）第三方支付的优点如下：

◆ 比较安全。信用卡信息或账户信息仅需要告知第三方支付机构，而无需告诉每一个收款人，大大减少了信用卡信息和账户信息失密的风险。

◆ 支付成本较低。第三方支付机构集中了大量的电子小额交易，形成规模效应，因而支付成本较低。

◆ 使用方便。对支付者而言，他所面对的是友好的界面，不必考虑背后复杂的技术操作过程。

◆ 第三方支付机构的支付担保业务可以在很大程度上保障付款人的利益。

（2）第三方支付的缺点如下：

◆ 这是一种虚拟支付层的支付模式，需要其他的"实际支付方式"完成实际支付层的操作。

◆ 付款人的银行卡信息将暴露给第三方支付平台，如果这个第三方支付平台的信用度或者保密手段欠佳，将带给付款人相关风险。

◆ 第三方支付机构的法律地位尚缺乏规定，一旦该机构终结破产，消费者所购买的"电子货币"可能成为破产债权，无法追回。

◆ 由于有大量资金寄存在支付平台账户内，而第三方支付机构并非金融机构，所以存在资金寄存的风险。

知识拓展

一、网络支付体系的基本构成

网络支付的产生和发展是和电子商务的发展分不开的。网络支付的难点之一在于实现网络支付不仅是银行的事情，也不仅是商家和顾客的事情。网上支付几乎要涉及电子商务活动的所有实体。网上支付的实现需要一个有网络连接的所有实体所组成的复杂体系的支持。网络支付与结算的过程要涉及电子商务活动参与的主体（由客户、商家、银行和认证中心四个部分组成），网络支付与结算体系也相应的由电子商务活动参与主体、支付方式以及遵循的支付协议等几个部分。因此网络支付体系可以说是融购物流程、支付与结算工具、安全技术、认证体系、信用体系，以及现在的金融体系为一体的综合系统。概括地说，网络支付体系的基础设施是金融电子化网络，流通的支付工具是各类电子货币。支付功能的实现要通过在线商用电子化机制以及因特网中的交易信息来体现。网上支付的交易安全保证则通过网络交全认证机构的全过程认证以及互连网络本身的防火墙、信息加密措施以及对恶意攻击和欺诈的实时跟踪检测防卫措施来实现。网络支付体系的基本构成如图 6-25 所示。

1. 网上交易主体

网上支付系统的主体首先应该包括买（消费者或用户）卖（商家或企业）双方。

2. 安全协议

网络支付系统应有安全电子交易协议或安全套接层协议等安全控制协议，这些涉及安全的协议构成了网上交易可靠的技术支撑环境。

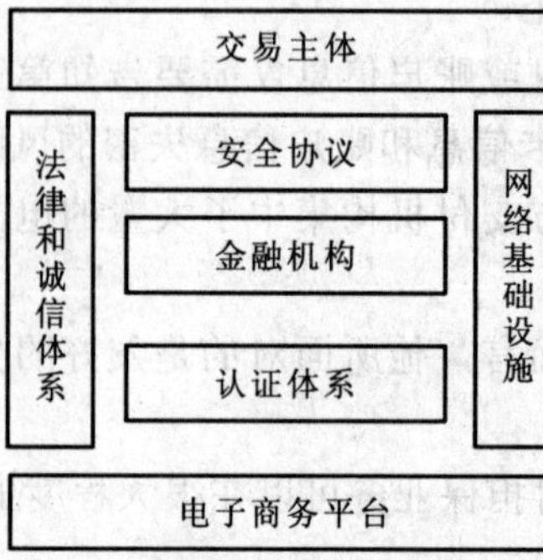

图 6-25 网络支付体系的基本构成

3. 金融机构

包括网络金融服务机构（含第三方支付）。商家银行和用户银行。

4. 认证体系

公开安全的第三方认证体系可以在商家和用户进行网上交易时为他们颁发电子证书，在交易行为发生时对数字证书和数字签名进行验证。

5. 网络基础设施

电子支付建立在网络平台之上，包括因特网、企业内联网，要求运行可靠，接入速度快、安全等。

6. 法律和诚信体系

属于网上支付与结算的外部环境，是由国家及国际相关法律法规的支撑实现的，另外，还要依赖于完善的社会诚信体系。

7. 电子商务平台

可靠的电子商务网站以及网上支付工具（电子货币，如数字现金、电子支票、信用卡、电子现金）等。

综上所述，电子商务网络支付体系的基本构成即为电子商务活动参与各方与网络支付工具、支付通信协议以及外部环境的结合体。

二、网络支付的基本功能

虽然网络支付体系的基本构成和方式在不同的环境不尽相同，但安全、有效、方便、快捷是所有网络支付方式或工具追求的共同目标。对于一个实用的网络支付与结算系统而言（可能专门针对一种网络支付方式，也可能兼容几种网络支付方式），它至少应该具有以下七种基本功能。

（1）能够使用数字签名和数字证书等实现对网上商务各方的认证，以防止支付欺诈。为实现网上交易与支付的安全性，对参与网上贸易的各方身份的有效性进行认证，通过认证机构或注册机构向参与各方发放数字证书，以证实其身份的合法性。

（2）能够使用较为尖端的加密技术，对相关支付信息流进行加密。可以采用单密钥体制或双密钥体制进行信息的加密和解密，可采用数字信封、数字签名等技术加强数据传输的保密性与完整性，防止未被授权的第三者获取信息的真正含义。例如，防止网上信用卡密码被黑客破译窃取。

（3）能够使用数字摘要（即数字指纹）算法确认支付电子信息的真伪性，防止伪造假冒等欺骗行为。为了保护数据不被未授权者建立、嵌入、删除、篡改、重放等，完整无缺地到达接收者一方，可以采用数据杂凑技术（Hash 技术）。

（4）当网上交易双方出现纠纷，特别是有关支付结算的纠纷时，系统能够保证对相关行为或业务的不可否认性。网络支付系统必须在交易的过程中生成或提供足够充分的证据来迅速辨别纠纷中的是非，可以用数字签名等技术来实现。

（5）能够处理网上贸易业务的多边支付问题。支付结算涉及客户、商家和银行等多方，传送的购货信息与支付指令信息还必须连接在一起，因为商家只有确认了某些支付信息后才会继续交易，银行也只有确认支付指令后才会提供支付。为保证安全，商家不能读取客户的支付指令，银行不能读取商家的购货信息，这种多边支付的关系能够借用系统提供的诸如通过双重数字签名等技术来实现。

（6）整个网络支付结算过程对网上贸易各方，特别对客户来讲，应该是方便易用的，手续与过程不能太烦琐，大多数支付过程对客户与商家来讲应是透明的。

（7）能够保证网络支付结算的速度，即应该让商家与客户感到快捷，这样才能体现电子商务的效率，发挥网络支付结算的优点。

三、网络支付方式的分类

根据不同的分类标准，网络支付方式可以有不同的类别。

（一）根据开展电子商务的实体性质进行划分

根据开展电子商务的实体性质进行划分，可分为 B to B 型网络支付方式和 B to C 型网络支付方式两类。

1. B to C 型网络支付方式

该种支付方式多用于企业与个人、个人与个人进行网络交易，比如信用卡网络支付、IC 卡网络支付、数字现金支付、电子钱包支付以及最新的个人网络银行等。这些方式的特点是较适用于不是很大金额的网络交易支付结算。

2. B to B 型网络支付方式

该种支付方式多用于企业与企业、企业与政府部门单位进行网络交易，比如电子支票网络支付、电子汇兑系统、国际电子支付系统 SWIFT 与 CHIPS、中国国家现代化支付系统、金融 EDI 以及最新的企业网络银行等。这些方式的特点是较适用于较大金额的网络交易支付结算。

（二）根据支付数据流的内容性质进行划分

根据支付数据流的内容性质进行划分，可以分为指令传递型网络支付方式和电子现金传递型网络支付方式两类。

1. 指令传递型网络支付方式

该种支付方式是指在进行网络支付时，支付指令的用户从不真正地拥有货币，而是由他指示金融中介机构替他转拨货币，从而完成转账业务，比如银行网络转拨指令方式

(EFT、CHIPS与SWIFT、电子支票、网络银行、FEDI等)、信用卡支付方式等。

2. 电子现金传递型网络支付方式

该种支付方式是指顾客在进行网络支付时，在网络平台上传递的是具有等价物性质的电子货币本身，即电子现金的支付结算体制。比如智能卡支付、数字现金支付以及一些微支付等。

（三）根据网络支付金额的规模进行划分

根据网络支付金额的规模进行划分，可以分为微支付、消费者级网络支付和商业级网络支付三类。

1. 微支付

该种支付方式是指款额特别小的电子商务交易。按中国标准发生的支付金额一般在5元人民币以下。

2. 消费者级网络支付

该种支付方式是指满足个人消费者和商业（包括企业）或政府部门在经济交往中一般性支付需要的网络支付服务系统，也称小额零售支付系统，按中国标准发生的支付金额一般在5元到1 000元人民币之间的网络业务支付。

3. 商业级网络支付

该种支付方式是指满足一般商业（包括企业）部门之间的电子商务业务支付需要的网络支付服务系统，按中国标准发生的支付金额一般在 1 000 元人民币以上的网络业务支付。如金融EDI、电子支票、中国国家现代化支付系统等。

（四）根据网络支付的支撑平台进行划分

根据网络支付的支撑平台进行划分，可以分为传统成熟的EDI专用网络支付平台和大众化网络平台Internet两类平台。

资料卡

中国主要第三方网上支付平台：

上海环讯（http：//www.ips.com.cn/）

北京首信易支付（http：//www.beijing.com.cn）

银联电子支付有限公司（http：//www.chinapay.com）

云网支付（http：//www.cncard.net/）

和讯网上支付（http：//image.hexun.com/payment/）

网银在线（http：//www.chinabank.com.cn）

西部支付（http：//www.westpay.com.cn）

中国在线支付（http：//www.ipay.cn）

YeePay（http：//www.yeepay.com）

快钱（http：//www.99bill.com）

易达信动（http：//www.1st-pay.net/）

易付网络（http：//www.epay.net.cn）

支付宝（https：//www.alipay.com）

安付通（http：//www.ebay.com.cn/）
贝宝中国（http：//www.paypal.com/cn/）

任务评价

一、评价方法

本任务要求学生通过 Internet 了解目前第三方支付的主流产品，并利用第三方支付的平台进行具体的购物实践。学生本人首先对自己的实训情况进行自查；小组根据每位同学具体实训情况给出综合评价；最后教师针对每个小组的实训报告结合每一位同学给出评价结论。

二、评价指标

表 6-3　　任务完成情况评价表

评价指标	学生自我评价		小组评价		他人/教师评价	
	合格	不合格	合格	不合格	合格	不合格
第三方支付的主流产品						
第三方支付经营模式						
第三方支付的支付流程						
第三方支付的支付特点						
第三方支付的购物实践						
相关知识的扩展掌握情况						

课后练习

一、思考题

1. 第三方支付与一般的网络支付方式相比，有何特点？
2. 简述第三方支付的经营模式及支付流程。

二、实训题

利用支付宝完成一次实际的网上支付，写出购物过程及体会，完成实训报告。

项目七

网络营销技术

项目综述

网络营销是指利用网络技术进行的市场开拓、商品促销、广告宣传、产品推广，利用互联网发现、创造和满足客户需求，从而取得市场优势的商务活动的总称。本项目将网络营销的基本概念、基本策略的应用与实际上机练习相结合，理论联系实践，使学生具备有关市场营销、网络营销的基本知识、基本理论和网络商务信息采集分析、处理能力，以及初步的网络营销策略策划、实施的能力。

本项目包括互联网市场调研和网站促销两个任务，每个任务将通过任务要求、任务实施、知识拓展、任务评价、课后练习几个部分，创设任务情景、组织任务流程、使学生在完成任务的同时达到主动探求知识、扩展知识领域、引起学习兴趣的教学目的。

任务一　互联网市场调研

任务要求

以小组为单位进行互联网市场调研，自拟调研题目，设计网上调查问卷，能够综合运用各种市场调研策略和方法，写出市场调研报告。

任务实施

一、自拟市场调研题目，根据调研题目设计出一份市场调查问卷

（一）调查问卷的结构

调查问卷是一种了解被调查对象的反映和看法、并以此获得资料和信息的载体，一份规范、完整的调查问卷通常包括开头、正文和结尾三部分。

1. 问卷的开头

问卷开头包括标题、说明词、填表说明和问卷编号等。

问卷的标题概括说明此次调查的主题和内容，是被调查者看过标题后可以大致了解调查问卷的主要内容。

说明词应说明调查的目的和调查结果的用途。需要注意的是在说明词中一般要介绍

此次调查的协办单位、对被调查者的奖励并对被调查对象表示感谢，设计得好的说明词可以吸引被调查者的兴趣，使被调查者积极参与。

填表说明应向被调查者说明如何正确填写调查表。若填表说明仅仅针对个别题目，则被设置在这个问题的后面，若填表说明针对整个问卷，则被设置成为独立的部分。

问卷编号主要用于问卷、调查者与被调查者的识别。

2. 问卷的正文

问卷的正文包括问题和选项、被调查者的基本情况和编码三部分。

问题和选项是整个调查问卷的核心和主要部分。调查问卷中涉及的内容可以分为行为调查和态度调查两个部分。行为调查是指有关被调查对象社会经济行为的资料，如被调查对象是否做过某些事情及做某些事情的次数和频率，例如“您这周是否去学校踢球了？”。态度调查是指被调查对象对某人或某事件的兴趣、意见、评价、情感、动机等等方面的态度的资料，反映被调查对象对特定“外部世界”的感受、认知、看法和评估等，例如“您认为我市目前的房价是：① 很高（ ）② 适中（ ）③ 很低（ ）”。

被调查者的基本情况是指被调查者的背景信息，用于说明被调查者的基本特征。对于个人来说可以包括：性别、年龄、职业、受教育程度、收入、婚姻状况、居住地点、兴趣爱好等；对于社会群体或组织，则可以包括组织名称、性质、规模、人员结构等。由于被调查者具有不同的背景会造成他们的行为和态度也有所不同，所以被调查者的基本信息在调查问卷中具有重要作用。

编码是指将问卷中每一个问题和答案设置一个对应的数字，有助于后续的数据整理与分析。

3. 问卷的结尾

调查问卷的结尾可以对被调查者表示感谢或者奖品激励，也可以设置开放式问题询问被调查者的意见和建议。

（二）调查问卷的分类

按照调查方式可以划分为自填式问卷和访问式问卷。自填式问卷是指被调查者自己填写的问卷，而访问式问卷是指由调查人员根据被调查者的回答代为填写的问卷。

按照问题的类型可以将调查问卷分为封闭式问卷、开放式问卷和半封闭式问卷。封闭式问卷是指问卷中不仅列出了问题，还给出了各种可能的选项，让被调查者进行选择。相对地，开放式问卷仅设计了问题，没有给出备选的答案，需要被调查者自行填写。而半封闭式问卷是封闭式与开放式相结合的调查问卷。

（三）调查问卷示例

Philips 手机市场问卷调查表

基本信息：

您的性别：

A. 男 B. 女

您的年龄：

A. 20 岁以下 B. 20～30 岁 C. 30～40 岁 D. 40 岁以上

您的收入：

A. 800 元以下　B. 800～2 500 元　C. 2 500～3 500 元　D. 3 500 元以上

您的职业及所在城市？（请在横线上填写）

____

----

1. 您购买现在所用的手机的原因是？多选（　　）

A 价格便宜　B. 功能　C. 款式好看

D. 品牌忠诚度　E. 其他______________

2. 下述手机的功能最能吸引您的是？请按优先顺序排列（　　）

A. 待机时间　B. 智能　C. 音乐

D. 炒股　E. 其他______________

3. 您会选择哪种款式的手机：

A. 直板手机　B. 滑盖手机　C. 翻盖手机

D. 其他______________

4. 您理想的购机价位：

A. 1 000 元以下　B. 1 000～2 000 元　C. 2 000～3 000 元　D. 3 000元以上

5. 您一般多久更换一次手机？

A. 不到一年　B. 一年左右　C. 两年左右　D. 两年以上

6. 如果您更换手机，最想使用下列哪种手机？

A. 智能手机　B. 音乐手机　C. 拍照手机

D. 普通手机　E. 商务手机　F. 其他______________

7. 您一般会通过什么渠道了解手机相关信息？请按优先顺序排列（　　）

A. 直接去手机卖场　B. 上网查询　C. 亲朋好友介绍

D. 看报纸，杂志　E. 其他______________

8. 当您走进卖场，准备购买手机时，什么促销活动最能让您决定购买？

A. 积点积分　B. 买赠活动　C. 代金券

D. 抽奖　E. 其他______________

9. 列举您感兴趣的 5 个手机品牌

____

10. 您是否使用过 Philips 手机？

A. 是，请问是何机型？______________　B. 否

11. 您认为此次最新推出的 9@9K 除待机时间够长以外，还有何吸引人的功能？

A. 时尚外观　B. 1.8 寸屏幕　C. 能听收音机

D. 大容量的电话本　E. 其他______________

12. 除必要的打电话和发短信功能外，您觉得以下最能吸引您购买手机的其他功能是？

A. 高像素照相机　B. 支持 MP3，MP4

C. 具有蓝牙，红外线　D. 大容量的短信存储空间

E. 其他______________

-----------------------------谢谢您的参与，祝您有愉快的一天！

想一想： 以上述调查问卷为例思考封闭式问卷和开放式问卷各自有何优缺点？

表 7-1　　**封闭式调查问卷与开放式调查问卷比较**

封闭式调查问卷		开放式调查问卷	
优点	答案标准化便于整理分析	优点	可以发挥回答问题，信息量大
	容易回答，节省时间		适合问题不多时使用
	对被调查者要求较低	缺点	答案不规范不利于后期整理分析
缺点	答案受限，有可能漏掉信息		易掺杂不相干信息
	被调查者不知如何填写时易胡乱填写		需要思考，填写难度大，影响回收率
	容易出现笔误影响准确性		需要被调查者有一定写作技巧

小技巧：

设计调查问卷时我们应注意以下几个问题：

- 避免使用语义模糊的词语：如经常、偶尔
- 避免引导性问题：如具有暗示和误导性的问题
- 避免遗忘性问题：如被调查者记不清楚的或者很难回忆的问题
- 避免困窘性问题：如涉及被调查者隐私的问题
- 避免假设性问题：如“假设×××××，你将会×××××？”
- 避免断定性问题：如“你丈夫喜欢养白猫还是黑猫？”

二、通过网站、论坛、电子邮件、新闻组和 qq 等方式，在互联网上发布此调查报告

（一）建立博客，发布问卷

1. 登录新浪首页

利用浏览器，输入 www.sina.com.cn，进入新浪首页，单击“博客”按钮，进入新浪博客首页，如图 7-1 所示。

2. 开通博客

单击“开通博客”按钮，按照要求填写相关资料，单击“完成”按钮完成注册。经过邮件确认验证后，可登录到自己的博客，如图 7-2 所示。

图 7-1 新浪博客首页

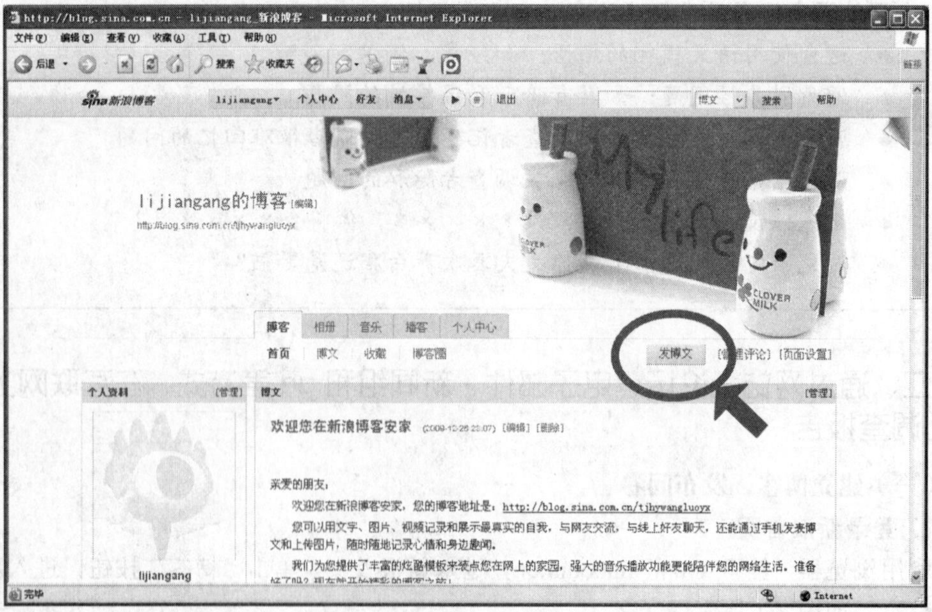

图 7-2 登录进入博客

3. 发布博文

单击“发博文”按钮，即可在博客上发布所设计的问卷。如图 7-3 所示。

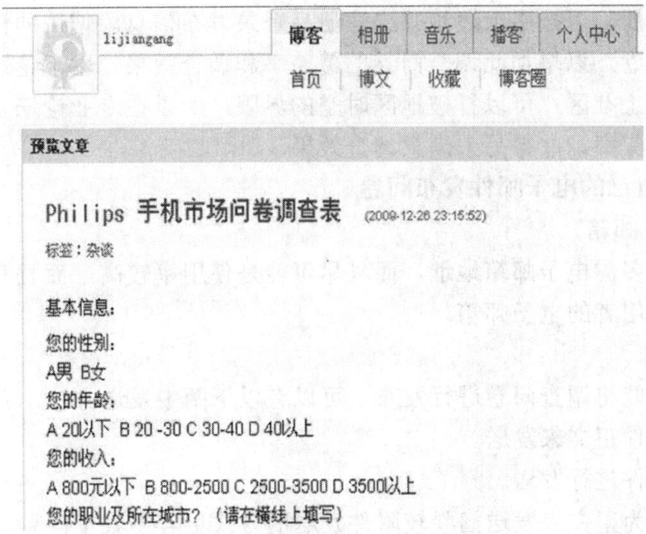

图 7-3 在博客上发布的调查问卷

（二）在论坛中发布问卷

打开浏览器，输入 www.sina.com.cn，进入新浪首页，单击“论坛”按钮，选择相应论坛，如选择“数码”，然后选择“手机论坛”，单击“新帖”，再选择“发表话题”，可在论坛中发布调查问卷。如图 7-4 所示。

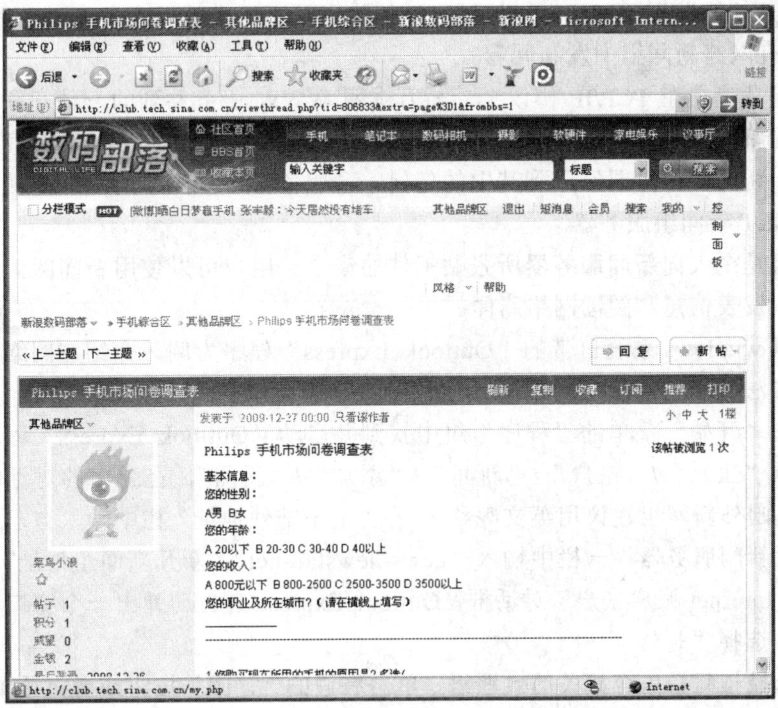

图 7-4 在论坛发布的调查问卷

如未进行注册，可按照上述步骤先注册后登录发布信息。使用同样方法可在其他论坛上发布调查问卷，以增加此调查问卷的覆盖率和调查效果。由于论坛是按照不同兴趣和爱好组成的网上社区，可以打破地区时空的界限，所以在专业论坛上发布调查问卷可以获得很高的收集率，取得另人满意调查效果。

（三）使用自己的电子邮件发布问卷

1. 搜集电子邮箱

搜集尽可能多的电子邮箱地址，而且尽可能是使用率较高，而且和调查问卷的问题相关度较大的使用者的电子邮箱。

2. 发布方法

使用群发功能将调查问卷进行发布，可以有以下两中发送方法：

（1）作为邮件正文来发送。

（2）作为附件进行发送。

一般来说作为正文来发送问卷较附件发送的方式更容易收集问卷，因为这种方式更直观、更便于操作，可以节省操作时间。

（四）使用 qq 来发布调查问卷

1. qq 在线发布

使用 qq 在线实时发布调查问卷，这种方式的优点是回收及时，能够进行有效的实时沟通交流，信息收集较准确。

2. qq 邮箱发布

使用 qq 邮箱发布调查问卷，这种方法的优点是不要求被调查者实时在线。

（五）在网络新闻组中发布问卷

新闻组是建立在 TCP/IP 协议上，与万维网 WWW 服务并列的一种互联网服务。世界上最大的新闻组服务是 USENET 新闻组。它是由众多支持 USENET 新闻组协议的服务器构成。新闻邮件只要发送到其中的任何一台服务器，就能在两三天内转遍全球的大多数 USENET 新闻组服务器。

新闻组是个人向新闻服务器所张贴邮件的集合。用户可以使用新闻阅读程序访问新闻服务器，发表信息和阅读网络新闻。

下面以 windows 系统自带的“Outlook Express”程序为例，介绍在网络新闻组中发布问卷的方法：

（1）在“开始”菜单的“程序”组中找到并启动“Outlook Express”程序，依次单击菜单选项“工具”/“帐户”/“新闻”/“添加”/“新闻”，在弹出的对话框中输入自己的昵称（国外新闻组建议用英文昵称），在“电子邮件地址”栏中输入自己的电子邮件地址，在“新闻服务器”一栏中输入“news-newsfan-net”（新凡新闻组地址），完成设置后，关闭“Internet 帐户帐户”对话框，Outlook Express 会自动弹出一个窗口询问是否下载新闻组，选择“是”。

（2）选择与问卷内容相关的主题组，单击右边的“订阅”按钮或者直接单击“转到”按钮进入讨论区，在新闻组的讨论区中发布调查问卷。

（六）通过一些专业的问卷调查网站

如问卷星（http：//www-sojump-com），可以提供功能强大的自助式在线设计问卷、回收答卷、数据统计分析等系列功能，以及样本服务和设计问卷等增值服务。与传统方式或其他类似软件相比，可以大幅提升工作效率，同时节省大量成本。

三、对回收的调查问卷进行整理分析，得出此次市场调研的结论

（一）整理回收到问卷资料

市场调研所获得的资料往往是杂乱零散、无章可循的，必须经过一个去伪存真、概括浓缩的过程，要对资料进行检查、核实和校订，再对资料进行分类汇编。经过检查的资料应该根据调研方案的要求进行分类，并且编号归档，以便日后进行查找使用。

（二）分析问卷资料

分析问卷资料是一项复杂的工作，即通过定性和定量等分析方法获知每组资料里面到底隐藏了哪些有价值的信息，并用适当的形式表现出来。如 Philips 手机客户群主要集中在哪个城市，年龄和性别分布等情况以及用户满意度等，为今后新产品的研发和市场定位等做好参考依据。

（三）编写调研报告

各小组在整理分析问卷资料的基础上，经讨充分讨论分析达成一致意见，小组代表以 PPT 形式汇报互联网市场调查结论。

调研报告是此次调研的最后成果，是用客观材料对所调研的问题做出系统地分析说明，提出结论性的意见。调研报告一般包括标题、目录、表格和插图清单、概要、引言、主报告、参考文献、附录和其他文档等，具体内容和格式没有统一要求。调研报告要求实事求是、集思广益、切合主题、结论明确。

知识拓展

一、什么是网络营销

（一）网络营销的概念

网络营销（On-line Marketing 或 E-Marketing）就是以国际互联网络为基础，利用数字化的信息和网络媒体的交互性来辅助营销目标实现的一种新型的市场营销方式。简单的说，网络营销就是以互联网为主要手段进行的，为达到一定营销目的的营销活动。

（二）网络营销的分类

1. 从网络营销的范围来分

（1）广义的网络营销：笼统地说，网络营销就是以互联网为主要手段（包括 Intranet 企业内部网、EDI 行业系统专线网及 Internet 国际互联网）开展的营销活动。

（2）狭义的网络营销：狭义的网络营销是指组织或个人基于开放便捷的互联网络，对产品、服务所做的一系列经营活动，从而达到满足组织或个人需求的全过程。

2. 从网络营销建设的不同标准来分

初级型网络营销、展示型网络营销、潜力型网络营销、收益型网络营销、完美型

网络营销。

3. 从网络营销的新旧形式来分

（1）传统型的网络营销。

（2）与市场营销结合的网络营销。

（3）与手机相结合的网络营销。

（三）网络营销的特点

随着互联网技术发展的成熟以及联网成本的低廉，互联网好比是一种“万能胶”将企业、团体、组织以及个人跨时空联结在一起，使得他们之间信息的交换变得“唾手可得”。市场营销中最重要也最本质的是组织和个人之间进行信息传播和交换。如果没有信息交换，那么交易也就是无本之源。正因如此，互联网具有营销所要求的某些特性，使得网络营销呈现出以下一些特点：

1. 跨时空

营销的最终目的是占有市场份额，由于互联网能够超越时间约束和空间限制进行信息交换，使得营销脱离时空限制进行交易变成可能，企业有了更多时间和更大的空间进行营销，可每周 7 天，每天 24 小时随时随地的提供全球性营销服务。

2. 多媒体

互联网被设计成可以传输多种媒体的信息，如文字、声音、图像等信息，使得为达成交易进行的信息交换能以多种形式存在和交换，可以充分发挥营销人员的创造性和能动性。

3. 交互式

互联网通过展示商品图像，商品信息资料库提供有关的查询，来实现供需互动与双向沟通。还可以进行产品测试与消费者满意调查等活动。互联网为产品联合设计、商品信息发布、以及各项技术服务提供最佳工具。

4. 个性化

互联网上的促销是一对一的、理性的、消费者主导的、非强迫性的、循序渐进式的，而且是一种低成本与人性化的促销，避免推销员强势推销的干扰，并通过信息提供与交互式交谈，与消费者建立长期良好的关系。

5. 成长性

互联网使用者数量快速成长并遍及全球，使用者多属年轻、中产阶级、高教育水准，由于这部分群体购买力强而且具有很强市场影响力，因此是一项极具开发潜力的市场渠道。

6. 整合性

互联网上的营销可由商品信息至收款、售后服务一气呵成，因此也是一种全程的营销渠道。另一方面，禹含网络建议企业可以借助互联网将不同的传播营销活动进行统一设计规划和协调实施，以统一的传播咨讯向消费者传达信息，避免不同传播中不一致性产生的消极影响。

7. 超前性

互联网是一种功能最强大的营销工具，它同时兼具渠道、促销、电子交易、互动顾客服务、以及市场信息分析与提供的多种功能。它所具备的一对一营销能力，正是符合定制营销与直复营销的未来趋势。

8. 高效性

计算机可储存大量的信息，代消费者查询，可传送的信息数量与精确度，远超过其他媒体，并能因应市场需求，及时更新产品或调整价格，因此能及时有效了解并满足顾客的需求。

9. 经济性

通过互联网进行信息交换，代替以前的实物交换，一方面可以减少印刷与邮递成本，可以无店面销售，免交租金，节约水电与人工成本，另一方面可以减少由于迂回多次交换带来的损耗。

10. 技术性

网络营销是建立在高技术作为支撑的互联网的基础上的，企业实施网络营销必须有一定的技术投入和技术支持，改变传统的组织形态，提升信息管理部门的功能，引进懂营销与计算机技术的复合型人才，未来才能具备市场的竞争优势。

二、网络营销的职能

网络营销的职能不仅表明了网络营销的作用和网络营销工作的主要内容，同时也说明了网络营销所应该可以实现的效果，对网络营销职能的认识有助于全面理解网络营销的价值和网络营销的内容体系，因此网络营销的职能是网络营销的理论基础之一。

（一）网络品牌

网络营销的重要任务之一就是在互联网上建立并推广企业的品牌，知名企业的网下品牌可以在网上得以延伸，一般企业则可以通过互联网快速树立品牌形象，并提升企业整体形象。网络品牌建设是以企业网站建设为基础，通过一系列的推广措施，达到顾客和公众对企业的认知和认可。在一定程度上说，网络品牌的价值甚至高于通过网络获得的直接收益。

（二）网址推广

这是网络营销最基本的职能之一，相对于其他功能来说，网址推广显得更为迫切和重要，网站所有功能的发挥都要一定的访问量为基础，所以，网址推广是网络营销的核心工作。

1. 信息发布

网站是一种信息载体，通过网站发布信息是网络营销的主要方法之一，同时，信息发布也是网络营销的基本职能，所以也可以这样理解，无论哪种网络营销方式，结果都是将一定的信息传递给目标人群，包括顾客 / 潜在顾客、媒体、合作伙伴、竞争者等等。

2. 销售促进

营销的基本目的是为增加销售提供帮助，网络营销也不例外，大部分网络营销方法都与直接或间接促进销售有关，但促进销售并不限于促进网上销售，事实上，网络营销在很多情况下对于促进网下销售十分有价值。

3. 销售渠道

一个具备网上交易功能的企业网站本身就是一个网上交易场所，网上销售是企业销售渠道在网上的延伸，网上销售渠道建设也不限于网站本身，还包括建立在综合电子商务平台上的网上商店及与其他电子商务网站不同形式的合作等。

4. 顾客服务

互联网提供了更加方便的在线顾客服务手段，从形式最简单的FAQ（常见问题解答），到邮件列表，以及BBS、MSN、聊天室等各种即时信息服务，顾客服务质量对于网络营销效果具有重要影响。

5. 顾客关系

良好的顾客关系是网络营销取得成效的必要条件，通过网站的交互性、顾客参与等方式在开展顾客服务的同时，也增进了顾客关系。

6. 网上调研

通过在线调查表或者电子邮件等方式，可以完成网上市场调研，相对传统市场调研，网上调研具有高效率、低成本的特点，因此，网上调研成为网络营销的主要职能之一。开展网络营销的意义就在于充分发挥各种职能，让网上经营的整体效益最大化，因此，仅仅由于某些方面效果欠佳就否认网络营销的作用是不合适的。网络营销的职能是通过各种网络营销方法来实现的，网络营销的各个职能之间并非相互独立的，同一个职能可能需要多种网络营销方法的共同作用，而同一种网络营销方法也可能适用于多个网络营销职能。

三、我国网络营销现状

在我国，网络营销起步较晚，直到1996年，才开始被我国企业尝试。

1997～2000年是我国网络营销的起始阶段，电子商务快速发展，越来越多的企业开始注重网络营销。2000年至今，网络营销进入应用和发展阶段，网络营销服务市场初步形成：企业网站建设迅速发展；网络广告不断创新；营销工具与手段不断涌现和发展。

截止到2008年6月底，中国网民高达2.53亿，居世界第一位，网购人数达6 329万人。

2009年上半年我国网民规模已突破3亿，依然保持着快速增长的势头，领跑全球互联网。2009年7月16日，中国互联网络信息中心（CNNIC）发布《第24次中国互联网络发展状况统计报告》显示，截至2009年6月30日，我国网民规模、宽带网民数、国家顶级域名注册量（1 296万）三项指标仍然稳居世界第一，互联网普及率稳步提升。受3G业务开展的影响，使用手机上网的网民也已达到1.55亿，占网民的46%，增速十分迅猛。

持续蔓延的全球金融危机对我国互联网总体影响不大。CNNIC《报告》显示，截至2009年6月底，中国网民规模达到3.38亿，而宽带网民规模则达到了3.2亿，占总网民数的94.3%，较2008年底上升了3.7个百分点。

面对金融危机的影响，互联网交易应用得到了迅速发展。数据显示，截至2009年6月底，网络购物的用户规模在经济危机中逆势上扬，达到8 788万，半年增加了近1 400万用户，而网上支付用户半年使用率增加4.8个百分点。分析人士指出，金融危机使互联网平台高性价比的优势凸显出来，吸引了大量的网购人群，这也是交易类应用迅速增长的原因。不过交易类网络应用水平仍然较低，相对滞后。

四、影响网络消费者购买行为的因素

（一）网络购货环境

包括网上支付的安全性、网络速度、网页更新速度等。

（二）购货的便捷性

包括时间上的便捷性、商品挑选范围和网上支付的便捷性等。

（三）产品的个性化程度

包括产品的功能、服务和价格的个性化。

五、网上市场调研的概念和分类

（一）网上市场调研的概念

网上市场调研是指企业为收集信息在互联网上利用信息技术开展市场调查，并对这些信息进行整理和研究，提出网络市场调研报告的活动。它和传统市场调研相比具有以下特点：

1. 成本低，周期短
2. 不受时间和空间影响
3. 调查结果客观性强、准确度高
4. 交互性强

（二）网上市场调研的方法

（1）按照调查者组织的调查样本划分，可分为主动调查法和被动调查法两种。

（2）按照采用调查方法不同，可分为网上问卷调查法、网上讨论法、网上观察法和搜索引擎搜集材料的方法。

（3）按照网上调研所采用的技术划分，可分为网站法、电子邮件法、随机 IP 和在线会议法等。

资料卡

常用网络新闻组：

新帆新闻组 news：//news.newsfan.net

宁波新闻组 news：//news.cnnb.net

微软新闻组 news：//msnews.microsoft.com

幽谷新闻组 news：//hermitage.vicp.net

五记茶馆 news：//cmk.gbm.vicp.net

万千新闻组 news：//news.webking.cn

希网新闻组 news：//news.cn99.com 或 news：//news.yaako.com

香港新闻组 news：//news.newsgroup.com.hk

freenews 新闻组 news：//freenews.netfront.net

sybase 新闻组（英文）news：//forums-sybase-com

任务评价

一、评价方法

本任务采用学生自我检验、小组评价和教师评价的方法，对学习目标进行检验。学生本人首先对自己的调研情况进行自查，找出成绩分析不足；小组根据每位同学所做的工作和对调查报告结论的贡献给出综合评价；最后教师针对每个小组的调研报告结合每一位同学给出评价结论，指出改进和努力的方向。

二、评价指标

表 7-2　　任务完成情况评价表

评价指标	学生自我评价		小组评价		他人/教师评价	
	合格	不合格	合格	不合格	合格	不合格
明确网上市场调研题目						
网上市场调研方法						
调查问卷的设计制作						
调查问卷的收集率						
调查问卷的整理分析						
调查报告						
相关知识的扩展掌握情况						

课后练习

一、思考题

（一）网上市场调研和传统市场调研相比，有何优势？

（二）你认为网上市场调研和网络营销有何关系？

二、实训题

登录问卷星（http：//www.sojump.com）网站，在线制作并发布调查问卷，以小组为单位对回收的问卷进行统计并得出调查结论。

任务二　网站促销

任务要求

以小组为单位对教师指定的某网站或产品运用搜索引擎注册、与其他网站互换链接等手段进行促销宣传。能够运用一种技术工具实现一种广告形式的广告制作，熟悉网上广告的发布流程，选择和确定合适的网络广告发布途径。能够写出简单的网络促销策划报告。

任务实施

一、将网站注册到搜索引擎

搜索引擎是因特网最重要的应用之一，它的作用是使用自动索引技术帮助用户方便、快捷地发现、收集所需的信息。搜索引擎可分为两类：一类是关键词检索，其原理是通过机器手（又称为 Spider 程序）到各个网站上自动收集、存储信息，由后台的标引程序进行全文标引，在检索时可通过关键词进行全文检索，如 Google、百度等；另外一类是分类目录检索，它不能实时采集网站上的任何信息，需要站点工作人员通过填写在线表单来提交网站的内容，如早期的 Yahoo、新浪、搜狐和网易等。

1. 关键词检索的注册方法

（1）打开浏览器，在地址栏中输入网址 http: //www.baidu.com/search/url_submit.html，打开百度的提交网站页面，如图 7-5 所示。填写网站地址等信息，然后单击“提交网站”按钮，出现“提交成功”页面，如图 7-6 所示。

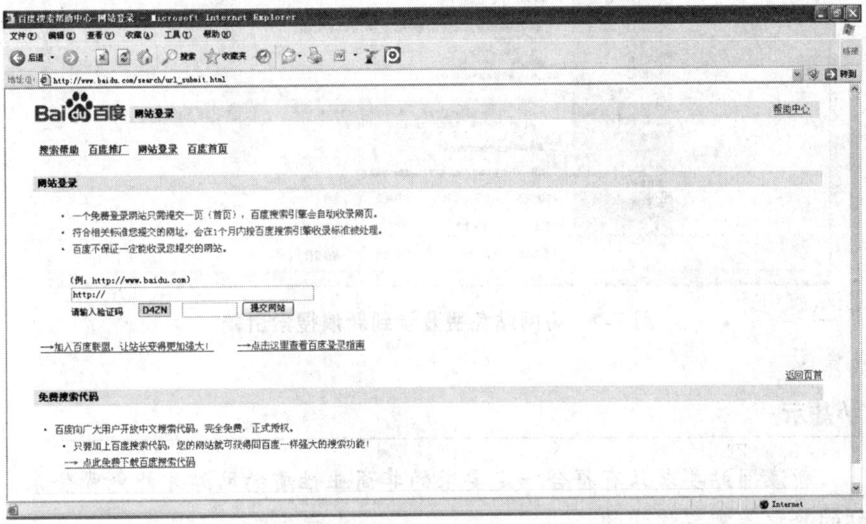

图 7-5 将网站登录到百度搜索引擎

图 7-6 提交成功页面

（2）将网站提交给 Google 搜索引擎，可以在 IE 浏览器地址栏输入：www.google.com/addurl.html，便可进入网站登录页面，遵循同样操作流程即可完成。

2. 分类目录检索的注册方法

以将企业网站提交给新浪为例，可以在 IE 浏览器中输入网址 http：//bizsite.sina.com.cn/newbizsite/docc/index-2jifu-10.htm，即可进入免费登录网站界面，如图 7-7 所示。

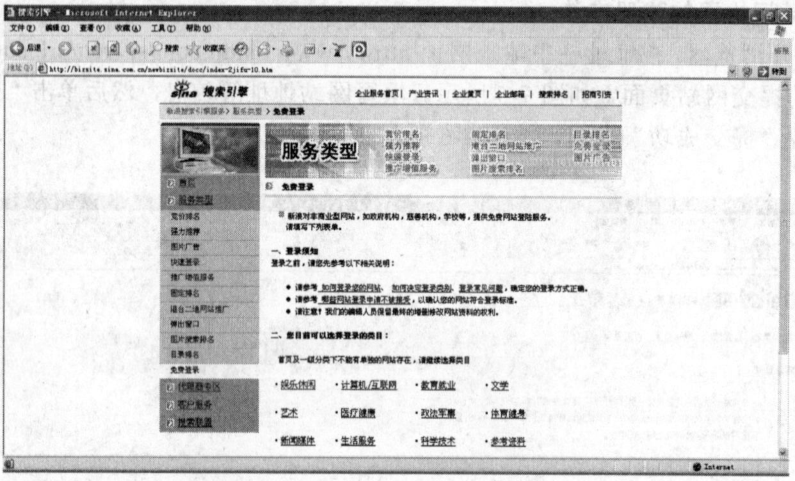

图 7-7　将网站免费登录到新浪搜索引擎

小提示：

新浪网站要求只有符合一定要求的非商业性质的网站才能免费登录，其他网站的登录是需要收费的。

再如要将企业网站提交给搜狐/搜狗（sogou），则可在 LE 浏览器地址栏中输入网址 http：//www.sogou.com/feed back/urlfeed back. php?urlword，即可进入搜狐/搜狗（sogou）的网站登录界面。

企业到各大门户网站登录的越多，被查到的概率也就越大。需要注意的是选择搜索引擎时要分析对比搜索引擎的付费水平、注册方式和提供的服务，尽量避免不必要的浪费；要合理利用付费的搜索引擎推广。例如百度、新浪、搜狐、网易等的竞价排名服务等；有些搜索引擎在提供登录服务外，还通过一些技巧（如关键词选择、URL 优化等）让网站资料更容易被查询到，以及查询时排名会排在较前面的位置，这也是一种良好的网络营销方法。

二、将指定网站与其他网站互换链接

网站链接就是在甲网站（任何页面）建立一个或几个链接，点击后就可到达乙网站，同样在乙网站建立这样的链接，点击后也可以到甲网站。这样就可以让访客在两个网站之间流动，增加网站的访问机会。通常，要建立这样的链接需要通过相互协商，互利互惠。更高级一点的交换链接，如三角、四边或交错方式，内容最好相关或互补，流量相近，这样更有利于搜索引擎排名和增加流量。

一般情况下，网站后台管理功能中都可以建立友情链接，建立网站链接的代码如下：

（一）网站图片链接代码

```
<a target="_blank" href=http: //www.baidu.com/>
<img src=http://www.baidu.com/img/logo-yy.gif width="180" height="60"
border="1"> </a>
```

（二）网站文字链接代码

```
<a href=http: //www.gqzg.net target="_blank">这里是网站名称</a>
img src=图片地址
width="180" height="60" 图片宽度和高度
target="_blank"重新打开窗口
href=链接地址
```

在淘宝店铺的后台管理中，可以方便地对友情链接进行管理，如图 7-8 所示。

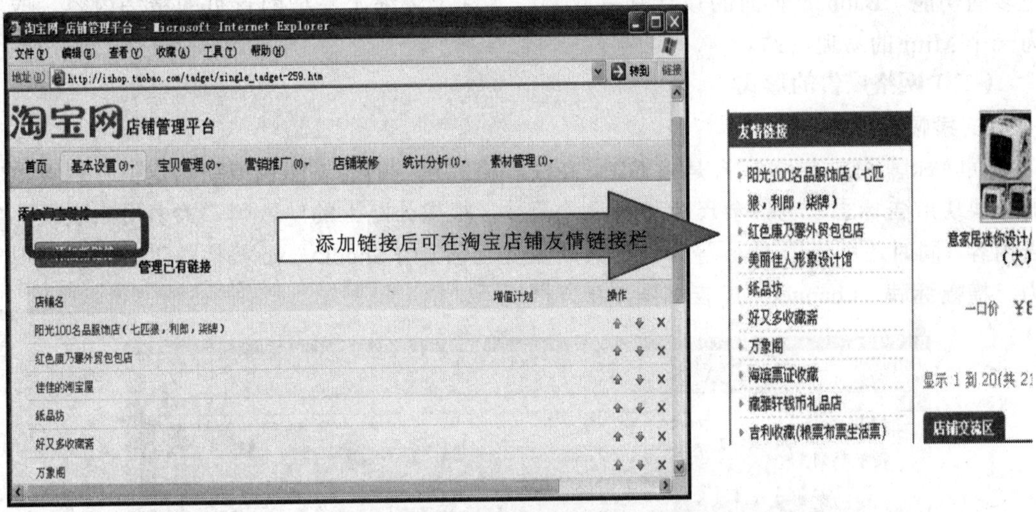

图 7-8 淘宝店铺的友情链接管理

三、对产品或服务提供网上技术支持

对产品或服务提供网上技术支持与网络服务也是一种广泛采用的、行之有效的网站促销手段，目前使用的网上促销与技术服务主要有：

（1）企业产品的网上技术支持与售后服务；

（2）银行系统的网上个人自助银行；

（3）银行和股票等金融系统的网上理财和交易系统；

（4）通信企业开通网上营业系统；

（5）各种出版物的网上增值服务；

（6）服务行业的网上定票、网上定餐、预定客房等服务；

（7）物流系统的网上货物跟踪查询服务；

（8）医疗系统的网上医疗服务；

（9）学校的远程教育服务；

（10）法律服务企业的网上法律援助。

四、制作和发布网络广告

（一）网络广告的制作工具

网络广告的制作工具主要可分为两大类，一类是专用的软件包，如 FLASH、3DMAX、PhotoShop 和 Shockwave 等，这些软件使用简单，可以根据不同需要方便快捷的制作出各种网络广告效果；另外一类是 JavaScript 等程序设计工具，可以使广告设计灵活多样，具有个性化特征，如易趣网的 JavaScript 横幅标牌（banner）广告采用了 Mouse Over 的控件。当用户把鼠标移动到这个 468*60 的网络广告上面时，JavaScript 会自动打开下拉框，出现一个页面更大、内容更为丰富的广告页面。用户可以选择自己感兴趣的内容，直接点击进入相应的页面。这样，一个 Banner 广告表述了更多内容，而且实现了更多的功能。Banner 页面的设计别具匠心，实际上浓缩了易趣网首页的精华内容，成为一个 Mini 的易趣网站。

（二）网络广告的形式

1. 横幅标牌广告

横幅标牌（banner）广告是以 GIF，JPG 等格式建立的静态图像或动画定位在网页上的一块块广告标志，包括全尺寸和小尺寸两种，很像公路上的广告牌，大多用来表现广告内容，同时还可使用 Java 等语言使其产生交互性，用 Shockwave 等插件工具增强表现力。横幅标牌 （banner）广告如图 7-9 方框所示。

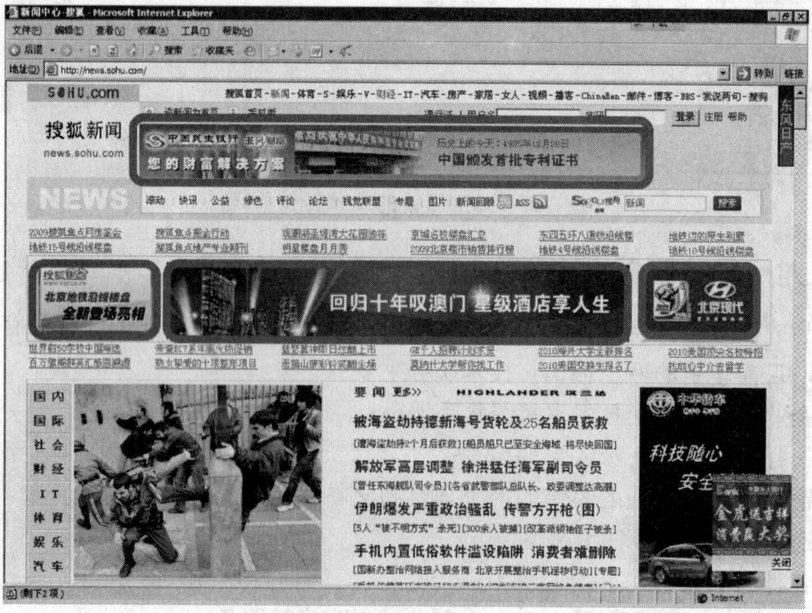

图 7-9　横幅标牌广告

2. 文本链接广告

文本链接广告是一种对浏览者干扰最少，但却最有效果的网络广告形式，如图 7-10 所示，其中用笔勾出来的地方就是文本链接广告。我们可以看到，文本链接广告位的安排非常灵活，可以出现在页面的任何位置，可以竖排也可以横排，每一行就是一个广告，点击每一行都可以进入相应的广告页面。整个网络广告界都在寻找新的宽带广告形式，而有时候，需要最小带宽、最简单的广告形式效果却最好。

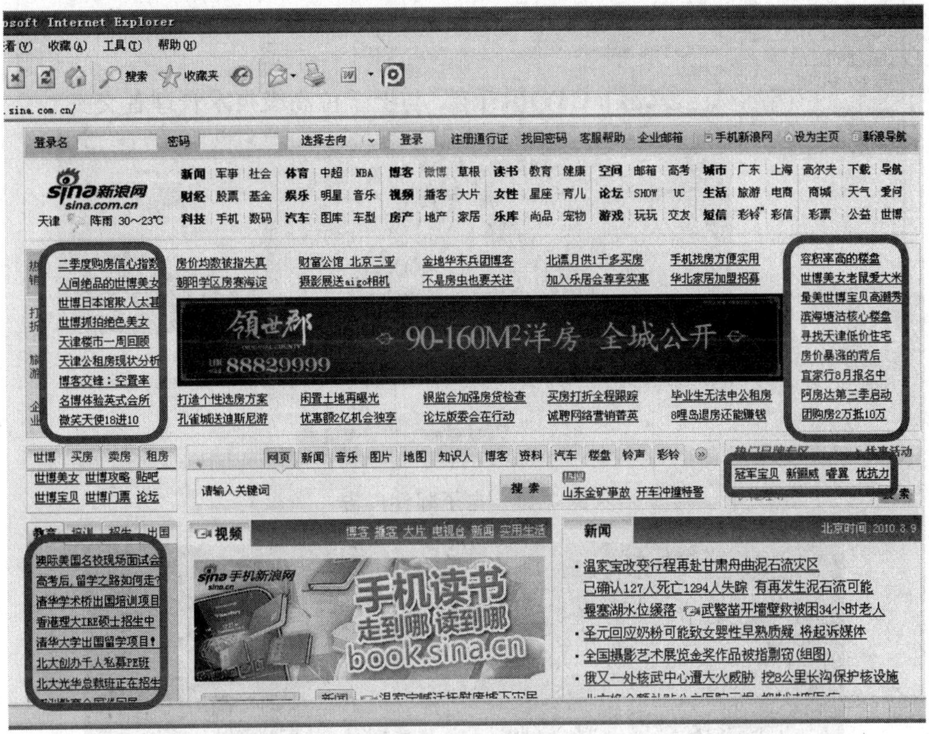

图 7-10　文本链接广告

3. 电子邮件广告

随着电子邮件使用的越来越普及，电子邮件广告现在已成为使用最广的网络广告形式，许多厂商采用这种直接而方便的广告形式。电子邮件广告具有针对性强、费用低廉的特点，且广告内容不受限制。其针对性强的特点，可以让企业针对具体某一用户或某一特定用户群发送特定的广告，为其他网上广告方式所不及。但值得注意的是，那些未经同意发送的垃圾广告邮件很容易引起用户的反感。经过长时间大量的实践证明，电子邮件是最具效果的广告形式。在正确应用的前提下，其回应率远远高于其他所有类型的广告。电子邮件广告如图 7-11 所示。

4. 屏保广告

屏保能在计算机空闲时以全屏的方式播放动画，并且能配上声音，也可作为 PC 上很好的一种广告载体，如图 7-12 所示。许多知名品牌都制作了自己的屏保程序放在网上供用户下载，并且用户也会使用 E-mail 来传递屏保程序。好的屏保可以得到相当广的流传，制作公司可以用很小的投入换来极佳的宣传效果。

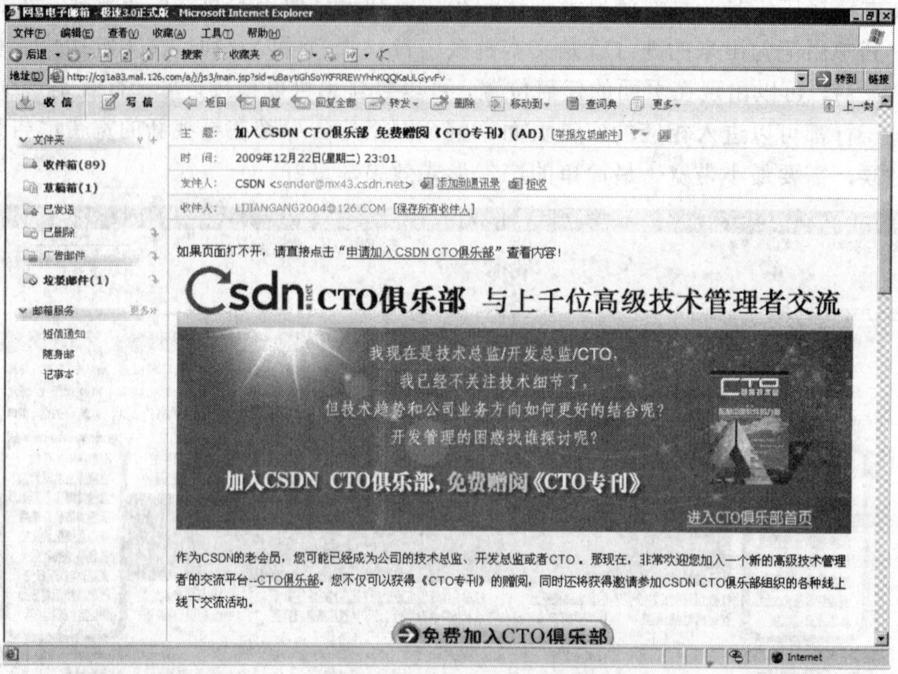

图 7-11　电子邮件广告

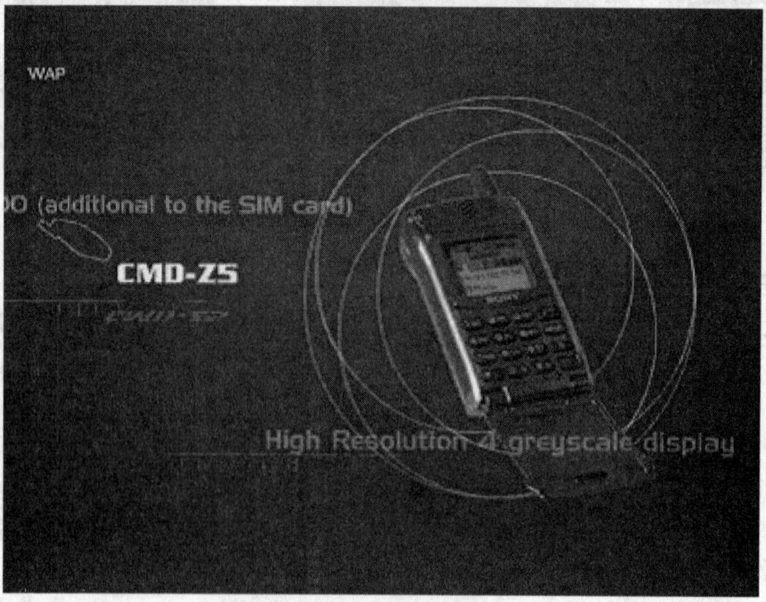

图 7-12　手机屏保的截图广告

5. 企业黄页广告

黄页原意是指传统印刷的电话号薄，黄页广告就是利用黄页为载体进行宣传的一种广告。网络黄页就是纸上黄页在互联网上的延伸和发展（如图 7-13 所示），和传统黄页相比，网络黄页产品具有企业独立的LOGO企业网站，多种可以供选的的版本，能提供包括企业邮箱，产品动态，数据库空间，买卖信息，企业简介，即时留言，短信互动等功能。一些黄页信息服务网站都提供了免费注册黄页的服务，注册“企业黄页”后会使企业获得很好的广告效果，注册了“企业黄页”后等于拥有了一个新的企业网站，如果企业原来有网站，新网站内有一链接指向企业的原网站。

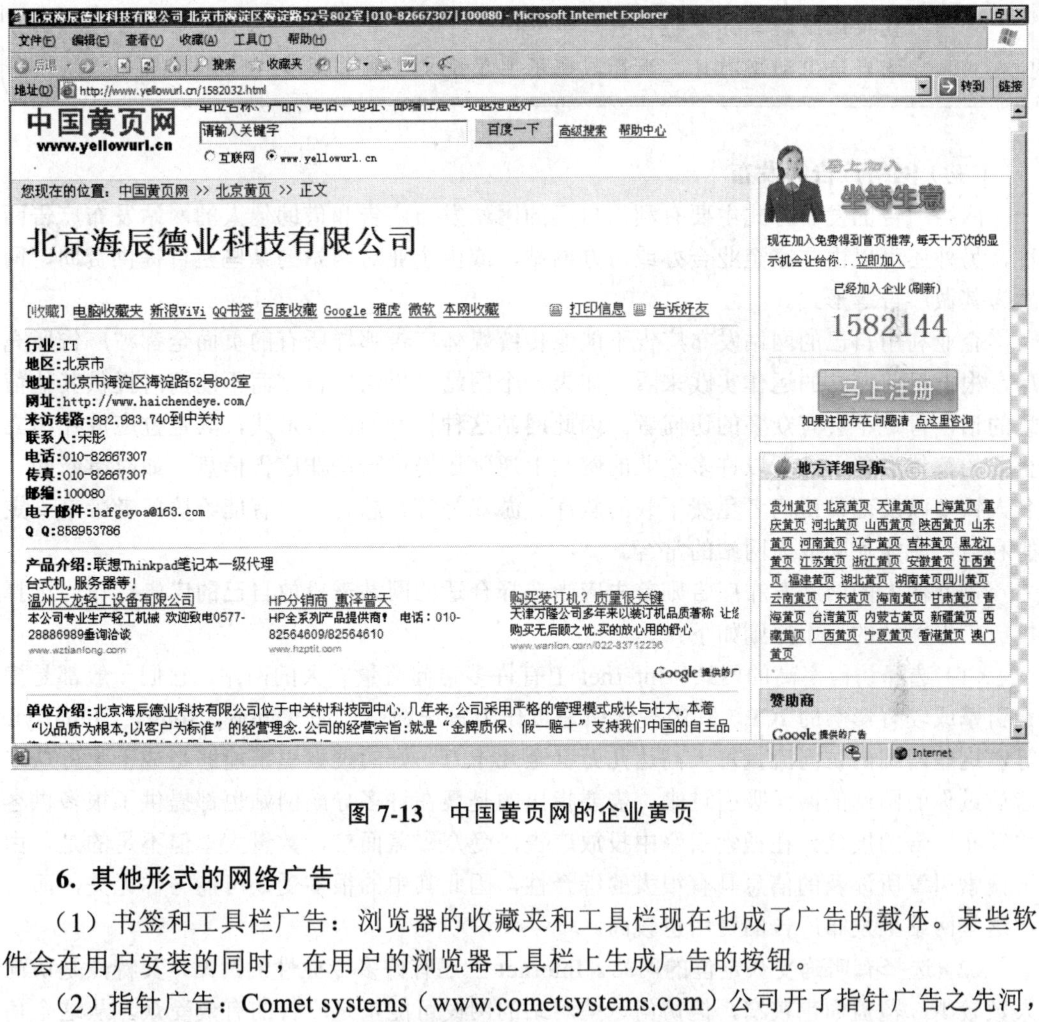

图 7-13　中国黄页网的企业黄页

6. 其他形式的网络广告

（1）书签和工具栏广告：浏览器的收藏夹和工具栏现在也成了广告的载体。某些软件会在用户安装的同时，在用户的浏览器工具栏上生成广告的按钮。

（2）指针广告：Comet systems（www.cometsystems.com）公司开了指针广告之先河，通过使用其开发的软件，用户可以指定任何图片成为鼠标的指针，用户所浏览的网页也可指定特定的图片成为指针的形状。例如，一家网上花店，可以把鼠标设定成一朵花，当用户点击她所要订购的花卉时，鼠标指针又变成“打X折”的字样。当然，要使用这种可变化的鼠标，用户一定要下载并安装Comet systems软件，虽然这是一个极其简单的过程，但也会成为用户使用它的一个障碍，除非今后的internet explorer或netscape内置这种功能，否则用户的数量也将会受到限制。

随着网络技术的不断更新和发展，网页上的每一样东西都有可能成为广告的载体，新的广告形式也会不断出现。

小技巧：

- 网页上方的广告效果比网页下方好
- 广告内容与网站最主要内容相同或相似效果好
- 经常更新，保持新鲜感
- 直接链接到目标页面
- 适当采用动画图片、声音，也不要忽视文字的作用

（三）网络广告的发布

网络广告的发布方式主要有利用自己的网站发布广告和借助他人的网站发布广告两种，另外还可以由几家企业合办或协办网站，或由企业对网站的某些栏目提供赞助，网站为其做广告等形式。

企业利用自己的网站发布广告不能像传统媒体广告那样所有的页面全都被广告所充斥，根据目前网站的运作实践来看，如果一个网站只提供广告，而不能同时提供其他信息的话，肯定不会有众多的访问者。因此网站这种特殊的广告形式，其定位应放在树立企业的整体形象上。所以许多企业的网站上通常还提供一些非广告信息，如时事新闻、名人铁事以及可供访问者免费下载的软件、游戏等等。总之，只有能给访问者带来一定的利益，才能使其成为网站的常客。

借助他人的网站发布广告则首先应当选择合适的网站来投放自己的广告，作为选择投放广告网站的基本原则如下：

（1）选择访问率高的网站。Internet 上有许多访问流量较大的网站，它们一般都是搜索引擎或较有影响的 ICP，其中搜索引擎可作为首选网站，如 Yahoo、Sohu、ChinaByte 等，这些网站的访问流量每天高达几万甚至几十万。好的搜索引擎能够将成千上万从未造访过你的网站的网民吸引过来。需要指出的是现在许多导航网站也都提供了很多供客户发布广告的展位。在搜索引擎中投放广告，受众覆盖面广，数量大，但不足的是，由于搜索引擎所涉及的信息具有很大的综合性，因此其中的很多受众可能与你无关，而且在这些网站上发布广告的费用也较高。

（2）选择有明确受众定位的网站。Internet 上还有许多专业性的网站，其特点是访问人数较少，覆盖面也较窄，但访问这些网站的网民可能正是广告的有效受众。从这个角度看，有明确受众定位的网站的有效受众量不一定比搜索引擎少。因此选择这样的网站放置广告，获得的有效点击次数甚至可能超过搜索引擎，正所谓“小市场大占有率”。

下面以在“中国黄页网（http：//www.yellowurl.cn/）”发布黄页广告为例介绍发布网络广告的过程：

（1）IE 浏览器，在地址栏输入网址 http：//www.yellowurl.cn/，打开中国黄页网，单击“马上注册”按钮，打开新会员注册页面，如图 7-14 所示。

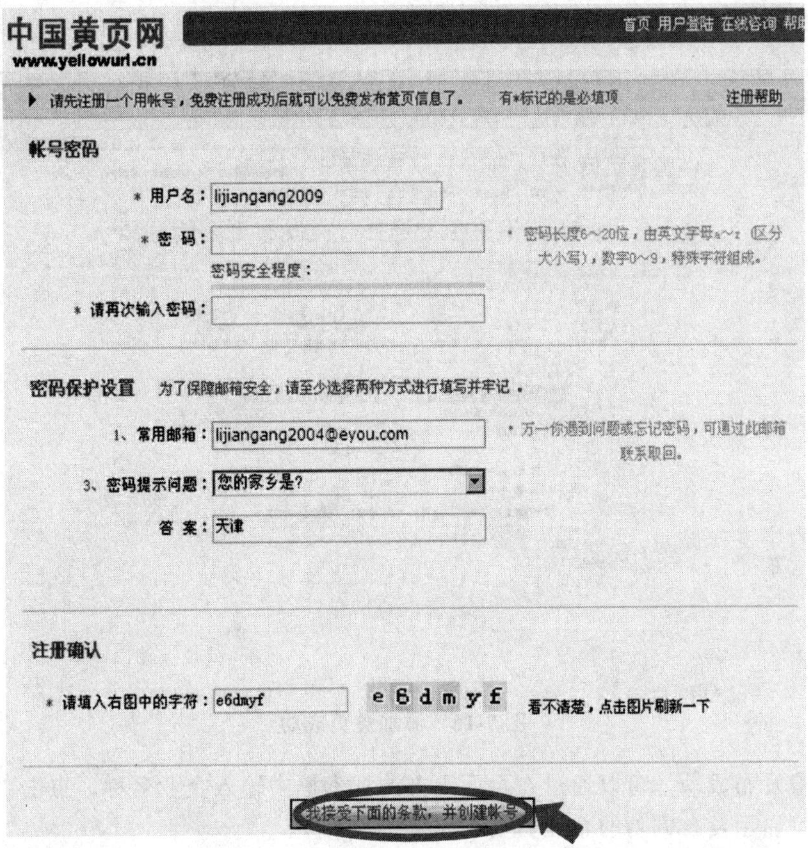

图 7-14　中国黄页网的新会员注册页面

（2）填写相关信息后，单击下方的“我接受下面的条款，并创建帐号”按钮，打开填加黄页页面，如图 7-15 所示，填写黄页相关信息后，点击页面下放的“添加”按钮。

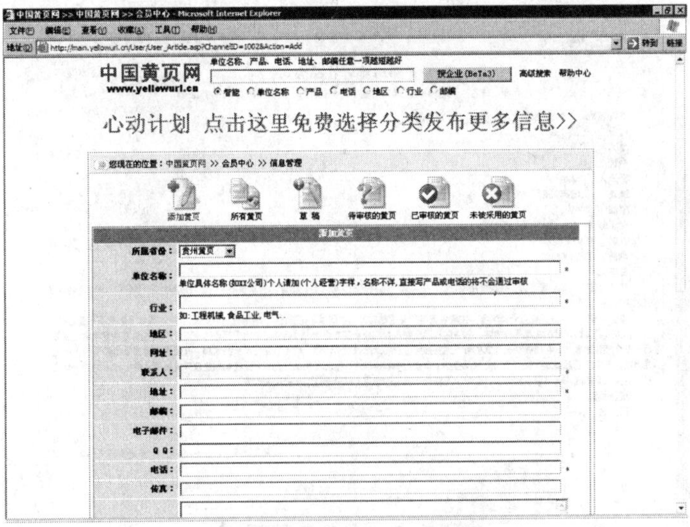

图 7-15　添加黄页信息页面

（3）若填写的信息符合要求，则会出现添加黄页成功页面，如图 7-16 所示。

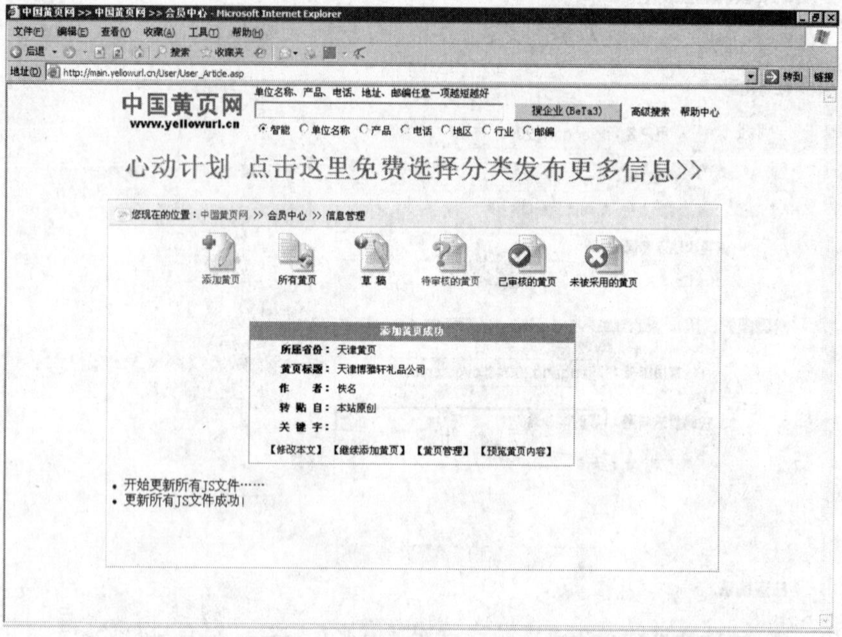

图 7-16 添加黄页成功

（4）若发布成功，可以通过在页面上方的搜索框中输入企业名称，点击“搜企业”按钮，则可显示发布成功的企业黄页，如图 7-17 所示。

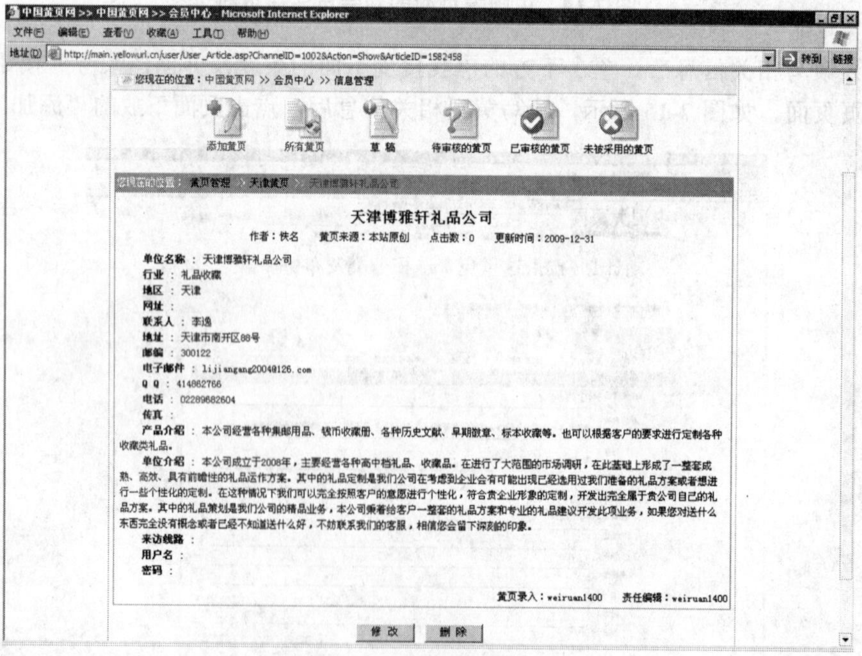

图 7-17 企业黄页页面

知识拓展

一、网络营销与传统营销的区别

网络营销起源于20世纪90年代末期，欧美的一些企业率先利用全球网络（互联网）为平台展开营销活动。网络营销发展至今，从理论到方法上都较传统营销有了很大的变化，主要有以下几方面：

（一）营销理念的转变

传统营销的目标市场的选择都是针对某一特定的消费群，每一个消费者都是一个目标市场。网络营销可以通过网络使企业收集大量的信息来反映消费者的不同需求，从而使企业的产品更能满足顾客的个性化需求。

（二）沟通方式的转变

（1）传统的促销手段只能提供单向的信息传输，企业难以得到消费者的及时反馈，使得企业生产经营策略和营销方式的调整相对滞后，不能迅速适应快速变化的市场。另外在传统营销方式下消费者往往只能被动地接受广告来决定购买意向，很难进一步得到有关产品功能、性能等方面的指标。

（2）企业利用传统媒体（如电视）做广告，可能会投入巨额资金，但无法深入描述与刻画产品的性能、特征和功效等。而企业可以利用互联网无限的信息储存与传输空间，以交互的方式为用户提供丰富翔实的产品信息以及与产品有关的其他信息。即使是一句非常简短的广告语或者是一幅图片，也可以以链接的方式很容易地将顾客引到感兴趣的企业宣传和服务页面上。

（三）营销策略的改变

网络营销的双向互动性使其真正实现了全程营销，即从产品设计阶段开始就充分考虑到了消费者的需求与意愿，这一点在传统营销中往往很难做到。在网络营销状况下，即使是小型企业也可以通过电子布告栏、在线讨论和电子邮件等方式，以极低的成本在营销全程中及时收集信息，调整企业决策，同时提高了消费者的参与性和积极性，同时也提高了消费者对产品的认可度和满意率。

（四）购物的便利性

网络营销打破了传统营销中的时空限制，消费者可以随时随地查询所需商品信息并在网上进行购物，查询和购物程序简单方便，所需时间极短。

二、网络营销策略

网络营销策略是企业根据自身所在市场中所处地位不同而采取的一些网络营销组合，它包括网络营销网页策略、网络营销产品策略、网络营销价格策略、网络营销促销策略、网络营销渠道策略和网络营销顾客服务策略。

（一）网络营销网页策略

中小企业可以选择比较有优势的地址建立自己的网站，建立后应有专人进行维护，并注意宣传，这一点上节省了原来传统市场营销的很多广告费用，而且搜索引擎的大量使用会增强搜索率，一定程度上对于中小企业者来说比广告效果要好。

（二）网络营销产品策略

中小企业要使用网络营销方法必须明确自己的产品或者服务项目，明确哪些是网络消费者选择的产品，定位目标群体。产品网络销售的费用远低于其他销售渠道的销售得费用，因此中小企业如果产品选择得当可以通过网络营销获得更大的利润。

（三）网络营销价格策略

价格策略也是最为复杂的问题之一。网络营销价格策略是成本与价格的直接对话，由于信息的开放性，消费者很容易掌握同行业各个竞争者的价格，如何引导消费者作出购买决策是关键。中小企业应注重强调自己产品的性能价格比以及与同行业竞争者相比之下自身产品的特点。除此之外，由于竞争者的冲击，网络营销的价格策略应该适时调整，中小企业营销的目的不同，可根据时间不同制定价格。例如，在自身品牌推广阶段可以以低价来吸引消费者，在计算成本基础上，减少利润而占有市场。品牌积累到一定阶段后，制定自动价格调整系统，降低成本，根据变动成本、市场供需状况以及竞争对手的报价来适时调整。

（四）网络营销促销策略

以网络广告为代表。网上促销没有传统营销模式下的人员促销或者直接接触式的促销，取而代之的使用大量的网络广告这种软营销模式来达到促销效果。这种做法对于中小企业来说可以节省大量人力、财力支出。通过网络广告的效应可以与更多人员到达不了的地方挖掘潜在消费者，可以通过网络的丰富资源与非竞争对手达到合作联盟，以此拓宽产品的消费层面。网络促销还可以避免现实中促销的千篇一律，可以根据本企业的文化，以及帮助宣传的网站的企业文化相结合来达到最佳的促销效果。

（五）网络营销渠道策略

网络营销的渠道应该是本着让消费者方便的原则设置。为了在网络中吸引消费者关注本公司的产品，可以根据本公司的产品联合其他中小企业的相关产品为自己企业的产品外延，相关产品的同时出现会更加吸引消费者的关注。为了促进消费者购买，应该及时在网站发布促销信息、新产品信息、公司动态，为了方便购买还要提供多种支付模式，让消费者有更加多种地选择，在公司网站建设时候应该设立网络店铺，加大销售的可能。

（六）网络营销顾客服务策略

网络营销与传统营销模式不同还在于它特有的互动方式，传统营销模式人与人之间的交流十分重要，营销手法比较单一，网络营销则可以根据自身公司产品的特性，根据特定的目标客户群，特有的企业文化来加强互动，节约开支，形式新颖多样，避免了原有营销模式的老套单一化。

三、制作网上广告的要点

（一）构思画面

一个好的网上广告应在其放置的网页上十分醒目、出众，使用户在随意浏览的几秒钟之内就能感觉到它的存在。为此，应充分发挥电脑图像和动画技术的特长，使广告具有强烈的视觉冲击力。旗帜广告的颜色可考虑多用明黄、橙红、天蓝等艳丽色，强调动画效果。从视觉原理上讲，动画比静态图像更能引人注目，有统计表明其吸引力会提高三倍。当然也要注意广告与网页内容与风格相融合，但一定要避免用户误将广告当成装饰画。

（二）构思广告语

1. 标题

展露最吸引人之处，力争开头抓住人家的注意力。

2. 正文

句子要简短、直截了当，尽量用短语，避免完整长句。

3. 语句

要口语化，不绕弯子。

4. 增加标点

可以适当运用感叹号，增强语气效果。

5. 引导作用

如果要引导用户从广告访问企业网站，应使用“请点击”或“C1ick”等文字。

（三）内容更换，常新常看

网友的注意力资源有限，应该尽力争取“回头客”，最基本的招数，就是经常更换内容。内容常新的广告，可以使经常访问网页的用户感觉到广告的存在，因为任何好的广告图像，如果用户看多了也会视若乌有。统计表明，当广告图像不变时，点击率会逐步下降，而更换图像后，点击率又会上升。广告更新频率一般为 2 周一次。

在制作广告时，一定要考虑下载速度，图像要尽量少，容量应保持在 10K 左右。

（四）定位目标受众

首先必须准确锁定目标受众，然后，根据你的预算实际，寻找适合他们最可能光顾的网站媒体。如果广告预算不宽裕（大多数网上企业都是这样），那么重点是像新闻邮件、电子杂志之类的小型网上媒体，而不应是广告价位高昂的大型网上媒体。这类网站数量众多，覆盖领域也越来越广。但是发行量相差悬殊，吸引的受众特征也各不相同。唯一的共同点是广告价格便宜。

因为数量的庞大和发展上的自由，企业选择的范围广阔，有些网站的受众面可能正是企业的目标受众，如果找准适合的网站，效果也出奇地好。企业选择网上媒体时要花点功夫。先做些短期测试，以确定最佳广告载体。

四、发布网上广告的要点

（一）版位

旗帜广告的最佳位置在首页的上方，该位置叫第一视点（First View），网页一打开即可被看到。相对而言，网页最下面也是较好的广告位置，因为浏览过程在此暂停较长的时间，用户拖动滚动条往往一拖到底，最下面的广告必定会被看见。更为理想的情况是在页面最上面和最下面设置相同的广告。此外，靠近网页主要内容的位置也比较好，因为用户的注意力“焦点”就在边上。

（二）选择合适的网站

最适合于发布网络广告的网页当然是被访问次数最高的网页。网页的广告价值具体要通过统计数字说明。统计的主要内容是访问网页的用户数量、人次、频度等，同时也包括其他内容，如：访问人员的类型、年龄、文化程度和消费习惯等等。

资料卡

一些能提供黄页信息服务的网站

阿里巴巴电子商务 http：//china.alibaba.com/

二十一世纪中国企业 http：//www.21cei.com/

万国商业网 http：//big5.busytrade.com/

西部商务网 http：//www.westb2b.com/

华夏商务网 http：//www.hxsw.com/

中华第一网 http：//oneone.com.cn/

第一商务网 http：//www-diyi.biz/

中华工商网 http：//www-chinachamber.com.cn/

中华商务网 http：//www.chinaccm.com/

中国供求网 http：//www.chinagq.com/

中商贸易网 http：//www.cnebiz.net/

中华世贸网 http：//www.wtochina.com/

中国黄页网 http：//www.yellowurl.cn/

慧聪商务网 http：//www.hcinfo.com.cn/

华北商务网 http：//www.hbeb.com/

商务基地网 http：//www.enetbase.com/

完全商务网 http：//www.cfull.com/

联合商务网 http：//www.ub.net.cn/

星魂黄页网 http：//www.qincai.net/

中央商务网 http：//www.cbde.net/

新浪企业黄页 http：//yp.sina.net/

国联黄页网 http：//www.uei114.com/

任务评价

一、评价方法

本任务以小组为单位选择并实施一种或几种网站促销手段进行网络营销。学生本人根据在本任务中的作用和贡献进行自我评价，小组根据每位学生的自评和完成任务的情况对本组每位学生进行小组评价，完成小组的网络促销策划报告，最后由教师根据任务的完成情况和学习目标的掌握情况结合小组评价和学生自评指出每位同学的改进和努力的方向。

二、评价指标

表 7-3 任务完成情况评价表

评价指标	学生自我评价		小组评价		他人/教师评价	
	合格	不合格	合格	不合格	合格	不合格
搜索引擎注册						
网站友情链接						
网络广告的制作						
网络广告的发布						
网络广告达到的目的						
网络促销策划报告						

课后练习

一、思考题

（一）网上营销和传统营销相比有哪些优势？

（二）网络广告最常用的表现形式有哪几种，各有何特点？

二、实训题

分别进入阿里妈妈网站（www.alimama.com）和263在线网站（www.263.com）的免费发布栏目，学习发布信息的操作流程并发布信息。

项目八

移动电子商务技术

项目综述

移动电子商务（M-Commerce）是一种非常有发展前景的电子商务形式，它隶属于电子商务，是在电子商务（E-Commerce）的基础上衍生出的一个分支。我们通常的电子商务活动大多是以PC机为工具，由于其是“有线的电子商务”，因此当我们在诸如外出等情况时，就不能实时地收发邮件和进行网上交易。为了方便用户实时地访问互联网，就需要一种新的手段来进行商务活动，这种手段就是移动电子商务。

移动电子商务因其方便、安全、灵活的特点而逐渐成为未来电子商务发展的新方向。相对有线而言，它是“无线的电子商务”，通过手机、PDA（个人数字助理）等等这些可以装在口袋里的移动终端来帮助我们达到一些商业目的，它将因特网技术、移动通信技术等相关技术相结合，使我们在任何时间、任何地点得到网络上的信息和服务，例如一些B2B、B2C或C2C的电子商务，可实现在线电子支付、电子预定，也可根据用户的喜好来定制一些媒体、娱乐等信息服务，随时随地进行交易和商务活动。

由于国内手持设备特别是手机的大量使用，因此移动商务拥有非常广泛的用户基础，当2009年1月7日中国的3G牌照正式发放之时，我国的3G也进入了商用的时代，移动互联网的全面普及已不再是梦想。现在中国的手机用户大有赶超PC机用户的趋势。

随着PC机的发展，笔记本电脑也加入进来，随着小尺寸笔记本产品的不断出现，无线上网会更加普及，这期间还出现了一种衍生产品——上网本，也就是减配置同时更小巧的笔记本，加之市场上UMPC产品的销售，市场竞争日趋激烈。它们相对于普通PC机的最大优势就是便携性，这些新兴的产品的推陈出新来源于无线上网技术的不断更新，同时它们都与当前经济的飞速发展和人们生活节奏的加快密切相关。

本项目结合移动电子商务的相关知识来进行，利用在PC机上安装模拟软件进行相关项目内容的操作，模拟实际使用情况，并将移动电子商务的基本概念及相关应用与实际练习相结合，使学生练习起来更加方便。同时在学生学习了移动电子商务的概念和特点，以及与传统电子商务的区别和它的应用后，加深了学生对知识的理解能力，提高了学习兴趣和动手能力。

本项目包括手机上网与手机购物和预定机票两个任务，每个任务将通过任务要求、任务实施、知识拓展、任务评价和课后练习几个部分。创建任务情景，安排任务流程，在其中穿插相关知识引领学生带着问题去实践，在完成任务时主动探求新的知识领域，扩展自身的知识面。

任务一　手机上网与手机购物

任务要求

本任务采用绿色版手机模拟器软件，学生以小组为单位按照教师要求安装手机模拟器插件和相关连接软件，完成系统的导入及模拟器的设置，使用模拟器内置 IE 登录网址，使用模拟器内置邮件程序发送邮件。当进行手机购物时选择登录购物网站（如手机淘宝网），进行相关操作。由于是模拟真实环境，为避免不必要的麻烦，买卖过程的后半部分的相关操作同正常淘宝网接近，因此可省略。要求保存模拟器状态并做好试验资料的截图和实验记录。

任务实施

一、用手机模拟器模拟的智能手机系统登录网络

在上网之前，我们先要准备好模拟软件，我们的实验采用的是智能手机模拟器，它可以模拟微软最新的 Windows Mobile 6 操作系统。我们通常说的智能手机（Smartphone），它同 PC 机一样，具有独立的操作系统，用户可以根据个人喜好自行安装软件等第三方服务商提供的程序，此类程序扩展了手机的功能和使用领域，使手机不仅仅具有普通的通话和短信功能，随时随地进行收发邮件，网络浏览、网络下载、网络聊天等无线网络通信。这类手机中有一部分已经和掌上电脑、PDA 整合，这其中比较有代表性的例如苹果的 iPhone、多普达的 Touch Diamond、NOKIA 的 N 系列等等。

当然一些非智能手机也内置了浏览器、邮件程序和聊天程序等软件，它们也能享受一些无线网络服务，但是缺点是软件和服务无法及时更新，软件安装和卸载受限等一些列问题就出现了，再加上 2009 年智能手机产品的更新速度加快，在 2010 年，智能手机将会有一个迅猛发展，按此速度发展下去，智能手机势必全面取代普通手机而成为人们生活中不可或缺的一部分。

智能手机最大的特色就是能实时的登录互联网，伴随着智能手机的发展，2009 年中国的 3G 网络正式使用预示着今后手机上网人数会逐步的超过 PC 机上网的人数。通常，手机上网是利用手机中内置的网络浏览器通过 WAP 协议登录互联网，达到上网的目的。现在也包括可以与互联网连接的网络聊天软件，它使人们的沟通方式又扩展了的一步。

当用户用手机上网时所使用的 WAP （Wireless Application Protocol）无线应用协议是一个开放式的标准协议，它可以把网络上的信息传送到用户的手机上以及其他通过无线通讯的移动终端上，使用户随时随地的上网冲浪，获取互联网上的即时信息和资料。另外，国际上还有一种 WI-FI（wireless fidelity）技术，即为无线宽带，它使用 IEEE 802-11b 协议，人们习惯把 WI-FI 称为 IEEE 802-11b，它是一种可以将我们的笔记本电脑、手机等移动终端以无线方式互相连接的技术，为用户提供无线的宽带互联网访问，随着 2003

年 WI-FI 新的标准出台，它在手机中的应用日渐广泛，也逐渐成为手机无线上网的潮流。

任务采用的是仿真环境，我们在 PC 机上进行实验即可，在上网前需要准备模拟器软件和系统映像文件并配置模拟器，当我们设置好模拟器，并打开智能手机的操作见面后，我们就可以通过打开手机中内置的 IE 浏览器浏览网页了。

（一）下载模拟器软件

准备模拟器和系统映像文件，如图 8-1 所示模拟器文件夹下的文件。

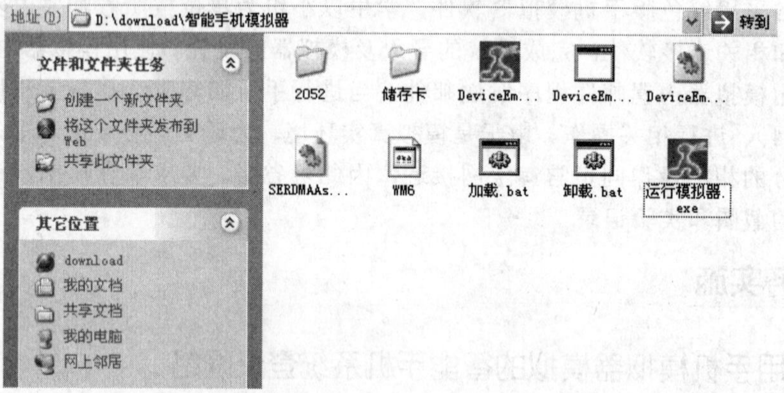

图 8-1　WM6 为系统文件、其余为模拟器文件

（二）安装模拟器软件

点击“加载”安装插件和驱动，点击“运行模拟器”图标打开设备仿真器管理器。见图 8-2、图 8-3。

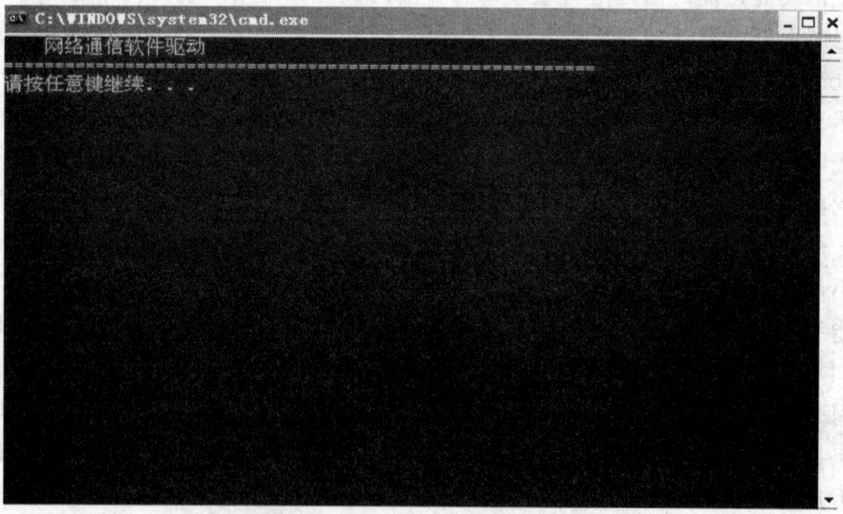

图 8-2　插件、驱动安装界面

（三）安装通讯软件

安装微软的 ActiveSyncsetup4-5，点击菜单栏的“文件”选项，打开“连接设置”，在连接端口处打钩并选择“DMA”项，见图 8-4、图 8-5。

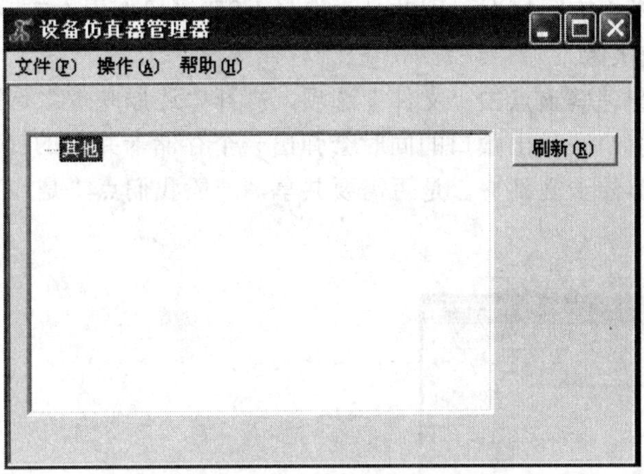

图 8-3　设备仿真器管理器界面

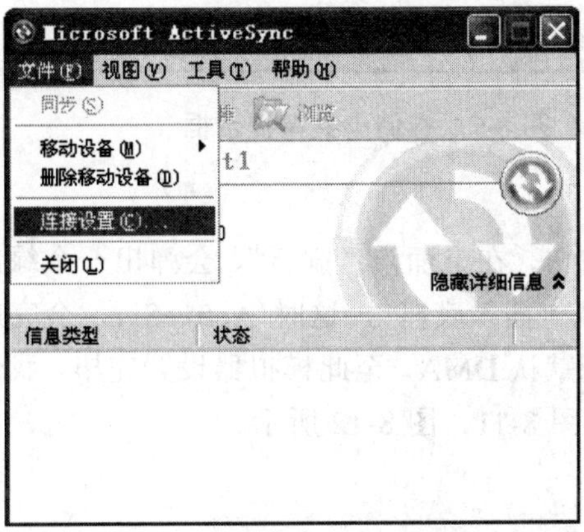

图 8-4　ActiveSync 界面

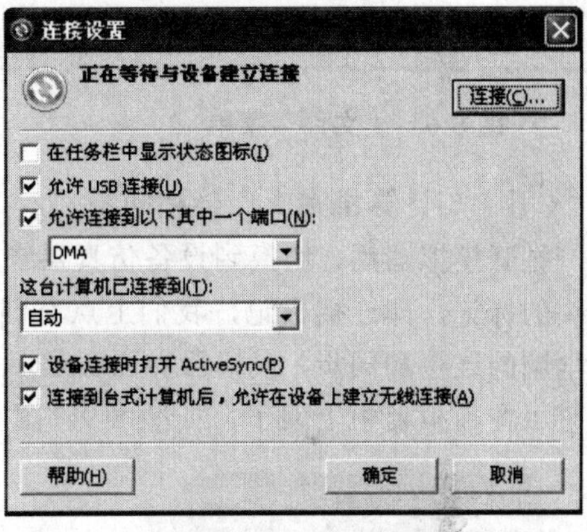

图 8-5　连接设置界面

想一想：　我们不禁会问：ActiveSync 是什么软件？为什么选择 DMA 接口？

1. ActiveSync 是什么软件？

Microsoft ActiveSync 是基于 Windows Mobile 的设备系统的同步软件。它可充当基于 Windows 的个人计算机与基于 Windows Mobile 的设备之间的网关，从而允许在个人计算机与设备之间传输 Outlook 信息、Office 文档、图片、音乐、视频和应用程序。对于 Vista 以上版本系统，Windows Mobile Device Center 已经取代了 ActiveSync。

2. 为什么选择 DMA 接口？

DMA（Direct Memory Access）称为直接存储器访问，在实现 DMA 传输时，是由 DMA 控制器直接掌管总线，由于 DMA 传输方式无需 CPU 直接控制传输，也没有中断处理方式，通过硬件为 RAM 与 I/O 设备开辟一条直接传送数据的通路，使 CPU 的效率大为提高。由于是模拟实际情况，因此是否选择 USB 接口作用不大。

（四）打开系统映像

在设备仿真器管理器上点击“文件”选项，打开“还原映像”选取 WM6 系统映像文件，打开模拟器窗口。弹出敞口的同时会弹出一个存储卡共享的提示框，也就是我们模拟器文件夹下的存储卡文件夹。是否需要共享，一般我们点“是”，如图 8-6、图 8-7、图 8-8 所示。

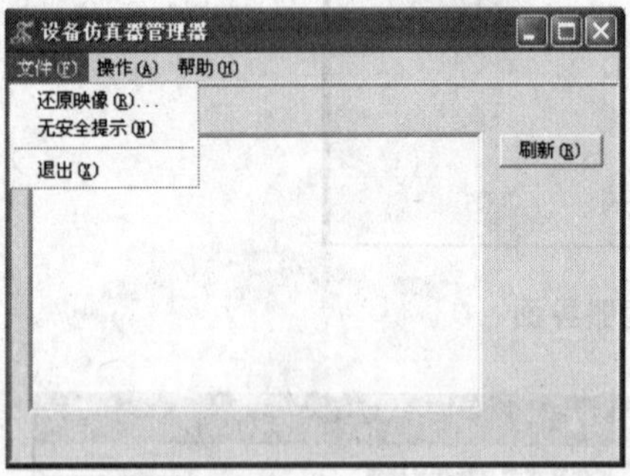

图 8-6 “文件”菜单

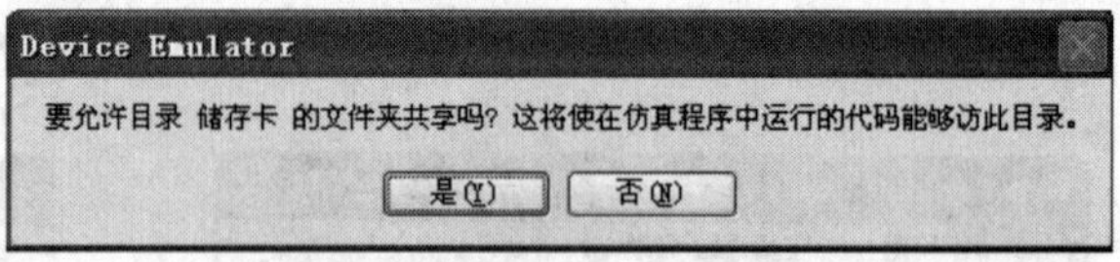

图 8-7 存储卡共享提示框

（五）与计算机完成连接和同步

打开模拟器后，切换到设备仿真器管理器窗口，在上面点“刷新”，会弹出一个绿色箭头的标记，即连接标记，我们上点右健并选择“插入底座”，这时 ActiveSync 会完成与电脑的连接和同步，模拟器界面会显示连接到默认 DMA，至此模拟器设置完毕，我们就可以在模拟器中上网了，如图 8-9、图 8-10、图 8-11、图 8-12 所示。

图 8-8 模拟器界面

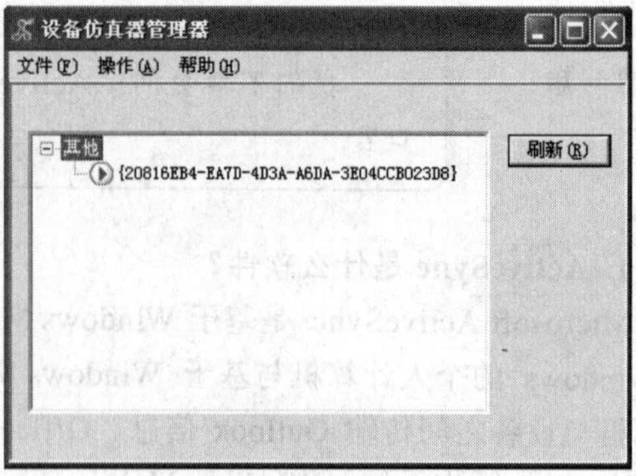

图 8-9 连接标记

（六）通过模拟器上网

1. 在模拟器中我们可以通过打开 IE 浏览器上网冲浪，可以收发邮件，也可以上网聊天，我们这里使用内置的 Messenger 软件聊天，如图 8-13～图 8-20 所示。

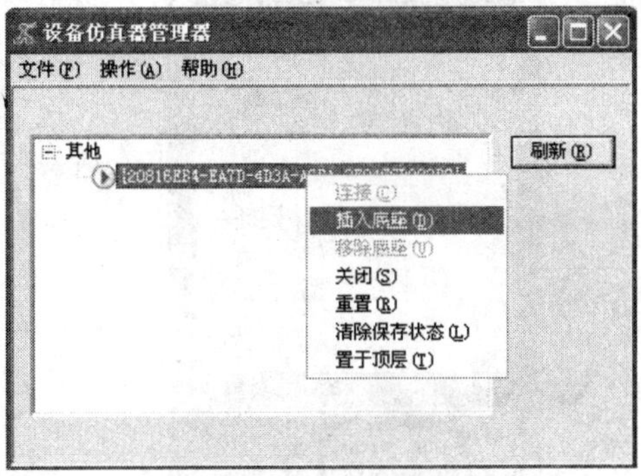

图 8-10 插入底座选项

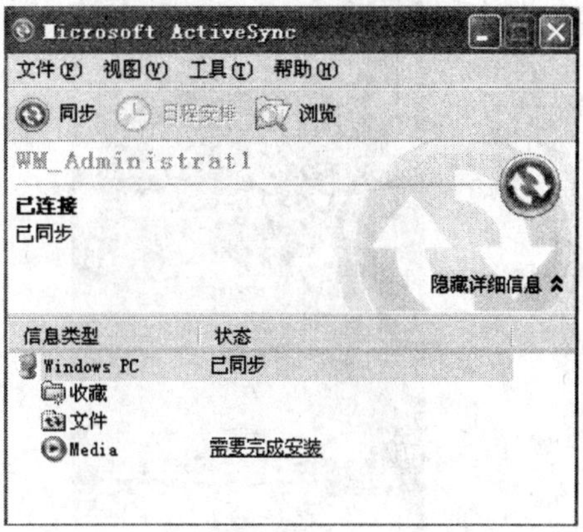

图 8-11 完成与电脑连接同步

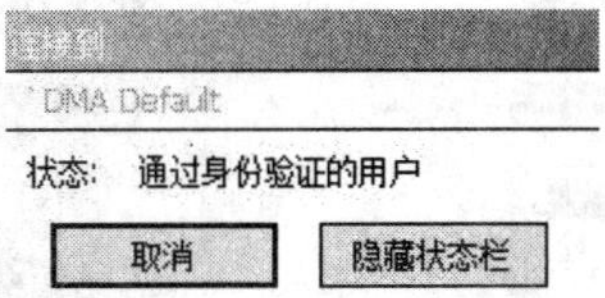

图 8-12 连接到默认 DMA

2. 下图中，输入网址时我们点击模拟器屏幕下方的“拼”字样，打开后看到默认为拼音输入，输入网址时选择“英”字样，即英文，直接点击屏幕上的字母输入即可，也可直接敲击电脑键盘输入。

图 8-13 打开 IE 浏览器

图 8-14 输入网址登录网站

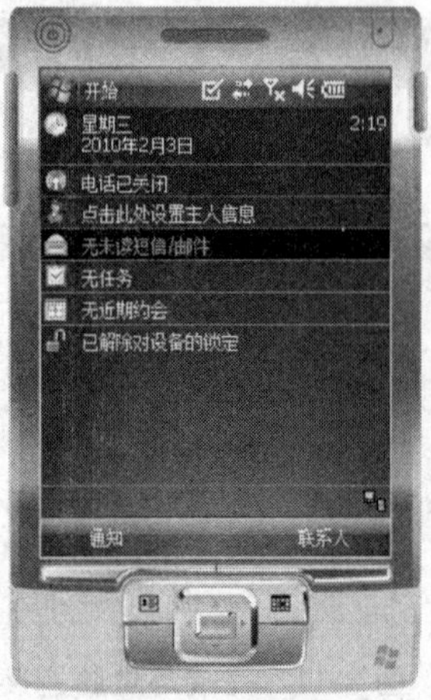

图 8-15 点击短信/邮件

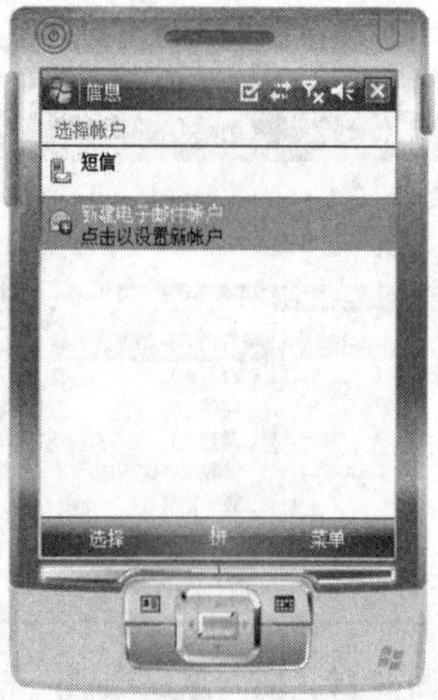

图 8-16 选择新建电子邮件账户

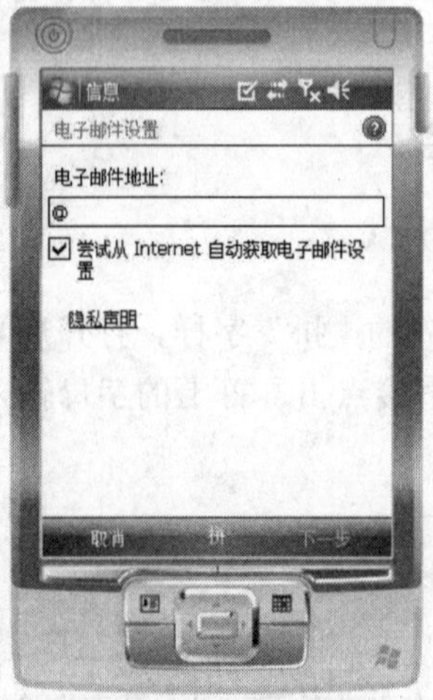

图 8-17 输入邮件地址

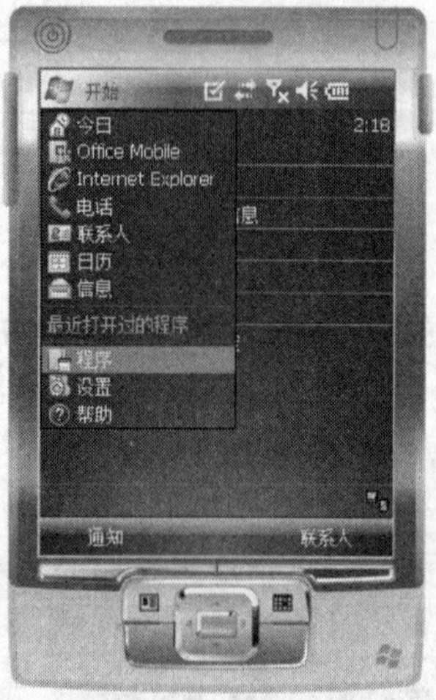

图 8-18 打开“程序”

图 8-19 打开 Messenger 聊天软件

图 8-20 登录 Messenger

注意：

软件安装和卸载的方法和真机相同，在模拟器下，我们用来存放文件的“储存卡”文件夹可作为虚拟存储卡使用，其空间可以根据计算机的硬盘空间无限扩大。

二、用手机登录淘宝网购物

（一）登陆网址，注册账号

打开模拟器窗口使用 IE 浏览器登录淘宝网，注册淘宝网账号，在这里有两种方式登录网址和注册账号。

1. 第一种方法

在地址栏中输入 http：//m.taobao.com，回车后登录手机淘宝网址，见图 8-21，页面内容相对于淘宝网较少，当然花费的流量也只有 10K 多。在打开的网页中点击“免费注册”注册账号，点击后跳转到淘宝网注册页面，页面上方需要输入手机号码和会员名来注册，见图 8-22、图 8-23，手机号码取代了网络版上的电子邮箱作为唯一的身份验证，是淘宝实名制注册的一种手段，从另一层面也增加了安全性。在当前页面下方还有另外的输入框，它的作用是当我们已经有激活码时可直接输入激活账号，见图 8-24、图 8-25。

图 8-21 登录手机淘宝

图 8-22 注册账号

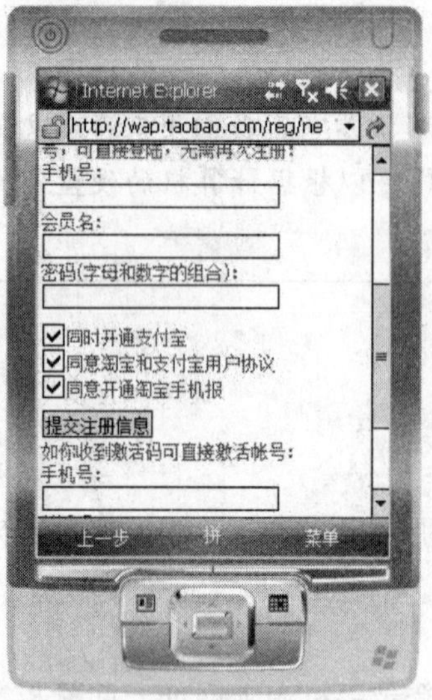

图 8-23 账号注册输入框

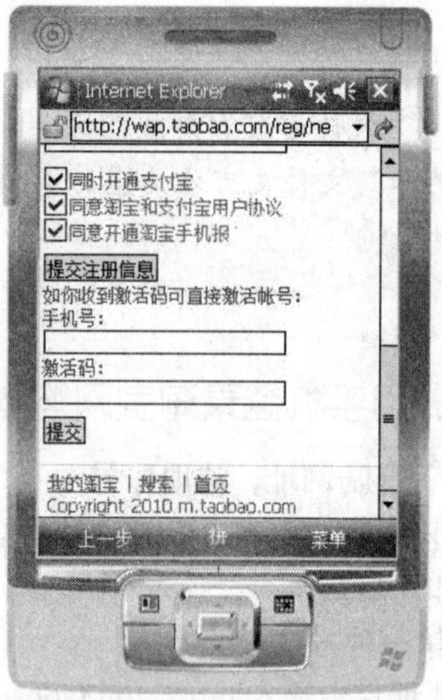

图 8-24 已获得激活码输入框

我们注册时的手机号码必需有效，激活信息稍候将以免费短信的形式发送到我们的手机上，在后边打开的网页中输入框中输入我们刚刚从短信中获取的激活码，注册是免费的，因此不必担心回收费，只需注意一条原则——不回复短信即可。激活后会有一个注册成功后的提示页面，见图 8-26。

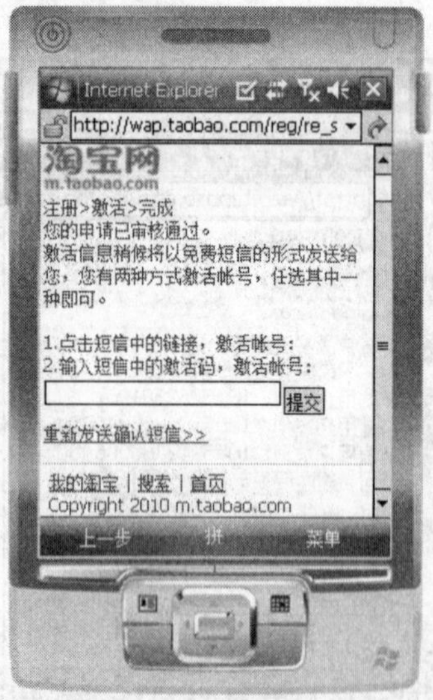

图 8-25 注册后激活码输入框

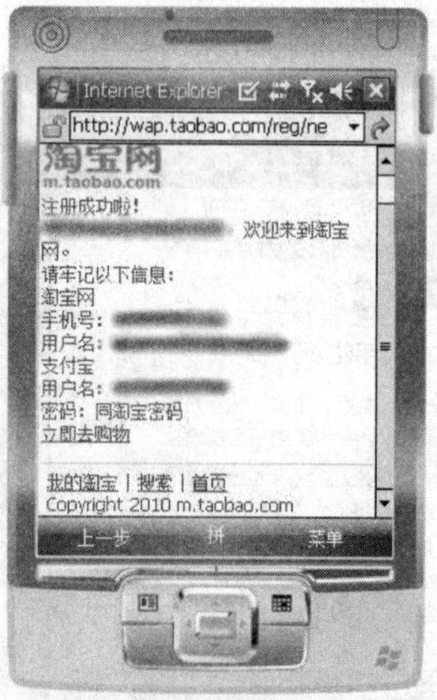

图 8-26 激活后页面

2. 第二种方法

我们在浏览器中输入 http：//www.taobao.com 网址，打开淘宝网页面，这是我们平时在电脑上使用的登录方式。我们会看到它比先前的手机淘宝页面内容丰富，见图 8-27，但同时，由于页面比较大，因此它也占去较大的流量，在手机屏幕有限的尺寸下浏览起来比较费劲。我们点击“免费注册”后，页面会显示有两种注册方式，我们选择其中一种即可，如图 8-28 所示。以下我们对着两种方式进行介绍。由于手机屏幕显示有限，因此我们把在计算机中注册的过程为大家演示。

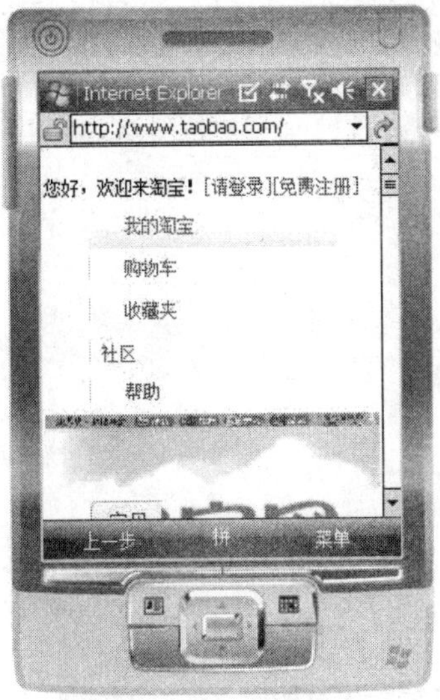

图 8-27　淘宝网主页

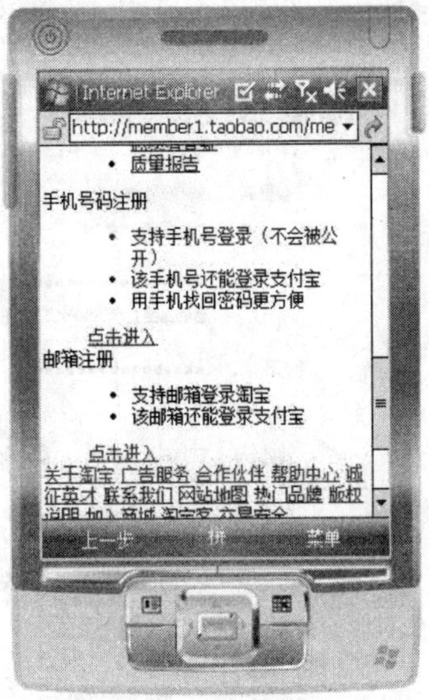

图 8-28　注册选择页面

（1）该方法是输入手机号码和邮箱账号后，淘宝会向我们注册的手机号码发送短信校验码，收到校验码后我们只需输入校验码即可完成激活账号，如图 8-29～图 8-32 所示。

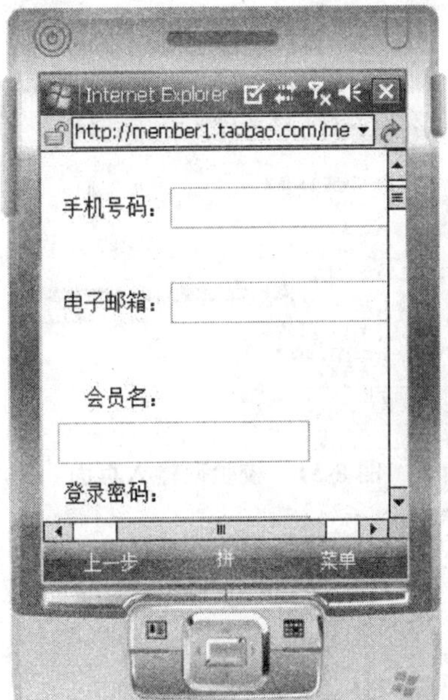

图 8-29　手机注册的页面

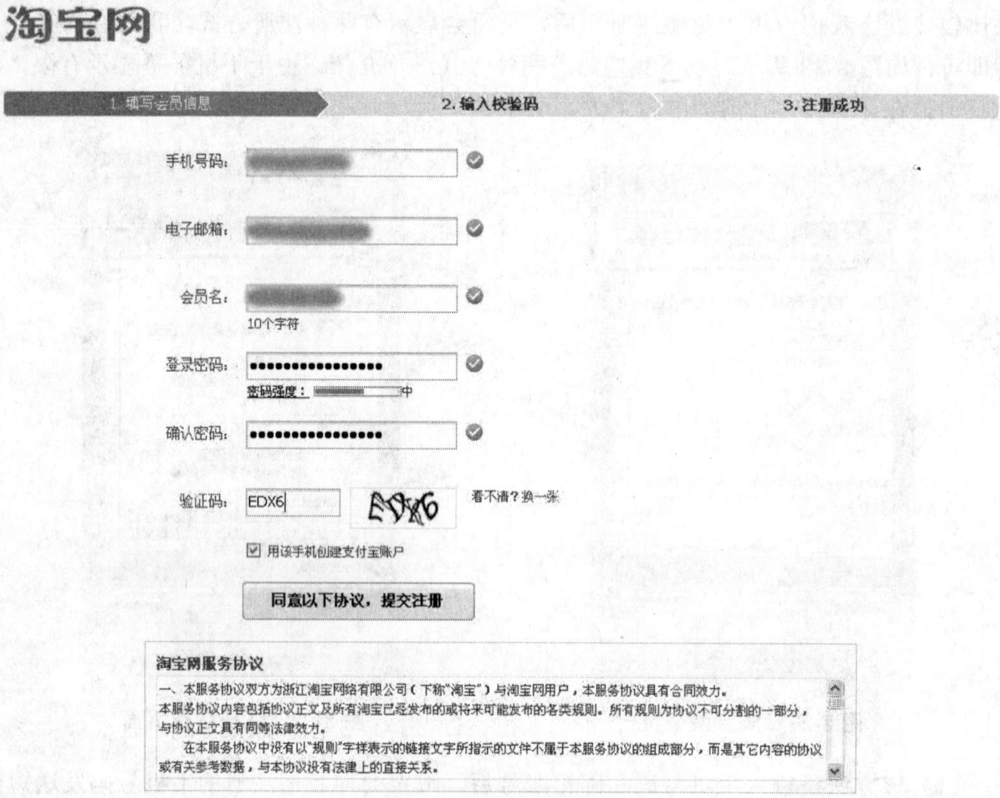

图 8-30　放大后的注册页面

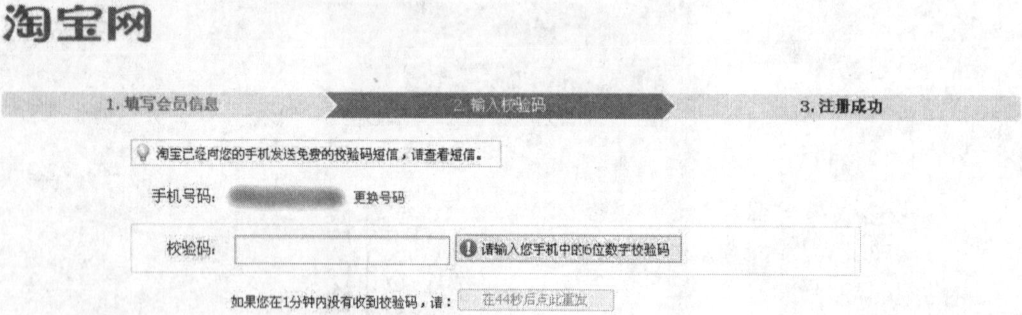

图 8-31　校验码输入页面

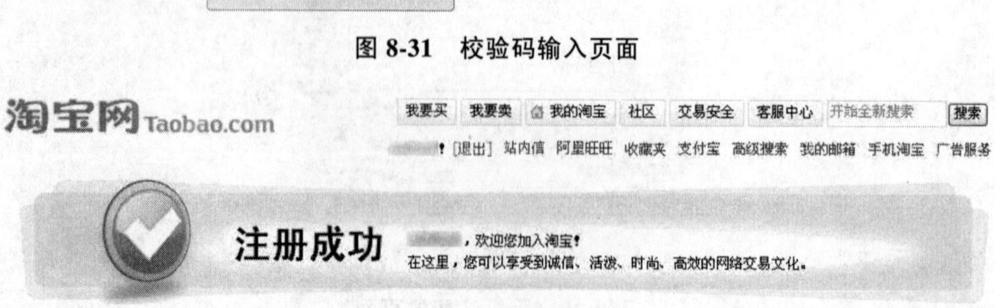

图 8-32　注册成功页面

（2）另一种注册方式是通过输入邮箱地址注册，注册后进入邮箱点击邮件打开完成页面链接。点击其中的完成按钮完成账户注册，如图 8-33～图 8-38 所示。

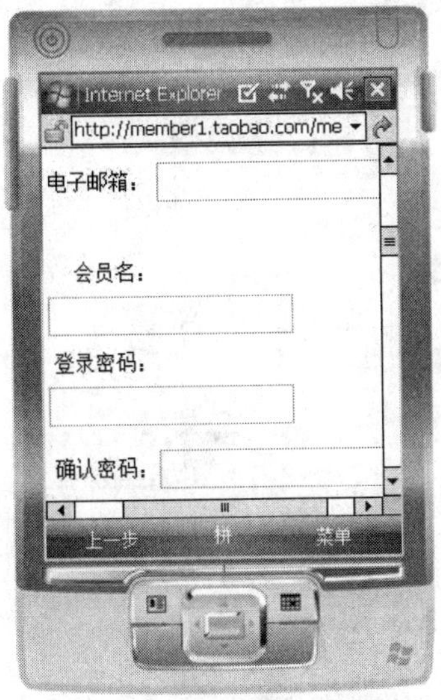

图 8-33 邮箱注册页面

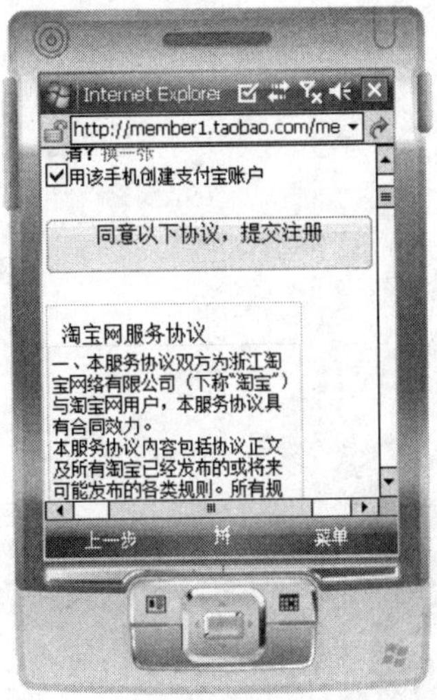

图 8-34 服务协议

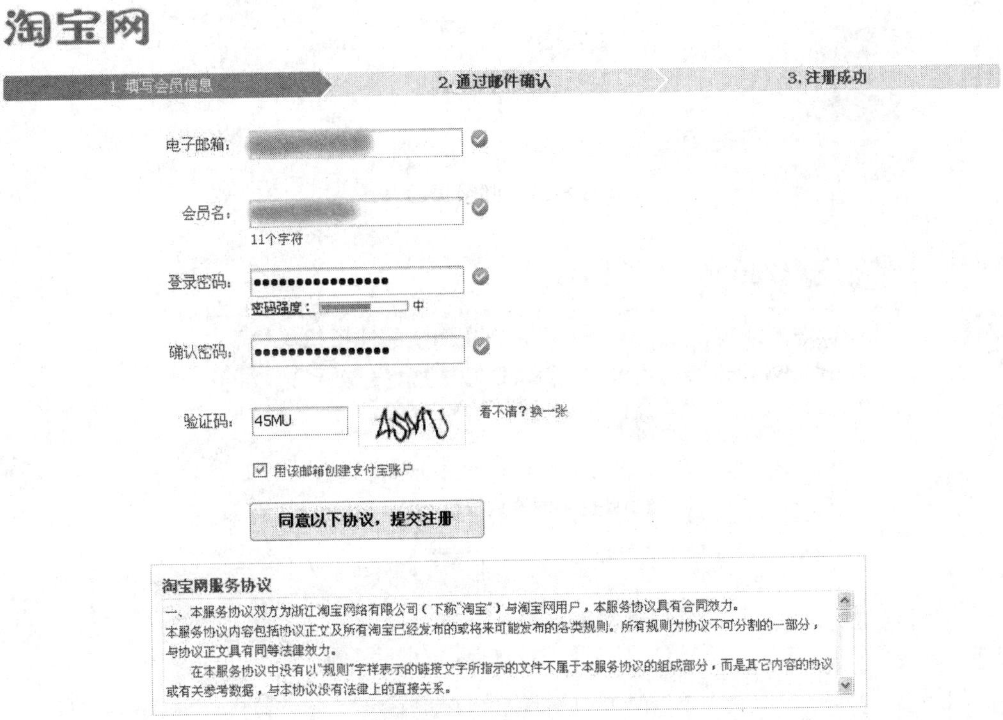

图 8-35 邮箱注册页面展开

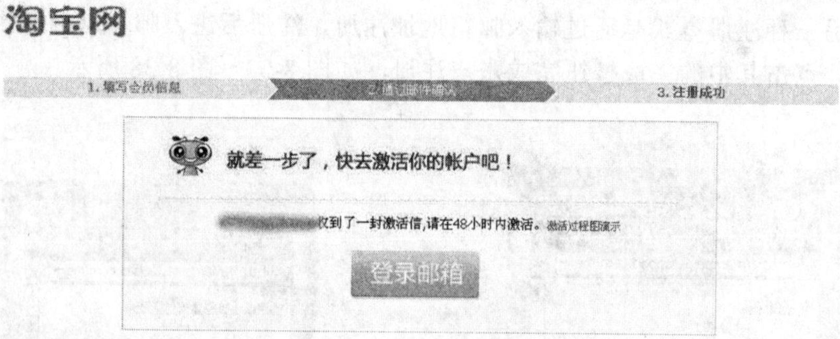

图 8-36　登录邮箱

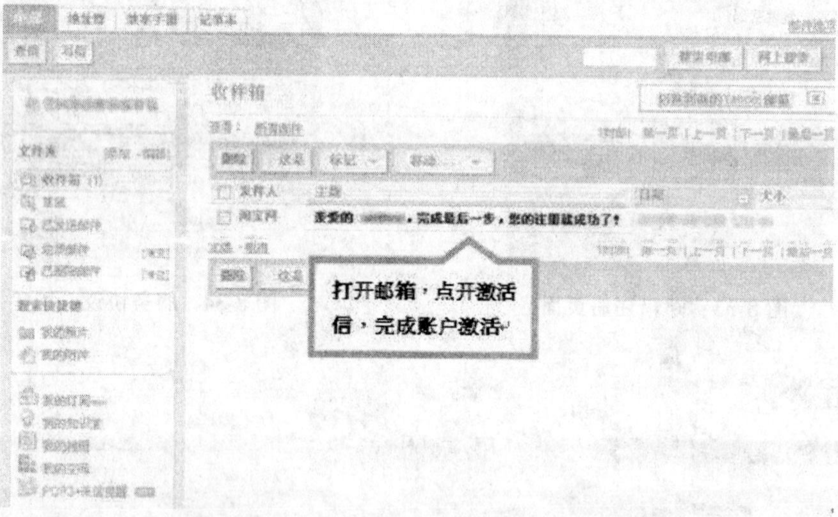

图 8-37　邮箱页面

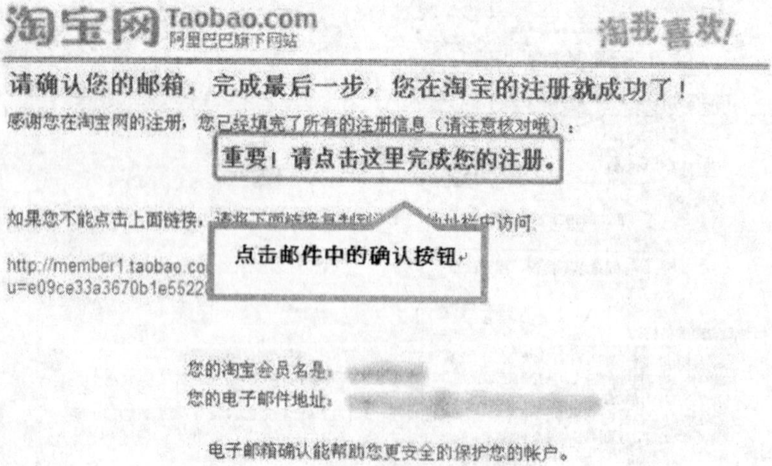

图 8-38　完成注册

（二）搜索商品

使用淘宝网网页中的搜索栏输入我们想购买的商品名称，点击“搜索”，我们还可以在搜索栏下点击一个类目，根据类目下列出的属性查找合适的商品。另外，我们还可以通过价格或人气排序从中选择合适的商品，如图 8-39 所示。选择到合适的商品后，我们可以点击“图片”链接，查看商品的全部图片，如图 8-40～图 8-42 所示。

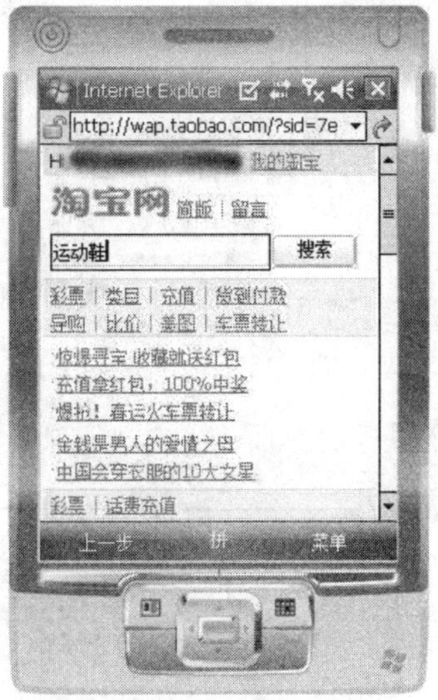

图 8-39　手机淘宝搜索商品

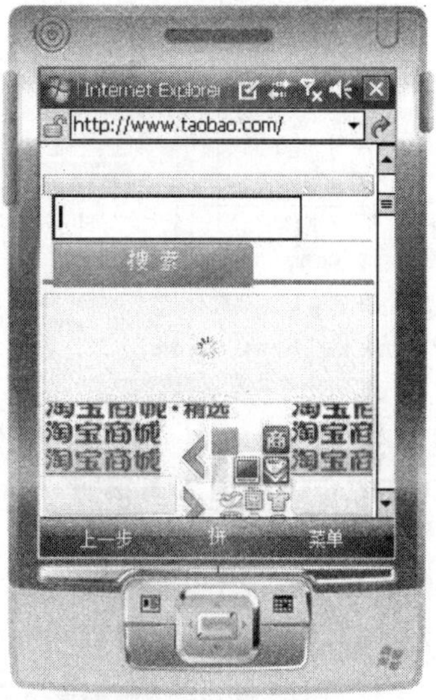

图 8-40　淘宝网搜索商品

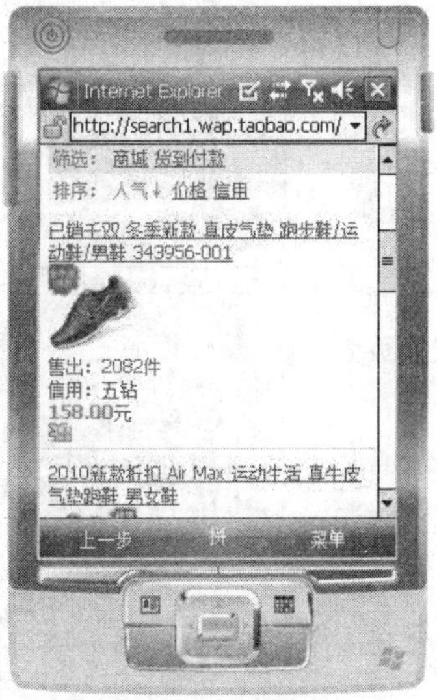

图 8-41　商品列表

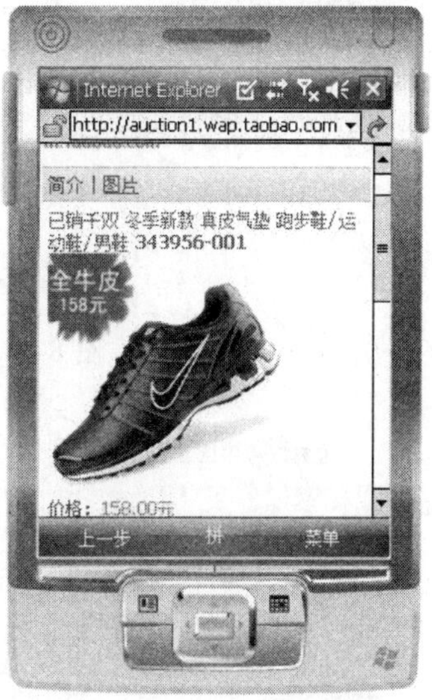

图 8-42　商品详细信息

（三）如果我们想购买商品，需要具备几个条件

1. 购买前需要具备网上银行账户或者手机充值卡

（1）如果有网上银行账户见图 8-43、图 8-44、图 8-45，需要定期给网上银行充值，充值

后就可以使用它给支付宝充值了。

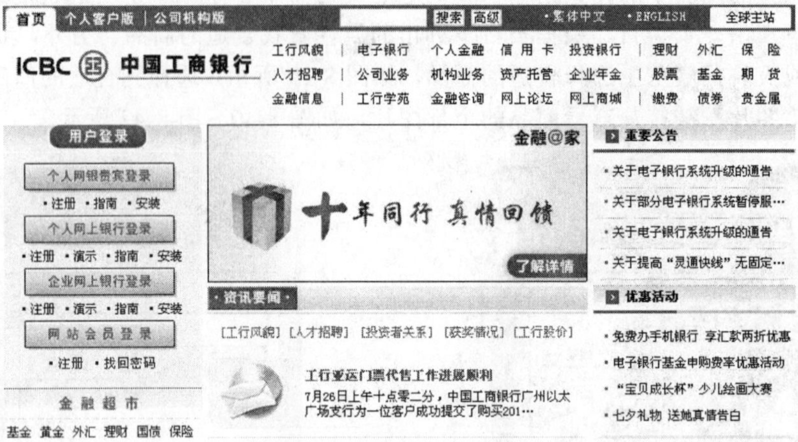

图 8-43 工商银行网站

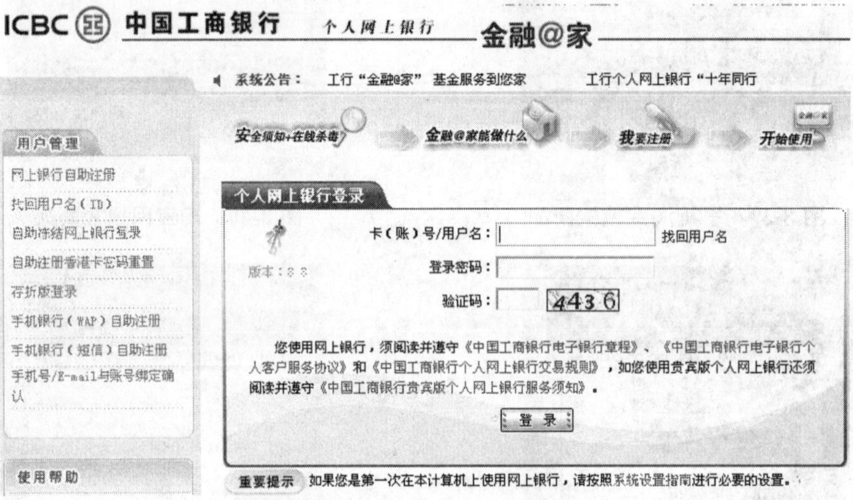

图 8-44 个人网上银行登录页面

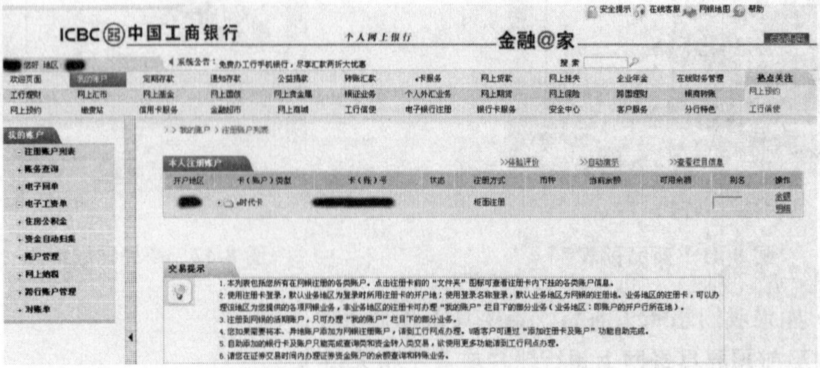

图 8-45 银行账户的订单查询页面

（2）如果有手机充值卡，我们可以通过充值卡给支付宝充值。图 8-46～图 8-48 是神州行卡充值的例子。

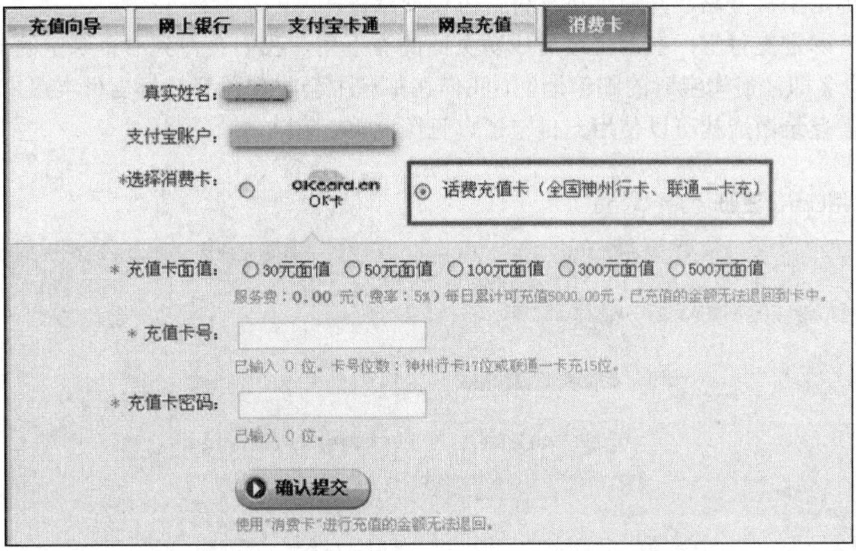

图 8-46　支付宝账户下手机卡充值页面

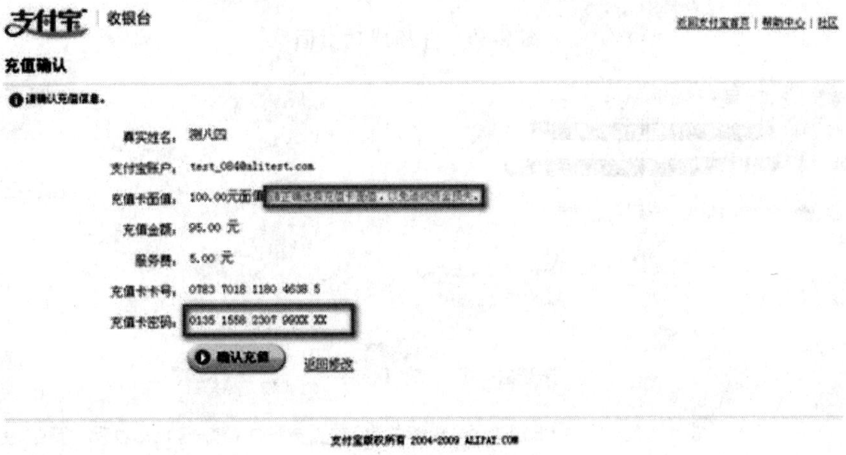

图 8-47　确认充值

图 8-48　充值成功

2. 注册并绑定支付宝

绑定支付宝账户，买卖双方通过支付宝交易，保证用户付款过程的安全性，我们同时可以绑定手机号码，开通手机支付，方便交易。

（1）绑定支付宝：在淘宝注册成功页面的右下角，我们会得到一个绑定的支付宝账户，账户名即注册淘宝时的邮箱地址，我们在邮箱中会收到免费获得支付宝账户的邮件，我们只需登录激活就可以使用支付宝了，见图 8-49、图 8-50。

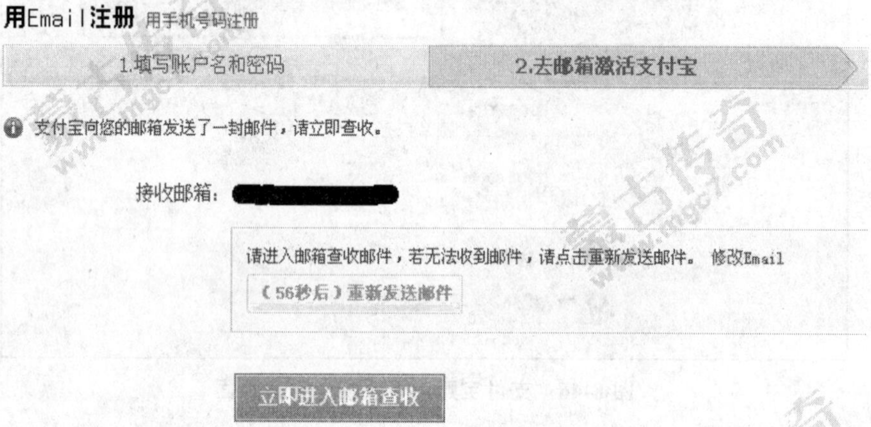

图 8-49　注册成功页面

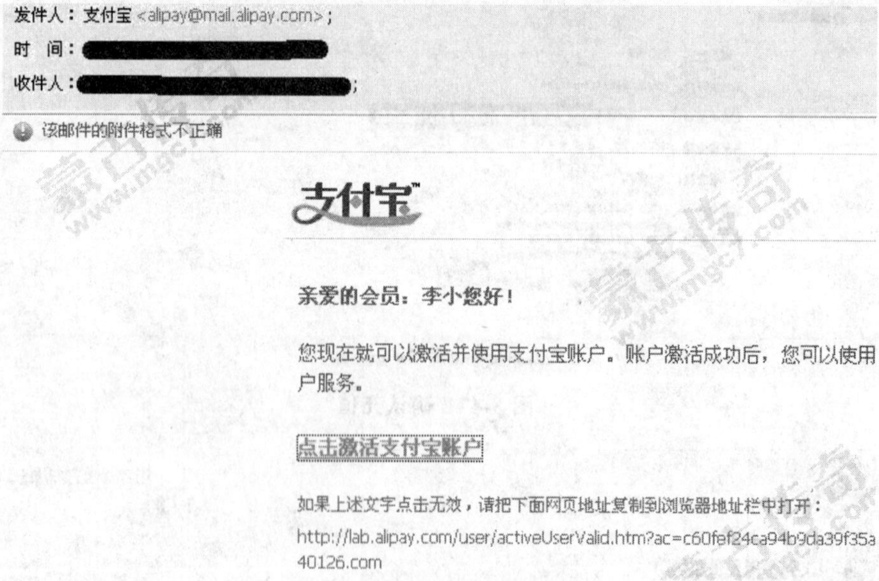

图 8-50　收到邮件的页面

（2）开通手机支付宝：同登录淘宝网相同，手机上登录支付宝网址比较占流量，且页面内容较多，显示不便，因此，我们可在电脑上登录支付宝。输入 https://www.alipay.com 网址，在“我的支付宝”下点击“申请手机绑定”，填写手机号码后，我们在手机上会收到一个含有验证码的短信，在页面中将验证码和支付密码一并填入，确认。另外，还需要开通手机支付，在手机服务的首页，点击“申请开通”，进入服务协议页面，勾选“接受手机支付协议”后，点击申请，如图 8-51、图 8-52。

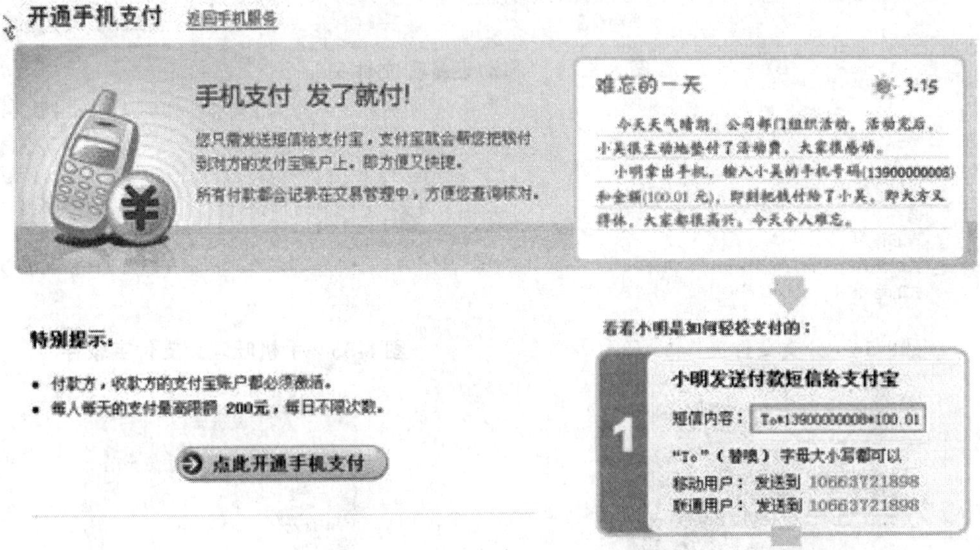

图 8-51　手机支付开通页面

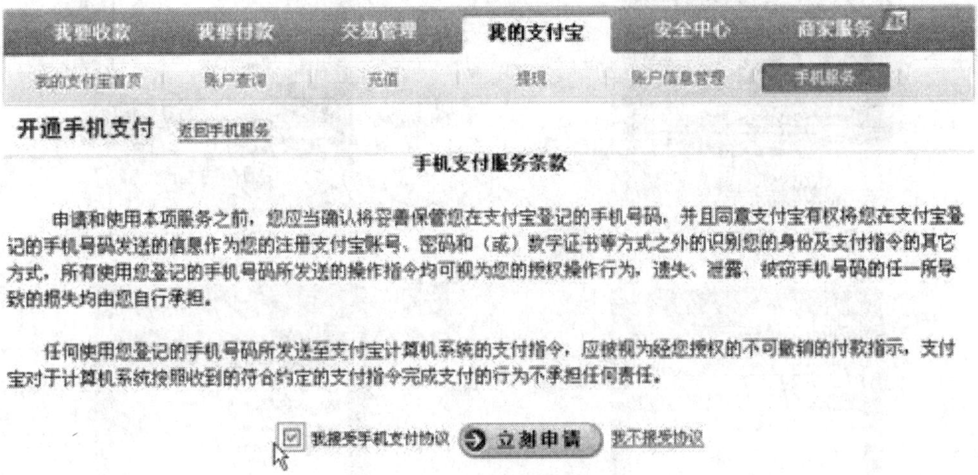

图 8-52　服务条款

3. 安装手机客户端

为了方便联系卖家，通过支付宝交易，需安装手机旺旺和支付宝手机客户端。我们可事先下载好这两个软件，打开模拟器。在我的电脑下会找到“移动设备”的文件夹，打开会看到几个分类文件夹，这是我们手机中的文件夹，我们把软件复制到“个人”文件夹中，之后我们从手机中安装运行它们与卖家进行交易，如图 8-53～图 8-74。

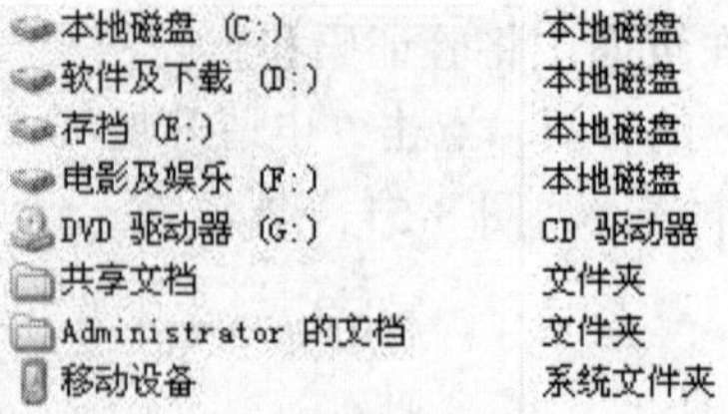

图 8-53　“移动设备”文件夹

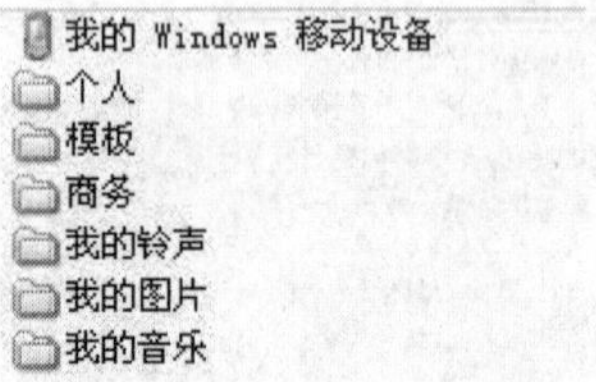

图 8-54　分类文件夹

图 8-55　手机旺旺、支付宝软件

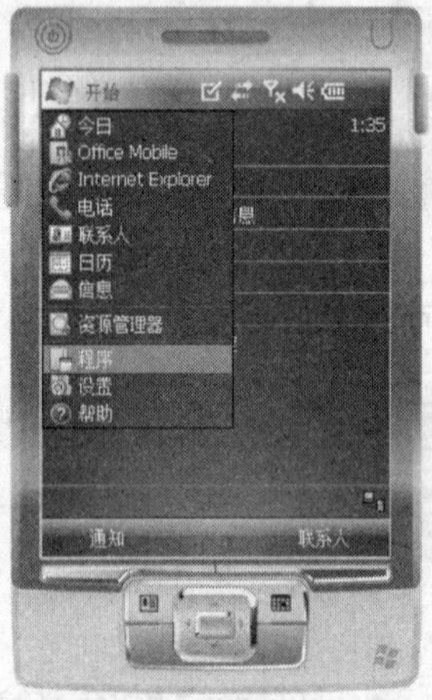

图 8-56　打开“程序”

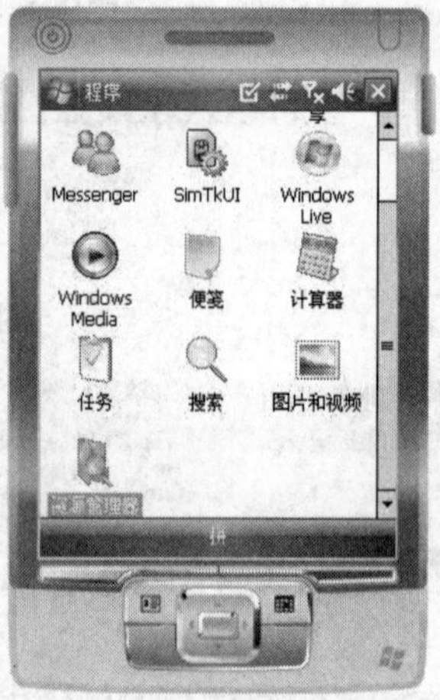

图 8-57　找到“资源管理器”

图 8-58　准备安装支付宝

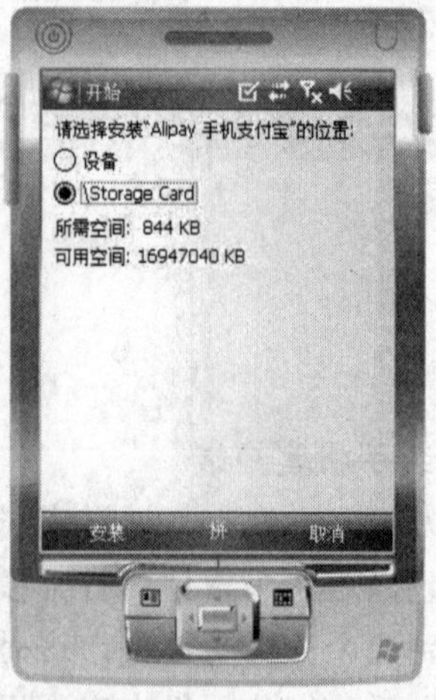

图 8-59　选择安装存储器

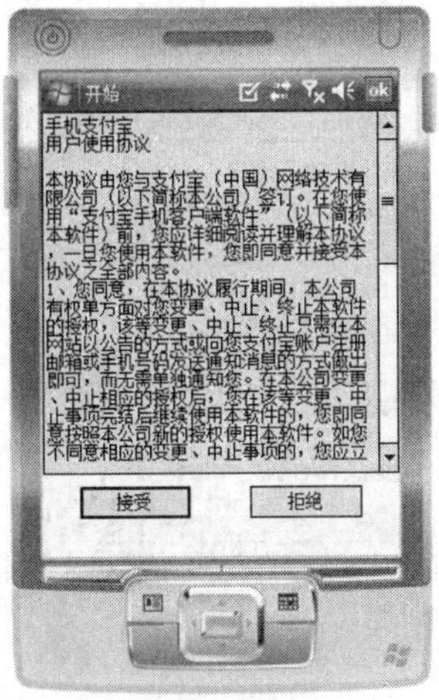

图 8-60　使用协议

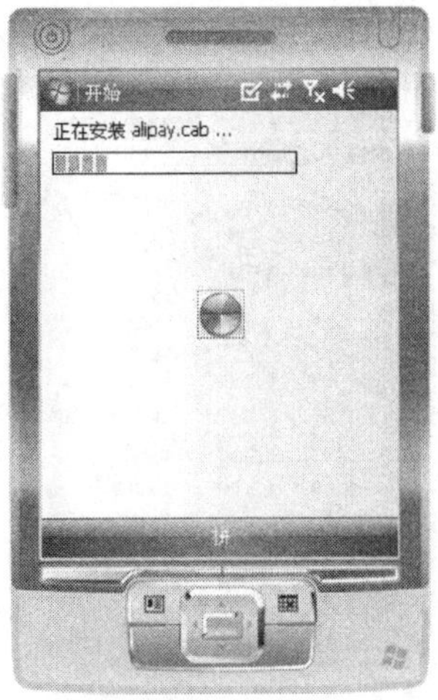

图 8-61　安装支付宝

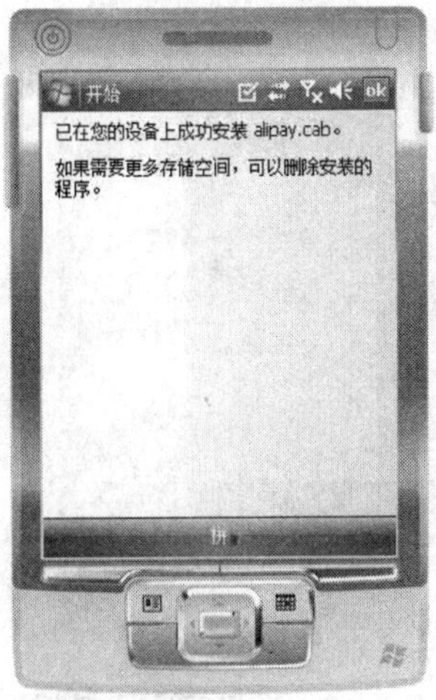

图 8-62　安装成功

图 8-63　在程序下找到支付宝

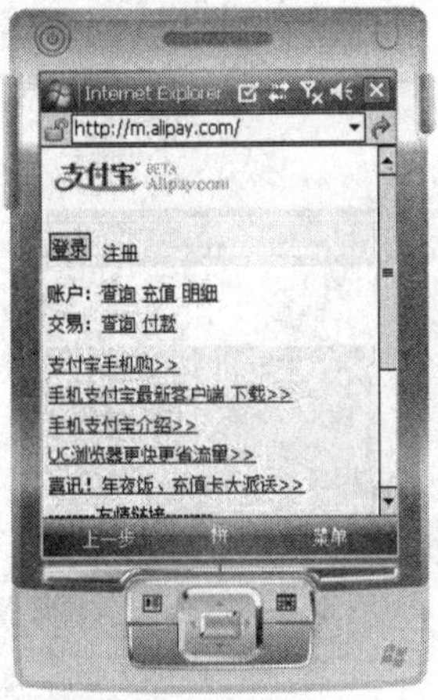

图 8-64　支付宝界面

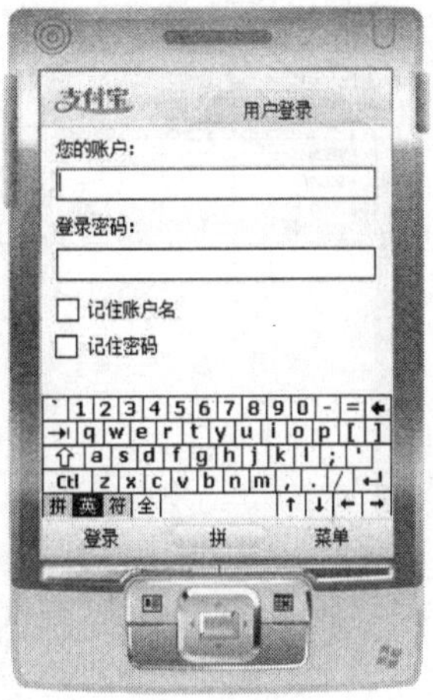

图 8-65　登录界面

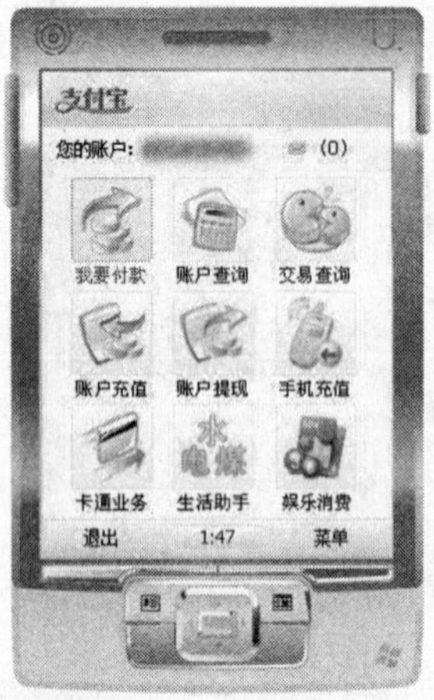

图 8-66　支付宝内置功能

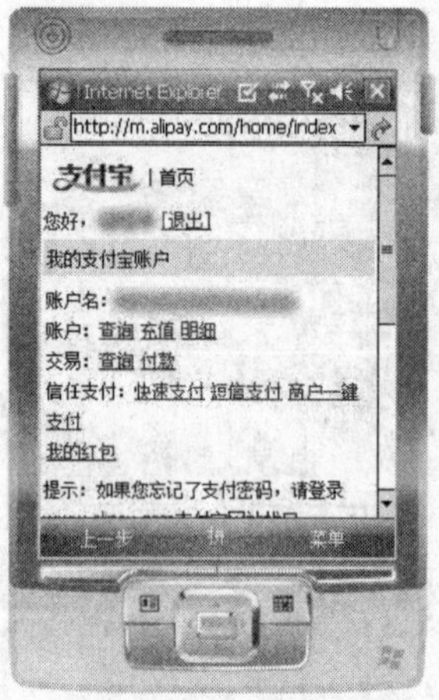

图 8-67　支付宝账户

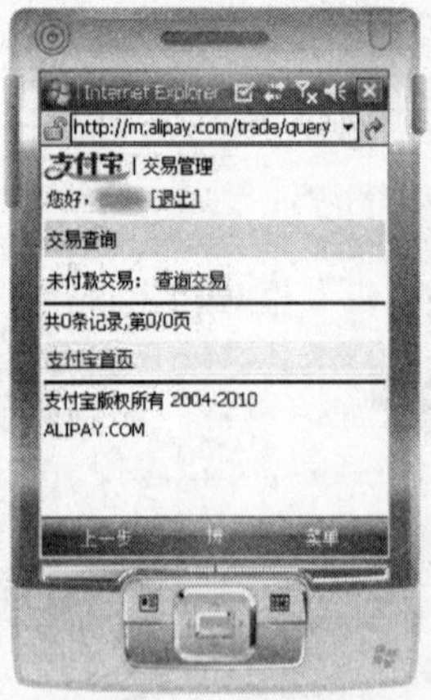

图 8-68　交易查询

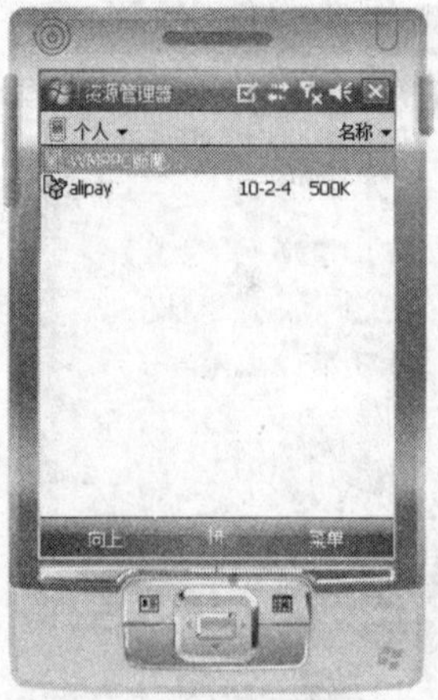

图 8-69　手机旺旺绿色版

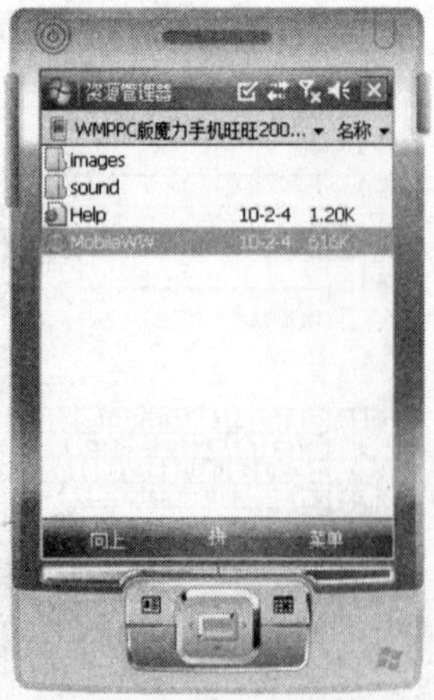

图 8-70　运行软件

图 8-71　运行时的界面

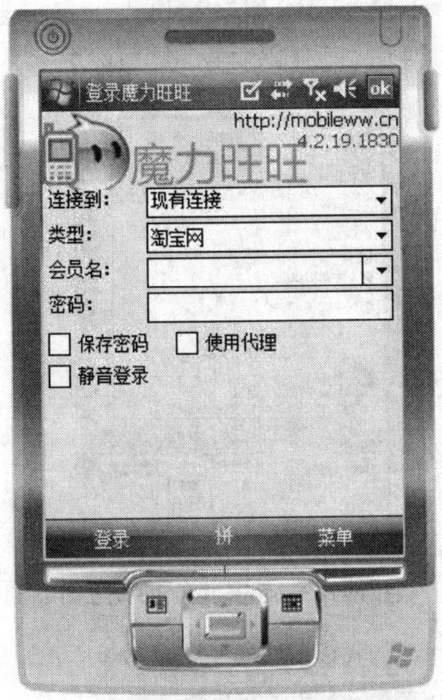

图 8-72 登录界面

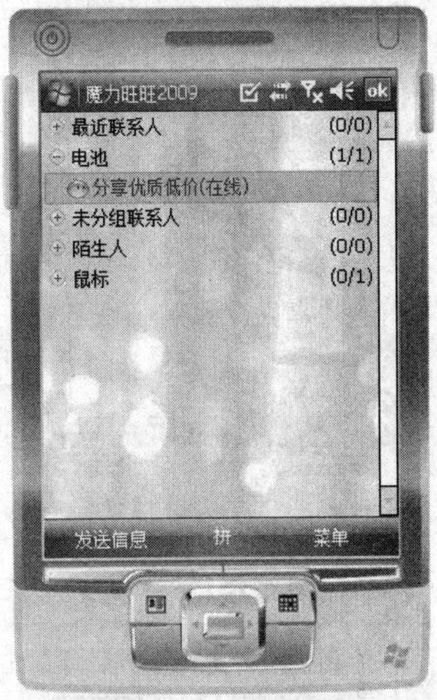

图 8-73 找到卖家

图 8-74 聊天界面

（四）具备了以上条件后，我们就可以在淘宝上购物了

1. 选择商品

我们先在主页登录账号，当我们搜索到商品后，我们点击商品下方的“立即购买”，选择合适的样式和尺寸，输入收获地址并确认运送方式，在填写了验证码后，点击“确认购买”按钮，如图 8-75～图 8-81 所示。

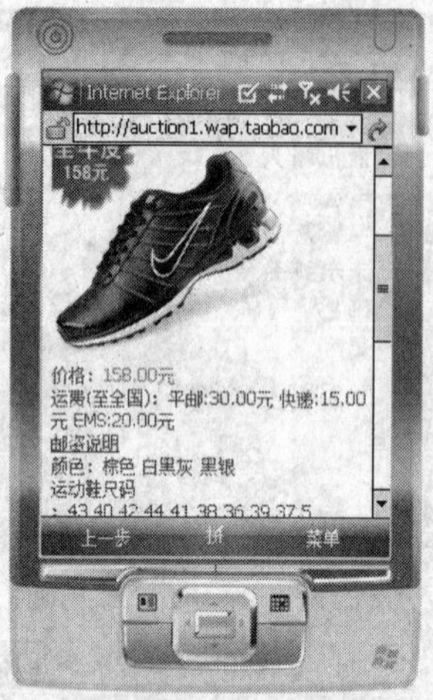

图 8-75　商品信息

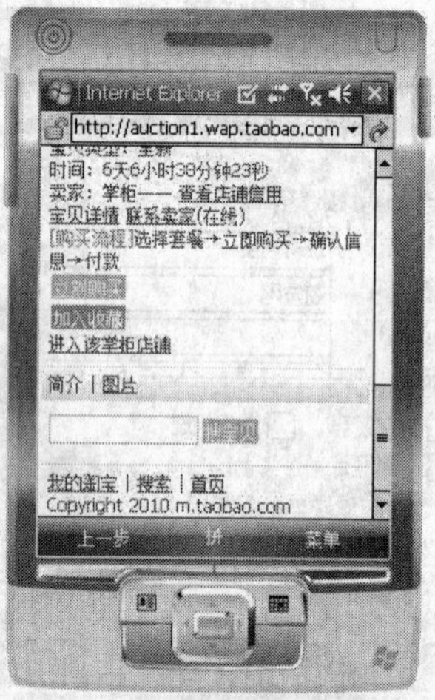

图 8-76　点击“立即购买”

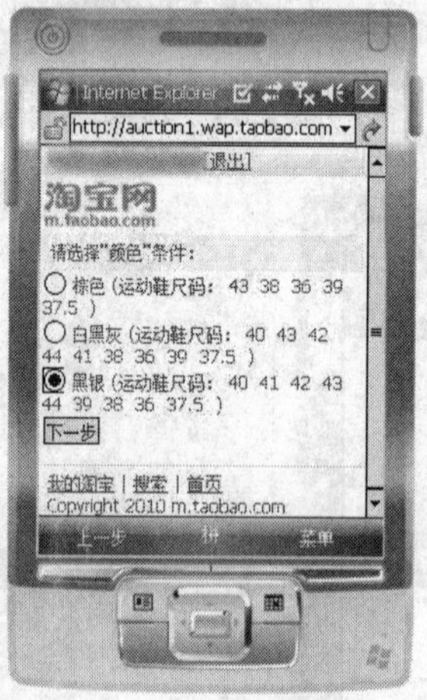

图 8-77　选择颜色

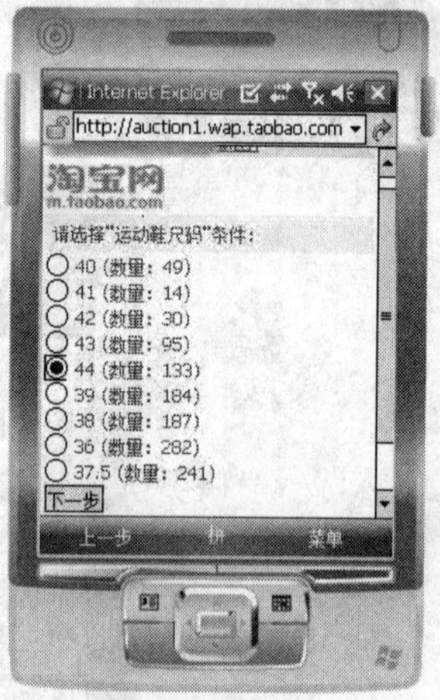

图 8-78　选择尺寸

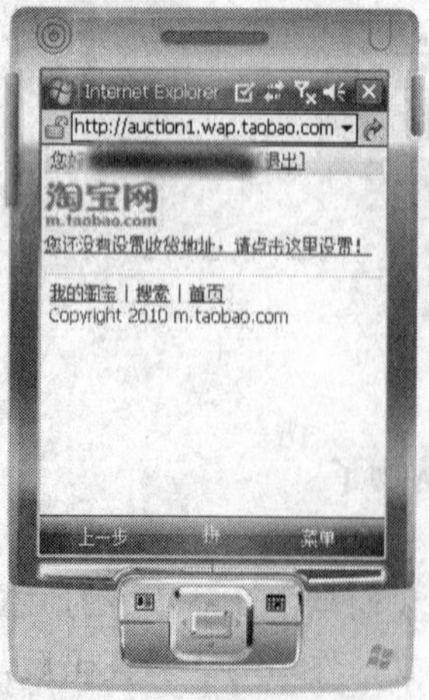

图 8-79　设置发货地址

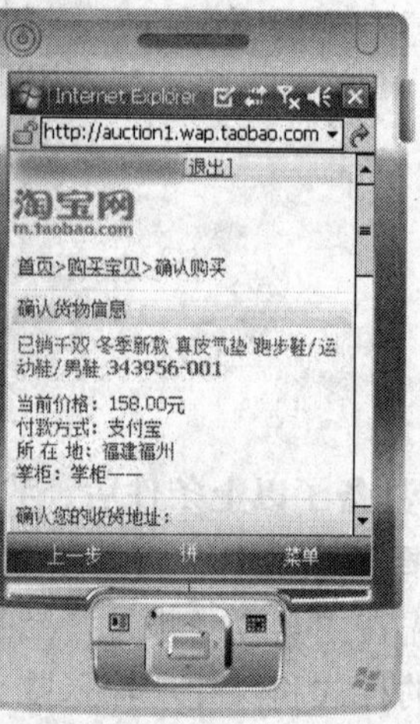

图 8-80　确认商品及发货地址

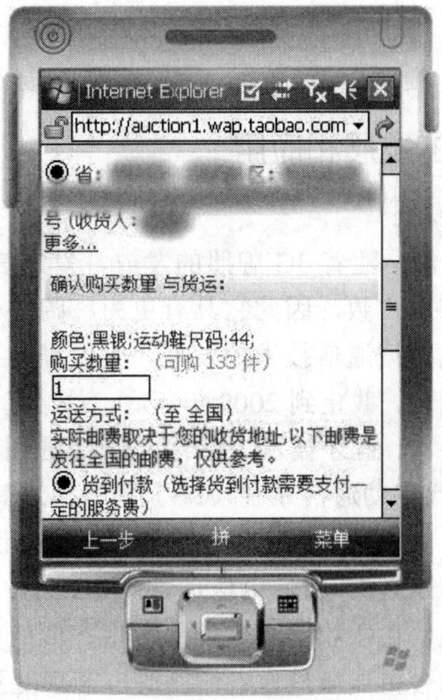

图 8-81　购买数量

2. 购买商品

使用支付宝，选择余额或者卡通的方式（支付宝卡通需要使用网上银行账号开通）进行付款。按照网页上的提示，接受手机短信中的验证码，按提示回复短信，这样我们就完成了商品的整个购买过程。之后我们会收到确认短信，如图 8-82、图 8-83 所示。当我们在收货确认时，可以通过登录手机旺旺给卖家发信息，通知他收货情况，当交易时间结束后，系统会自动给商家付款，当然交易成功后的评价在手机上也能进行。

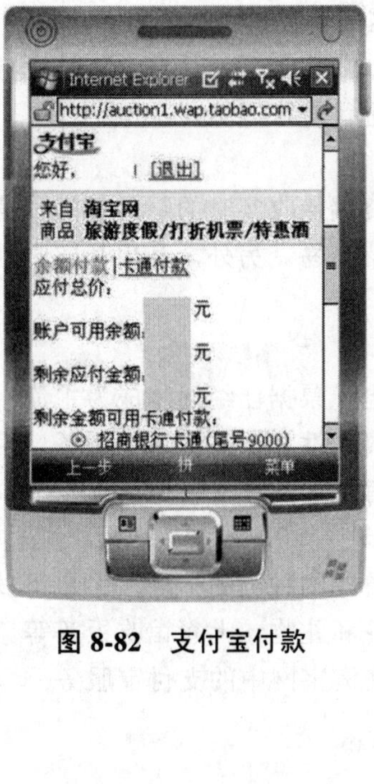

图 8-82　支付宝付款

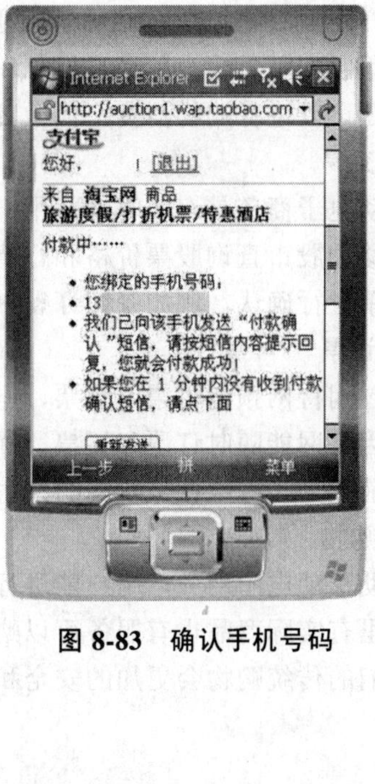

图 8-83　确认手机号码

知识拓展

一、移动电子商务的发展和应用

（一）移动电子商务的发展

中国互联网用户为3.5亿，随着3G牌照的发放，爱立信曾表示，预测2011年移动宽带用户数将超越固定宽带用户数，因此它具有更为广阔的市场前景。

移动因特网应用和无线数据通信技术的发展，大大推动了移动电子商务发展进程，移动电子商务的技术不断涌现，截止到2009年年底，总结起来主要有如下几种：无线应用协议（WAP）、移动IP技术、蓝牙技术（Bluetooth）、通用分组无线业务（GPRS）、移动定位系统（MPS）、第三代移动通信系统（3G）等等，这其中最新的技术就是3G。

在国内电信运营商由6家变为3家之后，国务院常务会议于2008年12月31日通过决议，同意启动3G牌照发放工作，随后电信运营商3G业务接连上市，这意味着移动互联网市场又产生了新的商机，由于我国庞大的手机用户群的存在，加之这个数量还在逐年增加，未来的电信业竞争会更加激烈，人们同时也会享受到更多、更优质的服务。3G的优势主要体现在它的传输速率上，其终端的传输速率在室内可达 2Mb/s，步行时速率为384kb/s，高速车辆行走时为144kb/s，它可以在任何时间接入无线网络，加上它高质量的话音以及多媒体的诸多业务，必将影响我们的生活方式。

运营商们提供了很多的移动电子商务服务方便用户选择，无论对于普通的大众还是商业机构来说，这些业务提供了很多的便利，不仅降低了成本，而且提高了效率，同时又不缺少交易上的安全性。

（二）移动电子商务的应用

1. 银行业务

用户能随时随地在网上安全地进行账户管理，这其中包括手机银行、手机钱包等等。用户利用它们可以核查其帐户信息和金融信息，例如账户余额、话费余额、证券买卖情况等，还可以进行购物消费、代缴费、支付帐单、进行转账等等。

2. 交易

移动电子商务具有实时性，用户可以利用移动终端接收实时的财务新闻和信息，也可通过移动股市查询股票价格和行情，并能进行股票交易。另外，利用其实时性，还可以对订单进行确认，例如餐馆订餐、宾馆订房等等。

3. 订票

通过因特网预定机票，车票、电影票、戏票等电子票据已经逐步成为主流，由于用户利用因特网能随时订票和买票，并能查询票据的真实性和一些优惠性服务。用户还可在订票前查询一些电影、戏剧的票房信息，使他们有更多的选择余地。

4. 购物

借助移动电子商务，用户能进行网上购物。随着购物种类的扩展，用户可以随时购物，这里有实际商品也有服务可以购买，例如买鲜花和礼物，上餐馆吃饭等等。除此之外，我们的传统购物会更加的安全和方便，例如现在淘宝网中的支付宝服务。

5. 娱乐

移动电子商务还可提供娱乐服务。用户在移动终端上可以在线收听音乐，还可以享受下载音乐，软件等付费服务。另外，用户还可以在线享受互动游戏。

6. 一项非常有潜力的服务——无线医疗

借助无线技术，救护车可以在移动的情况下同医疗中心和病人家属建立信息交换，因为对于病人来说，每一秒都非常重要。病人、医生和保险公司都可以在无线医疗这种商业模式中获益，由于医疗市场的空间非常巨大，因此其中存在着巨大的商机。

7. 移动应用服务提供商（MASP）

一些行业需要经常派遣工程师或工人到现场作业。MASP 结合定位服务技术、短信息服务、WAP 技术，以及 Call Center 技术，为用户提供及时的服务，因此，移动 MASP 将会有巨大的应用空间。

以上这些服务都是利用无线网络达到目的，实现用户和商家的共赢，国内已经推出了“随 e 行”服务，即互联网随身而行，用户只需在笔记本电脑或 PDA 中插入 GPRS 网卡和专用的数据 SIM 卡，不依靠其他外部设备，即可实现无线上网。

随着生活节奏的加快，人们可支配的时间越来越少，很多人越来越倾向于网上购物，而且因为网上购物商品相对便宜，产品种类丰富，网上购物这种个性化的购物方式逐渐成为主流，它所采用的是 B2C 模式，即企业通过互联网为消费者提供网上商店（卓越、亚马逊、淘宝、易趣以及一些产品查询网站和论坛等），消费者可通过网络在网上商店里购物，并且在网上支付。这种模式节省了客户和企业的时间和空间，大大提高了交易效率。但同时一些不能只从图片上分辨的商品例如音像制品、电子类产品、饮食等，它们需要消费去亲身体验，这是网上购物的弊病，也给了不法分子可乘之机。因此，一些商城推出了货到付款，当场验货的服务，来弥补这个缺陷。

当智能手机大放异彩的同时，手机购物悄然升起，使得购物平台从 PC 移动至手机上。

二、手机购物

所谓手机购物，就是指利用手机上网、实现网上购物的过程，属于移动电子商务。原理和电脑上网购物一样，只不过载体从电脑变成了上网手机。不用去实体店铺，也不用坐在电脑前“淘货”，一部手机就能完成“逛店”、选购和支付的全过程。

（一）智能手机

从广义上说，智能手机除了具备手机的通话功能外，还具备了 PDA 的大部分功能，特别是个人信息管理以及基于无线数据通信的浏览器，GPS 和电子邮件功能。我们通常使用的一些普通手机，它们的软件无法实时更新，只能靠厂商出厂时预装一些软件，人性化较差，随着中国手机用户的增加，智能手机以其强大的功能必将成为市场的主流，掌上实时购物成为可能。

智能手机为用户提供了足够的屏幕尺寸和带宽，既方便随身携带，又为软件运行和增值业务提供了广阔的舞台，例如股票、新闻、天气、交通、商品、应用程序下载、音乐图片下载等等。结合 3G 通信网络的的支持，智能手机的发展趋势，势必将成为一个功能强大，集通话、短信、网络接入、影视娱乐为一体的综合性个人手持终端设备。当然我们不认为具备3G网络的手机就是智能手机，只是它更便于3G的应用。

（二）智能手机的特点

智能手机在数据处理、图像处理以及商务、娱乐功能方面等比普通手机有优势，以下是它的几个特点。

1. 软件

几乎所有的手机包括某种形式的软件，因此智能手机将有能力做更多的工作。它可创建和编辑微软Office文档，它可允许对下载的应用，如个人和企业财务助理。或者，它可编辑照片，通过全球定位系统规划行车路线，并创建一个播放数字音乐。

2. Web访问

更多智能手机可以用更快的速度进入该网站，该手机能连接3G数据网络，并增加了Wi-Fi的支持。不过，并不是所有的智能手机提供高速上网，但是他们都提供某种形式的访问。

3. QWERTY键盘

根据我们的定义，智能手机包括一个QWERTY键盘。此键盘如同电脑键盘并且用硬件（物理键盘）或软件（和触摸屏一样，如iPhone）来体现。

4. 消息

所有的手机可以发送和接收文字信息，而一个智能手机除了处理电子邮件，可以同步您的个人电子邮件账户，一些手机可以支持多个电子邮件账户。通常智能手机是为商务人士而设计，而目前全球商务最主要的联络方式不是电话、短信而是邮件，尤其是在贸易公司或全球性公司中，邮件是一个商务人士一天主要处理的工作内容，而智能手机第一需要支持的就是邮件。其他还有访问流行的即时通讯服务，如QQ、MSN、AOL的AIM和Yahoo通。

5. 联系人

除了邮件，在通话的过程中都需要调用联系人电话簿，一般人都是将电话簿只保存在手机上，当手机丢失或更换手机，庞大的地址簿相当的不方便，有些人使用数据线与电脑同步，但最好的使用方法是通过无线同步，无论在电脑上或手机上进行了联系人的更改都可以得到有效的同步。

6. 日历

商务手机日程安排是一个很好的功能，但受限于手机的操作性问题很少有人会在手机上安排所有的事情，此时又需要与电脑同步。除了以上，商务手机还能够处理日常工作中的文档，以保证手机成为一个移动的工作平台。

（二）手机操作系统以及软件

1. 手机操作系统

截止到2009年，在手机上的操作系统主要有Symbian、Windows Mobile、Linux、Palm OS、iPhone OS和Android等，我们这里所说的操作系统是安装于智能手机中的，在智能手机市场上，中国市场仍以个人信息管理型手机为主，随着人民生活水平的提高，未来手机用户的数量将大大超出我们的想象，为了争夺中国这块庞大的市场，越来越多的厂商纷纷加入，不断推出贴近用户的更加人性化的手机产品。

（1）Symbian 作为 Nokia 推出的系统被广泛使用，是市场占有率最高的系统，它可以支持 GPRS、蓝牙、SyncML、以及 3G 技术。与微软不同的是，厂商可以根据自身的情况为自己的产品制作更加优化的操作界面。这也使用户能够体验到不同样式和功能的 Symbian 操作系统。

（2）Windows Mobile 是微软在移动设备领域的重大尝试，特别是因为微软操作系统在中国有更广大的用户群体，因此适应性较强，增长率较快。比较突出的是第三方软件种类丰富，但同时耗电量极大，且较占用资源。

（3）Linux 作为后来者，其利用的是操作系统开放源代码的特点，能够大大降低成本。无论在系统方面还是在第三方软件开发方面都能使各大厂商能够根据自身情况自行设计属于自己的一套系统和软件，但微软 PC 操作系统源代码的不公开，因此基于 Linux 的产品与 PC 的连接性较差，这也影响了其市场占有率。

（4）Palm OS 操作系统是由 Palm 公司自行开发的，其操作系统更倾向于 PDA 的操作系统。一般出现在 Palm 手机中，市场占有率相对前几种较弱。

（5）iPhone OS 因其被安装在 iPhone 中而闻名。iPhone 是一款革命性的新型移动电话，无论在打电话方面还是登陆互联网，它都有一套比较创新的且个性的功能和软件，例如，iPhone 首创性的 Visual Voicemail（可视语音信箱）开创了业界先河，其第三方软件的丰富也是一般手机所不能比拟的。但完整的第三方应用程序仅能来自苹果。

（6）Android 系统是 Google 开发的一款基于 Linux 平台的开源手机操作系统。因此各大厂商就可以在 Linux 平台的基础上开发自己的系统和软件。Google 通过与各大厂商合作，希望建立标准化的移动电话平台。

2. 手机软件

当手机中安装了这些操作系统后，就可以使用很多第三方软件进行商务活动、娱乐活动等。网上购物越来越受欢迎，因此手机的大量使用就使普通的网上购物移植到手机上。各大手机厂商纷纷与淘宝合作推出淘宝定制手机，这其中涵盖了内置淘宝购物功能的智能手机，同时相应的手机购物软件也相继推出，例如手机支付宝、有道手机购物助手等。

（三）手机上网

我们购物前需要通过手机上网，简单的说是用户利用支持网络浏览器的手机通过 WAP 协议连接互联网。

WAP（Wireless Application Protocol）即无线应用协议，是在数字移动电话、互联网或其他个人数字助理机（PDA）、计算机应用乃至未来的信息家电之间进行通讯的全球性开放标准。

这一标准的诞生是 WAP 论坛成员努力的结果，即爱立信（Ericsson）、诺基亚（Nokia）、摩托罗拉（Motorola）等通信业巨头在 1997 年成立的无线应用协议论坛（WAP Forum）中所制定的。它使用一种类似于 HTML 的标记式语言 WML（Wireless Markup Language），并可通过 WAP Gateway 直接访问一般的网页。它能够运行于各种无线网络之上，如 GSM、GPRS、CDMA 等。WML 是无线注标语言（Wireless Makeup Language）的英文缩写。

通过 WAP，用户可以随时随地利用无线通讯终端来获取互联网上的即时信息或公司网站的资料，真正实现无线上网，如综合新闻、天气预报、股市动态、商业报道、当前汇率等，电子商务、网上银行也将逐一实现。通过 WAP 手机用户还可以随时随地获得体育比赛结果、娱乐圈趣闻等，为生活增添情趣，也可以利用网上预定功能，把生活安排的有条不紊。手机上网（WAP）是移动互联网的一种体现形式，是传统电脑上网的延伸和补充。

当然 WAP 在很多方面还不够成熟，但是已经足够打开一个新的通讯领域，为无线网络提供了足够的技术标准基础，让互联网能够真正无所不在。

我国手机上网源于 3G 网络的开通，这使得手机上网开始正式进入人们的生活。事实上，此前国内部分网购商曾推出过“手机购物”业务，但由于 2G 手机的网速较慢，用户浏览网店、网上支付的效果并不好。目前国内 3 大运营商的 3G 网络理论速度均在 2.8Mb/s 左右，是 2G 网速的 20 多倍；即便在之前的试商用阶段，3G 手机的下载速度也达到了平均 100～200KB/s，是 2G 速度的 2 到 3 倍，这样的速度基本可以保证用户流畅地浏览网店页面并进行网络支付，操作体验和电脑上网购物几乎没有区别。

国内 3G 业务将有望联手网络购物、网络支付等平台，通过超高的网速实现“手机购物”。未来中国的手机购物会有一个高速增长期，用户只要开通手机上网服务，就可以通过手机查询商品信息，并在线支付购买产品。据透露，目前运营商、网购平台以及网付平台三方已对合作形成了意向，一旦手机购物的铁三角形成，不仅用户购物将更为便捷，电信运营商和网购行业也将从中获益匪浅。如果 3G 网络能够实现无缝覆盖，那么势必会有越来越多的用户选择“边走边购物”的手机购物模式，而手机购物也将成为网络购物之后，人们购物模式的又一次“升级”。

（四）手机购物具有的优势

1. 手机购物具有很好的便捷性

相对网络购物使用电脑设备，手机购物因为使用手机设备，所以具有很好的便捷性。因为手机体积小，可以随身携带，键盘输入也很便捷。这样我们可以在任何地方实现在线购物，比如在公交车上或在旅游途中，只要用手机登陆购物网站，就可以实现随时随地无线购物了。

2. 手机购物用户群体数量多

截止到去年底，我国互联网用户已经接近 3 亿。而相比之下，我国的移动电话用户已达到 6.88 亿，是全球之最。显然，从网络用户和移动电话的普及程度来看，移动电话远远超过了网络用户。而从用户群体来看，手机用户中基本包含了消费市场中的中高端用户，而传统的上网用户中以缺乏支付能力的年轻人为主。由此我们不难看出，在某种程度上说，移动电话不论在用户规模上，还是在用户消费能力上，都优于传统的电子商务。

3. 3G 技术的支持

2009 年 1 月国内 3 张 3G 牌照正式发放。据电信运营商提供的数据显示，在不同的区域内，3G 手机提供了不同的数据传输速度。在室内，3G 能够分别支持至少 2Mbp s（兆字节/每秒）的网速，这已经可以堪比目前家庭用户 ADSL 宽带接入的速度。而在室外和行车的环境中为 384kbp s（千字节/每秒）以及 144kbp s 的传输速度。由此可见，拥有全球 20%移动用户的中国手机终端市场将得到飞速发展。在不久的将来，无论你身在何地，只要通过手机进入购物网站，就可以随意挑选你喜爱的电子产品、生活用品、门票以及书籍等任何商品，轻松进行在线交易，让你享受移动商务带来的惬意生活。手机购物必将成为新一轮移动购物潮流的引领者。

4. 手机购物具有“随时随地”和“个性化“的特点

与传统的网购相比，手机购物不受时间和地点的限制，大大节省了时间。传统电子商务已经使人们感受到了网络所带来的便利和乐趣，但它的局限在于台式电脑携带不便，而移动电子商务则可以弥补传统网购的这种缺憾，可以让人们随时随地利用手机购买彩票、炒股或者购物，感受独特的手机购物体验。

5. 手机购物有较好的身份认证基础

对传统的网购而言，用户的消费信用问题是影响其发展的一大“瓶颈”，而手机购物在这方面显然拥有一定的优势。这是因为手机号码具有唯一性，手机 SIM 卡上存贮的用户信息可以确定一个用户的身份。对手机购物而言，就有了良好的信用认证的基础

（五）手机购物在国外的发展

最先进的移动营销市场首推日本，其次是韩国，然后是欧洲。90%的日本、韩国手机用户都已经习惯在手机上消费，甚至是购买大米、洗衣粉这样的日常生活用品。在最早开通 3G 服务的日本，移动电子商务交易额已经占电子商务总体交易额的 40%左右。移动电子商务的发展，为日本众多商家提供了新的销售渠道，几乎所有的网上经营者都同时经营自己的移动商铺。相比传统的互联网购物，消费者用手机购物更加便捷、私密、互动，手机购物已经成为日本、韩国等国“快时尚”标志，深受城市年轻人喜爱。

（六）手机购物的代表产品

随着互联网在中国的进一步普及应用，网上购物逐渐成为人们的网上行为之一，而且当 3G 网络在中国的正式运营，手机上网用户将逐渐超过电脑上网用户，手机购物也将逐步成为网上购物的主流，与此同时，商家为了争夺这片未来空间非常大的市场空间，推出了内置手机购物功能的移动终端。

这其中比较有代表性的有联想代工的淘宝手机“灵素”（见图 8-84）以及阿尔卡特代工的“无双”，它们都是淘宝的定制手机。顾名思义，淘宝定制的手机肯定内置了很多淘宝工具，最大程度地方便用户随时随地进行网上购物，管理网上商店。下面我们选取

图 8-84　淘宝手机——灵素

联想代工的“灵素”手机，我们从外观上就已经体会到商家的用意，手机屏幕上方赫然的写着 Taobao.com。下面我们引用 PConline 评测室的评测文章，看看此款手机中内置的一些购物功能。

1. 淘宝功能界面

在系统界面上，灵素跟其原版机型联想 i61 基本没有区别，只是把开关机画面换成了淘宝定制的界面，待机画面也换成了淘宝的图标，还多加了几个淘宝软件，除此之外跟原版机型没有其他区别，见图 8-85。

图 8-85　淘宝独特的界面

2. 内置阿里旺旺

相信试过在网上购物的朋友都不会对阿里旺旺感到陌生，它是一种类似 MSN 和 QQ 的即时通讯工具，不过它的主要针对的是淘宝的用户，也就是说主要用于商家与商家之间、商家与顾客之间的联系。作为一部淘宝手机，让用户与其商家顾客保持联系，手机版的阿里旺旺当然是必不可少的，见图 8-86。

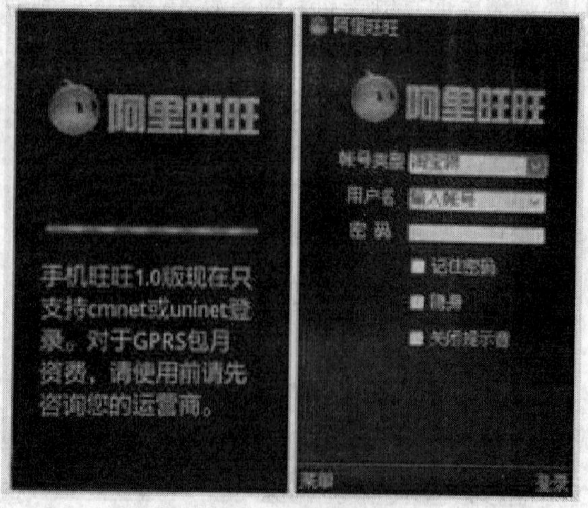

图 8-86　内置阿里旺旺

3. 随身购

随身购这个软件可以说是喜欢网上购物的用户用得最多的软件。软件界面中清晰地列出了各种类型的购物导航，譬如男装、女装、手机、数码产品等。打开每一类别的导航就会列出三个这类别中最有人气的商品。再点击商品的图标，就可以进入到商品的信息页面。在这个页面用户可以清晰地看到商品的详细说明、价格、购买人数、商家信誉度等，在电脑网页上能够看到的一切文字信息都能在这个软件上显示出来，见图 8-87、图 8-88。

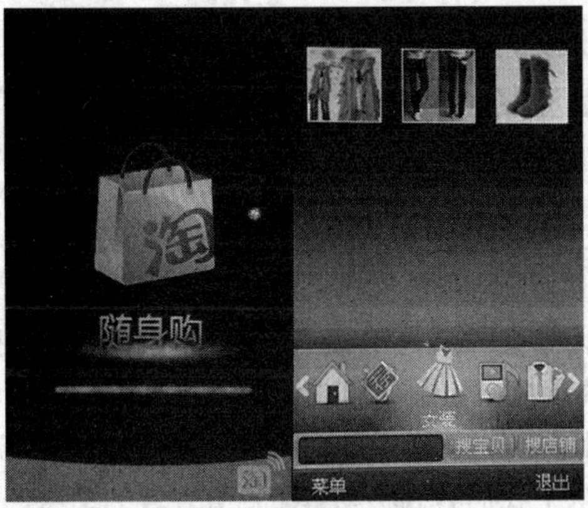

图 8-87　随身邮的功能-1

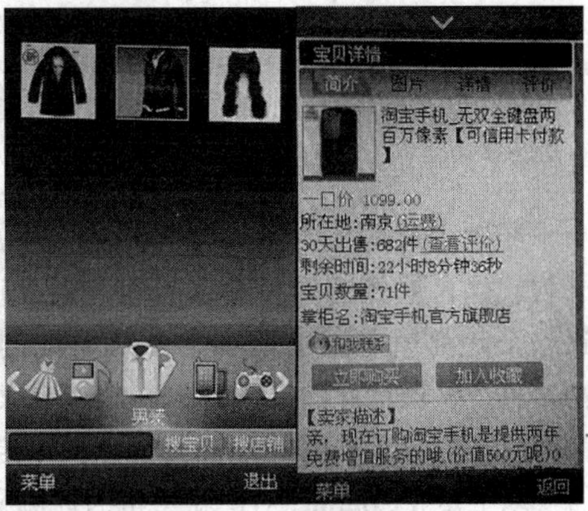

图 8-88　随身邮的功能-2

4. 淘掌柜

淘掌柜这个软件是特意为在网上开店的用户准备的，而且相信这款手机的主要购买人群也是在网上开店的商家，毕竟如果只是一般在网上购物的用户很少会特意去买一部专门的淘宝手机进行手机上网购物。在手机上看商品图片不是太清楚，用户通过手机上网购物相信更多的是购买充值卡等虚拟商品。但对于商家来说，这个淘掌柜软件就十分方便，通过这个软件，商家可以管理自己的货物、订单等信息，让商家可以随时随地管理自己的网上店铺，见图 8-89～图 8-91。

图 8-89　淘掌柜-1

图 8-90　淘掌柜-2

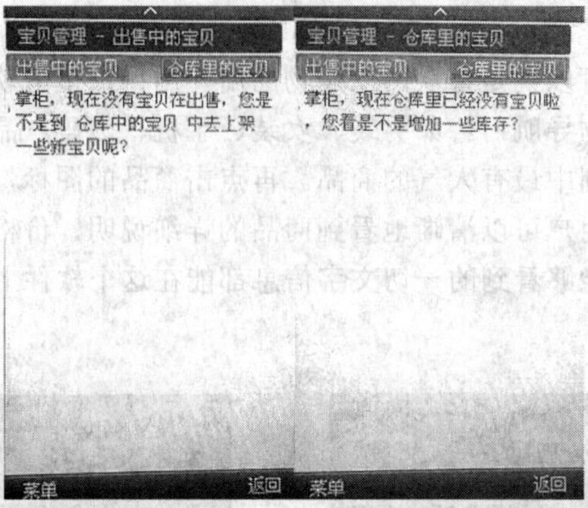

图 8-91　淘掌柜-3

经过了对各款内置淘宝软件的试用，感觉上这些软件还是比较实用的，例如淘掌柜这款软件，对经营网上商店的用户用处还是很大的。不过这款手机的上市，我们可以看到一个趋势就是网上购物已经从单纯的用电脑浏览网站选购商品延伸到了手机上网购物，随着手机行业的发展，更高性能更大屏幕的手机必定会出现，那时候用手机上网购物就像现在电脑上网购物那样方便，说不定手机上网购物将会取缔电脑上网购物成为主流。

以上是 PConline 对此款手机的评测文章，从中我们看到移动电子商务发展的迅速，同时我们也看到商家产品功能的逐渐人性化，也看到商家想要争夺市场的意图。我们相信，随着 3G 网络的普及，也许有一天，我们出门只需携带一部移动终端就能做我们想做的事情。

任务评价

一、评价方法

本任务可采用学生自我检验、小组评价和教师评价的方法，重点采用小组内学生间的互评作为对学习成果进行检验。学生以小组进行实验效果调查并撰写调查报告，为方便评阅，学生在实验中要做好实验过程中的截图和记录，并保存模拟器状态。小组根据每位同学的实验成果和调查报告给出综合评价，教师结合小组的综合评价给出学生的改进方案。

二、评价指标

表 8-1　　任务完成情况评价表

评价指标	小组评价		教师评价	
	合格	不合格	合格	不合格
模拟器使用的熟练程度				
实验截图的完整性				
实验效果				
实验方法				
调查报告				
相关知识的掌握情况				

课后练习

一、思考题

1. 与传统购物方式相比，主要从产品，价格，促销、购物流程、售后服务、安全性等方面考虑，网上购物在这些方面有什么特点、优势和不足？

2. 网上购物是否能完全取代传统购物？

二、实训题

1. 使用手机、手机模拟器或者计算机浏览器浏览网页，搜索实时新闻并做截图保存。

2. 登录手机淘宝网，搜索商品，并结合支付宝完成一次实际的网上支付，记录购物过程。

3. 完成以上过程后写出心得体会，并完成实训报告。

任务二　预定机票

任务要求

同手机购物相同，用手机预订机票也是我们移动电子商务的一种形式，本任务仍然采用绿色版手机模拟器软件，学生按照教师要求准备好手机模拟器软件，以小组为单位，使用模拟器内置 IE 登录指定订票网站，对订票流程进行操作。鉴于我们使用手机模拟器登陆的是真实的网站，因此实验过程中尽量避免输入我们的个人信息，特别是当我们需要提供个人手机号码的时候，如果没有必要不要输入真实号码。当我们在实验后请务必保存模拟器状态，做好试验资料的截图和实验记录，以便在实验后写入个人操作体会中。

任务实施

一、机票预订简介

为了应对市场的变化，各大航空公司及其代理商纷纷向广大用户提供机票预订服务，用户可以通过网站、电话、手机获得机票预订服务，预订各航空公司的国内机票。在机票预订之前用户可以实时的查询所需要的航班，系统会根据用户设定的航班查询条件显示航班信息，查询完成后，用户就完成对选好的航班进行机票预订，见图 8-92。

二、登录航空网站，注册账户

（一）进入电子客票页面

打开模拟器界面，使用内置的 IE 浏览器登录航空网站首页，我们这里选用天津航空的网址 http：//www.tianjin.air.com，在首页上找到“电子客票登录”的按钮，打开电子客票系统的页面见图 8-93～图 8-95。

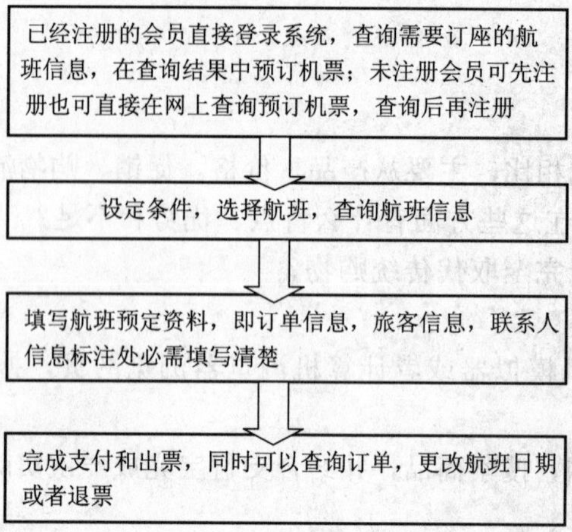

图 8-92　机票预订流程图

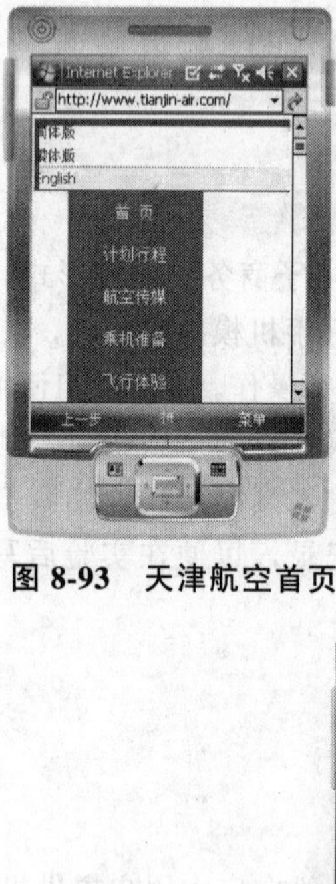

图 8-93　天津航空首页

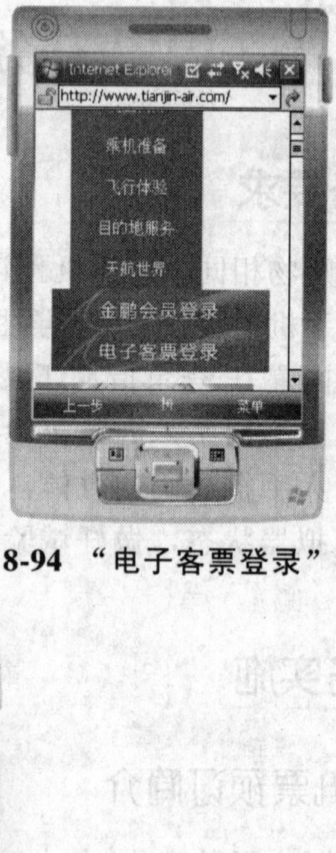

图 8-94　“电子客票登录”按钮

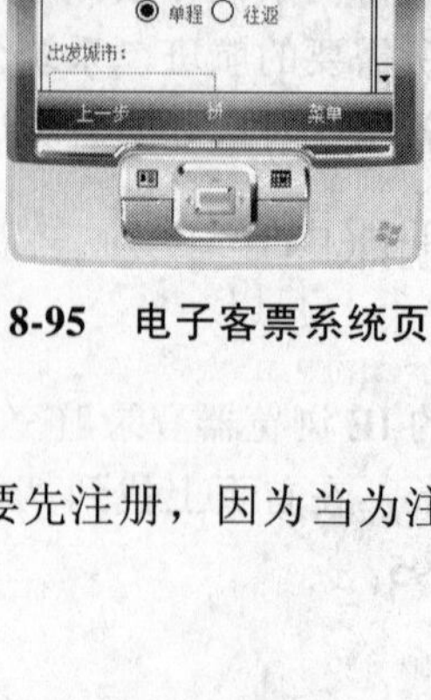

图 8-95　电子客票系统页面

（二）新用户注册

如果我们是未注册的用户需要先注册，因为当为注册的情况下，我们只能进行航班查询，不能订取航班。网站考虑到这一点，因此当我们查询到满意航班准备预定座位时，系统会自动准备一个登录界面继续我们的购票操作。

1. 进入用户注册页面

点击页面中的“注册”按钮，打开用户注册选项，分为个人用户注册和企业客户注册，一般情况下都是非企业客户注册，因此我们选择“个人用户注册”。由于手机页面分辨率小的原因，无法正常显示页面，我们也可以在电脑的浏览器登录，效果是相同的，如图 8-96～图 8-100 所示。

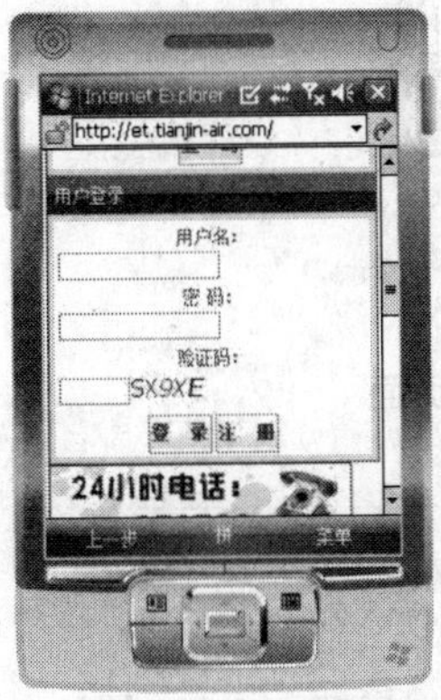

图 8-96　用户注册和登录板块

图 8-97　用户注册选项

图 8-98　用户注册选项

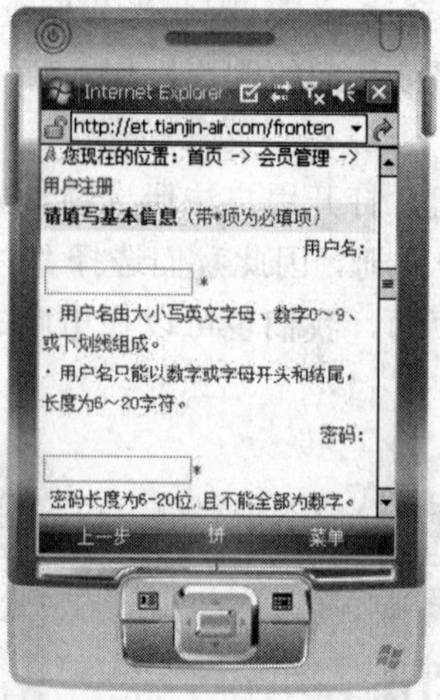

图 8-99　个人用户注册页面

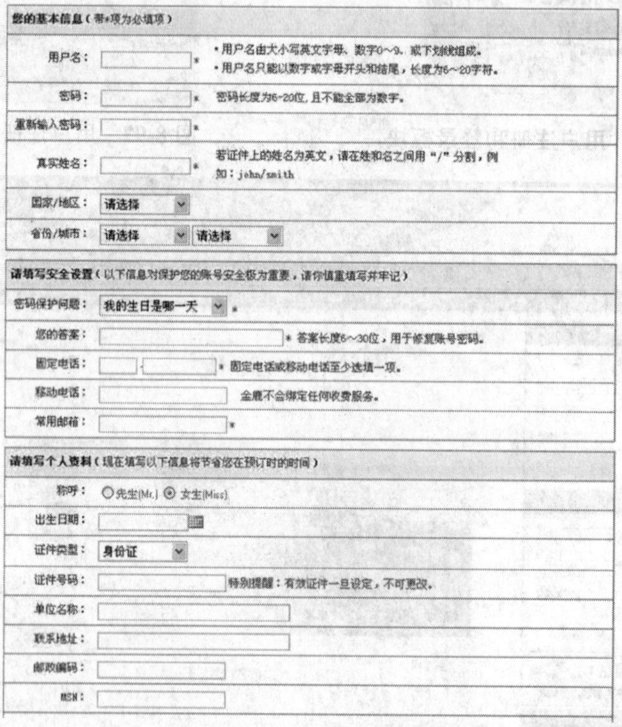

图 8-100　个人用户注册页面

2. 填写个人信息，完成注册

填写注册时需要填写的信息，标注红星的必需填写，完成后勾选"注册前阅读并同意《散客用户注册协议》"，点击"完成注册"，注册后就可以登录电子客票系统了，如图 8-101、图 8-102 所示。

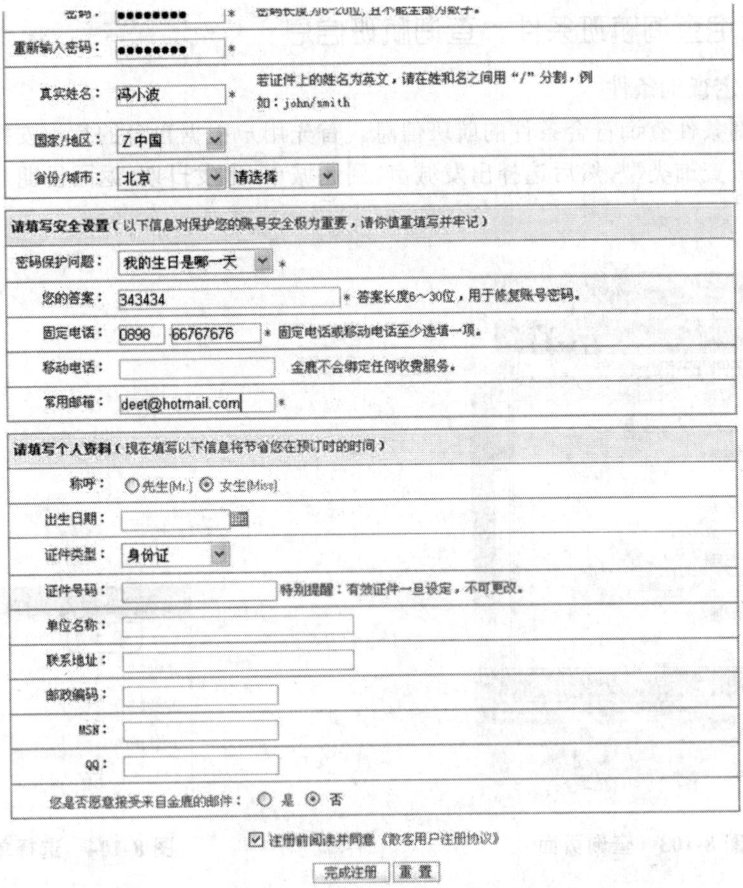

图 8-101　个人用户注册页面

图 8-102　登录页面

二、指定查询航班条件，查询航班信息

（一）设定查询条件

根据查询条件查询符合条件的航班信息。首先用户根据自身的行程安排来选择单程或往返的航班查询类型，然后选择出发城市、到达城市、出发日期、返回日期，如图 8-103～图 8-109 所示。

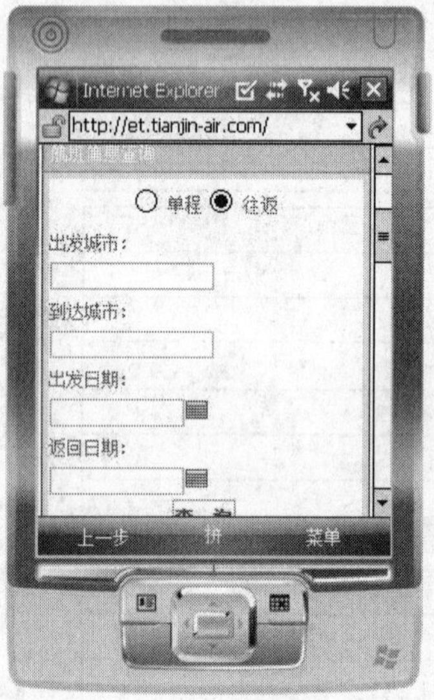

图 8-103　查询页面

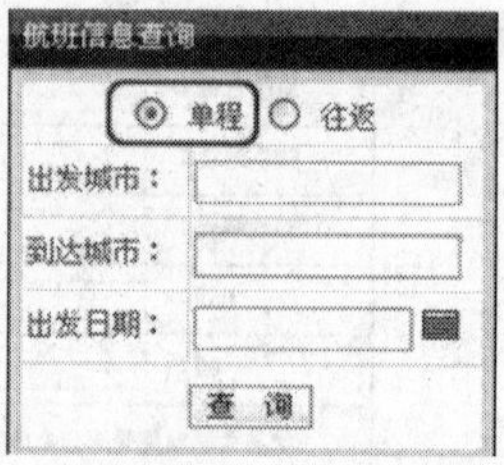

图 8-104　选择单程

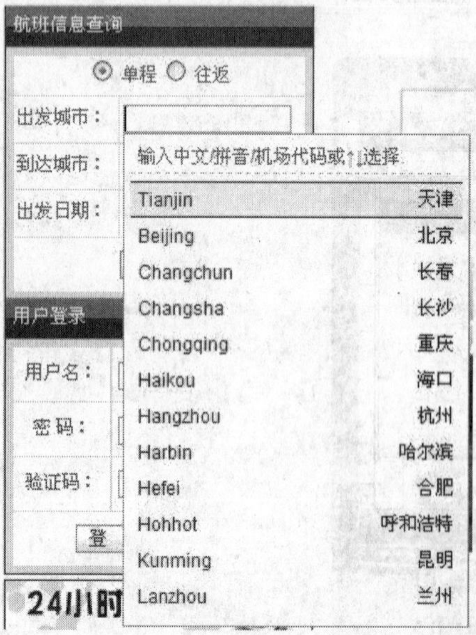

图 8-105　选择出发城市

图 8-106　选择到达城市

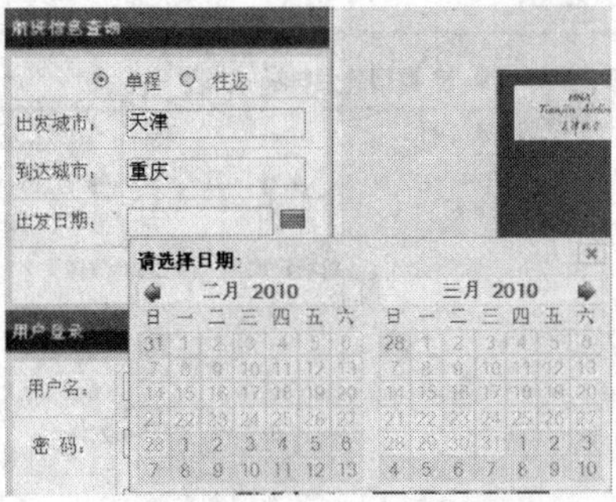

图 8-107　选择出发日期

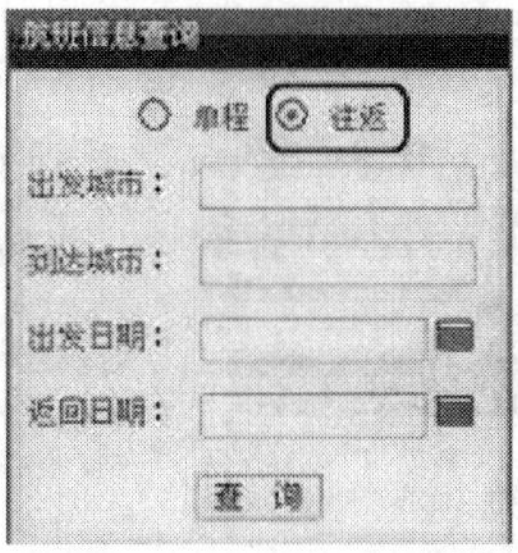

图 8-108　选择往返

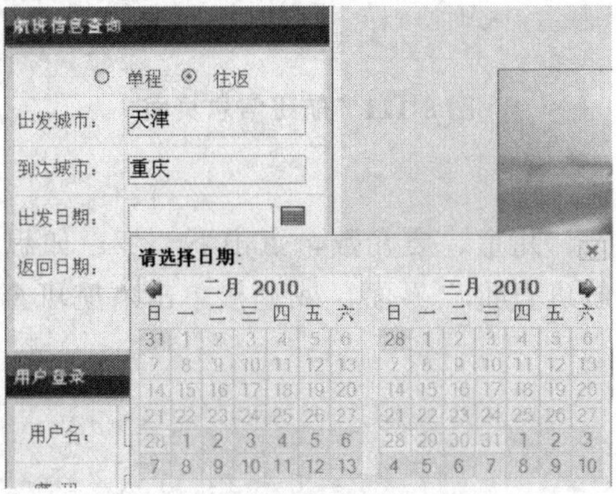

图 8-109　选择返回日期

（二）选择所需航班，查询航班信息

1. 查询航班信息

经过过渡页面后，显示查询的航班信息，确定舱位和旅客人数后选择满足条件的航班，如图 8-110、图 8-111 所示。

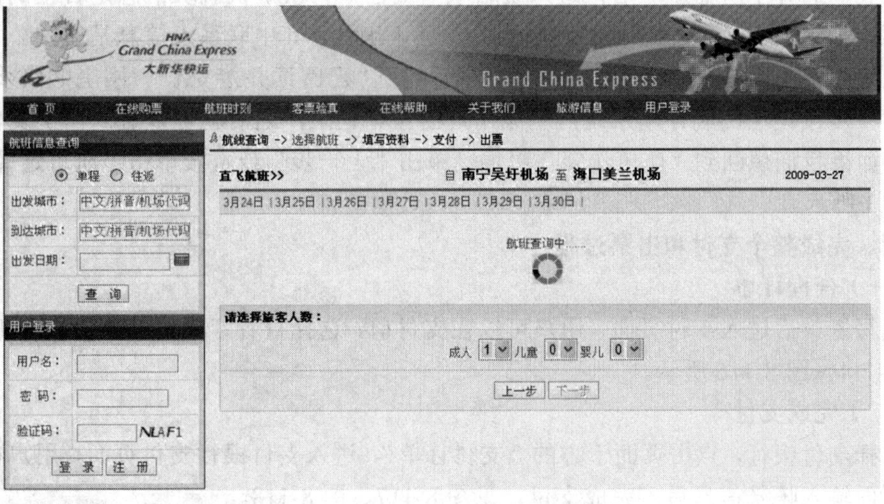

图 8-110　过渡页面

图 8-111　航班信息页面

2. 设定人数

填写需要预定的成人、儿童、婴儿数，点击下一步。如想回到航班查询页面，可单击“上一步”回到“航班查询”界面，或直接单击“航班查询”按钮，如图 8-112 所示。

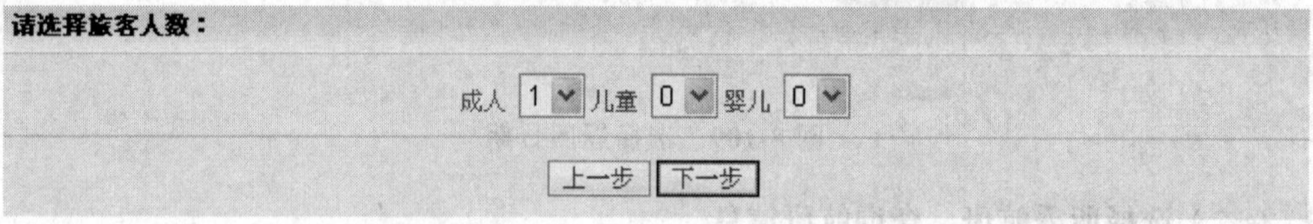

图 8-112　选择旅客人数

三、完成旅客航班预定资料

当我们选择了所需航班后，进入资料填写页面，再次确认航班信息是否正确，并填写购票旅客信息。标注“*”处必须填写并保证正确性，其中联系人信息是航空公司在航班情况发生变更时与旅客联系的渠道。完成后勾选“已阅读并接受《***网上购票须知》”，点击下一步按钮在民航订座系统内生成用户的预订记录，之后就可以进入网上支付了。另外，如果我们想回到“航班选择”页面，单击“上一步”或直接单击“航班选择”，如图 8-113 所示。

四、完成整个支付和出票过程

（一）查询订单

填写资料后进入支付页面，用户可以在支付前，选择查看订单，查看订单详细信息，如图 8-114～图 8-116 所示。

（二）完成支付

选择支付银行，点击页面下方的“支付订单”，进入支付银行支付页面，用户在银行支付页面输入帐号信息后，完成支付，见图 8-117、图 8-118。

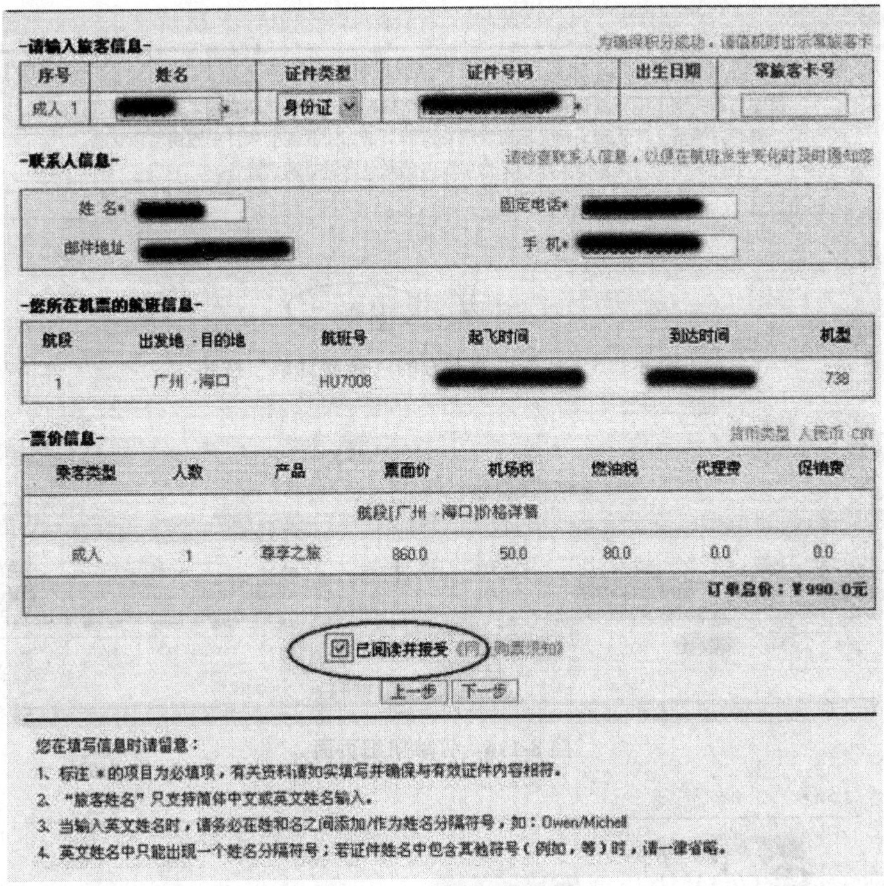

图 8-113　资料填写页面

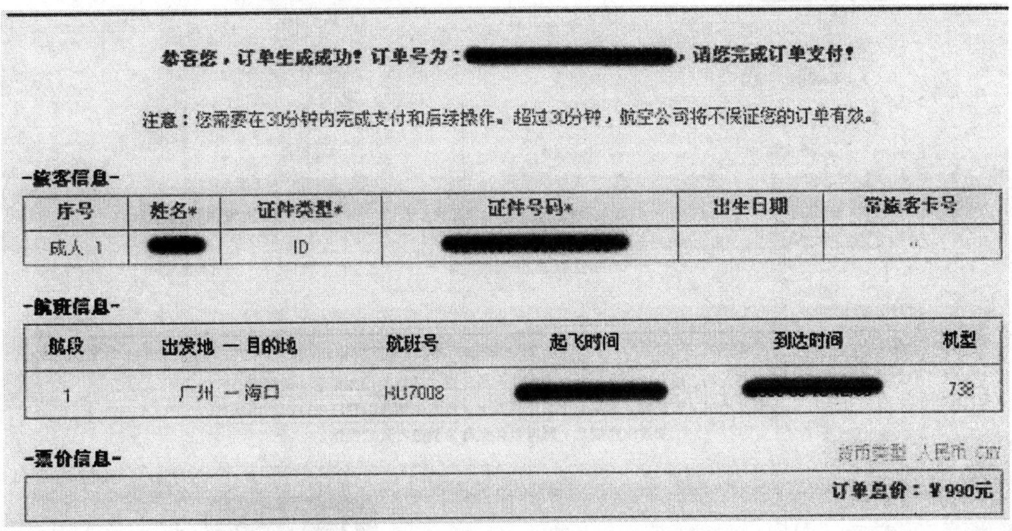

图 8-114　订单页面

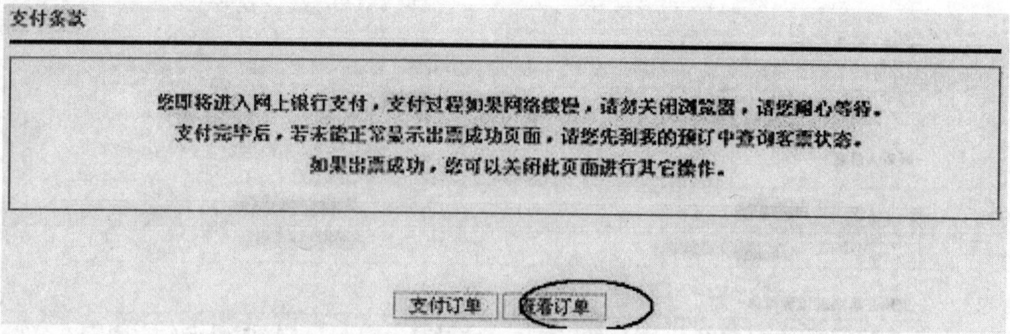

图 8-115　订单页面下方的“查看订单”按钮

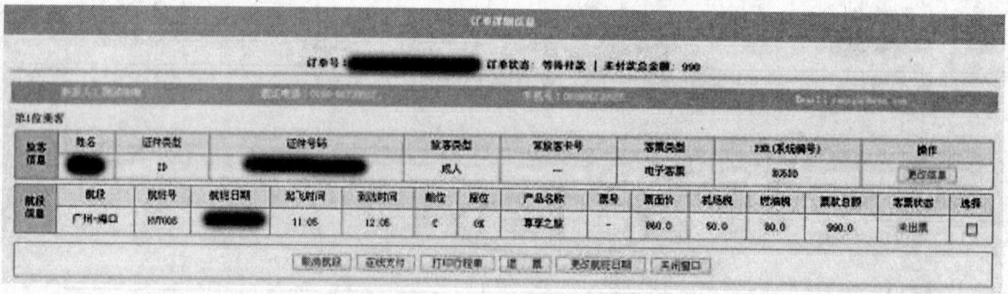

图 8-116　订单明细页面

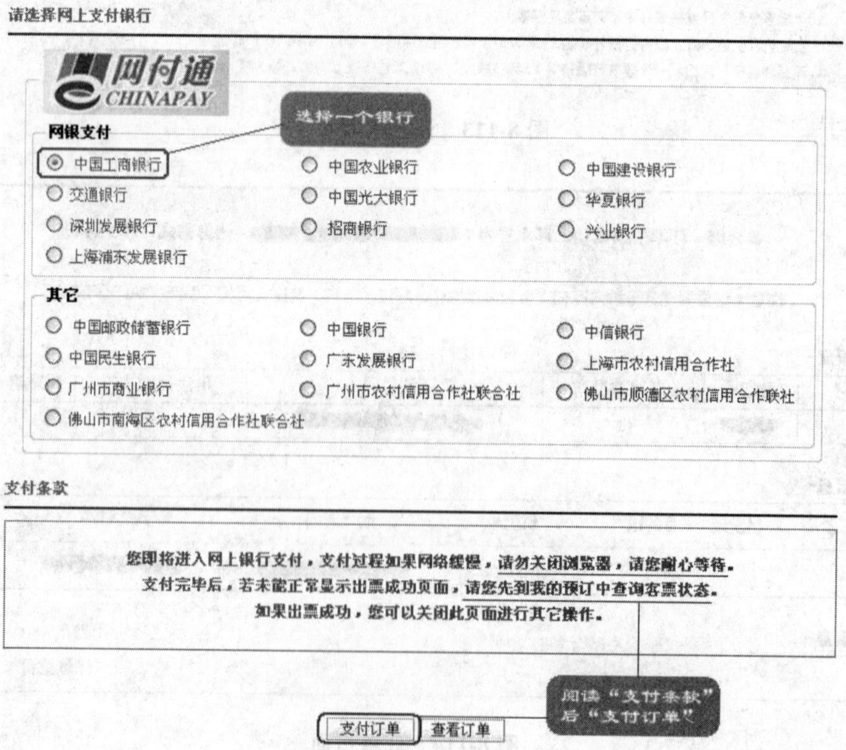

图 8-117　银行选择页面

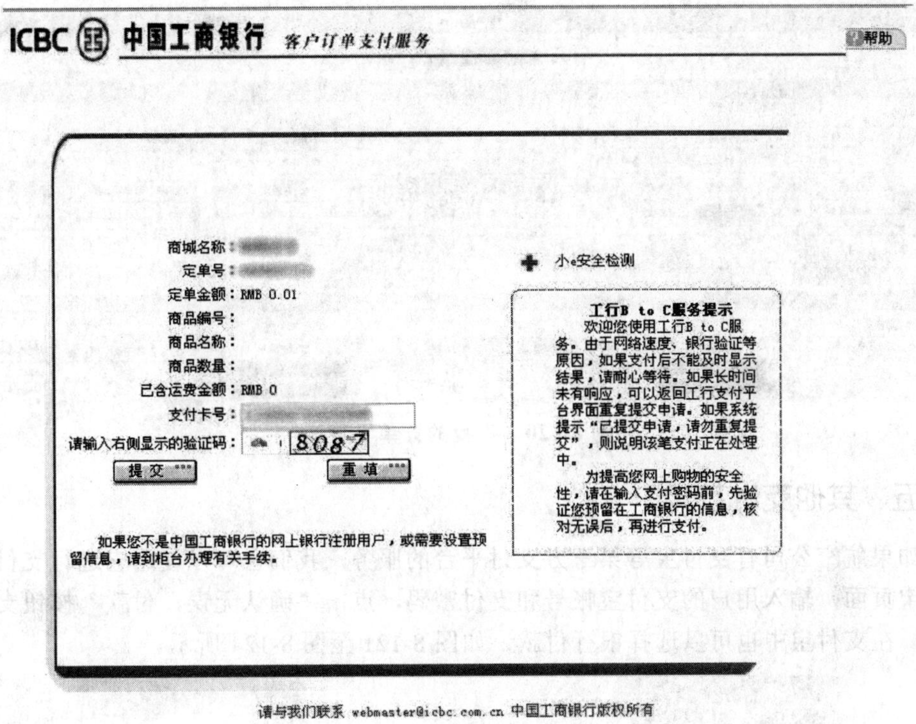

图 8-118　银行支付页面

（三）当支付成功后，完成出票

1. 找到订单

返回用户首页，在我的订单中，进行订单查询，如图 8-119 所示。

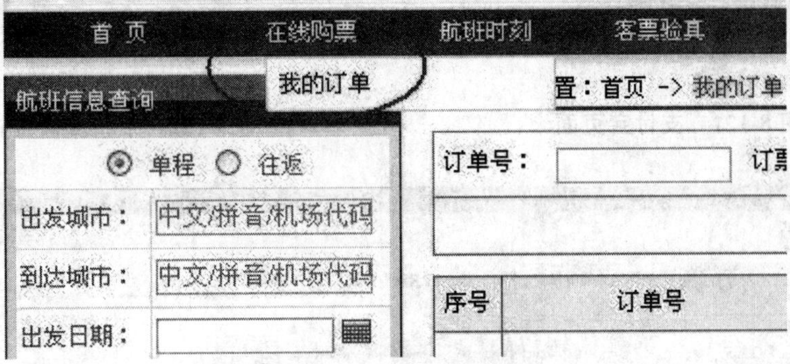

图 8-119　"我的订单"查询

2. 订单信息设置

点击相关支付成功订单，查看该订单。在订单明细页面，还可进行取消航段、退票或更改航班日期等操作，如图 8-120 所示。

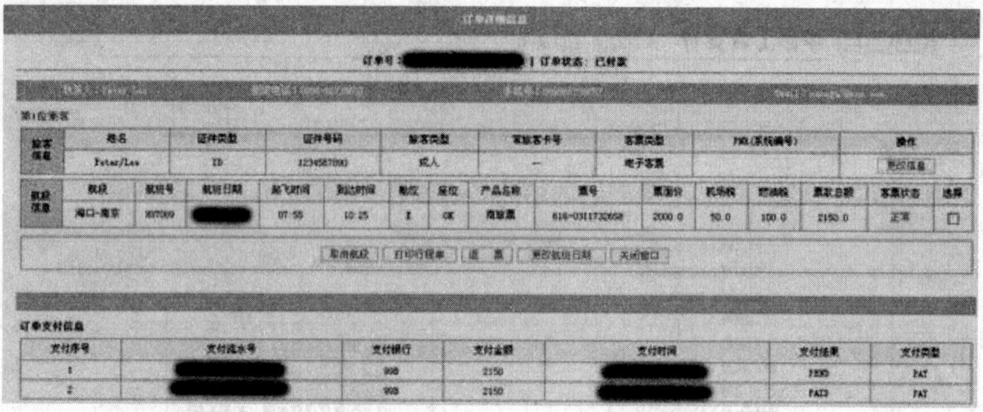

图 8-120 “我的订单”查询

五、其他支付方式

如果航空公司有支付宝等第三方支付平台的服务，我们也可以使用它进行支付。在支付宝页面，输入用户的支付宝帐号和支付密码，点击“确认无误，付款”按钮支付。同时，在支付宝中也可以选择银行付款，如图 8-121 至图 8-124 所示。

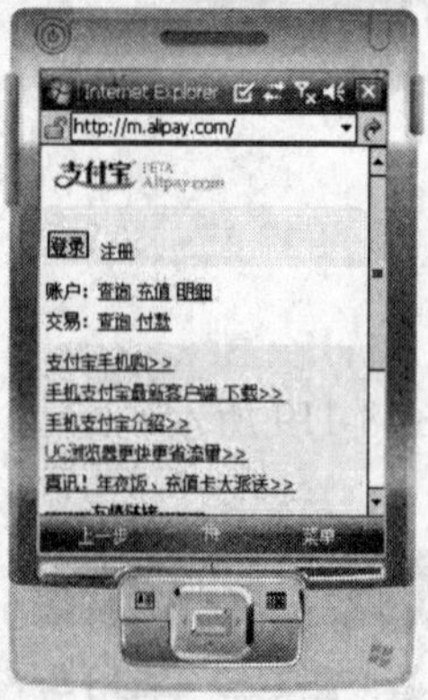

图 8-121 支付宝页面

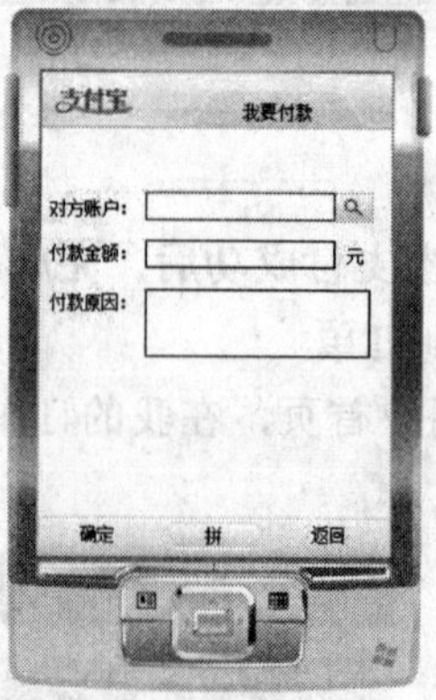

图 8-122 手机支付宝软件

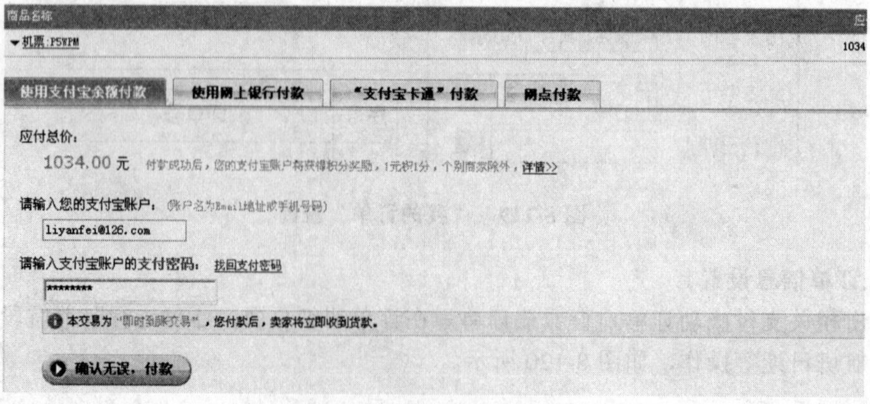

图 8-123 支付宝页面

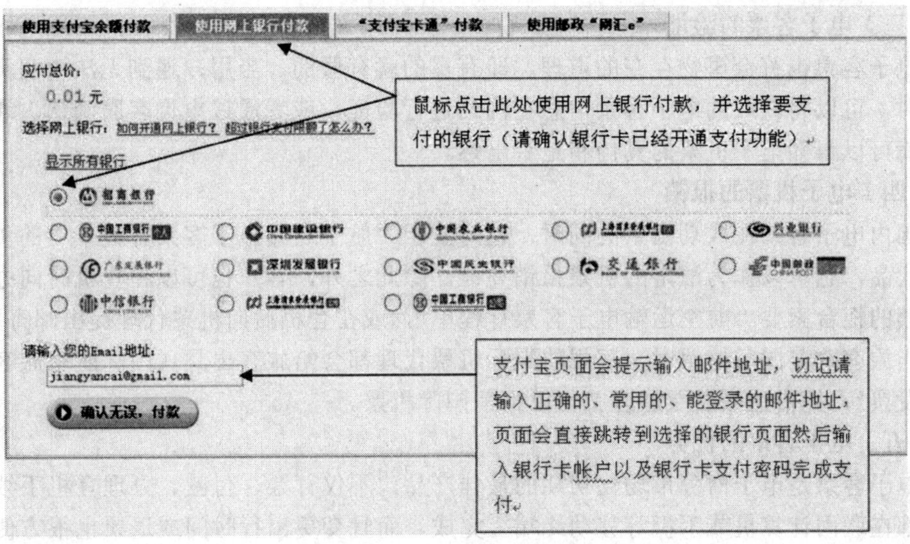

图 8-124 手机银行选择页面

知识拓展

一、电子客票简介

（一）什么是电子客票

随着人民生活水平逐渐提高，出行已经成为人们生活中的很重要的一部分，加之互联网的飞速发展，一种新的购买票据的方式应运而生。这里所涉及到的票据是与纸质票据相对而言的，我们称之为电子客票。

电子客票是将纸质票据的电子化、虚拟化后产生的一种电子票据，可以说是普通纸质票据的电子形式，它是将票面信息作为电子号码记录存储在订座系统中，可以像纸票一样执行出票、作废、退票、换、改转签等操作，简称电子客票，也称为电子机票（Electronic Ticket）。它作为世界上最先进的客票形式，依托现代信息技术，实现无纸化、电子化的订票、结账和办理乘机手续等全过程。它的出现，即为航空公司降低了成本，方便了票据管理，又给旅客带来了许多便利，而同时它与传统纸质机票的使用并无什么不同。

我们可以通过网上的专业航空网站预定机票，通过登陆淘宝网之类的购物网站直接购买，最后通过支付宝完成购买过程。当然通过打电话和发短信的形式也可以订票，订票信息在订票系统和网站上均可查询，其中一些票据如电子火车票、电影票、戏票等可以通过上面所说的方式实现预定和购买的全过程。

（二）电子客票的购买

电子客票可以通过网络或者电话预订、购买。预订电子客票以后，可以通过现金、转账、支票、网络等方式支付，最便捷的支付方式是通过网上银行、电话银行或者第三方支付软件（如支付宝等）。不过无论怎样，我们购票前要选择好购票网站和机构，一定选择那种具有合格资质，并且可以查询备案信息的单位。

（三）电子客票的验证

电子客票也符合事物存在的道理，即有真的就有假的，当用户遇到无法辨明真假的客票时，可以将获取的电子客票信息在网站进行验证，或者通过电询客服确认。通过验证，就可以得知电子机票的真伪和是否出票。

（四）电子机票的报销

国内电子客票在成功出票的同时，也产生了“航空运输电子客票行程单”的传统机票替代品，它可以作为法定的机票报销凭证，除此之外，客户也可以在登机时向办理登机手续的柜台索要“航空运输电子客票行程单”，或在登机后向机票代理提出邮寄要求。

当旅客购买国际机票时，正规的国际机票代理都会给旅客出具《国际航空旅客运输专用发票》，凭借这张发票旅客就可以报销国际机票。

（五）电子客票的优势

电子客票是电子商务市场化初期的最佳产品，不仅订票、付款、办理登机手续等全过程都在联网计算机或手机等移动终端上完成，而且变更出行时间或退票也很方便。与传统纸制客票相比，电子客票具有明显的优势，具体分为以下五点：

1. 方便快捷

使用传统机票时，需要经过送票、取票、付款等一系列程序，在机票没有送到之前，订票用户需要在规定好的时间和地点等侯送票工作人员的到来。在现实生活中，生活速度加快，特别是对于商务人士来说，时间就是金钱，这种普通的模式无形中降低了工作效率。而购买电子客票，通过能够登录互联网的工具或者打电话直接与预定中心联系，在任何时间都可预定和支付所有费用，无须再到柜台进行付款、取票。

2. 节约环保

据国家数据局统计，国内传统机票的成本费用耗费每年在 20 亿元左右，因此，由于电子票全部采取网上操作，无需纸质客票的印刷，一条编码即可登机，大大的降低了制票成本，也使其折扣的空间更大，同时也降低了原材料的浪费，保护了环境。

3. 减少环节

预订机票后使用信用卡支付票款，无需再到售票柜台或代理点去付款，无需物流配送，使用户体验到在线支付即刻拿“货”的消费过程，满足电子商务的消费心理。

4. 符合潮流

电子客票的出现顺应了信息时代的市场需求，已成为航空旅行电子商务化的重要标准之一。国外发达国家客票电子化的程度已经超过 90%，未来中国客票完全电子化是必然趋势。

5. 安全省时

在机场，我们经常会看到排长队焦急等候的旅客，如果我们赶的是 9 点的飞机，往往需要提前一个多小时到机场等候。在国内，电子客票已经单独设立了自己的直机柜台，9 点的飞机，提前半小时到机场也不会耽误航班，可以节省更多侯机时间。同时，由于电子客票包括了旅客的姓名、航班号、到达站等相关信息，只要凭身份证或护照等有效身份证件、电子客票订单号，就可以直接到机场办理登机牌。从而避免了使用传统机票时因机票丢失或遗忘造成不能登机的麻烦。

总之，电子客票无须向传统订票方式一样费时费力，不受机票代售点工作时间限制。即使您身处异地只需通过网络，亦可轻松购买电子票，以及办理客票改期等手续。不再有传统客票一旦丢失或未随身携带将无法登机的担忧。

（六）客票使用情况和需要注意的问题

1. 使用情况

因一些特殊情况，航空公司还是出售纸质客票，大致分为三种情况，第一种是伤残军人等客票；第二种是因机场暂时的技术问题仍需使用纸质客票的部分城市，如：井冈山、满洲里、牡丹江、佳木斯、西双版纳等；第三是航空公司总部向国际航协发出书面通知，需要继续发放部分纸质客票的。

2. 需要注意的问题

（1）当用户在网上或手机上订妥电子客票后，必须在规定时间内进行在线支付，如不及时支付，民航订座系统将会取消所订的客票，支付成功后，民航订座系统才会出票。

（2）当银行为用户的网上支付提供了安全性的同时，为了使用户更加放心地使用银行卡的网上支付功能，用户自身还需采取如下措施：

◆ 尽量在家里或个人专用的电脑上进行网上支付。

◆ 开通银行卡交易中的“手机短信通知”功能，这样银行卡中的任何金额的变化都可以在收到的银行短信通知中知晓，实时监督银行卡的使用情况。

◆ 使用一张专门用于网上支付的银行卡。

◆ 设定网上每日支付的最高限额，这样能控制当资金遇到风险时的损失范围。

◆ 使用一个专用的网上支付密码，尽量避免使用那些如生日等等非常容易被盗的密码，用户应牢记密码，避免遗失。

◆ 利用银行电话传真的对账单的功能，经常核对交易记录，以便发现问题时顺利解决。

除以上必需注意的问题以外，机票预订还有很多常见的问题需要用户了解。

二、网上订票

（一）简介

因特网技术的飞速发展对众多领域的影响都是巨大的，这种变革在民航的售票方式上也有所体现。

1994 年 10 月，美国联合航空公司率先推出了网上售票系统，乘客只须在网上输入自己的信用卡号和有效期，就可以直接购买机票。出票方式有电子机票、机场取票、送票上门等多种方式。

网上订票给旅客带来了方便。购票者足不出户就可在电脑上查询航班动态、票价和机票的可售情况，并直接订购机票，免去了奔波之苦。网上订票还扩充了航空公司的销售网点。截至 1997 年 9 月底，世界上排名前 20 位的航空公司都有了自己的网上售票系统。

网上订票的优越性使国内越来越多的航空公司着手研制自己的网上订票系统。1999 年 9 月，中国南方航空公司的网上订票系统正式启动，只要进入南航的网上订座页面就可以自己订购机票了，票款的支付方式为网上支付和现金支付。1999 年 10 月，中国东方航空公司也正式开通了网上购票系统，凡是持工商银行上海分行牡丹信用卡的客户均可在东航网站购买上海始发的国际国内机票。图 8-125 是国内某订票网站的订票——登机的全过程。

（二）网址导航

1. 简介

为了方便用户网上订票，网站推出了网上订票网址导航功能，这样方便了用户快速找到自已所需要的订票网站，可以多登陆几家网站，做到货比三家。

2. 网址导航的优势

与一般的网上订票网站相比，网上订票网址导航有如下优势：

（1）提供了全面，详细的网上订票入口，轻松实现快捷购买。选择性会更多。

（2）可以通过不同票务分类进行导航，用最方便，最快捷的方式购买到你需要的各种票务服务。

（3）提供了网上订票所需的各种工具与网站，满足你的网上订票需求。

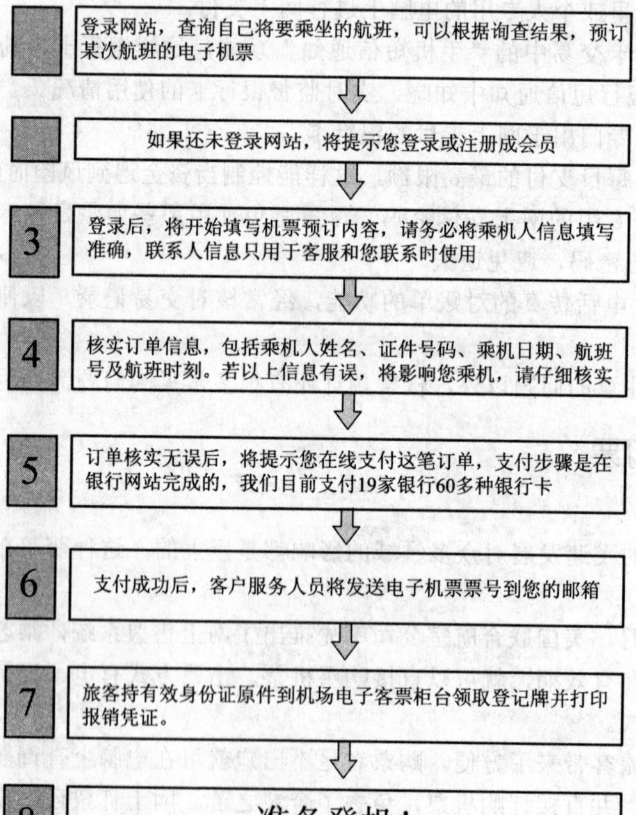

图 8-125　机票预订——登机流程图

（4）公正性很强（大站-专站-小站）排列顺序分明、公平公正的网上订票网址 TOP

排行榜。

（三）网上订票的安全性

在网上订票为我们的用户带来这么多的便捷的同时，安全性是一个很大的问题。我们如果遇到一部永远占线的400电话、一个虚假的“钓鱼”网站、一个无法登陆的第三方支付平台时，如果提前没有安全防范措施，此时往往会票财两空。

1. 案例

一些不法分子在互联网上通过开通虚假网页，或者发布虚假的电话、评论帖子等，诱使消费者上当受骗。以“钓鱼”之名的机票诈骗类网站使更多的投诉矛头指向了合法的搜索引擎和机票信息发布网站，以下是这类诈骗案的典型案例：

（1）“李鬼”票网：由于部分消费者喜欢直接在百度或谷歌上输入航空公司或者订票机构的关键字查询订票电话，一些不法商家或个人瞅准了这个机会，通过发大量垃圾帖从而达到被百度、谷歌收录的目的。“李鬼”机票网站的行骗电话号码一般是以400开头。

典型案例：国庆节前，贵州的冯先生在某网站上订了两张10月1日重庆-北京的机票，总价1 248元，可是却迟迟等不到电子机票。焦急的冯先生拨打了网站联系电话却是空号，而另一个联系电话也没人接听。

（2）“空头”机票：订票成功后，代理商找理由不及时出票甚至取消出票。

典型案例：陈女士在360机票网上订了一张当天8时40分贵阳-上海的机票，成功付款后也收到了360的订单号短信。可当她早上8点去办理登机时却被告知没她的购票信息，在航空公司查询后发现她的购票状态是“未付款”，结果没坐上飞机。回家后，陈女士拨打了360机票网的电话，被告知晚上12点以后工作人员其实都下班了，订购的票要到早上8点上班才开始处理，刘小姐的票是在8时19分出票的。当刘小姐质疑错过飞机的损失怎么办时，360工作人员表示只能按收取30%的退票费办理退款。

（3）客服混乱：订票网的客服人员态度欠佳、电话难打且擅自变更信息，导致麻烦重重。

典型案例：广州的刘女士通过某知名航空公司网站订购从云南保山飞广州的两张成人机票，同时在规定时间内通过网络银行付清了全部费用（720元）。后来，云南当地的旅行社提醒刘小姐，她所预定的这个航班并不存在，当时刘小姐赶紧登录该航空公司网站查看，但没有看到任何变更的情况。刘小姐认为是旅行社的信息不准确。等到了出行前一周，旅行社再次提醒刘小姐此航班不存在，于是刘小姐致电该航空公司客服确认，但被告之航班是取消了。刘小姐质疑为什么不通知航班变更情况时，工作人员让刘小姐留下联系方式，表示帮她把时间调整成预定时间的转天再电话通知她。可刘小姐一直等不到通知电话，于是再次致电客服，却被告知没确认航班更改情况，刘小姐当即表示已经确认，客服则说：“可能是电子商务方面的同事比较忙吧，我再帮你确认一次，请留下联系方式，我们落实后会电话通知你。”刘小姐只能继续等，根本做不了任何事情。

（4）无保有费：机票代理商在同意退票后拒绝同时退回保险费。

典型案例：福建的许女士在芒果网订了从福州—北京的往返飞机票，后因时间变动在提前一周进行退票。许女士上网查看相关法律文件了解到，在没有进仓前退票保险合同就没有生效，是应该退还保险费的，但是芒果网不给退，客服一问三不知，只是说这是他们的规定。

（5）价格欺诈：扣款与订单金额不符，用低价来吸引眼球的现象，用户理所当然地会认为代理商是在搞销售欺诈，有些用户甚至怀疑自己的银行卡等个人信息被泄露。

典型案例：王女士在淘宝网订购了1张青岛—北京的特价机票，付款成功后，王女士便收到网站发来的短信息，提醒2小时后将机票信息发至她的手机，或者可登录网站查询电子票号和航班。在王女士准备睡觉时，却接到了网站客服的电话，说是要再加30元才能拿到特价票，因为网站没从航空公司拿到特价票，要不然就退款。

（6）退票障碍：退款额度与航空公司规定不符，往往会多扣掉费用。

典型案例：江苏的张女士在遨游网买了两张沈阳-南京的机票，共计支付1 814元。后因张女士行程更改，申请退票，按规定扣除票面价20%的手续费（两张票即352元），1 814元-352元=1 462元，但遨游网实际退款1 425.6元。张女士多次拨打网站服务电话均提示忙碌，在线客服也不予理睬。

2. 注意事项

为了保证安全性，网上订票应注意以下4方面，这其中除了我们在电脑上登录网站，还包括用手机登录网站。

（1）寻找信誉好的代理商。消费者切莫随便通过百度、谷歌等搜索引擎来搜索订票网站，因为有些“李鬼”网站参与了竞价排名，往往会排在比较前面。用户可以拨打航空公司的服务电话让其帮忙查询航空代理，如果在航空公司做过备案，是可以查到的。也可以通过订过票朋友推荐或者网友投票最多的网站，这样安全性大大提高。

（2）实时查询出票状况。如果用户在网上订购机票，只有在其收到出票信息及核实正确后才算定制成功，而电子客票和行程单均可在中国民航信息中心网站www.travelsky.com上通过电子客票号进行真伪验证。另外，用户订票后还要留下详细的联系方式给机票代理商，以便避免类似用户订制成功但航空公司已没有座位的情况。

（3）与代理商多沟通交涉。因不少代理商的客服电话要么占线要么不存在，用户应通过垂直搜索网站、航空公司、付款平台等查询其有效的电话或其他联系方式，及时与代理商保持顺畅的沟通。另外，用户如利用支付宝等第三方支付的方式付款，当出现纠纷时，用户可以联系第三方支付平台要求退款，因为这些平台与商家都有协议，保证了安全。

（4）寻求第三方帮助。遇到纠纷，如果用户与商家协商不了，可以寻求如315TS、其他媒体以及工商等方式协助处理。

三、移动票务

平时，我们不论是参加展览活动，还是购买电影票、飞机票，购票是一个非常麻烦的过程，因票据往往数量有限，很有可能是辛苦排队半天也买不到一张票。后来发展成用户打电话给票务代理点，通过快递公司送票、现场验票来完成购票的过程。这样并未从根本上解决问题，当手机这种移动终端在我们生活中普及的时候，各种移动业务油然而生，其中移动票务出现。

随着票据的电子化以及移动业务的发展，移动票务逐渐成为主流，作为一种新型的无纸化票务，它是以手机等终端设备为载体，利用短信和移动运营商提供的服务完成票据买卖的全过程。

在手机支付真正成为支付手段应用时，用户如果订票，只需向订票系统发送购买请求就能获得一个特殊短（彩）信二维码，当用户通过“手机钱包”来付款时，系统就会将这个条码发送到订票者的手机上。用户可凭借这个经过加密，包含了时间、场次以及具体座位的短信或彩信入场，入场前只需把条码在电子识读器上刷一下即可通过。户凭该二维码电子票在车站的验票设备上打印凭条和检票后即可上车。

四、机票预订常见问题

（一）行程单

行程单为电子客票成功出票后的纸质凭证，其作用为付款及报销的凭证，不作为登机凭证。行程单为一人一单，遗失不补，且不能任意涂改，用户应核对《行程单》上的姓名、证件号码等所列项目。

（二）有效身份证件

“有效身份证件”指旅客购票和乘机时必须出示的由政府主管部门规定的证明其身份的证件。如：居民身份证、规定可使用的有效护照、军官证、警官证、士兵证、文职干部或离退休干部证明，港、澳地区通行证、回乡证，台湾居民台胞证，16 周岁以下未成年的学生证、户口簿、出生证等证件。

（三）丢失身份证如何乘飞机

1. 开具遗失证明

由本人户口所在地公安机关开具身份证遗失证明，证明中写明姓名、年龄、家庭地址、有效日期等，贴上本人的近期免冠照片并加盖公安机关公章。

2. 报失

向身份证遗失地公安机关报失，由该公安机关出具报失证明，证明内容同第一条中所述。

3. 开具临时登机证明

携带本人的户口本或工作证、介绍信或其他能证明身份的有效证件，向民航公安机关（在机场候机厅内都有值班场所）申请开具临时登机证明，假若因在外地旅行期间上述有效证件都没有随身携带，可向就近民航公安机关咨询解决。

（四）其他

1. 退票退款多久可以完成

退票一般需要三个工作日才能完成，特殊情况如发生航班延误取消等问题，非正常退票，需要用户和航空公司沟通退票的情况和时间。且退票后剩余的票款会自动退回到用户原来支付的账户。除支付宝可以即时到账以外，其他如网上银行、信用卡等需要最少 1 天，最多 14 个工作日内才能完成。

2. 哪些物品禁止航空运输，哪些是管制运输物品

除特许者外，严禁旅客随身携带或在行李中夹带枪支和警械、弹药和爆炸物品、易燃易爆品、剧毒物品、氧化剂、腐蚀品、放射性物质、易传染病毒的物品及强磁性物品。

其他如管制刀具（包括匕首、三棱刀、弹簧刀）及其他利器或钝器（包括菜刀、大剪刀、大水果刀、大餐刀、工艺品刀、剑等）都属于管制运输物品。应将这些物品随托运行李交运，不能随身携带。

3. 何时停办乘机手续

旅客须在一定的时限内到达机场，一般为航班离站时间前 45 分钟，旅客需提前 2 小时抵达机场，凭本人有效身份证件按时办理查验、托运行李、领取登机牌等乘机手续（托运行李必须经过安全检查才能办理托运手续）。

4. 宠物是否可以乘坐飞机，需要办哪些手续

家庭驯养的狗、猫、家禽、小鸟和属观赏之类的其他小型温驯动物，经航空公司同意，才可作为托运行李。如果携带小动物乘机，必须在订座或购票时提出申请，在同意遵守相关规定并征得同意后方可携带。

属国际运输的小动物应具备出境、入境有关国家的必要证件，证件包括健康证明、注射预防针免疫证明、出境、入境许可证明和动物检疫证明等。

5. 飞机上为何不能使用手机

航空专家认为，手机传出的无线电波可能会引起爆炸，或影响客机在 9 500 公尺高空上飞行的航行系统。科学证据也显示，在机上使用手机，确实有潜在危险。飞机在平稳飞行时，距地面 6 000 米至 12 000 米，此时手机根本接收不到信号，无法使用，在起飞和降落过程中，手机才有可能与地面基站取得联系，但此时干扰导航系统产生的后果最为严重。在舱中使用手机，其发出的电磁波会对传输线路产生干扰，影响分布于整个飞机上计算机数据的传输。

6. 哪些人不能或不宜乘坐飞机

无成人陪伴儿童、残疾旅客、盲人、聋人或犯人等特殊旅客，只有在符合承运人规定的条件下，经同意并在必要时进行安排后方可载运。传染病患者、精神病患者或健康情况可能危及自身或影响其他旅客安全的旅客，不能乘坐飞机，且已购客票按自愿退票处理。如果像孕妇、老人、婴幼儿或者近期动过手术、中耳炎患者不宜乘坐飞机。

资料卡

一些提供机票预定服务的网站

华夏机票网	http://www.zkjp.com/index_index.asp
上海专业特价机票预定	http://www.fs2online.com.cn/
中华机票网	http://www.cnhop.net/
北京特价机票网	http://www.51tjjp.com/
酷讯网机票板块	http://jipiao.kuxun.cn/
天津航空	http://www.tianjin.air.com/
携程旅行网机票板块	http://flights.ctrip.com/Domestic/Search Flights.aspx
中华预订网	http://www.yuding8.com/

任务评价

一、评价方法

本任务学生通过实验，总结一些在网站上订票的方法，撰写个人操作总结，总结中需要一些实验过程中的截图，并在总结后写出个人的感想和自我评价。小组内学生间可以进行互评，对相互间的实验成果进行检验，小组组长对评价进行汇总。教师结合个人操作总结和小组的评价汇总给出学生的成绩，进而提供改进方案。

二、评价指标

表 8-2 任务完成情况评价表

评价指标	小组评价		教师评价	
	合格	不合格	合格	不合格
个人操作总结				
实验截图的完整性				
实验效果				
实验方法				
评价汇总				
相关知识的掌握情况				

课后练习

一、思考题

1. 电影票、戏票、酒店餐饮等票据的预定和电子机票的预定有什么区别，能否采用相同的方式？

2. 电子客票能否完全取代纸质票据，为什么？

3. 未来是否只是移动票务的天下？电子票还会有什么新的形式，发挥你的想象力。

二、实训题

1. 使用手机、手机模拟器或者计算机浏览器搜索机票预订网站（航空网订票模块或专业订票网），完成一次预订机票的过程，做截图保存。

2. 完成以上过程后写出心得体会，并完成实训报告。

参 考 文 献

［1］宋文官. 电子商务概论［M］. 北京：高等教育出版社，2006.
［2］柯新生. 网络支付与结算［M］. 北京：电子工业出版社，2004.
［3］孙桂芝. 计算机网络实训案例教程［M］. 北京：机械工业出版社，2007.
［4］章剑林. 电子商务概论［M］. 浙江：浙江大学出版社，2003.
［5］胡玫艳. 电子商务教程［M］. 华南理工大学出版社，2003.
［6］蒋仕文, 等. 开发基于数据库的web应用技术. 计算机应用与软件杂志，2005，12（13）.
［7］汪晓平，吴勇强，张宏林. ASP网络开发技术. 北京：北京人民邮电出版社，2000.
［8］施红芹，谢军，彭海朋，等. 动态网页程序设计. 北京：清华大学出版社，2000.
［9］石鉴. 电子商务概论［M］. 北京：机械工业出版社，2008.
［10］王玉珍. 电子商务概论［M］. 北京：清华大学出版社，2008.
［11］才书训、王雷震. 电子商务概论［M］. 北京：科学出版社，2009.
［12］李文正、赵守香. 电子商务［M］. 北京：航空工业出版社，2007.
［13］育路网网站：http：//www.yuloo.com
［14］百度百科网站：http：//baike.baidu.com
［15］阿里巴巴博客：http：//blog.china.alibaba.com/blog/xudong200/article/b0-i4816639.html
［16］豆丁网站：http：//www.docin.com
［17］中国制造业门户网站：http：//www.cmwin.com
［18］王学东，易明，杨斌. 电子商务概论［M］. 武汉：武汉理工大学出版社，2006.
［19］王汝霖，秦成德. 移动电子商务. 北京：人民邮电出版社，2009.
［20］黄骁. 电子商务实践入门——从网上购物到开店. 北京：清华大学出版社，2009.
［21］王有为. 移动商务原理与应用. 北京：清华大学出版社，2006.
［22］黄超，龚惠群. 网络支付. 北京：机械工业出版社，2007.
［23］董思达. 淘宝购物心经. 北京：人民邮电出版社，2009.
［24］石丽娜. 航空客运实用教程. 北京：国防工业出版社，2008.
［25］http：//green-tooth.spaces.live.com/blog/cns!A0086A7923A4C954!138.entry
［26］电子商务圈网站：http：//www.ebquan.com.cn/index.html
［27］http：//jpkc.nwpu.edu.cn/jp2005/09/main/stmaint.asp
［28］http：//book.06eb1.cn/read.php/12.htm
［29］http：//www.gpc.net.cn/wlxx/htm/jiaoxue_zy/anliku/six.htm
［30］http：//wenwen.soso.com/z/q93631136.htm?pid=wenwen.autologin
［31］http：//is.ustc.edu.cn/download.php?id=1362
［32］http：//econ.whut.edu.cn/webresource/stal/5.pdf
［33］http：//www.360doc.com/content/09/0830/11/261665_5398024.shtml

［34］ http：//www.ecinfo.net/html/internetyanjiu/wsyhydzhb/673.html
［35］ http：//zhidao.baidu.com/question/33933233.html
［36］ http：//www.gzu521.com
［37］ http：//www.net130.com/CMS/Pub/softlevel/softlevel_networkmanage/2005_05_26_41454.htm
［38］ http：//www.educity.cn/ky/wl/200906231703141004.htm
［39］ 超星数字图书馆 http：//www.ssreader.com
［40］ 我爱电子书 http：//www.52eshu.com
［41］ 中国知网 http：//www.cnki.net
［42］ 淘宝网 http：//www.taobao.com

工学结合新思维高职高专航海技术类“十二五”规划教材

（一）基础科目

1. 计算机应用基础

（二）电子商务

1. 网页设计与制作
2. Internet 技术
3. 电子商务技术实操
4. 电子商务与网络安全
5. 电子商务网站建设与管理

（三）物流管理

1. 集装箱运输实务
2. 港口企业装卸实务
3. 国际货运代理实务

（四）航海技术

1. 航海学基础
2. 船舶货运
3. 航海气象与海洋学基础
4. GMDSS 综合业务
5. 船舶通信英语
6. 航海英语视听说

（五）海事管理

1. 船舶与船员管理
2. 航运实用英语

（六）酒店管理（邮轮乘务）

1. 酒店客房实务
2. 酒店西餐厅运营实务
3. 酒店前厅实务
4. 国际邮轮运营与管理
5. 邮轮实用英语

（七）轮机工程技术

1. 船舶电气工艺测试